MAROKKO ACHTER DE SCHERMEN

LUX ET LIBERTAS

PROMETHEUS

Steven Adolf

MAROKKO ACHTER DE SCHERMEN

DE WEDLOOP VOOR EEN BETERE TOEKOMST

2005
Prometheus/NRC Handelsblad
Amsterdam/Rotterdam

© 2005 Steven Adolf
Kaarten Studio NRC Handelsblad
Omslagontwerp Marieke Oele
Foto omslag Otto Stoek
Foto auteur Marco Bakker
www.uitgeverijprometheus.nl
www.nrc.nl
ISBN 90 446 0497 X

INHOUD

200 km

Atlantische Oceaan

Tanger
Ceuta
Tetouan
Al Hoceima
Ajdir
Berkane
Rabat
Skhirat
Fès
Casablanca
Meknès
Rif
Safi
Midden-Atlas
Talsinnt
Essaouira
Marrakech
Hoge-Atlas
Agadir
Ouarzazate
Erfoud
Anti-Atlas
Canarische
eilanden (SP)
Sidi Ifni
Tan-Tan
MAROKKO
Tindouf
Laâyoune
ALGERIJE
zandwal
WESTELIJKE
SAHARA
AFRIKA
MAURITANIË

Studio NRC Handelsblad

WOORD VOORAF

De journalist Ali Lmrabet was voor werk in Londen op de dag dat de terreuraanslagen van de zomer van 2005 werden gepleegd. Een Britse vriend belde het enfant terrible van de Marokkaanse journalistiek bezorgd op zijn mobiele telefoontje. Of alles in orde was. En of hij op een Marokkaans paspoort reisde. Dat kon namelijk wel eens een probleem gaan vormen aan de grens. Arme ikke! schreef Lmrabet. Eerst was er het wantrouwen tegen al die Marokkanen die illegaal de grens over kwamen op zoek naar een goed leven. En nu was dat vervangen door de angst voor Marokkanen op zoek naar een goede dood. De zelfspot van de Marokkanen werd de afgelopen jaren stevig op de proef gesteld. In het buitenland werd de vraag gesteld of het toeval was dat er nogal wat verdachten van Marokkaanse oorsprong zaten onder de plegers van de terreuraanslagen die werden toegeschreven aan het Al-Qaeda-netwerk. De enige levende verdachte van de aanslagen van de elfde september is Marokkaans, het grootste deel van de veronderstelde daders van de aanslagen in Madrid is van Marokkaanse afkomst, net als de moordenaar van Theo van Gogh, Mohammed B. In Afghanistan, Irak en Egypte doken Marokkaanse terroristen op. In het gebruikelijke rijtje terreuraanslagen die worden toegeschreven aan de neosalafistische jihad (New York, Madrid, Londen), wordt één stad vaak vergeten: Casablanca. In mei 2003 werd Marokko's handelsmetropool getroffen door een reeks van gelijktijdige terreuraanslagen die diepe littekens in het land achterlieten. Dat is geen toeval: wie de optelsom van de afgelopen jaren maakt ziet dat de moslimwereld zelf het grootste slachtoffer is van de Al-Qaeda-terreur.

Dit is geen boek over terreur, maar over een land dat lang vergeten is door zijn noorderburen. Geen moslimland dat zo dicht tegen West-Europa aan ligt en dat er zulke nauwe historische en culturele banden mee onderhoudt. Niettemin bleef Marokko eeuwenlang een raadsel. Wederzijdse desinteresse speelde daarbij een belangrijke rol, maar ook het vage vermoeden in het noorden dat Marokko een complex land was en bovendien niet ongevaarlijk. Europa wist nooit zo goed wat het met Marokko aan moest. Het eerste betrouwbare en uitgebreide verslag van Marokko dat Europa bereikte was dan ook van de hand van een Marokkaan: de kosmopoliet Al-Hassan Ibn-Mohammed. Je zou hem met een beetje goede wil een tweede-generatie-immigrant kunnen noemen. Zijn ouders behoorde tot de Spaanse moslims die in 1492 vanuit Andalusië naar Marokko vluchtten. In Fès, waar hij opgroeide, hingen de sleutels van zijn voorvaderlijk huis in Granada aan de muur. In sommige huizen van Fès hangen ze er nog steeds. Als Leo Africanus publiceerde Al-Hassan Ibn-Mohammed rond 1526 in Rome zijn standaardwerk over Afrika, waarin de beschrijving van zijn geboorteland een belangrijke plaats inneemt. Pas in de negentiende eeuw, toen de koloniale belangstelling zich begon te roeren, ging Europa zich serieuzer interesseren in zijn naaste zuiderbuur en volgden nauwkeuriger beschrijvingen.

In dit boek worden beelden en feiten uit het Marokko van nu afgewisseld met beschrijvingen van weleer. Veel van die beschrijvingen zijn achterhaald, sommige nog steeds verrassend actueel. Ze leveren een bijdrage aan het begrip van hoe Marokko werd gevormd en hoe onze kijk op het land tot stand kwam. Marokko is op dit moment een van de interessantste landen die we op een paar uur vliegen kunnen bezoeken. Een jonge natie die nog steeds bezig is zichzelf met vallen en opstaan vorm te geven. Het maatschappelijke krachtenveld van de macht speelt zich daarbij af binnen een driehoek die door de eeuwen heen niet wezenlijk veranderd is en die met een beetje fantasie terug te lezen valt in het nationale lemma: *Allah, al Watan, al Malik* (God, vaderland, de koning). De bovenste punt van de driehoek wordt gevormd door de *makhzen*, de macht die zich schaart rond het koninklijke huis (al Malik). De twee andere punten bestaan uit de gepolitiseerde moslims (Allah) en de seculiere Berbermacht (al Watan, het vaderland dat nooit werd veroverd door de Arabieren), twee rivaliserende tegenkrachten met grote ambities. Makhzen, Berbers en baarden geven de grenzen aan waarbinnen de jonge koning Mohammed VI moet manoeuvreren. Hij heeft ondanks al deze beperkingen een aantal stappen gezet die ongekend zijn voor de moslimwereld. De democratie heeft in een opmerkelijk korte tijd een sprong voorwaarts weten te maken. Veel taboes zijn verdwenen, met horten en stoten vormt zich een vrije pers, er begint een sociale infrastructuur te ontstaan. De positie van de vrouw is door nieuwe wetgeving fundamenteel verbeterd. Er kwam een waarheidscommissie die publiekelijke getuigenissen organiseerde over de zwarte bladzijden uit de eerste periode van de onafhankelijkheid. Een opmerkelijk en moedig initiatief: uniek in de moslimwereld en een stap die zelfs voor menig westers land gewaagd zou zijn te noemen.

Marokko is een land van hoop. Problemen blijven er genoeg. Veel Marokkanen vrezen dat het corrupte systeem van de makhzen niet wezenlijk is veranderd. Fundamentalistische bewegingen spinnen garen bij de maatschappelijke onvrede over de corruptie, de armoede en de werkloosheid. Economisch wil het land maar niet van de grond komen. De terreur dreigt een stok in het wiel te steken van de democratische ontwikkelingen. De goede wil is er, maar de vraag is of de nieuwe koning over voldoende visie en doorzettingsvermogen beschikt om Marokko uit het dal te halen. Alles bij elkaar een weinig bemoedigend perspectief. Het is dan ook bewonderenswaardig hoe de Marokkanen ondanks alles hun goede humeur weten te bewaren. Geen armoewijk of er wordt gelachen. Het gevleugelde *La bas hamdoulilah* (Het gaat goed, Godzijdank) zou niet misstaan als nationale lijfspreuk.

Dat Marokko een kleurrijk en exotisch land is heeft onze kennis lang parten gespeeld. Het leek er soms wel op dat bezoekers zo druk bezig waren met hun verslag van de harem, de sultan en de slangenbezweerders dat er nauwelijks energie overbleef om te beschrijven wat er zich afspeelde achter dit decor van duizend-en-één-nacht. Meer dan ooit dringt de tijd om ons te verdiepen in onze directe zuiderburen. Europa kan zich niet permitteren dat pal aan zijn zuidgrens een democratisch en economisch instabiel land ontstaat. Het drama van de illegale immigratie in de bootjes is een veeg teken. De ontwikkelingen in Marokko verdienen onze belangstelling, het land onze steun. Beide kanten van de Straat van Gibraltar zijn daarmee gediend. De uitwisseling van festiviteiten en tentoonstellingen die in 2004 en 2005 tussen Nederland en Marokko plaatsvonden in het kader van de 400 jaar betrekking zijn in dit opzicht een goed initiatief dat hopelijk tot blijvende nieuwsgierigheid en contacten leidt.

Des te meer dringt het nu de verhoudingen onder druk staan. De vele burgerslachtoffers en de chaos na de oorlog en bezetting van Irak heeft zelfs onder 'westerse' Marokkanen een gevoel van woede en vernedering veroorzaakt. Andersom dreigt onze kijk de laatste jaren opnieuw te vertroebelen onder invloed van de problemen met de Nederlandse kinderen van immigranten uit Marokko. In Nederland is een nieuwe, halfgeletterde en ontwortelde onderklasse ontstaan waar de jihad zijn kanonnenvlees kan ronselen. Het onvermogen van de Marokkaanse ouders om zich aan te passen gaat daarbij hand in hand met het falen van de Nederlandse samenleving om hierop een politiek en praktisch antwoord te geven. Het is daarbij hollen of stilstaan. Lange tijd was het politiek niet correct om de problemen te benoemen. Maar toen de situatie bij gebrek aan nuchter beleid geheel uit de hand was gelopen, was er gretige bijval toen een lokale wethouder de term 'kut-Marokkanen' lanceerde. Het minste wat je erover kan zeggen is dat veel van deze 'Nederlandse Marokkanen' een geheel andere ontwikkeling hebben doorgemaakt dan die zich op hetzelfde moment voltrok in het Marokko van hun ouders. Die komen op vakantie terug in een land dat volledig anders is dan toen ze het verlieten. Van die ontwikkeling doet dit boek verslag.

Een beperkt aantal delen van dit boek is een bewerking van eerder verschenen artikelen in NRC *Handelsblad*. De geraadpleegde en aangehaalde literatuur staat achter in het boek vermeld. Ik dank alle mensen die zo vriendelijk waren mij te helpen bij het verzamelen van het materiaal dat in dit boek is verwerkt. Herman Obdeijn was zeer behulpzaam bij het op weg helpen in de geraadpleegde historische werken en reisbeschrijvingen. Voorts dank ik Wouter Hazelhoff Roelfzema die met zijn brede kennis van zaken en optimisme veel heeft bijgedragen aan een serieuze en oprechte belangstelling voor Marokko. Maar boven alles dank ik al die Marokkanen die mij door de jaren heen gastvrij hebben ontvangen en mij met hun verhalen, getuigenissen en anekdotes op weg hebben geholpen in de doolhof van hun fascinerende samenleving. *La bas hamdoulilah!*

Steven Adolf,
zomer 2005

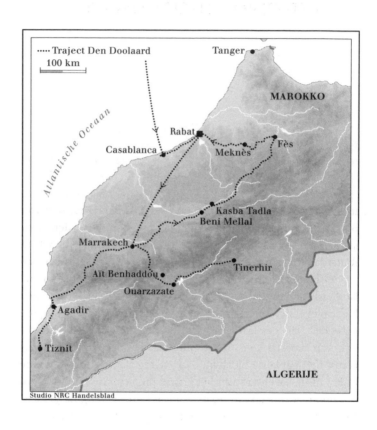

····· Traject Den Doolaard
100 km

Tanger

MAROKKO

Atlantische Oceaan

Rabat
Casablanca
Meknès
Fès

Kasba Tadla
Beni Mellal

Marrakech

Aït Benhaddou
Tinerhir
Ouarzazate

Agadir

Tiznit

ALGERIJE

Studio NRC Handelsblad

I | DE PUTTEN VAN DUIZEND-EN-ÉÉN-NACHT

In de koude januarimaand van 1937 vertrok dichter en schrijver Bob Spoelstra, beter bekend onder het pseudoniem A. den Doolaard (1901-1994), met een boot van de Koninklijke Lloyd uit Rotterdam richting Marokko. De bedoeling was het schrijven van een reisboek. De schrijver mijmerde de laatste avond thuis van het land van zijn bestemming. 'Palmen… kamelen… een oasis… een luchtspiegeling; kortom: een land, anders dan al het tot nog toe gekende.' Den Doolaard had ter voorbereiding de reisbeschrijving van Leo Africanus in zijn plunjezak gestoken. Maar bij aankomst in Casablanca bleek hij daar weinig aan te hebben. Op de kade van de havenstad van het Franse protectoraat wachtte hem een doodgewone taxi in plaats van een kameel en op de geasfalteerde straten bleek geen luchtspiegeling te bekennen. De teleurstelling van de romanticus maakte echter al snel plaats voor de bewondering van de optimist. 'Casablanca, de haven van Frans Marokko, is met zijn krachtige koene huizen, zijn brede alleeën en wijde parken mooier en moderner dan welke stad in Frankrijk ook. (…) Je voelt de durf, die er achter dit alles gezeten heeft.'

De bewondering voor de zegeningen van het Franse kolonialisme maakte echter al snel plaats voor twijfel en verontwaardiging. Wandelend langs het paleiscomplex van de sultan Mohammed v zag de schrijver op een doordeweekse dag de kinderen op straat spelen in plaats van op school lessen volgen in taal en rekenen. Verder weg van de trotse gebouwen stuitte hij op een bidonville, een sloppenwijk met 20.000 bewoners. Een ontluisterende ervaring die definitief een einde leek te maken aan de droom van de oase. 'Alle romantiek van duizend-en-één-nacht verzuipt in vieze putten,' aldus de schrijver. De bidonville is een woord dat vanuit Marokko de wereld zou veroveren. De sloppen zijn opgebouwd uit petroleumvaten, de bidons. Den Doolaard bezocht zo'n 'ellendekrot', waar de muren bestonden uit veertien bodems van bidons die onderdak boden aan een familie van negen personen. Geen straten, geen riolen, geen water, geen dokter. 'Wat is het toch maar goed, dat de Fransen gekomen zijn in dit arme land,' zo laat Den Doolaard zijn sarcasme de vrije loop. 'Met hun duizenden auto's, die miljoenen liters benzine slurpen, opdat de arme Arabieren met de wrakken van die blikken hun huis konden bouwen…'

A. den Doolaard oogstte veel succes met zijn reisboeken. In een tijd dat een reisje langs de Rijn nog gold als een exotische vakantietrip, trok de schrijver naar Italië, Griekenland en Joegoslavië. Zijn boeken gelden nog steeds als een interessante bron. Als avonturier leidde Den Doolaard tussen de twee wereldoorlogen een zwervend bestaan en probeerde als schrijvend journalist aan de kost te komen. In de oorlog vluchtte hij naar Engeland, waar hij als presentator van Radio Oranje bekend werd.

Den Doolaard was een van de weinige Nederlanders die in de vorige eeuw Marokko beschreven. In zijn journalistieke reisgids *Door het land der Lemen Torens* geïllustreerd met 'Leica-opnamen van den schrijver' doet hij – alle Dick Bos-proza ten spijt – op aanstekelijke wijze verslag van zijn tocht. De schrijver toont zich een praktisch man die zich niet snel laat afschrikken door 'die stugge Marokkanen, die den vreemdeling met hun harde ogen misprijzend aankijken'. Vaker maakt Den Doolaard melding van de 'brandende haat' die de Marokkanen jegens de koloniale over-heersers koesteren. Maar samen op weg met een Fransman die Arabisch spreekt slaat de vijandigheid terstond om in vriendelij-ke gastvrijheid, zodra de Marokkanen worden aangesproken in hun eigen taal.

De kleurrijke markt in de medina van Rabat is weinig veran-derd sinds Den Doolaards bezoek in 1937. Hooguit zijn de ezel-drijvers die 'hun balkende grauwtjes' door het gewoel drijven, nu voor een belangrijk deel vervangen door brommertjes. Net als de hedendaagse bezoeker wordt de schrijver een winkel inge-lokt nadat hij zijn begerig oog heeft laten vallen op een witte schapenhuid. Na lang sjacheren, waarbij 'de koopman zich in prachtig gespeelde woede en wanhoop de zwarte haarstrengen uitrukt', wordt de koop gesloten tegen eenvijfde van de oor-spronkelijk gevraagde prijs. Kopen is afdingen: Den Doolaard merkt tijdens zijn reis op dat het overvragen van vreemdelingen de volkssport bij uitstek is in Marokko.

In Rabat heeft Den Doolaard het voorrecht van een korte ont-moeting met sultan Mohammed v. Op de vrijdag, juist de laatste dag van de ramadan, rijdt de sultan in vol ornaat met een paar-denkoetsje en muziek de paleisdeuren uit om in de moskee op het exercitieveld buiten de paleismuren te bidden. Het blijft bij een vluchtige impressie van de vorst. Weggedreven door de zwarte garde ziet Den Doolaard de sultan als 'iets wits dat in de verte bewoog, zoals de witte vaan op een moskeeminaret'. Het staat zwart van het volk dat toekijkt hoe het enorme gevolg zich op en neer naar de moskee verplaatst. De sultan is het staatshoofd en geestelijk leider tegelijk, zo weet Den Doolaard, en voor zijn volk geen gewone sterveling. Wat de schrijver minder lijkt te be-seffen is dat de drukte voor de paleispoort de kiem van het natio-nalistische verzet in zich draagt. De sultan is bezig uit te groeien tot het symbool van het onafhankelijke Marokko en de opstand tegen de Franse overheersers.

Rabat is mooi, maar nog te Europees naar de smaak van Den Doolaard. En dus wordt de tocht voortgezet richting Marrakech. Daar loopt hij rond met 'ogen groot van verwondering' in een stad die hij beschrijft als een geweldig legerkamp dat de Berbers tussen de zee en de woestijn hebben ingericht. De medina is een 'inboorlingenstad' binnen een kilometerslange stadsmuur van rood leem, waar de wanorde het wandelen zonder gids onmogelijk maakt. De mensenstroom stuwt hem als vanzelf naar de plek die nog steeds, praktisch in dezelfde staat als Den Doolaard hem beschrijft, het hoogtepunt vormt voor reizigers: de Djemâa-el-Fna.

De Djemâa-el-Fna is de Noord-Afrikaanse voorloper van het hedendaagse themapark: een groot, open plein waar de toeschouwers samendrommen om zich te vermaken met een spektakel uit de sprookjes van duizend-en-één-nacht. De oorsprong van het plein is onduidelijk, net als de betekenis van de naam: vroeger werden er opstandelingen en misdadigers geëxecuteerd en de afgehakte hoofden tentoongesteld, hetgeen volgens sommigen leidt tot de vertaling van 'Plaats der Vernietiging'. Het plein fungeerde vermoedelijk al vroeg als ontmoetingsplek waar de karavanen na hun lange reis door de Sahara en over de Atlas neerstreken. Het was een plaats om uit te rusten en handel te drijven met de kooplieden die vanuit het noorden waren afgezakt naar Marrakech.

De schrijver houdt de juiste vertaling van de naam dan ook op 'de vergankelijke vergadering', in verband met het voortdurend wisselende publiek. De karavanen zijn verdwenen, maar nog steeds is het plein vol met dansers, slangenbezweerders, koran-uitleggers, muzikanten, acrobaten en verhalenvertellers. Nog steeds kun je er terecht voor gedroogde apenhandjes, gemalen hagedis en wonderdrankjes tegen jicht, reuma en ander lichamelijk ongemak. In de stalletjes wordt schapenvlees gegrild en vers sinaasappelsap geschonken. Van het terras van wat vermoedelijk het Café de France is, kijkt Den Doolaard urenlang naar het schouwspel onder de vergulde stofwolk die boven het plein hangt. Het is een circus, maar dan wel van het ruige soort waarbij de slangen praktisch over de voeten van de toeschouwers kruipen. Precies iets voor de spierballenpen van Den Doolaard. De fakir bijt krijsend in de kop van de slang en zet vervolgens zijn tanden en een mond vol 'glibber van het afzichtelijk beest' in het wanggezwel van een van de toeschouwers die om genezing is gekomen. 'En plotseling valt de westerse beschaving en alle aangeleerde afschuw van mij af, en ik herinner mij bevend het bijgeloof, dat oud is als de mensheid: dat de demon van de ziekte alleen door een anderen demon uitgedreven kan worden; en dat de slang niet alleen kruipt op de aarde, maar ook regelrecht voortkomt uit die aarde, welke voor alle primitief-denkenden een geheimzinnige geneeskracht bezit.'

De Djemâa-el-Fna is ook de plek waar jonge Berberdansers de toeschouwers proberen te verleiden. 'Jongelieden die volgens oude en vreemde traditie in een lang wit mousselinen hemd gekleed zijn,' zo beschrijft Den Doolaard de vertoning koeltjes. Jongensseks neemt geen al te grote plaats in in zijn referentiekader. Hij krijgt dan ook algauw genoeg van de dansertjes met hun geverfde ogen en hun geborduurde vrouwengordels die hun 'heupwiegende passen begeleiden met een hoge falsetzang en het knetteren van kleine bronzen castagnetten'. Vooral hun 'onderdanig gebedel' bevalt de schrijver niet, wellicht vanwege het vage besef dat het hier gaat om iets meer dan een tot niets verplichtende fooi. Liever kijkt hij even verderop naar de negerdansers, wier castagnetten zwaar genoeg zijn om een schedel mee te splijten. Echte mannen: hun bedelen is geen smeken zoals bij die 'verwijfde Chleuhdansertjes'. 'Zij steken een pikzwarte klauw uit en belonen de gift met vervaarlijke grijns en een knipogend gerol van hun bloeddoorlopen ogen.'

Ook het eten op het plein blijkt een verrassing. Er is een groene soep van onduidelijke herkomst en op de gloeiende houtskool worden aan pennen geregen stukjes schapenvlees geroosterd ('vijf staafjes met vlees kosten tweeënhalve cent!').

De beschrijving van Den Doolaard blijkt evenzeer nog actueel als hij met zijn gids Mohammed de soek induikt. Al honderden jaren bedrijven de handwerklieden hier hun nijverheid. De pantoffelmakers maken de geel- en roodleren babouches van kamelenleer, de edelsmeden hun armbanden. In de wijk van de houtbewerkers geurt het naar vers geschaafde meubelen, het kwartier van de ijzersmeden staat vol met sierlijk smeedwerk en onder de schaduw van de rieten matten wordt het vernis aangebracht op de lampenkappen van schapenblazen.

Gids Mohammed blijkt een gouden greep. Niet alleen wordt Mohammeds zuster Cherifa geronseld om bij de vijver van de koninklijke Agdal-tuinen te poseren voor de Leica van de schrijver. Ook draait de gids na de maaltijd een stevige joint van 'zwaargeurende kif'. Den Doolaard geniet onbekommerd mee van dit onbekende rokertje, dat hij beschrijft als 'een soort sterke henneptabak, waarop de Arabieren verzot zijn'. De lezer krijgt niet te horen of de schrijver het ook lekker vindt.

Een weekje langer blijven in Marrakech lonkt, maar in de verte verrijzen de besneeuwde toppen van de Hoge Atlas, waar de Berberstammen hun magere akkers bewerken. Den Doolaard koestert een groot respect voor de vrijheidsdrift van de Berbers, die weliswaar bekendstonden als onverbeterlijke veedieven en plunderaars, maar zich liever doodvochten dan overgaven aan de vijand.

Hij beschrijft gedetailleerd de strijd die de koloniale heersers na de instelling van het protectoraat van 1912 voerden om de Berberbevolking te onderwerpen. De Spanjaarden probeerden met gifgasbombardementen de opstanden in de Noordelijke Rif te onderdrukken, maar werden op gruwelijke wijze in de pan gehakt door het leger van de opstandige Berberleider Abdelkrim. De Fransen hadden de grootste moeite met lokale Berberstammen in de Atlas nabij Marrakech. In 1933, slechts vier jaar voordat Den Doolaard Marokko bezocht, begon het grootscheepse offensief van de troepen van het Franse vreemdelingenlegioen dat in de hoge Atlasketens een einde aan de weerstand zou maken. Tot dan toe hadden blokkades en legeracties de stammen steeds hoger de bergen in gedreven maar nooit geheel onderworpen.

Den Doolaard beschrijft deze oorlog in de bergen die slechts in vage geruchten was doorgedrongen in Europa. De strijd in de Atlas was een soort Vietnam van Noord-Afrika. De laatste 12.000 Berbers 'die, met hun vrouwen, kinderen en kudden bijeengedreven in de bergkloven, en enkel gewapend met geweren' boden zes weken lang weerstand aan een invasiemacht van 83.000 Franse soldaten en 44 vliegtuigen.

'De strijd om de bronnen begon. De oude Berberprofetieën voorspelden wel, dat de christenen nooit de Baddou, de heilige berg, zouden kunnen veroveren, en dat de Profeet hun kogels in was veranderen zou, hun bommen in rookwolkjes en hun mitrailleurvuur in stromen welriekend water – maar het eerste gevecht leerde hun het tegendeel. Vijf dagen lang verdedigden zij, schietend vanuit grotten, de bronnen van de Kerdous, de rivier, waarvan het leven hunner kudden afhing.' De Fransen verrichtten evenwel vanuit de lucht precisiebombardementen op grot na grot, waarbij honderden doden in de gewelven vielen. De laatste twee stammen verdedigden zichzelf met huid en haar, ook omdat hun tovenaars hadden beweerd dat de ongelovigen zich voedden met kleine kinderen, zo meldt Den Doolaard. 'De vrouwen moedigen de vechtenden aan met hun schrille gekrijs, terwijl de kinderen tussen de rotsen doorkruipen om de Franse kogels te vergaren.'

De situatie rond het water werd evenwel precair door een strategische fout van de Berberaanvoerder Ouskounti. Overtuigd van de onneembaarheid van de Baddouberg had deze de raad in de wind geslagen van het vrouwelijke stamhoofd Tazihout ('de Kenau der Berbers'), om ook de omringende bergen te bezetten. 'Nu keert slechts een op de tien nachtelijke waterhalers terug; 's morgens zien de dorstenden in hun holen lijken rond de putten liggen, met de blinkende emmers nog leeg en doorzeefd van de kogels.' Beneden glinstert de rivier met het tentenkamp van het Franse vreemdelingenlegioen, compleet met Griekse kasteleins en 'danseressen' voor het avondlijk vermaak. Geiten worden geofferd op de graven der heiligen en er wordt gebeden dat Allah de bliksem laat neerdalen op de Franse troepen en hun Griekse danseresjes. Maar een wanhopige tegenaanval mislukt. Nog vijftien dagen houden de Berbers het vol en geven zich dan uiteindelijk over. 'En dan komt het triestigste ogenblik voor dit dappere volk van geboren vechtjassen, wier waarste spreekwoord was: "Een Berber met een geweer is een koning." Ze moeten hun geweren op een hoop gooien; en wanneer sommige weerspannige vuisten te lang rond de loop van het geliefkoosde wapen geklemd blijven, rukken de "mokhazins", de Marokkaanse bereden politie, ze ruw weg.

Het langverwachte bericht der volkomen onderwerping van het weerspannig berggebied flitst door de telegraafdraden, en een paar beursmannen te Parijs zuchten voldaan. De honderden lijken der legioensoldaten worden haastig begraven. De exploitatie der kostbare kobaltmijnen kan beginnen.'

Vanuit Marrakech gaat de reis richting Fès en Meknès. Den Doolaard neemt de bus naar Kasbah-Tadla in de Midden-Atlas. De eerste 200 kilometer wordt afgelegd met een zogeheten 'wilde bus', een soort bustaxi omdat de lijn nog niet werd geëxploiteerd door de officiële Marokkaanse busdienst. De schrijver toont zich hier van zijn onversneden machokant. Stoer verkneukelt hij zich in het vooruitzicht van een avontuur in een bus met afgesleten banden, waar de chauffeur als gevolg van 'glaasjes-tegen-de-nachtkou' een slingerende koers aanhoudt waarbij zoveel mogelijk langs de rand van de ravijnen wordt gereden. Zo'n chauffeur wijst dan doorgaans met een hand naar de diepte waar een wrak van de concurrent ligt weg te roesten.

Het avontuur stelt wat teleur. Ravijnen ontbreken, en het hoogtepunt bestaat uit het aanrijden van een ezel. Het beest, beschermd door de rieten manden die het draagt, overleeft de botsing, maar een en ander veroorzaakt wel een geweldige ruzie tussen de chauffeur en de eigenaar van het dier. Er wordt meer geruzied in de bus: een andere Europeaan onder de passagiers is zijn portefeuille kwijt. Hij begint te vechten met een Marokkaan die zich weigert te laten fouilleren en wordt geloosd door het gezelschap. Onderweg raakt de bus almaar voller met boeren die op weg zijn naar de markt in Beni-Mellal en die met geiten, kippen en balen maïs op het dak worden geladen. Op het eindpunt van de rit, waar ternauwernood de verbinding met de officiële lijndienst gehaald wordt, blijken de deuren niet meer open te kunnen als gevolg van het gewicht op het dak, zodat de reizigers via het raampje de wagen moeten verlaten.

Wat misschien nog wel het meeste indruk maakt op Den Doolaard tijdens zijn trip zijn de kasba's rond de Atlas aan de rand van de woestijn, zoals die van de Aït Benhaddou in de buurt van Ouarzazate. 'Wie voor het eerst zulk een woestijnfort ziet, dorp en vesting tegelijk, dat in een plotseling opdoemen met wolkenkrabbertrotsheid de eentonig trillende lijn tussen hemel en aarde breekt, staat geslagen, alsof hij plotseling ontwaakt op een nieuwe vreemde aarde, waar de mens, uit stof geboren, met behulp van dit stof de hemel beklimt. Want elk dezer trotse torens bestaat enkel uit aarde en water, met schaarse balkjes van cederhout daartussen als steun.' Den Doolaard was niet de enige die onder de indruk raakte van Aït Benhaddou. Een kleine 25 jaar na zijn bezoek zou het dorp dienen als het decor van de filmklassieker *Lawrence of Arabia*. Later werd er een deel van de film *Gladiator* opgenomen.

De functie als ideaal filmdecor heeft ervoor gezorgd dat er stevig is geïnvesteerd om Aït Benhaddou te conserveren. Want de torens van dit soort kasba's mogen dan wel trots zijn, ze zijn van leem en dat betekent dat er maar een paar flinke regenbuien voor nodig zijn om de zaak letterlijk weg te laten spoelen. Veel van de lemen kasba's zijn dan ook aanzienlijk minder antiek dan ze eruitzien. Eenmaal verlaten is deze huizen geen lang leven beschoren.

Naast bewondering valt Den Doolaard op zijn tochten door Marokko ten prooi aan een zekere frustratie. Hij is zich er pijnlijk van bewust dat hij niet in staat is zich in de gedachten van de Marokkanen te verplaatsen. Marokko is fascinerend mooi en exotisch, tegelijk armoedig en wreed, en alles bij elkaar zo anders dat de Europeaan enigszins ontwricht raakt uit de alledaagse realiteit. Het decor van de medina's en de roodlemen torens in onherbergzame steenwoestijnen, bevolkt door inlanders met hun sociale onbeweeglijkheid en fatalisme, stellen de schrijver voor welhaast existentiële vragen. In de urenlange nachtelijke busrit naar Agadir verschijnt af en toe een ruiter op een wit paard in de koplampen. 'Spookpaard en spookruiter schijnen diep te slapen. Vanwaar? Waarheen? – Nutteloze vragen in een land waar een bijzondere inlandse politie de bewegingen der inboorlingen nagaat, omdat de Europese machthebbers er maar een schimmetje van begrijpen.'

De Europese consuls hebben nog steeds hun lijstjes met ontwortelde landgenoten, niet zelden herkenbaar aan hun ongeschoren en enigszins verkreukeld uiterlijk, die een onduidelijk bestaan leiden in een of andere medina. Op gezette tijden belandden zij in de lokale gevangenis wegens dronkenschap of verstoring van de openbare orde. Marokko, met zijn eigen levensritme en zijn vreemde gebruiken, kan een vervreemdend effect hebben op sommige geesten, waar misschien ook de plotselinge consumptie van ongebruikelijke hoeveelheden kif een bijdrage aan levert. Paul Bowles beschreef in zijn verfilmde boek The Sheltering Sky zo'n geval van ontsporing. Drie Amerikanen raken emotioneel totaal gedesoriënteerd in de weerbarstige omgeving aan de rand van de woestijn, die ze niet kunnen en niet willen begrijpen. Het is de combinatie van het immense, ongenaakbare landschap met een ondoorgrondelijke bevolking die hen uiteindelijk naar de afgrond drijft.

'De ziel van een Arabier is een geheim,' zo haalt Den Doolaard een oud Frans bestuursambtenaar aan. 'De ziel van een Berber een eeuwig raadsel.'

De golfkoning

Den Doolaard voelde al aan dat de koloniale overheersing van het weerbarstige land der lemen torens geen lang leven was beschoren. In 1956 zou Frankrijk aan zijn aanwezigheid een einde maken. Voor het eerst in zijn geschiedenis ontstond Marokko als onafhankelijke moderne staat onder een centraal gezag en geleid door een koning als staatshoofd. Het was koning Hassan II, de zoon van de sultan die Den Doolaard nog op zijn paard op het paleisterrein had zien rondrijden, die tijdens zijn 38-jarige regiem (1961-1999) nadrukkelijk zijn stempel op de jonge natie zou zetten.

Sommige veranderingen die de koning doorvoerde waren onvoorspelbaar. Zo kende het onafhankelijke Marokko ruim zestig jaar na het bezoek van Den Doolaard veertien golfterreinen. Touroperators spraken hun verwachting uit dat het aantal banen aan het begin van de 21ste eeuw zou verdubbelen.

De koninklijke golfterreinen in Agadir, Marrakech, Mèknes, Tanger of Rabat liggen er fraai bij en zijn verhoudingsgewijs goedkoop voor de westerse bezoekers. Golfen kent een zweem van chic. Vaak is er een kledingetiquette, men kan gebruikmaken van de diensten van een hulpje dat de golfclubs sjouwt en caddy wordt genoemd. Het is verboden om in de bosjes te plassen. Dat alles maakt het tot de sport bij uitstek waarmee men zich kan onderscheiden van de massa.

Of wijlen koning Hassan Ben Mohammed al-Alaoui (1929-1999) de hoop koesterde dat zijn volk ooit het welvaartsniveau zou bereiken om zich massaal tot het golfen te bekeren is niet bekend. Maar dat hij zijn hele leven met overgave deze sport beoefende staat vast. De koning leende zijn naam aan een golftoernooi van internationale klasse. Een reusachtige foto van de vorst – in opzichtig golftenue de golfclub boven het hoofd geheven, klaar om te slaan – sierde lange tijd een van de moskeeën van Rabat. 'De koning aan het werk,' aldus de voorbijgangers.

Dat klopte ook nog. 'Zijne Majesteit heeft begrepen dat de menselijke machine niet gebouwd is om onder permanente druk te staan,' zo notuleerde een van zijn Franse artsen. En dus werd de golfbaan als een soort open kantoor benut waar de vorst zijn bewindslieden ontving. Hassan gevraagd naar zijn golfhandicap: 'Mijn grootste handicap is als ik bijeen ben met enkele ministers die me tussen twee slagen door nota's presenteren.' De handicap was overigens vier, zo meldde de vorst bescheiden. Voor leken: een handicap van vier mag excellent heten voor een amateur. Een diplomaat, vermoedelijk een Franse ambassadeur, kwam er in een discreet gesprek met de koninklijke caddy achter dat deze de balletjes stiekem op een mooie plaats neerlegde als zijne koninklijke hoogheid de bal weer eens royaal het parcours had uitgeslagen. Dat voorkwam een hoop gedoe en woedeaanvallen.

Het is bekend: wie golft, speelt tegen zichzelf. In zekere zin is hij zijn eigen vijand. Dat was uiteindelijk een van de grootste problemen van koning Hassan II: grenzeloze zelfingenomenheid, olympische grootheidswaan, het onvermogen om zijn verlies te accepteren en vals spel. Helaas waren het tekortkomingen die de koning niet alleen op de golfcourse heeft uitgeleefd. Het Marokko van nu is alleen te begrijpen voor wie de grillen van de vroegere koning kent. Reeds als kroonprins overvleugelde Hassan zijn vader Mohammed V. Toen hij stierf was er geen restaurant, café, stationshal of bedrijfsruimte in Marokko waar zijn portret niet hing. Veel Marokkanen hadden Hassan voor de zekerheid ook in huis hangen. 'Desnoods op het toilet,' zoals het grapje ging. Decennialang zou Hassan II als een verlicht despoot zijn land regeren. Al golfend overleefde hij al zijn tegenstanders.

Van jongs af aan was duidelijk dat Hassan uit ander hout was gesneden dan zijn vader. Rond de laatste mocht in de jaren van de koloniale bezetting weliswaar een mythe zijn ontstaan van een gewiekst tegenstander van de Franse bezetter, hij stond toch ook bekend als een weinig karaktervast, besluiteloos en enigszins tragisch figuur. Opgegroeid onder het Frans-Spaanse protectoraat was Hassan van dichtbij getuige geweest van de vernederingen die de koloniale grootmachten zijn vader lieten ondergaan. In 1953 was hij met de koninklijke familie verbannen naar Corsica en later naar Madagascar. Als kroonprins trad hij reeds op vroege leeftijd uit de schaduw van zijn vader om de Fransen bij onderhandelingen van weerwoord te dienen. Na de triomfantelijke terugkeer was het Hassan die een nadrukkelijk stempel drukte op de gesprekken over de onafhankelijkheid in 1956.

Intelligent, energiek, snel van begrip en autoritair: Hassan werd al vroeg bestempeld als een toekomstig vorst die een belangrijke rol zou kunnen spelen in de Arabisch wereld. Het nieuwe onafhankelijke Marokko bevond zich in een chaotische toestand zonder veel centraal gezag. De Franse koloniale macht had in de laatste jaren zijn greep op de situatie verloren. Gewapende verzetsgroepen heersten in delen van het land en waren in een aantal gevallen nauwelijks te onderscheiden van de struikroversbendes van weleer. De poging om na de onafhankelijkheid het verzet samen met het reguliere koloniale leger onder te brengen in de Koninklijke Strijdkrachten, (Forces Armées Royales, FAR, onder opperbevel van kroonprins Hassan) was maar ten dele gelukt.

Als kroonprins liet Hassan al snel na de onafhankelijkheid merken dat hij hard kon toeslaan. Dat gebeurde in de Rif, traditioneel een van de meest onrustige gebieden van Marokko. Aanleiding was de herbegrafenis van Abbas Messaadi in zijn geboortedorp Ajdir, vlak bij Al Hoceima. Deze bekende commandant van het Berberverzet tegen de Fransen was in 1956 vermoord, omdat hij had geweigerd zich neer te leggen bij de alleenmacht van de nationalistische Istiqlal-beweging en zelfs enige tijd de toenmalige secretaris-generaal Mehdi Ben Barka gijzelde. Ajdir was uitgerekend de plek waar de beroemde Berberleider Abdelkrim al-Khattabi zijn basis had gehad. Symbolischer voor de Berberonafhankelijkheid kon de herbegrafenis niet zijn.

De ceremonie liep uit op felle anti-Istiqlal-demonstraties, waarbij de twee aanvoerders – de Berberstrijder Mahjoubi Ahardane en de verzetsheld dr. Abdelkrim El-Khatib (niet te verwarren met zijn naamgenoot Abdelkrim de Berberleider) – in de gevangenis belandden. Het gevolg was een volksopstand in de Rif, waarbij lokaal gehate Istiqlal-politici werden geliquideerd.

Begin 1959 besloot kroonprins Hassan de Koninklijke Strijdkrachten in te zetten om de opstand in het noorden neer te slaan. In de Rif, bakermat van het verzet tegen de koloniale bezettingsmacht, werd nu door de Marokkanen zelf een slachting aangericht. Het achterland van Al Hoceima werd met napalm gebombardeerd, dorpen werden uitgemoord. Het aantal slachtoffers van de acties is nooit bekend geworden. Vanuit een helikopter volgde de kroonprins de verrichtingen van een zekere kolonel

Oufkir, die de belangrijkste gevechtsgroep aanvoerde van de 20.000 man aan strijdkrachten die werden ingezet. Marokko zou nog veel horen van deze militair, wiens reputatie van wreedheid door het ingrijpen in de Rif definitief werd gevestigd. De Riffijnen hielden een brandende haat in hun hart jegens de latere koning Hassan II. Deze zou de rest van zijn leven nooit meer een voet in het noorden zetten.

Op 26 februari 1961 overleed Mohammed V, de man die zich bij de onafhankelijkheid koning in plaats van sultan had laten noemen. Hij was op dat moment 51 jaar en had nauwelijks 5 jaar op de troon van het onafhankelijke Marokko gezeten. De omstandigheden van zijn dood waren bizar. Na een chirurgische correctie van zijn neustussenschot – vermoedelijk in verband met snurken, een ingreep van een halfuurtje, verricht in de koninklijke privé-kliniek – kwam de vorst niet meer bij uit zijn anesthesie. Een hartstilstand werd geconstateerd.

De dood van Mohammed V is tot op de dag van vandaag een beladen onderwerp. Geraadpleegde artsen hadden van meet af aan hun twijfels bij de doodsoorzaak. Onder de vele vijanden van Hassan deed en doet het gerucht de ronde dat de toenmalige kroonprins wellicht zelf zijn vader uit de weg heeft geruimd. Sommige kabinetsleden, zoals de Istiqlal-politicus Mohammed Boucetta, herinnerden zich vooral de koele wijze waarop Hassan direct na de dood van zijn vader het heft in handen nam. Had Hassan, na een ruzie over het te voeren beleid, zijn vader een volstrekt onnodige neusoperatie aangepraat? En gezorgd dat er geknoeid was met de verdoving? De geruchten zouden Hassan altijd blijven aankleven en bijdragen aan zijn duistere imago.

De onafhankelijkheid had Marokko voor het eerst in zijn eeuwenlange geschiedenis van stammenstrijd en verdeeldheid een nationale identiteit gegeven. Tot op de dag van vandaag is de positie van de koning te verklaren als het symbool voor de samenhang van het land. Het tonen van de onvoorwaardelijke aanhankelijkheid aan de koning is een ritueel waarmee de Marokkanen hun nationale eenheid als volk bevestigen. En omdat deze natio-

nale eenheid een zaak is waarmee de Marokkanen zuinig om-
springen, geldt de koning als een cruciale spil van het land.

Niemand wist deze symboolfunctie beter uit te buiten dan
koning Hassan zelf. In de chaotische, wankele jaren na de onafhankelijkheid gebruikte hij zijn positie om vrijwel alle macht in
het koninkrijk naar zich toe te trekken. De nationale slagzin van
Marokko spreekt wat dit betreft boekdelen: 'God, het Vaderland,
de Koning'. Een bekende grap onder Marokkanen gaat over deze
nationale spreuk zoals die in het hele land met grote letters op
bergen is aangebracht. 's Avonds wordt de spreuk verlicht, maar
op een zekere nacht blijken op een van de bergen de stoppen te
zijn doorgeslagen en blijven de woorden 'de Koning' donker. Er
breekt paniek uit. 'Snel,' zegt de bewaker van de berg tegen zijn
hulpje. 'Pak de zekeringen bij "God" weg en zet ze in "de Koning".'

Hassan regeerde Marokko als god. Hij was staatshoofd, opperbevelhebber van het leger, niet voor niets de *Koninklijke* Strijdkrachten genaamd, en *Amir al-Mou'minine* ofwel aanvoerder van de
gelovigen: een referentie aan de politiek-religieuze macht uit de
begintijden van de islam. De koning fungeerde als voorzitter van
het kabinetsberaad, benoemer van de sleutelministers en hoogste rechter: achter de façade van een democratie regeerde de
koning zijn land als een absoluut vorst. Verkiezingen werden
schaamteloos gemanipuleerd, partijen tegen elkaar uitgespeeld
of verboden. De pers, voornamelijk bestaand uit partijkranten,
verscheen en verdween al naargelang het hem uitkwam. Het veiligheidsapparaat van politie en geheime diensten zorgde voor
een terreur door middel van verdwijningen, liquidaties en martelingen, die zich gaandeweg in de jaren zestig en zeventig ontwikkelde tot een geïnstitutionaliseerde staatsterreur. Het waren
de 'Jaren van Lood', die diepe littekens in Marokko achter zouden laten. Het voormalige verzet tegen de Fransen, de nationalistische partij Istiqlal, de socialisten van de UNFP en verder alles
wat riekte naar een potentiële bedreiging voor de kroon werd zo
nodig meedogenloos aangepakt.

Hassan slaagde er evenwel in om in het buitenland een gematigd, bijna democratisch imago te verkopen. Eind jaren tachtig, na de val van de Berlijnse Muur, liet de vorst onder druk van de Amerikanen de teugels lichtjes vieren. Met zijn brede scala aan politieke partijen, een parlement en de aanwezigheid van een grote hoeveelheid kranten leek Marokko aardig op weg naar een moderne democratie. Het was echter, zo schreef Khaled Jamaï, een onafhankelijke journalist, 'een toneelstuk van een regeringssysteem waarvan de eerste doelstelling bestond uit het garanderen van het voortbestaan van een autoritaire, totalitaire monarchie'.

In het machtsspel zorgde Hassan dat een machtige kliek rond het koninklijke huis werd instandgehouden met gunsten en een grenzeloze corruptie. Het was een voorzetting van het traditionele systeem van de grootstedelijke machthebbers rond het hof dat bekendstond als de *makhzen*. De makhzen installeerde zich als een bijna institutioneel staatsstelsel: het gebruik van steekpenningen nam onder Hassan epidemische vormen aan en drong door tot op ieder niveau in het land. De koning liet zijn gunstelingen een auto uit zijn wagenpark kiezen of gaf zijn legerofficieren de vrije hand met roofpartijen. De koninklijke familie groeide onder Hassan uit tot de rijkste grootgrondbezitter en exporteur van landbouwproducten. Als belangrijkste aandeelhouder van de houdstermaatschappij Omnium Nord-Africain (ONA), een voormalig filiaal van de Franse Banque de Paris et des Pays-Bas, heeft de koninklijke familie een grote vinger in de pap in de belangrijkste industriële activiteiten in Marokko.

Oude gebruiken werden in ere hersteld. Net als in vroegere tijden onder de sultans deed men er niet verstandig aan om te veel te pronken met zijn rijkdom. Dat ondervond een minister van Openbare Werken die een feestje gaf in zijn juist voltooide fraaie villa. Aanleiding was zijn eerste miljoen dollar, vermoedelijk grotendeels bijeengeroofd met steekpenningen. Onverwacht maakte de koning zijn opwachting in het feestgedruis. De vorst was duidelijk onder de indruk van de villa. Hoeveel het pand had gekost, informeerde Hassan belangstellend. De minister, plotseling bevangen door de angst zich al te rijk voor te doen, noemde een belachelijk laag bedrag. 'Dat is mooi, ik koop het voor het dubbele,' zei de koning ruimhartig. *An offer you can't refuse.* Met pijn in het hart kon de minister niet anders dan zijn villa voor de veel te lage prijs aan de koning verkopen. Het had een practical joke kunnen zijn, ware het niet dat koning Hassan niet bekendstond om zijn gevoel voor humor.

Jonge Turken, oude tulbanden

Het is druk op het kleine vliegveld van Rabat op deze heldere zonnige zaterdagmiddag in november 1999. De samengestroomde vrienden, sympathisanten en het peloton aan buitenlandse journalisten met hun cameraploegen zijn in afwachting van het vliegtuig van Air France uit Parijs. Op de spandoeken danst een rij portretten in de lucht, een fotoalbum van een verleden dat de autoriteiten vergeefs uit de geschiedenis hebben proberen te wissen. Het zijn jonge mannen, met lang haar dat ooit stond voor links en een gevaar voor de gevestigde orde. We lezen: Abdellah Rouissi, vakbondsleider bij de Banque du Maroc, verdwenen 4 oktober 1964. Omar el Ouassouli, verdwenen in 1984, volgens onbevestigde geruchten van officieren van de geheime dienst voor het laatst levend gezien in Nederland. Slachtoffers van de 'Jaren van Lood', Marokko's zwarte verleden van *Nacht und Nebel*-verdwijningen, martelingen en moordpartijen. 'We wachten op de waarheid,' roept een spandoek. 'De dossiers zijn nog niet gesloten.'

Eén portret keert veelvuldig terug op de spandoeken. Een kleine, ietwat muizige man, met donkere ogen onder zware wenkbrauwen en stug haar. In de verte heeft hij iets weg van de Franse schrijver Albert Camus. Een gezicht dat iedereen in Marokko moeiteloos herkent: Mehdi Ben Barka, oprichter van de socialistische partij van Marokko, spoorloos van de aardbodem verdwenen in 1965 te Parijs. Voor Marokko het symbool voor de jaren van terreur. Voor velen in Afrika en Europa vormde Mehdi Ben

Barka samen met de Algerijnse leider Ahmed Ben Bella (die in 1965 was afgezet na een legercoup) de vervlogen hoop op een nieuwe toekomst voor het Noord-Afrika van na de onafhankelijkheid.

De emoties rond Mehdi Ben Barka leven onverminderd voort. En dat zegt veel over het diepgaande trauma dat de terreur veroorzaakte in de eerste decennia van de onafhankelijkheid van Marokko. Zoals Spanje werd getekend door zijn burgeroorlog en de dictatuur van Franco en Nederland door de Duitse bezetting in de Tweede Wereldoorlog, zo kent Marokko zijn Jaren van Lood als moreel ijkpunt in zijn nationale bewustzijn. En de dood van Ben Barka houdt die herinnering levend.

Lang was de naam Ben Barka taboe in Marokko. Maar deze zaterdag is de terugkeer uit ballingschap van de familie voorpaginanieuws. Mevrouw Rhita Ben Barka, zoon Bachier, dochter Fawz en de tweeling Saâd en Mansour Ben Barka verschijnen wuivend op de vliegtuigtrap. Vergezeld door minister van Justitie Omar Azziman wandelen ze naar het vipzaaltje van de luchthaven.

De autoriteiten moeten duidelijk nog wennen aan de hartelijke ontvangst voor de Ben Barka's. Breedgeschouderde veiligheidsbeambten proberen om onduidelijke redenen cameralieden van hun plaats te trekken. Er wordt gevloekt en gescholden en met officiële papieren gewapperd. 'Dit is een vergunning van uw minister van Binnenlandse Zaken,' schreeuwt een Franse cameraman woedend. De gorilla's trekken zich terug, waarna prompt een chaos ontstaat bij de ingang van het vipzaaltje. De familie dreigt door een kluwen agenten en journalisten verpletterd te worden. Een vraaggesprek met familiewoordvoerder Bachier Ben Barka sneuvelt in de veldslag. Terwijl de familie schielijk instapt en met de officiële karavaan auto's richting hoofdstad vertrekt, wordt een veiligheidsbeambte in een beige kostuum door de schare pers als hoofdverantwoordelijke voor de chaos herkend. Een geloei stijgt op. Slechts een snelle sprint richting hoofdgebouw redt de man van een lynchpartij. In het nieuwe Marokko zit de pers achter de politie aan in plaats van andersom.

Een kleine veertig jaar eerder was het de aankomst van Mehdi Ben Barka zelf die tot wilde taferelen leidde op het vliegveld van Rabat. In mei 1962 keerde hij terug uit een van zijn tijdelijke ballingschappen en werd als een volksheld binnengehaald door een juichende massa. Zijn auto moest zich een weg banen tussen de mensenmenigte die zich had verzameld langs de route van het vliegveld naar Rabat. De politie verordende een eenrichtingsverkeer in de straat waar hij woonde om de menigte bezoekers in goede banen te leiden. Bezoekers kwamen via de voordeur binnen en verlieten zijn huis aan de achterkant door de tuin.

Mehdi Ben Barka behoorde samen met Mohammed Boucetta en Abderrahman Youssoufi tot de jongere garde van de Istiqlal, de nationalistische eenheidspartij voor onafhankelijkheid van de politieke veteraan Allal al-Fassi. Ben Barka's rol was cruciaal bij het touwtrekken om de macht tussen de nationalisten en het koningshuis dat na de onafhankelijkheid begon. Partijleider Al-Fassi, een generatiegenoot van Mohammed v die samen met hem de terugtrekking van de Fransen had voorbereid, was al sinds de jaren dertig in de nationalistische beweging actief. Hij behoorde tot de militante verzetsstrijders van het eerste uur, maar werd al snel vooral een politieke ster.

In 1933 besloot het actiecomité van nationalisten waartoe Al-Fassi behoorde om samen te werken met de sultan Mohammed v. Ze organiseerden hiertoe het eerste troonfeest in Fès om de sultan als nationaal symbool te propageren. Tot ieders verbazing sloeg het aan: hier en daar was zelfs 'leve de koning' te horen. Het werd het begin van een lange samenwerking tussen nationalisten en het koningshuis. In 1944 richtte Al-Fassi de Istiqlal op, hetgeen Onafhankelijkheid betekent.

Al-Fassi behoorde tot de elite uit Fès wiens familie zich ooit na de val van Granada vanuit Andalusië in Marokko had gevestigd. Al-Fassi betekent letterlijk 'uit Fès'. De fassi is ook de verzamelnaam van de stedelijke klasse van notabelen die de steunpilaren vormden voor de makhzen van de vroegere sultans. Allal al-Fassi kwam bovendien uit een familie met een sterk religieuze achtergrond: zijn vader was secretaris van de lokale raad van *oulema*. Zelf raakte hij tijdens zijn studie aan de universiteit van Fès sterk beïnvloed door de ideeën van het salafisme, de beweging die een terugkeer naar uitgangspunten van de islam combineerde met een voor Marokko nieuw nationalisme. Al-Fassi was vanuit deze nationalistische gedachte tevens een overtuigd monarchist: hij zag voor koning Mohammed V een duidelijke rol weggelegd in het nieuwe onafhankelijke Marokko. Hij was een groot pleitbezorger voor de terugkeer uit ballingschap in 1955 van de koning en bouwde bewust mee aan diens mythische rol als slachtoffer van de Franse koloniale bezetter. Bij zijn gedwongen vertrek werd de vorst nog op zijn best beschouwd als een slappe weifelaar, die als het erop aankwam zwichtte voor de Fransen. Maar de ballingschap had mede dankzij Al-Fassi wonderen gedaan: de koning was uitgegroeid tot een krachtig symbool van het verzet tegen de koloniale heerser.

De jongere garde onder leiding van Ben Barka daarentegen had plannen voor een Marokko waarin het voortbestaan van het koningshuis heel wat minder vanzelfsprekend was. Ben Barka begreep het nut van de koning en toonde zich in het openbaar een pragmatische monarchist. Maar ook na de onafhankelijkheid en de opvolging van Mohammed V door zijn zoon Hassan was de positie van het koningshuis voor hem geen uitgemaakte zaak. Het Marokkaanse koningshuis had reden genoeg om op zijn hoede te zijn. Marokko zou niet het eerste islamitische land in Noord-Afrika en het Midden-Oosten zijn waar de monarchie het veld moest ruimen.

Sultan Mohammed V, die zich bij de onafhankelijkheid koning was gaan noemen, was dan ook niet bereid om te veel van zijn macht met de nationalisten te delen. Allal al-Fassi werd tot zijn grote ongenoegen tot tweemaal toe gepasseerd in de eerste regeringen van het onafhankelijke Marokko. Koning Mohammed V besloot relatief veel macht te geven aan feodale Berberstammen die vanouds weinig ophadden met de nationalisten en hun plannen voor het nieuwe Marokko. Om in de traditionele termen te spreken: de koning deed een beroep op de *bled-es-siba*, de stammen op het platteland, om zich te beschermen tegen een nieuwe makhzen in de vorm van een politieke nationalistische beweging die op de macht uit was.

Onder de jongeren van de Istiqlal groeide het ongenoegen dat de gezagsgetrouwe Al-Fassi zich voortdurend naar het tweede plan liet wegschuiven. Langzaam werden de contouren zichtbaar van een schisma binnen de nationalisten: de 'jonge Turken' onder leiding van Ben Barka en de 'Oude Tulbanden' van Al-Fassi.

De oude tulband en de jonge Turk hadden niet veel met elkaar gemeen. Al-Fassi was een gelovig moslim, duidelijk beïnvloed door het salafisme, de islamitische stroming die de onafhankelijkheidsstrijd zag als religieuze plicht om de christelijke indringers te verdrijven. Ben Barka was daarentegen het prototype van een nieuwe lichting min of meer seculiere Marokkanen. Geen notabel maar van bescheiden komaf, was hij doordesemd met het denken van de Franse linkse intellectuele elite. Zijn verzet tegen het koloniale regiem werd geïnspireerd door de westerse ideeën van Verlichting en de Franse Revolutie. Ben Barka was socialist, een politiek gedachtegoed van westerse herkomst waar Al-Fassi niets van moest weten.

Al-Fassi genoot grote populariteit met zijn opzwepende publieke toespraken vol met emotionele oproepen tot vaderlandsliefde. Ben Barka sprak de menigte daarentegen toe met een betoog vol intellectuele argumenten en blauwdrukken voor een nieuwe toekomst. Voor een jonge generatie was hij de werkelijke held, de hoop van een nieuw Marokko, een man met een jeugdig elan die in staat was een moderne staat te vormen. De kroonprins vermoedde niet ten onrechte dat Ben Barka republikeinse sympathieën koesterde. Hij was, anders dan Al-Fassi, op termijn een reële bedreiging voor het voortbestaan van de koninklijke dynastie.

De koning en de president

Mehdi Ben Barka werd in 1920 in de medina van Rabat geboren als de zoon van een kleine handelaar in thee en suiker. Omdat zijn vader de koranlezer in de moskee was, leerde hij lezen en schrijven en ging zelfs naar een koranschool. Daar viel hij op door zijn uitzonderlijke intelligentie. De directeur wist hem te plaatsen op een Franstalige lagere school voor de kinderen van notabelen. Mehdi bleek zeer begaafd te zijn in wiskunde en wist uiteindelijk zelfs als student door te dringen tot de wiskunde-faculteit van de universiteit in Algiers. Daar raakte hij bevlogen door de nieuwe nationalistische ideeën.

De uitzonderlijke student van bescheiden komaf werd bij zijn terugkomst naar Rabat in 1942 leraar wiskunde aan het beste ly-ceum van de stad. Zijn bekendste leerling was de kroonprins Moulay Hassan. In Rabat ontwikkelde Ben Barka zich in vrije uurtjes al snel tot een enthousiast initiatiefnemer en creatieve plannenontwikkelaar binnen de opkomende nationalistische Is-tiqlal. Ben Barka meende dat Marokko een heel nieuwe toe-komstvisie nodig had die niet eindigde met het verdrijven van de koloniale overheerser. Het land moest van de grond af aan opge-bouwd worden. Er waren scholen nodig, opleidingen, jeugdbe-wegingen. Er moesten crèches komen voor de kinderopvang. Meer weeshuizen om de zwerfkinderen op te vangen. Land-bouwhervormingen waren nodig, net als economische meerja-renplannen. Marokko had een inhaalslag van eeuwen te maken.

In 1944 was Ben Barka de jongste ondertekenaar van het ma-nifest voor de onafhankelijkheid. Het leverde hem twee jaar ge-vangenisstraf op. Bij herhaling pakten de Franse autoriteiten hem op of plaatsten hem onder surveillance.

Als uitvoerend secretaris-generaal bekleedde Mehdi Ben Bar-ka een centrale positie binnen de Istiqlal. Zijn ideaal: de Istiqlal als de grote eenheidspartij van Marokko die, gesteund door de socialistische vakbond UMT, Marokko op een nieuwe toekomst voorbereidde.

Met een meerpartijendemocratie hadden de doctrines en het

drammerige taalgebruik van Ben Barka weinig te maken, maar het waren ideeën die het in die dagen goed deden bij veel intellectuelen in Europa. Ook de minder frisse methodes waarvan de secretaris-generaal zich bij tijd en wijle bediende werden door de vingers gezien. Communisten en andere tegenstanders die zich tegen de hegemonie van de Istiqlal verzetten werden 'weggezuiverd', liquidaties werden niet uitgesloten. Het doel van het nieuwe Marokko heiligde vergaande middelen.

Mehdi Ben Barka was het typische voorbeeld van uitzonderlijke personen zoals die in de geschiedenis van een land onder uitzonderlijke omstandigheden kunnen opstaan. Ben Barka was hyperactief en onvermoeibaar, intelligent, vastbesloten, maar ook gehaast, opvliegerig, autoritair, calculerend, wantrouwend en absoluut overtuigd van zijn eigen gelijk. Achter zijn doctrinaire taalgebruik zat een man die als het erop aankwam verrassend genoeg bereid was tot pragmatische concessies. Maar ook iemand die hard kon toeslaan als hij dat noodzakelijk achtte.

Toen de Fransen eenmaal waren vertrokken, moesten de ongeregelde verzetstroepen in de bergen en verzetscellen in de steden met harde hand in het gareel worden gebracht. Wapens waren niet ingeleverd, sommige verzetstroepen hadden zich ontwikkeld tot halve struikrovers, anderen weigerden zich te schikken naar de nieuwe politieke realiteit. Er wordt wel gezegd dat er twee mannen waren die het Marokkaanse verzet onder controle hebben gebracht: Ben Barka en de kroonprins Moulay Hassan. Waar Hassan te werk ging met strafexpedities van het leger, gebruikte Ben Barka zijn informantennetwerk en liet weerbarstige lastposten uit de weg ruimen.

Bij de onafhankelijkheid in 1956 werd Ben Barka benoemd tot president van de raadgevende nationale vergadering, een belangrijke post in het nieuwe Marokko. Op het eerste gezicht waren op dat moment de verhoudingen tussen Ben Barka en zijn vroegere leerling de kroonprins Hassan uitstekend. Ben Barka liet zich zelfs ontvallen dat de toekomstige koning een stabiliserende factor kon zijn voor het land. Uit die tijd dateert ook een

mooie foto: we zien de jonge kroonprins Hassan ontspannen lachend achter het stuur van een van zijn bolides. Achterin zit
Mehdi Ben Barka, die enigszins ongedurig naar buiten tuurt. Hij
mag meerijden, maar de kroonprins stuurt. Hassan moet op dat
moment al geweten hebben dat Ben Barka's naam circuleerde als
de mogelijke eerste president van de onafhankelijke republiek
Marokko. Het was daarom een goed idee om Ben Barka als president van de raadgevende nationale vergadering te benoemen. Je
grootste vijanden moet je altijd in de buurt houden. De toekomstige koning en de gedoodverfde president waren aan elkaar gewaagd en beseften dat terdege.

De eerste kabinetten waren geen prettige ervaring voor de Istiqlal.
De koning benoemde zijn eigen vertrouwelingen als ministers
van Binnenlandse Zaken en Defensie, posten die de politie en het
leger besturen en daarmee de sleutel vormden tot de macht. Geen
Marokkaanse koning zou deze grondwettelijke bevoegdheid
meer uit handen geven. Toen na de val van de eerste regering (als
gevolg van de opstanden in de Rif) opnieuw de leider van de Istiqlal als regeringshoofd werd gepasseerd, was de conclusie voor
Ben Barka duidelijk: het koningshuis was niet van plan om zijn
macht in te perken tot een constitutionele monarchie.

Het ongeduld van de jonge Turken onder leiding van Ben Barka liet zich niet langer beteugelen. Er ontstond een scheuring
binnen de Istiqlal. Ben Barka probeerde tevergeefs de partijlei-
ding af te zetten door een motie van wantrouwen. Allal al-Fassi
zette vervolgens op zijn beurt Ben Barka uit de partij, samen met
andere 'militante anarchisten en vernielers'.

En zo richtte Ben Barka op 6 september 1959 l'Union nationale des forces populaires (UNFP) op. Marokko had van nu af aan
zijn socialistische partijunie, een links-nationalistische tegen-
hanger van de Istiqlal. Studenten, vakbondsleden en jonge intellectuelen maakten de overstap naar de nieuwe partij, die duidelijk voorstander was van verregaande hervormingen en een
dynamischer imago had dan de traditionele Istiqlal. Onder hen
waren Mohammed Basri el fqih (de rechtsgeleerde), de symboli-

sche leider van het gewapende verzet tegen de Fransen en een van de populairste strijders voor de onafhankelijkheid. Ook Abdallah Ibrahim, de betrekkelijk machteloze premier van het kabinet, maakte de overstap.

Het koninklijk huis besloot de nieuwe partij direct duidelijk te maken dat zij niet te veel praatjes moest krijgen. Drie maanden na de oprichting van de UNFP werd Abderrahman Youssoufi, hoofdredacteur van de partijkrant van de UNFP, samen met fqih Basri bij wijze van waarschuwing gevangengezet. De jonge Turken en opstandige oudgedienden moesten hun plaats weten. Ben Barka vluchtte naar Duitsland, waar zijn broer handelsconsulent was bij de ambassade. Niet lang daarna werd een 'samenzwering' tegen de koning ontdekt — een vermoedelijk uit de duim gezogen complot — waarbij de beschuldigende vinger richting UNFP wees.

Drie jaar na de onafhankelijkheid was er weinig meer over van de idealen van de nationalisten. De illusie om leiding te geven aan de hervorming van het nieuwe Marokko was goeddeels vervlogen. De koning, in feite vooral de kroonprins die het leger aanvoerde, hield de touwtjes strak in handen. De regering was een schijnvertoning. Critici en potentiële tegenstanders verdwenen in de gevangenis. Opstanden werden bloedig onderdrukt. Persvrijheid werd afgeschaft al naar gelang het uitkwam, partijen werden zo nodig tijdelijk verboden.

Eind 1960 leek er even uitzicht op verandering. De koning liet de top van de socialistische UNFP weten een kabinet onder hun leiding te willen installeren. In ruil hiervoor moesten zij het principe van een constitutionele monarchie accepteren. Pragmaticus Ben Barka ging akkoord. Maar de nieuwe ontspanning werd op 26 februari 1961 ruw verstoord: koning Mohammed V stierf als gevolg van zijn operatie aan zijn neus. Vanuit Parijs stuurde Ben Barka zijn condoleances aan Hassan en herinnerde hem aan de plicht om het werk van zijn vader af te maken: een democratisch Marokko. Bij wijze van antwoord begon de koningsgezinde pers een smaadcampagne tegen Ben Barka. 'Van heldere wiskunde tot decadente politiek,' zo vatte een van de krantenkoppen de ontwikkeling van diens activiteiten samen.

De terugkeer van Ben Barka in mei 1962 naar Marokko in verband met een congres van zijn partij werd een zegetocht. Gesteund door zijn populariteit nam hij steeds minder een blad voor de mond bij het bekritiseren van de nieuwe koning Hassan II. Hij leverde fel commentaar op het voortdurende uitstel van de nieuwe grondwet voor Marokko. Koning Hassan had met hulp van Franse rechtsgeleerden een concept laten opstellen dat een curieuze mengeling vormde van een democratie en een absolute monarchie. Marokko kreeg een democratisch verkozen regering. Maar essentiële benoemingen in het kabinet bleven het voorrecht van de koning. Deze was voorts aanvoerder van het leger, aanvoerder der gelovigen en hoogste rechter. En, alsof het niet genoeg was, garandeerde een uitzonderingsbepaling dat de koning op ieder moment ook alle resterende macht naar zich toe kon trekken als hij dit nodig achtte.

Hassan kondigde voor begin december 1962 een referendum aan waarin het volk zich over de conceptgrondwet kon uitspreken. Drie weken voor de volksraadpleging riep de UNFP op tot een boycot. Enkele dagen later werd de auto van Ben Barka tussen Rabat en Casablanca van de weg af gereden met de duidelijke bedoeling hem in een ravijn te laten storten. De aanslag, vermoedelijk door agenten van de veiligheidsdienst, mislukte. Ben Barka bleek echter een nekwervel te hebben gebroken en vertrok naar Duitsland om zich te laten behandelen. In het referendum werd de grondwet met een overweldigende meerderheid goedgekeurd. Volgens de officiële cijfers was 85 procent van de kiezers komen opdagen. Slechts 3 procent van de kiezers stemde tegen. Internationale waarnemers spraken van een flagrante stembusfraude.

Niet lang daarna volgde een nieuwe krachtmeting tussen de koning en de politieke oppositieleider. In mei 1963 werden de eerste officiële parlementsverkiezingen in Marokko gehouden. Ben Barka, weer terug in het land, bleek volle zalen te trekken. De verkiezingen dreigden opnieuw uit te lopen op een grote fraude, zo hield hij zijn aanhang voor. De koningsgezinde partijen kochten op grote schaal stemmen. In een ongekend kritisch interview in het Parijse weekblad *Jeune Afrique* viel Ben Barka openlijk de koning aan. De vorst moest de politieke partijen de ruimte geven die hun toekomt, meende de socialistische partijleider. Zo niet, dan zakte het land af naar een fascistisch regiem. Of Marokko nu door een president of een koning werd geleid was minder van belang. 'Maar als er één man is die de monarchie saboteert, is het de koning zelf,' concludeerde Ben Barka.

Onder druk van de omstandigheden zocht Ben Barka zelfs weer toenadering tot Allal al-Fassi, die eveneens zwaar gefrustreerd was over de manier waarop de koning de zaken naar zijn hand wilde zetten. Tijdens de verkiezingscampagne werden beide nationalistische partijen systematisch uit het nieuws gehouden door de kranten en de radio. Vrij openlijk ruilden kiezers hun stembiljetten in voor dirhams, suikerbrood en muntthee.

Ondanks de corruptie en het wegkopen van stemmen was de uitslag verrassend: Istiqlal en de UNFP behaalden samen exact evenveel zetels als de koningsgezinde partijen. Koning Hassan besloot hard op te treden. De drie kranten van de nationalistische oppositie werden verboden. In juli 1963 belegerden politie en veiligheidstroepen het hoofdkantoor van de UNFP en arresteerden de complete top en de gekozen parlementariërs. De beschuldiging: een complot tegen de koning. In het hele land volgden duizenden arrestaties. Er werd gemarteld en mishandeld.

Achter de grootscheepse actie zat het – ditmaal niet onwaarschijnlijke – gerucht dat oud-verzetsstrijder Basri el fqih bezig was een gewapende opstand tegen de koning voor te bereiden. Het complot vormde een uitstekend excuus. Ben Barka werd ervan beschuldigd geld te hebben ontvangen van de Iraakse Ba'athpartij om de koning uit de weg te ruimen. Hij wist op tijd naar Egypte te ontkomen en verklaarde vanuit Cairo dat zijn land was vervallen tot een politiestaat.

Daar leek het inderdaad op. Het strafproces tegen honderdtwee verdachten van het koningscomplot dat eind 1963 in Rabat begon, bleek een aaneenschakeling van getuigenissen over de zware martelingen waaronder valse bekentenissen werden afgedwongen. Generaal Oufkir werd bij herhaling genoemd als de hoofddader van deze praktijken. De hoofdgetuige in het proces, een bekende verzetsstrijder die in de cel de samenzwering had bekend, compleet met wapenleveranties en financiering, vertelde tijdens de zitting tot schrik van de aanklagers dat alles in scène was gezet. Hij getuigde voor de rechtbank hoe Oufkir hem na zware martelingen voor de keuze stelde om vermoord te worden of mee te werken als getuige. In dat laatste geval zou hem na een symbolische straf een leuk legerbaantje wachten.

Ondanks alle onregelmatigheden werd tegen drie van de gevangenen – onder wie de roemruchte verzetsstrijder Basri el fqih – de doodstraf uitgesproken. Onder zware internationale druk veranderde koning Hassan hun straf in levenslang. Ook tegen Ben Barka was wegens hoogverraad bij verstek de doodstraf uitgesproken. Het was niet duidelijk of de koninklijke amnestie ook voor hem gold. Ben Barka besloot het niet af te wachten en bleef veilig in Parijs.

Het jaar 1965 was in alle opzichten een ramp voor Marokko. Het land bevond zich in een economische crisis. In Casablanca en Fès sloegen studentenstakingen in maart tegen een nieuwe wet die bezuinigde op het onderwijs over in een revolte van bewoners van de sloppenwijken. De honger, de corruptie en de wetenschap dat er niets zou veranderen deden de bevolking massaal de straat op gaan. Met bruut geweld werden de manifestaties onderdrukt, in Casablanca alleen al vielen naar schatting zestig doden. Koning Hassan legde de belangrijkste partijkranten een publicatieverbod op. Journalisten, stakers en studenten verdwenen in de cel. Het parlement onder leiding van de Istiqlal besloot alle buitenlandse pers buiten de grenzen te houden. De koning riep de staat van beleg uit. Op grond van de speciale regeling in de grondwet kwam hem nu alle macht toe.

Vanuit zijn ballingschap in Parijs volgde Ben Barka nauwlettend de gebeurtenissen in zijn land. Hij genoot inmiddels internationaal bekendheid als voorzitter van de zogenaamde Driecontinenten Conferentie, die in januari 1966 in Havana gehouden zou worden. Het was een groots opgezette bijeenkomst van vertegenwoordigers uit Afrikaanse, Aziatische en Latijns-Amerikaanse landen die bedoeld was als samenbundeling van vrijheidsbewegingen tegen het kolonialisme en het 'imperialisme'. Met dat laatste werden vooral de Verenigde Staten bedoeld. Menigeen beschouwde de conferentie in die dagen – de koude oorlog was in volle gang – als een sovjetsamenzwering om greep te krijgen op de guerrilla-activiteiten van Latijns-Amerika tot Vietnam. De bijeenkomst had voldoende gewicht om ook de Franse president De Gaulle te interesseren. Frankrijk mocht graag een deuntje meefluiten als verondersteld grootmacht op het wereldtoneel. De Gaulle maakte een afspraak met Ben Barka om zich op de hoogte te laten brengen van de voorbereidingen.

Thuis in Marokko had koning Hassan een algemene amnestie afgekondigd in een poging om de spanningen te verminderen. Hij begon opnieuw onderhandelingen over een mogelijke participatie van de socialisten in een regering. Ben Barka dacht dat de toenadering van Hassan vooral bedoeld was om de groeiende macht van het leger in Marokko in te perken. In een laatste gesprek met een Marokkaanse student in Parijs zei Ben Barka terug te willen keren naar Marokko: de koning had een aantal interessante voorstellen gedaan om samen te werken. Er werden al voorbereidingen getroffen voor de terugkeer van zijn familie naar een villa in Rabat. Het was natuurlijk een risico, maar altijd maar in de oppositie zette geen zoden aan de dijk. Het werd tijd de kansen te grijpen.

De moord

Het drama voltrok zich in Parijs op 29 oktober 1965. Mehdi Ben Barka bereidde zich voor op de geheime ontmoeting die hij de volgende dag zou hebben met generaal Charles de Gaulle. De Franse president, altijd nieuwsgierig naar initiatieven die het machtsoverwicht van de Verenigde Staten uitdaagden, wilde meer weten van de Driecontinenten Conferentie. Tegen halfeen 's middags zagen de klanten van de Brasserie Lipp op de boulevard Saint-Germain hoe een kleine Marokkaanse man werd aangesproken door twee passanten. Mehdi Ben Barka was op weg naar een lunchafspraak. De twee mannen waren agenten in burger van de Parijse politie. Zij toonden hun identiteitspapieren. Ben Barka volgde hen, stapte in de auto en werd weggereden. Zo vertrok de man die zijn land een andere toekomst had kunnen geven voor altijd uit het zicht. Mehdi Ben Barka verdween spoorloos van de aardbodem.

De ontvoering en liquidatie van Ben Barka is tot op de dag vandaag een onopgeloste puzzel die Marokko in de ban houdt. Uit het politieonderzoek en de rechtszaak die volgde zijn de volgende feiten bekend. Ben Barka werd ontvoerd door agenten van de Franse narcoticabrigade. Ze voerden de actie uit als een wederdienst voor een van hun informanten. Ze leverden Ben Barka af in een villa in een voorstad van Parijs die toebehoorde aan een louche onderwereldfiguur met contacten in de Franse spionagedienst. Generaal Mohammed Oufkir, op dat moment Marokko's minister van Binnenlandse Zaken, vloog de dag na de ontvoering naar Parijs. Volgens een van de getuigen zou hij persoonlijk naar de villa zijn gegaan om met Ben Barka af te rekenen. Mehdi Ben Barka zou zijn doodgemarteld, of zijn gestorven aan een hartaanval.

Of het zo gelopen is blijft onduidelijk. De lijst met potentiële moordenaars is lang, het aantal mogelijke complotten groot en de getuigen zijn niet altijd even betrouwbaar. Generaal Oufkir scoort hoog als hoofdverdachte. Het lijkt een meer dan toevallige samenloop van omstandigheden dat hij naar Parijs kwam, uitgerekend op het moment dat zijn aartsvijand ontvoerd was. Had Oufkir hulp gehad van zijn oude contacten binnen het Franse leger en de inlichtingendienst? Had Frankrijk getolereerd dat een minister van Binnenlandse Zaken van een bevriende natie langskwam om zich hoogstpersoonlijk van een wereldwijd bekende politieke tegenstander te ontdoen? Had koning Hassan zijn goedkeuring gegeven aan de moord? Was de CIA betrokken, om zich te ontdoen van een onruststoker met een anti-Amerikaanse koers? Had de Israëlische Mossad wellicht ook een handje geholpen om deze internationale pleitbezorger voor de Palestijnse zaak uit te schakelen?

Generaal De Gaulle was hoe dan ook woedend. Franse presidenten houden er niet van dat Parijs, op een plek niet al te ver van het Elysée, door anderen wordt gebruikt als toneel voor een ontvoering en politieke moord. En zeker niet als het slachtoffer iemand is met wie ze de volgende dag een lunchafspraak hebben. De president gaf opdracht tot een diepgravend politieonderzoek, dat uiteindelijk tot een spectaculaire rechtszaak zou leiden. De Marokkaanse minister van Binnenlandse Zaken Oufkir werd bij verstek tot levenslang veroordeeld, een straf die overigens snel in het vergeetboek terechtkwam. Ahmed Dlimi, gevreesde chef van de geheime dienst van Marokko en erkend martelbeul, kwam op eigen initiatief naar Frankrijk nadat hij in staat van beschuldiging was gesteld. Hij werd vrijgesproken en kon als een held terugkeren naar zijn land. Het strafproces werd door het regiem in Marokko vooral gebruikt om de negatieve sentimenten tegen de vroegere koloniale bezetter op te rakelen. Een klassieke truc die werkte. Uiteindelijk werden alle verdachten, met uitzondering van een medewerker van de Franse spionagedienst en een van de narcoticarechercheurs, vrijgesproken.

Helemaal zonder gerechtigheid zou de geschiedenis van de moord op Mehdi Ben Barka niet eindigen. Vrijwel alle betrokkenen bij de verdwijning – Oufkir en Dlimi voorop – zouden zelf een voortijdige, gewelddadige dood sterven. Ze verdwenen één voor één, slachtoffers van al dan niet in scène gezette 'zelfmoorden'. Of ze verdwenen simpelweg van de aardbodem zonder een spoor achter te laten, net als Mehdi Ben Barka. Zijn lichaam werd nooit teruggevonden, zijn moordenaars deden er het zwijgen toe.

Wat zou er zijn gebeurd als Mehdi Ben Barka was blijven leven? Zou hij er uiteindelijk in geslaagd zijn de nieuwe president van de republiek Marokko te worden? Zou hij zijn uitgegroeid tot de 'Marokkaanse Lenin', zoals sommigen vreesden? Zou het leger hem alsnog hebben afgezet, zoals met Ben Bella gebeurde in buurland Algerije? Of had hij zijn dagen gesleten in ballingschap, zoals ooit de Berberleider Abdelkrim?

Al deze verwachtingen maakten plaats voor een kille zekerheid: Marokko had een symbool gekregen voor de onderdrukking en de terreur waarin de hoop van een nieuwe natie was komen te verkeren. Mehdi Ben Barka werd de martelaar van de Jaren van Lood.

Baraka

Koning Hassan kon koelbloedigheid en strategisch inzicht niet ontzegd worden. En evenmin ontbrak het hem aan geluk, de magische *baraka* waar hij volgens het volksgeloof als rechtstreekse afstammeling van de profeet Mohammed over kon beschikken. Hoe anders had hij de talloze complotten en moordaanslagen kunnen overleven? Veel van deze aanslagen mochten dan verzonnen zijn als een excuus om politieke tegenstanders weg te zuiveren, er waren wel degelijk pogingen om de vorst uit de weg te ruimen. En de twee meest spectaculaire moordaanslagen werden niet bekokstoofd door rebelse oud-verzetsstrijders maar binnen de garde die juist was bedoeld als bastion ter bescherming van het koningshuis: de Koninklijke Strijdkrachten.

In de zomer van 1971 besloot een veertigtal hoge officieren dat ze genoeg hadden van het corrupte regiem. De coup van kolonel Khaddafi in Libië, twee jaar eerder, strekte tot lichtend voorbeeld. Initiatiefnemer was generaal Medbouh, chef generale staf. Medbouh, een integere militair, was beschaamd teruggekeerd van een reisje naar de Verenigde Staten, waar hij van Amerikaanse politici en zakenlieden aanhoudend klachten had moeten aanhoren over de exorbitante corruptie in zijn land. Na zijn beklag te hebben gedaan bij de vorst merkte hij dat deze vrijwel niets ondernam om de corrupte ministers uit het kabinet te straffen. Met een aantal geestverwante officieren besloot de generaal het heft in handen te nemen.

De coup was gepland op 10 juli 1971, het 42ste verjaardags-feestje van de koning. Dat werd riant gevierd op het koninklijk domein van Skhirat, een over 3 kilometer uitgestrekt kustcom-plex tussen Rabat en Casablanca bestaand uit villa's, een zwem-bad en de onvermijdelijke golfbaan. Veertienhonderd cadetten van de militaire academie van Ahermoumou, verdeeld over 25 commandogroepen, werden bijeengebracht voor de staatsgreep. Hun werd verteld dat het ging om het verwijderen van 'verra-ders' die zich rond de vorst zouden ophouden. In werkelijkheid waren de genodigden ambassadeurs, ministers, de hofhouding en parlementariërs.

De coup stond onder leiding van de directeur van de militai-re academie, kolonel Mohammed Ababou. Het werd een drama. De jonge, onervaren soldaten omsingelden het domein. Bij het binnendringen richtten ze een slachting aan onder de chauffeurs van de limousines en de caddy's op het golfterrein. Op de golf-baan kregen ze ruzie met de spelers die hun beklag deden toen ze met hun soldatenkistjes het gras op kwamen. Er vielen tiental-len nodeloze slachtoffers. De cadetten, simpele boerenjongens uit de Rif en de Midden-Atlas, raakten de kluts kwijt in de fees-telijke weelde waarin ze plots terecht waren gekomen. Ze ontsta-ken in woede over de overvloed aan voedsel en de voorraad alco-hol die werd aangetroffen.

Toen het vuur werd geopend op de veronderstelde verraders in de paleistuin, vluchtte de vorst met het aanwezige kabinet naar wat op dat moment de veiligste plek leek: de koninklijke toiletten. Door het sleutelgat volgde de koning de ontwikkelingen. Generaal Medbouh kwam, vermoedelijk door een verdwaald salvo, tijdens het schieten om het leven. Nadat het paleis was overrompeld, ver-trok kolonel Ababou met het grootste deel van de cadetten richting Rabat, om de machtswisseling daar veilig te stellen. Hij bekom-merde zich verder niet om het lot van de koning.

Een cruciale fout, zo bleek. Toen Hassan in de toiletten werd aangetroffen herkenden de soldaten en onderofficieren hem aanvankelijk niet. De koning werd meegenomen, er klonk een salvo van een machinegeweer. Omstanders vreesden dat de koning was geëxecuteerd, maar even later keerde hij terug, tevreden lachend en begeleid door een groepje soldaten. De koning zou later vertellen dat zijn jeugdige bewaker hem kennelijk plotseling herkende en voor hem in de houding sprong. De koning gaf het commando rust, dat werd opgevolgd. 'Waarom kus je niet mijn hand? Zijn jullie allemaal gek geworden, soldaten van het Koninklijk Leger, mijn kinderen?' beet de vorst de cadetten toe. Het werkte. De jonge, onervaren soldaten lieten zich zonder veel problemen door de koning intimideren. De coup was ten einde, de grote schoonmaak kon beginnen.

De complotteurs – vier generaals, vijf kolonels en een commandant – werden twee dagen later geëxecuteerd door een vuurpeloton. Kolonel Ababou was al gedood tijdens een vuurgevecht in Rabat. Van het kader werden 74 officieren veroordeeld, de cadetten werden vrijgesproken.

Een vorst in vrijetijdskleding, die door een groep cadetten van de toiletten was gehaald, was niet bevorderlijk voor het imago van een absoluut monarch en onfeilbaar aanvoerder der gelovigen. In Rabat werden grappen gemaakt over Hassan. Met een drastische verlaging van de suikerprijs en een stevige verhoging van de ambtenarensalarissen en het minimumloon kon de koning zijn populariteit weer wat opvijzelen.

Dat de aanslag in Skhirat meer dan een incident was bleek het jaar erop. In de kazernes hadden de executies, die rechtstreeks werden uitgezonden op televisie, voor gemengde gevoelens gezorgd. Officieren zagen plotseling dat hun oude strijdmakkers werden doodgeschoten. Samen waren ze opgeleid in het Franse leger, samen hadden ze onder vuur gelegen in de Tweede Wereldoorlog in Italië en in Indo-China. Onder hen waren ook oude vrienden van generaal Mohammed Oufkir, de minister van Binnenlandse Zaken en Defensie die was gepromoveerd tot de beul van het regiem. 'Pas jij maar op, Oufkir. Ik weet dat je er net zo over denkt als wij,' had een van de generaals nog kunnen uitroepen voor hij werd doodgeschoten.

Oufkir besloot niet af te wachten tot hij zelf in ongenade zou raken. Hij organiseerde zelf een complot op de luchtmachtbasis Kénitra ten noorden van Rabat, die diende als thuisbasis voor de elite van de Koninklijke Luchtmacht. Oufkir bereidde met een aantal officieren en piloten een plan voor dat aanzienlijk professioneler oogde dan het gehannes in Skhirat. De Boeing 727 waarmee de koning zijn internationale reizen ondernam moest boven zee uit de lucht worden geschoten.

In juli 1972 vertrok de vorst voor een golfvakantie richting Frankrijk. Op de heenreis besloot Hassan onverwacht te reizen per trein en boot. Maar de terugreis op 16 augustus werd ondernomen in het privé-vliegtuig. De vlucht ging vanaf Parijs, maakte een tussenstop in Barcelona, en vloog toen door richting Rabat. Boven Tetouan – uitgerekend de Rif waar Hassan zo'n hekel aan had – werd het toestel plotseling geëscorteerd door zes F5-jachtbommenwerpers die loepjes draaien rond de Boeing. De piloot, die dacht dat het ging om acrobatentrucjes om de koning te plezieren, liet via de radio weten dat ze moesten vertrekken. De koning had geen opdracht gegeven tot een escorte. Direct daarop openden drie van de gevechtsvliegtuigen het vuur.

De Boeing raakte onmiddellijk beschadigd: er waren gaten in de cockpit en in de linkervleugel, twee van de drie straalmotoren kapot, het hydraulisch systeem faalde. Het toestel raakte in een duikvlucht, maar werd een kilometer boven de grond weer zo goed en zo kwaad als het ging onder controle gebracht. Koning Hassan nam het heft in handen in de cockpit. 'Zeg dat ze moeten ophouden met vuren. Vertel dat de koning geraakt is en dat jij gewond bent,' beval hij de piloot. Het werkte: het vuren stopte.

Generaal Oufkir had gedacht dat de Boeing zou landen op het dichtstbijzijnde vliegveld: Kénitra. Daar stonden troepen klaar om het karwei af te maken. Maar de Boeing passeerde op lage hoogte de landingsbaan en wist 40 kilometer verderop een noodlanding te maken op het vliegveld van Rabat. De koning vluchtte vanaf daar in een niet-officiële auto naar het paleis van Skhirat. Andermaal redde dit zijn leven: de jachtbommenwerpers vielen het vliegveld van Rabat aan, waarbij alle officiële auto's, de vipterminal en de Boeing werden doorzeefd met kogels.

Er vielen acht doden en vijftig gewonden. Vervolgens namen ze het koninklijke paleis in Rabat onder vuur in de veronderstelling dat de koning zich daar schuilhield.

Tegen zo veel sjerefijnse baraka was geen complot bestand. Ondanks de zorgvuldige voorbereidingen was de coup in alle opzichten volledig mislukt. De represailles lieten niet lang op zich wachten. Nog dezelfde avond van de aanslag vertrok Oufkir uit zijn huis in Rabat naar het paleis in Skhirat. Werd hij in de val gelokt of hoopte hij alsnog zelf Hassan te doden? Zeker is dat hij de avond niet overleefde. Van regeringszijde werd verklaard dat het een zelfmoord betrof, vrij algemeen wordt aangenomen dat hij bij aankomst in het paleis werd doodgeschoten. Een maand later werd het proces tegen 220 militairen van de luchtmachtbasis gestart. Elf piloten en officieren werden ter dood veroordeeld. De koning gaf geen gratie. Een dertigtal anderen kregen gevangenisstraffen van drie tot twintig jaar. Zij zouden, samen met de meer dan zestig gevangenen van de eerste aanslag in Skhirat, spoorloos verdwijnen in de geheime gevangenis van Tazmamart.

De rechtbanken in Marokko hadden het druk met de koningscomplotten begin jaren zeventig. De aanslag op de Boeing was nog niet afgehandeld, of er diende zich begin 1973 weer een nieuwe affaire aan, in de vorm van een reeks bomaanslagen, een onderschept wapentransport en een overval op een bestuursgebouw in de Midden-Atlas. Achter de reeks aanslagen werd de hand vermoed van fqih Basri, de beroemde socialistische oudverzetsstrijder tegen de Fransen. Tot tweemaal toe ter dood veroordeeld wegens complotten tegen Hassan, probeerde Basri vanuit het buitenland guerrillacommando's te vormen die het regiem moesten omverwerpen. Op last van de koning werden alle politici van de socialistische UNFP en een aantal militairen als daders opgepakt. 84 doodvonnissen werden uitgesproken, een groot deel bij verstek, zoals tegen Basri el fqih, die voor de derde maal de doodstraf kreeg. Gevangenen verdwenen op raadselachtige wijze, vrijgesproken verdachten werden alsnog omgebracht door doodseskaders.

De complotten tegen zijn leven hadden bij koning Hassan een paranoia veroorzaakt die niet alleen hem maar heel Marokko gedurende lange tijd in haar greep zou houden. Door middel van geld en vriendendiensten probeerde de koning de politieke partijen en vakbonden aan zich te binden. Als dat niet hielp waren er de politie en veiligheidsdiensten die met bruut geweld al dan niet vermeende tegenstanders opsloten, martelden of lieten verdwijnen. Berucht werden de geheime gevangenis van Tazmamart en het politiebureau Moulay Cherif in Casablanca, waar gevangenen volgens Gestapo-methodes werden gemarteld.

De joodse Marokkaan Abraham Serfaty (1926) was Marokko's bekendste politieke gevangene uit die dagen. Als lid van de communistische partij koos deze mijnbouwingenieur voor het verzet tegen de Franse bezetters. Het kwam hem op verbanning naar Frankrijk te staan. Na de onafhankelijkheid keerde hij terug om, tussen de arrestaties door, op te klimmen tot directeur van de mijnbouwopleiding in Mohammedia. Als oprichter van een links-radicale organisatie moest hij in 1972 onderduiken voor de politie. Op zoek naar Serfaty martelde de politie zijn zuster dermate zwaar, dat zij twee jaar later aan de gevolgen bezweek. Serfaty werd alsnog gearresteerd en verhoord in het martelcentrum Moulay Cherif. Serfaty moest als gevolg van de ondergane martelingen met hartklachten in het ziekenhuis worden opgenomen. Na bijna vijf jaar gevangen te hebben gezeten werd hij in 1977 tot levenslang veroordeeld tijdens een monsterproces tegen honderdveertig verdachten uit links-radicale kring. De meerderheid werd veroordeeld tot straffen van twintig tot dertig jaar cel. De enige wapens die zij ooit hadden opgevat waren de drukpersen geweest voor hun pamfletjes en de microfoons op hun vergaderingen.

Begin 1990, toen het regiem de teugels begon te vieren, ontving koning Hassan voor het eerst een delegatie van Amnesty International in zijn paleis. Bij die gelegenheid erkende hij dat er misstanden hadden plaatsgevonden en dat er geheime gevangenissen waren geweest. Het hoorde er nu eenmaal bij, verklaarde de vorst. 'Ieder staatshoofd,' meende Hassan, 'heeft zijn geheime tuin.'

De geheime tuin

Tazmamart was een van Hassans geheime tuinen. Of misschien beter: de vergeetput van het regiem. Ver weg van iedere beschaving, aan de uiterste oostpunt van de Hoge Atlas, waar de bergen overgaan in de uitgestrekte woestenij van steen en zand van de Sahara, liet de koning de speciale geheime kerkers voor zijn tegenstanders bouwen.

Tot 1979 was de naam Tazmamart onbekend. In dat jaar wist een van de gevangen militairen een briefje naar zijn familie te smokkelen met de naam van het complex. Tazmamart zou al snel uitgroeien tot het symbool van de willekeur en wreedheid van het regiem. Lang bleef onduidelijk wie er precies gevangen zaten in de cellen. De gevangenen zaten er een straf uit waartoe ze nooit veroordeeld waren. Officieel bestonden ze niet.

Tazmamart was bedoeld om weg te rotten. De gevangenen werden opgesloten in onderaardse betonnen cellen zonder licht, kregen nauwelijks te eten, amper water en geen medicijnen. Het was er acht maanden per jaar koud, terwijl in de zomer de woestijnhitte de cellen in een snelkookpan veranderde. Het beton weerkaatste ieder geluid, zodat de herrie van de kreten van de gevangenen soms oorverdovend was.

In de gevangenis verdween een zestigtal militairen van de Koninklijke Strijdkrachten. Zij werden ernaartoe gebracht nadat ze hun celstraf hadden uitgezeten in verband met hun veronderstelde betrokkenheid bij een van de coups tegen koning Hassan. Wie niet stierf aan de mishandelingen, ondervoeding en infectieziektes werd gek door de eenzame opsluiting en het gebrek aan licht. De sterksten werden chronisch ziek, hun tanden vielen uit. In de cellen wemelde het van de schorpioenen, luizen en ander ongedierte.

Ahmed Marzouki was een van de gevangenen van Tazmamart. Als cadet van de militaire academie Ahermoumou werd hij ingezet bij de couppoging in Skhirat in 1971. Mohammed Raiss was legerinstructeur aan de academie. Net als de meeste van de bij de coup betrokken militairen volgden ze orders op en dachten dat het ging om een oefening. Tijdens hun detentie in de militaire gevangenis van Kénitra verdwenen ze plotseling naar Tazmamart. Daar volgde een opsluiting van achttien jaar.

Zowel Marzouki als Raiss deed jaren na zijn vrijlating in boeken verslag van hun gevangenschap. Als jonge mannen verdwenen ze in de kerkers, gebroken kwamen ze eruit. Jarenlang zouden ze doorbrengen in onzekerheid waarom ze eigenlijk vastzaten. Minder dan de helft van de gevangen militairen zou de straf overleven. De rest werd begraven op de binnenplaats van de gevangenis.

In verband met Aïd Mouloud, het geboortefeest van de Profeet, verleende koning Hassan in september 1991 gratie aan de overgebleven gevangenen. Hun werd een straf vergeven waarvoor ze nooit werden veroordeeld. Tazmamart werd een militair complex, gesloten voor publiek.

De grootvizieren

Een goede sultan heeft een grootvizier. Hij is de man die de klusjes opknapt, het vuile werk verricht en de zaken waarneemt als de almachtige even niet gestoord kan worden in de harem of op de golfbaan. Een baan met verantwoordelijkheid, hoge verdiensten, maar met het risico van een slechte afvloeiingsregeling zonder gouden handdruk.

Dat laatste had generaal Oufkir ondervonden, die na twaalf jaar lang de rechterhand te zijn geweest van koning Hassan bij de couppoging in 1973 werd geliquideerd. Weinig Marokkanen wisten zich zo gevreesd als Mohammed Oufkir (1920-1972), wiens leven de geschiedenis van de jonge staat Marokko weerspiegelde. Oufkir werd geboren in een Berberfamilie in de Tafilalt, het zuidelijke oasegebied aan de rand van de Sahara waar ooit de dynastie der Alawieten vandaan kwam. Onder de Franse bezetter werd hij opgeleid aan de militaire academie. Zoals zijn

voorouders ooit de karavanen onderschepten op weg naar Tafilalt, zo stelde Oufkir zijn sluwe en meedogenloze vechterskwali-
teiten in dienst van het koloniale leger. Onder Frans bevel vocht
hij in de Tweede Wereldoorlog tegen de Duitsers in Italië en werd
vervolgens ingezet in de Franse oorlog in de Mekongdelta. Duitse vlammenwerpers beschadigden zijn ogen en verbrandden
zijn handen, hij raakte veelvuldig gewond en evenzoveel keren
onderscheiden voor zijn moed en doorzettingsvermogen.

De tanige Oufkir was een vechter: sluw, hard en wreed. Maar
als het moest ook een charmante vrouwenversierder. Bij de terugkeer uit ballingschap van koning Mohammed v wist Oufkir
zich handig op te dringen als diens persoonlijke lijfwacht. Binnen de Koninklijke Strijdkrachten die bij de onafhankelijkheid in
1956 werden opgericht, behoorde hij tot de officieren van het
oorspronkelijk Franse kader dat de harde kern van het leger
vormde. Als concessieloze vechter had hij een uitgesproken hekel aan de nationalistische politici van de Istiqlal. Vooral tegen de
linkse Mehdi Ben Barka, die hem publiekelijk op zijn nummer
zette vanwege zijn borst vol koloniale medailles, koesterde hij
een brandende haat.

Oufkirs ster steeg snel na het genadeloze neerslaan van de Rif-
opstand in 1959. Hij maakte er ook naam als een man die persoonlijk martelingen en executies uitvoerde. Kroonprins Hassan
was onder de indruk van de ruim tien jaar oudere Oufkir; beide
mannen lagen elkaar ook in de persoonlijke sfeer uitstekend. Na
Hassans troonsbestijging in 1961 werd Oufkir de sterke man van
diens regiem, die als minister van Binnenlandse Zaken en later
Defensie heerste over politie, inlichtingendiensten en het leger.
Als Berber, koloniaal Frans militair en de gevreesde beul vertegenwoordigde Oufkir alle tegenstrijdigheden van de jonge monarchie. Als Berber en militair kon koning Hassan hem goed gebruiken als een tegenwicht tegen de groeiende macht van de
Istiqlal. Zijn ervaring in Franse krijgsdienst kwam daarbij goed
van pas.

Zoals zovelen in autoritaire regiems werd Oufkir uiteindelijk
opgeslokt door het monster dat hij zelf had helpen creëren. Na

zijn liquidatie moest de herinnering aan Mohammed Oufkir radicaal worden uitgewist, zo besloot koning Hassan. Zijn villa in een chique wijk van Rabat werd door bulldozers met de grond gelijkgemaakt. Zijn weduwe Fatima, een buitengewoon knappe en zelfverzekerde vrouw die lange tijd maîtresse van de koning was geweest en een belangrijke rol speelde in de elite van Rabat, verdween samen met hun zes kinderen van de aardbodem.

Malika Oufkir, de oudste dochter van de generaal en adoptieve dochter van koning Hassan, slaagde erin in 1987 een levensteken te geven nadat ze samen met haar broer en twee zussen uit haar geheime gevangenis was ontsnapt. Via de Franse radio maakte Malika bekend dat zij en haar familie nog steeds in leven waren, ondanks vijftien jaar opsluiting, waarvan het grootste deel werd doorgebracht in donkere cellen, zonder fatsoenlijk sanitair en op een minimaal rantsoen van voedsel.

Onder druk van Franse protesten keerde de doodgewaande familie Oufkir terug uit het schimmenrijk van hun kerkers. Tot 1996 stonden zij onder huisarrest. Een geslaagde vluchtpoging van een jongere zuster van Malika naar Spanje zorgde ervoor dat de hele familie paspoorten kreeg en het land kon verlaten.

Malika Oufkir publiceerde in 1999 het boek La Prisonnière (De gevangene) over de hellegang van haar familie. Deze internationale bestseller vormde een pijnlijke klap voor het internationale prestige van koning Hassan. Tijdens zijn laatste staatsbezoek aan Frankrijk, kort voor zijn dood, zou hij een korte publiekelijke spijtbetuiging afleggen over het lot dat de familie Oufkir had moeten ondergaan.

Oufkir werd hoogstwaarschijnlijk doodgeschoten door zijn opvolger, Ahmed Dlimi, een kolonel die jarenlang zijn trouwe hulp was geweest. Dlimi zat in de Boeing van koning Hassan die op last van Oufkir uit de lucht geschoten had moeten worden en was dus extra gemotiveerd om zijn chef uit de weg te ruimen. Hij had daarvoor al enige naam gemaakt als een van de hoofdverdachten van de moord op Mehdi Ben Barka. Hij hield het eveneens elf jaar uit als de beul van het regiem.

Dlimi, opgeklommen via het politieapparaat, zou door de Marokkanen altijd als een omhooggevallen politieagent worden beschouwd. Hij gold evenals Oufkir als een man die liquidaties en martelingen persoonlijk uitvoerde, maar miste diens bravoure als soldaat en werd daardoor uiteindelijk nog meer gehaat dan zijn voorganger. Als baas van de geheime dienst beschikte Dlimi over uitstekende contacten met de Israëlische Mossad, de CIA en de Franse spionagediensten. Als uitvinder van de zandwal in de woestijn tegen de aanvallen van Polisario, de beweging die een onafhankelijke Westelijke Sahara nastreefde, had hij een zekere populariteit in legerkringen verworven.

Op 25 januari 1983 kwam Ahmed Dlimi onder verdachte omstandigheden om het leven. Officieel een noodlottig ongeluk: zijn auto explodeerde na door een vrachtwagen te zijn geramd in de beroemde palmentuinen even buiten Marrakech, kort na een bezoek aan Hassan II in diens paleis. De officieuze versies lopen uiteen van een antitankgranaat of een bom waarmee de auto werd opgeblazen. In de Franse en Spaanse pers verschenen onmiddellijk berichten dat Dlimi uit de weg zou zijn geruimd wegens het beramen van een aanslag op de koning. Nog een aantal andere militairen verdwenen van de aardbodem. De koning zou zijn gewaarschuwd voor de op handen zijnde coup door de CIA.

De nieuwe vizier was al enige tijd daarvoor in zicht gekomen. Hij heette Driss Basri, speelde golf, en zou het bijna twee keer zo lang volhouden als zijn voorgangers. Deze jurist was in 1975 benoemd tot staatssecretaris van Binnenlandse Zaken en schopte het in 1979 binnen hetzelfde ministerie tot minister. Tot aan de dood van zijn meester in 1999 zou hij de ijzeren vuist van het regiem blijven.

De koning had duur leergeld betaald voor zijn vertrouwen in het leger. Basri was geen militair, stond aan het hoofd van de politie en was derhalve uit een andere hoek van de macht afkomstig. Hij toonde zich een trouw uitvoerder van de orders van de koning. In de twintig jaar als minister van Binnenlandse Zaken en later van Informatie, zou hij zich meer toeleggen op de 'civiele' onderdrukking zoals het systematische geknoei met verkiezingsresultaten en het verbieden van onwelgevallige publicaties of dagbladen.

Van achter zijn immense bureau op het ministerie van Binnenlandse Zaken voerde Basri nauwgezet en met harde hand de orders uit van zijn koning. Een arrogante, kille man, die in interviews sprak over 'de minister van Binnenlandse Zaken' als hij het over zichzelf had. De minister van Binnenlandse Zaken, met zijn naar binnen gekeerde blik, maakte zich tot het gehate symbool van de makhzen onder Hassan.

Een sympathiek vorst

Een van de grote verdiensten van koning Hassan was zonder twijfel dat hij ondanks het meedogenloos geweld, de martel- en moordpartijen en verdwijningen een redelijk goed imago in het buitenland wist te handhaven. Zodra hij zijn leger en politie er niet op af kon sturen, bleek de koning over een pragmatische geest te beschikken die hem bij uitstek geschikt maakte als internationaal bemiddelaar en diplomaat. Hij buitte daarbij handig de speciale positie van Marokko uit: een Noord-Afrikaans land met nauwe banden met het Midden-Oosten, historisch verbonden met Europa en met een goede relatie met de Verenigde Staten.

Een voorbeeld hiervan was de militaire hulp tijdens de Eerste Golfoorlog tegen Irak in 1991 die door Marokko werd gegeven. Daarbij werden niet alleen de westerse bondgenoten gesteund, maar werd tevens een oude rekening met Saddam Hoessein vereffend. De inzet van het Marokkaanse leger vond evenwel plaats tegen de zin van een niet onbelangrijk deel van de bevolking. Toen deze weerstand zich begon af te tekenen, verscheen de vorst direct op televisie om uit te leggen dat Marokko zijn troepen naar Saudi-Arabië had gezonden om de heilige plaatsen Mekka en Medina te beschermen. Geen Marokkaanse soldaat zou voet zetten in Irak. Een snelle reactie waarmee Hassan II weer eens bewees effectief op de ontwikkelingen in te kunnen springen.

Hassan cultiveerde zijn traditionele imago van beschermer van de joden. Het bezorgde hem uitstekende banden met Israël, terwijl hij tezelfdertijd niet verheimelijkte een voorstander te zijn van een separate Palestijnse staat. In 1986 ontving hij de toenmalige Israëlische premier Shimon Peres in Marokko; Hassans begrafenis werd bijgewoond door zowel de Israëlische premier als de minister van Buitenlandse Zaken. Belangrijk was zijn positie als voorzitter van het Comité Al Qods, dat waakt over de positie van Jeruzalem als religieus en cultureel centrum.

Hassan was een getraind charmeur. Buitenlandse bezoekers, journalisten in het bijzonder, werden tijdens vraaggesprekken gastvrij ingepakt. 'Geen journalist gaat na deze gesprekken naar huis zonder een stevig versterkt gevoel van eigenwaarde,' zo schreef de Franse schrijver Gilles Perrault. 'De koning gedraagt zich bij zulke gelegenheden ontspannen, spraakzaam, als het zo uitkomt zelfs overmoedig, zoals men zich dat onder vrienden kan veroorloven; hij geeft grif zijn fouten toe ("Daar heb ik een beetje zitten knoeien", "Daar hebben wij ons als kwajongens gedragen") en weet op zijn gast wonderwel het gevoel over te brengen dat hij blij is eindelijk een gesprekspartner van eigen niveau te hebben gevonden.'

Perrault zelf bleek minder gevoelig voor de koninklijke charmes. In 1990 publiceerde hij het boek Notre Ami le Roi (Onze vriend de koning), waarin de grove misdaden begaan onder het regiem van Hassan systematisch worden opgesomd. Zelden zorgde een schandaalkroniek voor zo veel opschudding als het boek van Perrault, dat gedetailleerd ingaat op de repressie, corruptie en angst, de drie-eenheid waar volgens Perrault de Marokkaanse 'democratie' onder Hassan op berustte. Hassan was woedend. De publicatie leidde tot een diplomatieke rel zonder weerga en de annulering van een grootscheepse Marokkaanse culturele manifestatie in Frankrijk. Het regiem liet tienduizenden protesttelegrammen richting Frankrijk sturen. De koning zag zich zelfs genoodzaakt persoonlijk een verklaring af te leggen waarin hij het succes van het boek, dat een portret van Hassan in smoking op de cover had staan, afdeed als een vorm van misleiding. 'De Fransen houden van me. Ze zagen me in een smoking, ik ben elegant. Daarom hebben ze dat boek gekocht. Ze dachten dat het de geschiedenis van een sympathieke koning was.'

Sympathiek, modern en toch geworteld in tradities, een weldoener en een denker. Zo zag koning Hassan zichzelf het liefst. Vanwege zijn bonte Italiaanse pakken en opzichtige golfkleding deden er nogal wat grappen de ronde over het gebrek aan smaak dat de vorst etaleerde. Zelf riep hij zich uit tot 'de elegantste man ter wereld' nadat een Italiaans modeblad hem een complimentje had gemaakt. Hij ontwierp zelf kleding voor zijn vrouwen.

Veelzijdigheid kon deze vorst zeker niet ontzegd worden. Welbeschouwd, zo kreeg het bezoek van de koning met enige regelmaat te horen, werd alles wat hij ondernam een groot succes. De koning was bijzonder creatief met koken en verscheen op televisie om zijn landgenoten een spaarzaam recept uit te leggen van een linzenschotel waarin oud brood verwerkt kon worden. Maar ook architectuur, medische wetenschappen, rechten: geen terrein waarop de koning zich geen specialist in wist. Hij ontwierp auto's, juwelen, huizen. Speelde saxofoon en piano, dirigeerde een orkest.

De koning had het goed met zichzelf getroffen. 'Als ik de balans van mijn leven opmaak,' zo vertelde hij de Franse televisie, 'staat er meer op de kredietkant dan bij de schulden. Ik heb alleen maar het goede om mij heen gedaan, ik heb niemand kwaad gedaan of gedeerd. In de ziel van mijn volk voel ik me, om met Mao te spreken, als een vis in het water.'

Dit ego van olympische omvang, ongeremd door een omgeving van slaafse jaknikkers, maakte niettemin soms een foutje. 'Het verheugt ons, geliefd volk, om u goed nieuws te brengen,' zo begon hij in 1974 zijn jaarlijkse troonrede. 'We hebben ontdekt dat onze genereuze grond rijk is aan een zeer grote hoeveelheid stenen en rotsen die olie bevatten...' Dit geologische wonder, de rotsen en stenen met eeuwen aan reserves van het zwarte goud, bleek helaas onjuist, maar zou in de loop van de jaren zeventig nog diverse malen door de koning worden aangekondigd. Eind jaren tachtig kwam de oliewinning andermaal in zicht, maar ditmaal op een zeer originele manier: via een brug over de Straat van Gibraltar. Lang was er getwijfeld tussen een brug en een tunnel richting Spanje, zo verklaarde de koning in een interview aan Franse journalisten, maar nu had hij de knoop doorgehakt: het werd een brug. Een tunnel zou immers veel te diep moeten liggen met die zware stromingen waar de zeestraat bekend om staat. En als er dan toch pijlers op de bodem gemaakt moesten worden, konden die direct dienen als boorinstallaties voor offshore-olieplatforms. 'Dat wordt het in de toekomst! Binnen zes of zeven jaar is het klaar.'

In zijn hele leven kwam hij nooit op tijd voor een afspraak. Aan de wachttijd kon de gast afmeten of hij nog bij de vorst in de gunst stond of niet. Een halfuur wachten was uitzonderlijk positief, een uur of twee normaal, een dag reden tot zorg. Wie langer dan twee dagen moest wachten deed er beter aan het land te verlaten. De Britse pers bestempelde hem eensgezind tot hork, nadat hij koningin Elizabeth tijdens een officieel staatsbezoek bijna een uur had laten wachten. Wat ook niet hielp was het uitzonderlijke levensritme van de koning, waar bezoekers zich aan dienden aan te passen: vaak stond de vorst pas rond het middaguur op en ging pas slapen rond een uur of vier 's nachts. Voer voor psychologen: Hassan had zich deze dagindeling pas eigen gemaakt na de twee mislukte aanslagen op zijn leven in de jaren zeventig. Hield twijfel, een knagend geweten of angst hem uit zijn slaap? Had een stem hem ingefluisterd dat zijn baraka hem vooral in de nachtelijke uren behoedde voor een nieuwe aanslag?

Vermoedelijk omdat hij vrijwel nooit werd tegengesproken, ontwikkelde de koning reeds op jonge leeftijd het vermogen tot monumentale driftaanvallen die op vrij willekeurige momenten konden toeslaan. Zijn karakter werd er evenmin zonniger op door een panische angst voor ziekte en dood. Naar voorbeeld van zijn vader liet hij zich immer vergezellen door een leger aan artsen, die hem overigens niet konden behoeden voor kettingrokerij en bij tijden stevig drankgebruik. Voor het geval dat het misging waren in de verschillende koninklijk paleizen privé-klinieken ingericht, inclusief een operatiekamer.

De koning was altijd gewend geweest op grote voet te leven. Als kroonprins moest hij nog herhaaldelijk bij de Franse koloniale macht aankloppen als er weer eens een vliegtuig of een ander duur hebbedingetje werd aangeschaft. Na de onafhankelijkheid legde de koninklijke familie beslag op de rijkdommen van het land en was geld nooit meer een probleem. Bestaande paleizen werden uitgebreid, nieuwe paleizen gebouwd. Als liefhebber van auto's legde de koning een collectie van enige honderden Bentleys aan.

De schier eindeloze weelde stelde Hassan in staat met één been in de moderne tijd te staan (klinieken in zijn paleizen, autocollecties, golfterreinen), en met het andere been in het anachronisme van een sultan van duizend-en-één-nacht. Omdat de vorst voortdurend als een nomade op reis was, net zoals vroeger zijn voorvaders de sultans, stonden er permanent een twintigtal paleizen klaar om de koning te ontvangen. Hij beschikte over een uitgebreide harem, die was ondergebracht in het paleis in Rabat. Achter de muren van het enorme complex bevond zich een klein dorp, inclusief een eigen stratenplan, het koninklijk college, een abattoir, een kerkhof, sportterreinen, zwembaden, een gevangenis en de onvermijdelijke golfbaan. De koning heerste er als een sultan van weleer, beslisser over leven en dood, een grillige tiran die het ene moment zijn kinderen of bediendes afranselde en het andere moment een hartelijk en bijzonder vrijgevig mens kon zijn. Het paleisdorp werd bevolkt door een zestigtal vrouwelijke bedienden, die hun hele leven op het paleis sleten in een nederig slavenbestaan.

Zijn geliefde moeder, prinses Abla, behoorde eveneens tot de vrouwen die nooit buiten de paleismuren kwamen. Van haar had Hassan zijn wat negroïde trekken, die hem bij zijn tegenstanders kwam te staan op de misprijzende bijnaam 'de neger'. Naar verluidt was zij als zwarte slavin ooit aan Mohammed V cadeau gedaan. De Marokkanen zouden nooit een foto van haar te zien krijgen.

Milde jaren

Begin jaren negentig begon koning Hassan steeds meer last te krijgen van zijn slechte reputatie. Het schandaalboek van Gilles Perrault had de 'geheime tuinen van de koning' onthuld. Aanhoudende protesten van mensenrechtenorganisaties als Amnesty International en van Marokkaanse immigranten in Europa brachten de vorst verder in verlegenheid. Onder druk van de omstandigheden, maar wellicht ook door een zekere wijsheid die met de jaren kwam, liet de koning de teugels van zijn regiem vieren. In 1991 werd de familie Oufkir uit haar cellen gehaald en kreeg huisarrest. De 28 overgebleven gevangenen van Tazmamart kwamen vrij, de beruchte geheime gevangenis werd gesloten. Abraham Serfaty werd vrijgelaten en opnieuw verbannen naar Frankrijk. Gevangenen wier bestaan jarenlang was ontkend kwamen plotseling boven water. Het jaar erop werd in de nieuwe grondwet opgenomen dat de internationale verdragen op het gebied van de mensenrechten gerespecteerd zouden worden. In 1993 volgde zelfs de oprichting van een speciaal ministerie van Mensenrechten.

Economisch ging het slecht. De jaren van consequent doorgevoerde corruptie onder Hassan zorgden voor een serieuze rem op de economische ontwikkelingen. Rechtsonzekerheid heerste. Het waren jaren van aanhoudende droogte, die de oogsten deden mislukken en de armoede en werkloosheid verder deden groeien. De schatkist begon ernstige verliezen te lijden als gevolg van het uitdijende zwartgeldcircuit in het land. In een poging de bloeiende smokkelpraktijken een halt toe te roepen moest de douane de hulp inroepen van de veiligheidsdiensten onder leiding van minister van Binnenlandse Zaken Basri. Deze gingen echter zo drastisch te werk met willekeurige arrestaties en veroordelingen, dat zakenlieden weigerden nog langer een voet te zetten in de haven van Casablanca, waardoor deze volledig stil kwam te liggen. 'U bent geen smokkelaars. U kunt weer rustig aan het werk gaan,' zo probeerde de toenmalige premier in een brief aan de zakenwereld de haven weer op gang te krijgen.

Onder druk van de omstandigheden kreeg de politieke oppositie meer ruimte om haar stem te laten horen. De socialistische partij, omgedoopt in de Union socialiste des forces populaires (USFP), vormde samen met de Istiqlal het democratische blok (koutla), een verenigde oppositie tegen de nepdemocratie van de koningsgezinde partijen. En hoewel de koning duidelijk maakte dat hun plannen voor democratisering 'minutieus' gedoseerd moesten worden, was er voor het eerst enige politieke speelruimte.

In 1993 werden na veel getouwtrek verkiezingen gehouden, waarbij de oppositie een flinke winst boekte, ondanks de evidente omkoperij en het uitgebreid geknoei met de resultaten door de almachtige minister van Binnenlandse Zaken Basri. De laatste bleef overigens door de koning gehandhaafd in het nieuwe kabinet. Dat schoot de oppositie dusdanig in het verkeerde keelgat dat zij weigerde deel uit te maken van de regeringscoalitie. Voor de zekerheid ging de socialistische leider Abderrahman Youssoufi in vrijwillige ballingschap naar Frankrijk, het land waar hij na de moord op Ben Barka al vijftien jaar had doorgebracht om de toorn van Hassan te ontwijken. Dit keer kon hij echter al na twee jaar terugkeren, nadat er nieuwe hervormingen in het vooruitzicht waren gesteld.

In november 1997, 41 jaar na de onafhankelijkheid van Marokko, werden voor het eerst verkiezingen gehouden die volgens buitenlandse waarnemers enigszins de toets der redelijkheid konden doorstaan. Het kopen van de stemmen door de koningsgezinde partijen bleef binnen de perken. Voor het eerst ook stonden vrouwen op de kieslijst. Voor het eerst ook liet de koning een islamitische partij meedoen aan de verkiezingen. Ze mochten deelnemen onder de vlag van de Mouvement Populaire Démocratique, een kleine politieke beweging van de alom gerespecteerde verzetsheld tegen de Fransen, Dr. Abdelkrim El-Kathib.

De koning kon tevreden zijn met de uitslag: de koek werd keurig verdeeld tussen oppositie, centrum en koningsgezinde partijen. Begin 1998 werd een nieuwe regering geformeerd onder de socialistische premier Abderrahman Youssoufi. In Marokko groeide de overtuiging dat er een nieuwe periode van verandering aangebroken was. Het was een doorbraak na de zware jaren van repressie. De linkse partijen leverden voor het eerst de meeste ministers. Alleen minister van Binnenlandse Zaken Driss Basri bleef opnieuw op last van de koning op zijn post.

Het was een vreemde sensatie, die niemand onberoerd liet: de oude premier Youssoufi (geboren maart 1924) – in 1963 ter dood veroordeeld, langdurig gevangen in de cellen van koning Hassan, tweemaal in ballingschap in Frankrijk en een van de beste vrienden van Mehdi Ben Barka – met in zijn kabinet Basri, de grootvizier van Hassan II, de man die hem zijn hele leven lang vervolgd had. Een kabinet van socialisten en Istiqlal met dertig ministers en negen staatssecretarissen, onder wie voor het eerst twee vrouwen. Was dit een doorbraak of kreeg Marokko voor de zoveelste keer een schijnvertoning voorgeschoteld?

Youssoufi was integer, stond buiten het groepje gebruikelijke jaknikkers en zakkenvullers van de makhzen. Maar had deze bedaagde man, aan wie de jaren niet ongemerkt voorbij waren gegaan, nog voldoende energie om het land op een democratische koers te brengen? Was dit de regering van l'*Alternance*, de verandering, of de l'*Alternance contrôlée*, de gecontroleerde verandering? Of lag Youssoufi uiteindelijk aan de leiband van het paleis, en was deze 74-jarige verzetsman slechts een excuus voor een nepverandering?

Driss Basri bleek al snel de touwtjes nog stevig in handen te hebben. Zonder zijn premier met de kwestie lastig te vallen, benoemde hij eigenhandig 72 gouverneurs en *walis*, de supergouverneurs die sleutelposten vormen in het lokale bestuur. Basri gaf opdracht dat overheidsgebouwen niet voor politieke activiteiten gebruikt mochten worden en er dus geen vergaderingen of demonstraties mochten plaatsvinden. De minister van Binnenlandse Zaken manifesteerde zich steeds meer als de premier in functie. Na een jaartje regeren moest de echte premier erkennen dat het allemaal niet meeviel: enorme problemen en een overheid die financiële, administratieve, juridische en politieke middelen ontbeerde. Een noodplan voor het onderwijs, speerpunt in het kabinetsbeleid, verzandde al snel. De aanhoudende droogte verlamde de economie.

Op vrijdag 23 juli 1999 stierf de koning.

Het bittere einde

Al maanden voor de dood van Hassan II had de 'Arabische telefoon', het roddelcircuit op straat, het nieuws doorgegeven. Er was een geheime reis naar de Verenigde Staten ondernomen voor een chirurgische ingreep in verband met zijn kortademigheid. Maar het bericht van de dood van de koning kwam uiteindelijk toch nog als een verrassing. Het leek wel of niemand zich kon voorstellen dat Hassan, alle baraka ten spijt, uiteindelijk een sterveling was. Twee weken ervoor had de koning nog een feestje gegeven in verband met zijn zeventigste verjaardag in Skhirat, het paleis waarin hij de dood al in 1971 in de ogen had gezien. Een week daarna was hij vertrokken naar Frankrijks nationale feest van 14 juli in Parijs, de stad waar hij zijn aartsvijand Ben Barka spoorloos had laten verdwijnen. De koning zag er beroerd uit en was slecht ter been.

Wie Hassan in zijn laatste jaren zag, op een internationaal congres of tijdens een publiek optreden op de televisie, kon zich nauwelijks voorstellen dat dit de man was die ooit meedogenloos de Rif had bedwongen. Een ineengeschrompelde figuur met een door nicotine gerimpeld hoofd, die op monotone, ongeïnteresseerde toon zijn redevoeringen afdraaide. Een koning die publiekelijk nog steeds volhield dat het volk hem op handen droeg en hem zelfs tot president zou kiezen als Marokko onverhoopt een republiek mocht worden. Maar ook een man die met het klimmen der jaren gekweld moet zijn geweest door het besef van zijn naderende dood en de vrees dat hij een minder prettige herinnering zou achterlaten dan hij had gehoopt.

Hassan had turbulente tijden succesvol overleefd, maar het eindresultaat kon beter. Hij was een aanvoerder van gelovigen die voor een deel de islam steeds minder praktiseerden, terwijl een ander deel juist strakker in de leer werd en zijn religieuze leiderschap niet accepteerde. Een koning die niet gerespecteerd werd, maar gevreesd. Geen autoriteit, maar autoritair en iemand die zijn positie alleen kon handhaven door de loyaliteit te kopen van de heersende klasse via het corrupte systeem van makhzen. Een man die in stilte werd geminacht door zijn volk en gevreesd door de jaknikkers uit zijn directe omgeving. Zijn eigen kinderen onderhielden, eenmaal volwassen, een afstandelijke verhouding tot hun vader.

Over dat laatste is veel gespeculeerd. De Franse journalist Jean-Pierre Tuquoi schetste in zijn boek *De laatste Koning* (*Le dernier Roi*) geen prettig beeld van het familieleven achter de paleismuren. De vijf kinderen − twee zoons en drie dochters −, opgegroeid met Franse en Spaanse gouvernantes, hadden een enigszins verkrampte jeugd gehad. Weelde en luxe waren er in overmaat geweest, geborgenheid en warmte minder. Koning Hassan hanteerde zo nodig zelf het rietje om met een pak slaag de kinderen discipline bij te brengen. Met het volwassen worden hadden de prinsen en prinsessen beseft dat de reputatie van hun vader getekend werd door de Jaren van Lood. Een vader die zijn land in een ijzeren greep hield. Die zijn oudste dochter, *lalla* (prinses) Meryem, een week van tevoren bekendmaakte dat hij haar had uitgehuwelijkt aan Fouad Filali, de zoon van zijn eerste minister. Later zouden zijn kinderen openlijk in opstand komen tegen de almacht van hun vader. De koning kreeg de vernedering te slikken van de echtscheiding van Meryem, de eerste officiële scheiding van een prinses in Marokko. Zijn middelste dochter lalla Asma nam afstand van de paleisweelde − en daarmee indirect van het leven van haar vader − door openlijk te verklaren dat het dragen van waardevolle juwelen haar een belediging leek voor het volk dat in armoede moet leven.

De laatste jaren bracht de koning in toenemende eenzaamheid door in zijn paleis in Rabat. De enige man die hij werkelijk nog vertrouwde was Driss Basri, de grootvizier die hem altijd had gediend zonder vragen te stellen. Nieuwe tijden waren niet meer buiten de paleismuren te houden, de oude vorst begon de controle te verliezen. In de maanden voor zijn dood kreeg de koning een klap te verwerken in de vorm van het 'chequesschandaal'. Cheques van miljoenenrekeningen die de vorst aanhield bij een reeks gerespecteerde banken werden uit het paleis geroofd en vervolgens verzilverd. Als in oude tijden werd aan de lopende band geroofd uit de vertrekken, met het verschil dat de plundering vroeger pas plaatsvond ná de dood van de sultan. Het waren bittere laatste jaren.

Wat geen complot kon bereiken zou uiteindelijk een leven aan rokertjes bewerkstelligen. Vrijdagmiddag 23 juli 1999 overleed Hassan II, zoon van Mohammed, aan een longaandoening na 38 jaar op de troon der Alawieten te hebben gezeten. Het leger artsen en chirurgen dat de vorst altijd paraat had, kon niets uitrichten.

Zoals altijd bij de dood van autocraten en dictators werd het land bevangen door paniek en onzekerheid. Winkels en cafés lieten haastig hun rolluiken neer of werden hiertoe gemaand door politieagenten. Voor de levensmiddelenwinkels die nog open waren stonden lange rijen om de eerste levensbehoeften te hamsteren. De koning werd de zondag na zijn dood bijgezet in Rabat, in het grote grafmonument waar ook de resten van zijn vader lagen. De chaotische ceremonie werd bijgewoond door de Amerikaanse president Bill Clinton, zijn Franse collega Jacques Chirac en koning Juan Carlos van Spanje. Nooit eerder had de begrafenis van een staatshoofd van een land in Noord-Afrika zo veel van de machtigen der aarde uit Oost en West bijeengebracht.

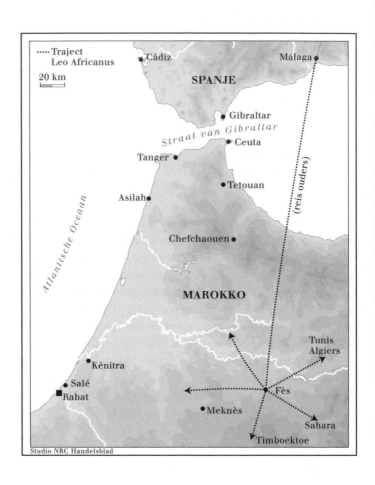

2 | DE MOSLIM UIT EUROPA

Europa heeft het mooiste uitzicht op Marokko. Wie bij het Spaanse Tarifa naar boven de bergen in gaat, op de weg richting Algeciras, komt langs de *puerto del cabrito*, de geitjespas. Er is een parkeerterrein met een koffiekiosk. De koffie is er niet te drinken, dikke Britse toeristen gooien er hun lege bierblikjes op de grond en pissen er tegen de dennenbomen. Maar we nemen het voor lief. Terwijl achter ons de batterijen windmolens fluitend elektriciteit opwekken, ontvouwt zich bij helder weer een spectaculair panorama. Beneden ligt in staalblauw de Straat van Gibraltar, altijd druk met tankers, vrachtboten en de ferry's. Links piekt de bleekgrijze rots van Gibraltar, aan de overkant de Djebel Musa, de mythische zuilen van Hercules die de toegang tot de Middellandse Zee markeren. Twee continenten onder handbereik, een uitzicht vol geschiedenis tussen Marokko en Europa. De toegang van de Middellandse Zee werd gemarkeerd door moslimveroveraars. Hier kwam de legeraanvoerder Tariq in 711 overvaren om het Iberisch schiereiland te veroveren. Djebel Tariq, de berg van Tariq, werd later verbasterd tot Gibraltar. Musa, van de Djebel Musa aan de overkant, was de Arabische kalief die hem de opdracht had gegeven. De bergwand aan de overkant werpt een donkere schaduw. Daarboven schemeren lichter gekleurde toppen van de Rif en Midden-Atlas. Rechts in de verte, waar Afrika wegzakt in de oceaan, glinstert Tanger in een heuvelkom.

Het moet ergens in de jaren tachtig geweest zijn dat ik voor het eerst op de geitjespas mijn adem inhield. Het was direct duidelijk: vroeger of later moest ik naar de overkant, naar Afrika, naar Marokko. Het land van de roman The Sheltering Sky van Paul Bowles, de Amerikaanse schrijver die in Tanger hoogbejaard lag te worden. Marokko trok, zoals onbekend en ruig terrein dat erom vroeg ontdekt te worden. Beelden van Humphrey Bogart in Casablanca. Jean Gabin in Pépé le Moko. Zwaar geromantiseerde clichés van een land dat zo dichtbij lag, maar waarvan ik hoegenaamd niets af wist.

Ik was niet de enige. Heel Europa wist eeuwenlang niets af van Marokko. Het was een mooi uitzicht zo vanaf de heuvels in Zuid-Spanje en dat moest vooral zo blijven. Europa toonde nooit veel interesse in zijn Afrikaanse buurman. De Romeinen vingen er hun leeuwen voor de spelen, maar hadden verder niet veel beschrijvingen achtergelaten van wat ze in Marokko aantroffen. Na de invallen van de moslims onder leiding van Tariq was er eerder sprake van angst dan van nieuwsgierigheid naar Marokko. Een onherbergzaam land bevolkt door twistzieke stammen, waar behalve geitenleer en dadels weinig te halen viel. De beroemde avonturier Ibn Battuta (1304-1370) kwam ervandaan, maar diens verhalen beschreven vooral reizen door de moslimwereld buiten Marokko. De koloniale grootmachten richtten hun aandacht liever op landen aan de andere kant van de oceaan dan op het land aan de overkant van een smalle zeestraat.

Pas in de zestiende eeuw kwam daar verandering in. Dat was vooral te danken aan Leo Africanus (circa 1494-1552), die met zijn boek de Pertinente Beschryvinge van Africa zijn Europese lezers versteld deed staan door een gedetailleerde beschrijving van Afrika, waarin zijn vaderland Marokko een belangrijke rol toebedeeld kreeg. Het waren goede tijden voor reisbeschrijvingen in Europa. De verovering van Amerika was in volle gang, nieuwe wereldzeeën werden in kaart gebracht en scheepsroutes ontdekt. Over het Afrikaanse continent was weinig bekend. Leo Africanus bracht daar verandering in. Bezoekers van Marokko vertrouwden eeuwenlang op zijn beschrijvingen en goede raad. Op zijn handelsreizen naar Marokko had Michiel de Ruyter vermoedelijk een van de vertalingen van Leo Africanus in de boekenkast van zijn schip De Salamander staan. A. den Doolaard droeg het boek een paar eeuwen later mee in zijn plunjezak. Het boek over Afrika gold als een onmisbare klassieker.

Het boek zit vol details waar de zestiende-eeuwse lezer met verbazing kennis van moet hebben genomen. Neem de dromedaris, het lastdier dat de Marokkanen al sinds mensenheugenis voorzag van melk, vlees voor de couscous en geurend leer voor de pantoffels. Zo'n 'kemeel', zo schrijft Leo, heeft een bult 'die op 't achterste deel van haren rugge, ende haren nek, een plaats verleent heeft, die seer bequamelijk kan dienen om op te ryden, in plaats van een sadel'. De reiziger die van de dromedaris gebruik wil maken is evenwel gewaarschuwd. 'Hare manier van ryden is seer belachelijk.'

De dromedaris wordt vooral gebruikt door de Toearegs, zo schrijft Leo Africanus. De bedoeïenenstam stond volgens hem onder de Romeinen al bekend als nomaden die in tenten door de woestijn trekken. De blauwe en zwarte hoofddoeken, de djellaba's met hun wijde mouwen zijn nog steeds zoals Africanus ze beschrijft. Zelfs het detail van de manier waarop de Toearegs tijdens het eten hun mond onmiddellijk na een hap afdekken met hun hoofddoek wordt gedetailleerd door hem beschreven. Daarmee is het qua goede zeden wel ongeveer bekeken, want de Toearegs zijn volgens de schrijver een rauw en roofzuchtig volk zonder 'Wet en Borgerlijkheyt' en verstoken van iedere kennis.

Leo Africanus toont zich evenwel onder de indruk van de taaiheid van deze woestijnbewoners. De Toeareg kent geen brood en geen vers vlees. Hij overleeft op kamelenmelk, dat bij wijze van ontbijt gedronken wordt en 's avonds dient om het gedroogde vlees in te weken. De vrouwen zijn volgens Leo breedgeschouderd maar smal rond de heupen. Ze zijn volgens hem zeer deugdzaam, op hun manier. 'Somstijts zullen ze wel een kus aan nemen,' maar voor het overige kan de bezoeker zich beter geen illusies maken. 'Indien ymant yet verders sou versoeken, die stelt sijn leven in gevaar.' Geschonden eer wordt duur betaald in de woestijn 'ende dat op sulken woeste en beestachtige maniere, dat sy in desen gevalle geen medelyden ter werelt en sullen bewysen'. Het slechtste en het beste van de mens blijken echter dicht naast elkaar te liggen, zo leert de beschrijving van het woestijnvolk. De gastvrijheid bijvoorbeeld was in de zestiende eeuw al een Marokkaanse deugd. Op weg met een handelskaravaan naar het zuiden ontmoet Leo een woestijnprins van de Toearegs. Na betaling van de gebruikelijke afperssom voor vrije doorgang nodigt de vorst hen uit voor een weekje feesten in zijn tenten. Het aanbod wordt beleefd afgeslagen want de feestplek is te ver uit de route en de karavaan moet door. Timboektoe wacht, de plicht roept. Maar daar wil de gastheer niets van weten. De karavaan mag doorrijden, maar de kooplieden moeten of ze willen of niet meefeesten. Bij aankomst in het kamp worden terstond kamelen en struisvogels geslacht. De gebraden 'struysen' worden opgediend met bijzondere kruiden, brood en dadels. Na twee dagen erop los geschranst en gefeest te hebben mogen de kooplieden weer terug naar hun karavaan. Na afloop maakt Leo de balans op van de gastvrije ontvangst. Het bedrag waarvoor ze gegeten en gedronken hadden was zeker tienmaal meer dan de tol voor de veilige doortocht die ze hadden moeten betalen. De reiziger moet zich echter geen al te romantisch beeld vormen, zo waarschuwt de schrijver. De woestijnbewoners leiden in het algemeen een ellendig bestaan. Het enige pleziertje bestaat uit de jacht op hun fraaie paarden.

De Marokkanen die tussen de Atlas en de Middellandse Zee wonen zijn er beter aan toe: de kleding is weelderiger, de paarden krijgen beter voer en de tenten zien er chiquer uit. Zij beoefenen de landbouw en graanteelt. Maar ook hier is sprake van hongersnood en armoe als gevolg van karige oogsten, hoge belastingen en onderlinge oorlogen. Soms moeten ze hun eigen kinderen als onderpand achterlaten bij de Siciliaanse piraten in ruil voor graan. Als de rekening te lang blijft openstaan wordt het kroost verkocht op de slavenmarkt.

Het eerste gedetailleerde beeld van Marokko hebben we te danken aan een man die door zijn bewogen levensgeschiedenis een levend bruggenhoofd vormde tussen Marokko en Europa. Leo Africanus was als Al-Hassan Ibn-Mohammed Al-Wezaz Al-Fasi geboren en getogen in Fès. Pas later zou hij bekendheid krijgen als Leo Africanus, Giovanni Leone of in het Nederlands: Jan de Leeuw. Zijn familie behoorde tot de moslimnotabelen van Granada die na 2 januari 1492, toen sultan Boabdil zich definitief overgaf aan de katholieke koningen, besloten het Iberisch schiereiland te verlaten om zich in Fès te vestigen.

Al-Hassan Ibn-Mohammed was geleerde, handelaar en vermoedelijk spion. Op zijn reizen en avonturen wist hij al op vroege leeftijd handig gebruik te maken van zijn positie van moslim-immigrant. Wanneer hij werd overvallen door piraten van Spaanse afkomst, vertelde hij hun in het Spaans dat Granada zijn geboortestad was. Waren de overvallers Marokkanen dan werd moeiteloos in het Arabisch Fès als geboortegrond opgegeven. Hij was moslim of katholiek, al naar gelang de omstandigheden hem hiertoe dwongen. Godsdienst leek voor Al-Hassan Ibn-Mohammed eerder een sociale schutkleur dan een religieuze overtuiging.

Pragmatisch denken was nodig om te overleven in het westelijke Middellandse-Zeegebied aan het begin van de zestiende eeuw. Leo Africanus beschrijft Marokko als een land in permanente chaos en anarchie. Rivaliserende families in de steden en de stammen in de bergen en woestijn leverden aanhoudend strijd tegen elkaar, onderling en tegen indringers van buitenaf. De Spanjaarden en Portugezen hielden strategische gebiedsdelen aan de kust bezet. Vanuit Safi aan de Atlantische Oceaan waren de Portugezen zelfs ver de Marokkaanse binnenlanden binnengedrongen en dreigden de koningstad Marrakech te veroveren.

Fès werd de belangrijkste vestigingsplaats van de Europese moslims die uit Spanje waren gevlucht. In een land dat bekendstond als Barbarije, had de stad in zekere zin de vlag overgenomen van Córdoba als cultureel en wetenschappelijk centrum in de moslimwereld. Net als Córdoba heeft Fès een imposante reeks aan filosofen en wetenschappers voortgebracht. Aan het begin van de zestiende eeuw was het verval ingetreden, maar Fès gold nog steeds als dé plaats in de moslimwereld waar de beste Arabische schrijvers en vertalers van het Latijn en Grieks onderricht gaven in de klassieke wetenschappen als retorica, grammatica, dichtkunst en filosofie.

In die omgeving groeide Al-Hassan Ibn-Mohammed op als een briljant student, die het beste meekreeg van de rijke mengcultuur rond de Middellandse Zee. Al op veertienjarige leeftijd werd hij vanwege zijn juridische kennis ingeschakeld als notaris of als een ambulante kadi (rechter) in de steden die hij op zijn reizen door Marokko aandeed. Als soldaat nam hij deel aan de expedities van de sultan Mohammed VI van Fès tegen de Portugezen en tegen de gewapende bendes die de streken ten noorden van Essaouira onveilig maakten. Als diplomaat en handelaar in goud, boter en schapen breidde hij zijn werkterrein verder uit. Als er geld verdiend moest worden toonde Al-Hassan Ibn-Mohammed zich een pragmatisch man. Hij werkte enige tijd als belastinginner voor de koning van Portugal, dezelfde koning die hij eerder als soldaat bevocht.

Zijn verschillende werkzaamheden brachten hem op plaatsen in heel Marokko, van de kust tot in de Dravallei aan de rand van de woestijn. Hij reisde naar Tunis en met de handelskaravanen van zijn oom naar Timboektoe en andere delen van Centraal Afrika. Algiers, Constantinopel, Cairo en Assoean werden door Mohammed bezocht. Hij zag de Rode Zee, bezocht de havens van Medina en Mekka en wist vermoedelijk zelfs tot in Perzië door te dringen.

Wie reist vraagt om moeilijkheden. Rond 1520, toen hij terugkeerde van een reisje naar Constantinopel, werd het schip van Al-Hassan Ibn-Mohammed gekaapt door een groep zeerovers van christelijke origine die hun uitvalsbasis hadden op het eiland Djerba voor de Tunesische kust. Mohammed werd naar

Rome meegevoerd en door de piraten als slaaf cadeau gedaan aan paus Leo x, telg uit de rijke en machtige De Medici-familie. Het was in alle opzichten een succes. Het klikte onmiddellijk tussen de paus, een ontwikkeld man en mecenas van kunstenaars en geleerden, en de jonge, veelzijdige moslimgeleerde. Hij werd meteen een vrij man gemaakt en hem werd een aantrekkelijk salaris geboden voor het geven van lessen in het Arabisch. De paus raakte dermate op hem gesteld dat hij hem aannam als zijn zoon.

De Spaanse moor uit Fès werd vanaf dat moment Giovanni Leone de Medici en liet zich zonder al te veel scrupules bekeren tot het katholicisme. Leo de Afrikaan was geboren. Tijdens zijn verblijf in Rome, waar hij zich bekwaamde in Latijn en Italiaans, zou Leo rond 1526 zijn magnum opus schrijven over Marokko en zijn reizen over het Afrikaanse continent. Het origineel van het werk, dat verloren is geraakt, was geschreven in het Arabisch, de Italiaanse vertaling geldt als de meest betrouwbare versie. 'Pertinente Beschryvinge van Africa, Met alle de Landen, Koningrijken, Steden, Volken, Gewoonten, Gedierten, Vogelen, Boom- en Aard-vruchten die daar zijn. Mitsgaders De Koningen die daar geregeert, ende de Oorlogen die zij gevoert hebben'. Aldus luidde de Nederlandse titel van deze Europese bestseller die in 1665 door boekverkoper Arnout Leers te Rotterdam op de markt werd gebracht.

Tatoeages en hoenderdrek

In de Nederlandse vertaling wordt geschreven dat de Berberschonen zich net als de Europese vrouwen wit poederen. Maar bij een vergelijking van de verschillende edities blijken de Hollandse lezers hier het slachtoffer te worden van gebrekkig vertaalwerk: het gaat om het gebruik van hennatatoeages, die vooral in zwang zijn bij 'Hare Jouffrouwen die ongetrouwt zijn' en die worden aangebracht op 'hare aangesichten, borsten, armen, handen en vingeren met een soorte van gemaakte verwe, 't welk onder hen voor een seer fraye gewoonte gehouden word'. Het valt niet te hopen dat onder de vrouwelijke lezers van Leo in Nederland iemand heeft geprobeerd om deze exotische gewoonte te testen. Want de verf blijkt te zijn bereid 'van hoenderdrek en saffraan...' Make-up van kippenstront? In het Italiaans staat er 'fumo di galla', wat zoveel betekent als 'gerookte kruiden', een redelijke definitie van henna.

Gelukkig was Leo al honderd jaar dood toen zijn Nederlandse vertaling op de markt kwam, want er zitten nog meer pijnlijke fouten in. De meloenen die Leo volgens zijn Nederlandse editie aan de palmen zag hangen zijn bij nadere bestudering kokosnoten, het vreugdevuur van de inboorlingen blijkt in werkelijkheid honing, schepen in de havens veranderen in soldaten, binnen families worden grootvaders plotseling ooms, het kalfsvlees op het menu kan niet anders dan lamsvlees zijn en waar Leo zegt dat hij een partij gecastreerde slaven heeft ingekocht, blijkt hij in werkelijkheid schapen te bedoelen. Hij vertelt hoe hij met karren de Atlas overtrekt, terwijl tot op de dag van vandaag de steile paadjes in deze bergen hooguit toegankelijk zijn voor pakezels.

De schuld daarvan lag bij ene Johan Florian, rector van de Hoge School te Antwerpen die vanuit het Italiaans een Latijnse vertaling van het werk verzorgde. Uitgerekend bij deze 'wetenschappelijke' editie van Leo's boek ging het flink mis, want de Antwerpse rector begreep niets van het Italiaans. De Nederlandse editie was weer een vertaling van het broddelwerk in het Latijn. Het droeg eraan bij dat de Hollandse lezers eeuwenlang een wat verward beeld van Marokko hadden.

Van Toearegs tot Turken

De Marokkanen die vanaf eind jaren zestig van de vorige eeuw in Nederland kwamen werken als bouwvakker of metaalbewerker waren gedrongen mannen met donker haar en snorren. Soms

droegen ze in hun vrije tijd een witte djellaba en een wit gebor-
duurd keppeltje. Met de Toearegs zoals Leo Africanus ze had beschreven hadden ze weinig gemeen. Later kwamen hun vrouwen
over, schuchter onder zwarte hoofddoekjes en in lange jassen tegen de kou. Deze Marokkanen leken fysiek nog het meest op
Spanjaarden of Fransen. Maar was Marokko niet het land van de
moren? En waren moren niet veel donkerder van huidskleur?
Zwarte Piet was toch oorspronkelijk een moor? Met de jaren
werd de verwarring eigenlijk alleen maar groter. Geheel volgens
de heersende gedachte dat het hier gastarbeiders betrof, en de
kennis van het Nederlands derhalve geen prioriteit werd toegekend, werden de nieuwkomers bediend met folders en tolken in
het Arabisch. Later werd dit, op aandringen van de Marokkaanse
overheid, uitgebreid met lessen in Standaard-Arabisch op de
scholen. Dat maakte de verwarring alleen maar groter, want de
immigranten spraken of een Berbertaal of het Marokkaanse Arabisch dat weinig te maken heeft met het Standaard-Arabisch.

Leo Africanus geeft al aan dat Marokko complex in elkaar zit.
'Dit is het aller vermaarste en weerdigste Land van heel Africa,' zo
vertelt hij de lezers niet zonder trots, 'welker Inwoonders zijn
van een bruyne ofte ternyte coleur, zijnde een beleeft volk.' Tot
zover leek er weinig aan de hand. Maar dan begint het al snel in-
gewikkelder te worden. Neem de naam van het land. Marokko
stond bekend als Barbaria of Barbarije. Leo verklaart de weinig
complimenteuze naam uit het feit dat de Arabieren die het land
in de zevende eeuw vanuit het oosten binnentrokken de oorspronkelijke bewoners 'Barbar' noemden, omdat het Berbers
– 'de ware ende natuurlijke spraak' van de Marokkanen – in de
oren van de Arabische veroveraars 'geen ander geluyt geeft dan
de stemme der beesten…' Voor de Arabieren zou Berber of Barbar zoiets als de wildernis hebben betekend, in ieder geval iets
negatiefs.

Leo schrijft het woord toe aan de Arabieren, maar de Romei
nen, die een aantal nederzettingen en garnizoenssteden in Marokko hadden, gebruikten de van de Grieken overgenomen term
barbaren voor alle volkeren die niet onmiddellijk tot het oor-

spronkelijke imperium behoorden. Zo was grofweg heel Europa, het Midden-Oosten en Noord-Afrika in Romeinse ogen bevolkt door barbaren. Welbeschouwd namen de Europese barbaren in het geval van Marokko de term over voor de Noord-Afrikaanse barbaren.

In navolging van Barbarije stonden de oorspronkelijke inwoners vanaf die tijd bekend als Berbers. Dat was meer cultureel dan raciaal bepaald, want met de Feniciërs, de Romeinen en de Vandalen waren de oorspronkelijke bewoners aardig gemengd geraakt. Er liepen opmerkelijk veel mensen met blauwe ogen en lichtgekleurde huid rond in het noorden van Marokko. Zelf noemden de Berbers zich van ouds liever Amazigh, wat 'vrije mensen' betekent. Zij zijn verdeeld over een groot aantal stammen zoals de Rif-Berbers, de bevolking van de Atlas de Toearegs. Naast de Berbers werd Marokko bevolkt door de 'Arabieren', die zich hooguit door hun taal en namen onderscheidden, maar door de militante Amazigh tot op de dag van vandaag als een soort culturele indringers worden gezien.

De verwarring werd er niet minder op doordat Europa op zijn beurt het begrip 'moor' introduceerde, afgeleid van de twee Romeinse provincies Mauretanië in Marokko. De Spanjaarden duidden hiermee de Berbers én Arabieren aan die waren binnengevallen in het Iberisch schiereiland. Nederland leek de term echter weer vooral te gebruiken voor donkere subsaharianen (Moriaantje, zo zwart als roet) uit wie de latere elitetroepen van de sultan waren gevormd. En ten slotte stonden Marokkanen in de lage landen eeuwenlang bekend als 'Turk', wat vermoedelijk vooral op de islam sloeg, maar strikt genomen niet getuigde van kennis van zaken. Net als de Arabieren waren de Turken van het Ottomaanse Rijk er nooit in geslaagd om Marokko te onderwerpen.

Leo onderscheidt vijf verschillende stammen onder de Berbers. Iedere stam spreekt zijn eigen dialect van het Berbers. Het taalplaatje dat Leo schetst van het Berbers en Arabisch zou, zeker in het noorden, nog eeuwenlang blijven gelden. De Berberdialecten, zo schrijft hij, verschillen duidelijk van andere talen, maar hebben wel bepaalde woorden met de Arabische taal gemeen. De meeste Berbers spreken daarnaast Arabisch, meestal nogal gebrekkig, maar voldoende om een gesprek aan te knopen.

Het Marokko dat Leo beschrijft is weliswaar exotisch, maar tevens ruig en gevaarlijk. De Berbers zijn volgens Leo een strijdvaardig volk. De vrouwen trekken mee ten strijde met hun mannen als er oorlog gevoerd moet worden om hun moed in te spreken. De inwoners op het platteland bedrijven struikroverij om hun belastingen aan de sultan te voldoen. Zelf hebben ze op hun beurt te duchten voor de plunderingen van de Portugese indringers vanuit Safi en Azemmour. En ook onderling bevechten de Berberstammen elkaar. Leo meldt bij iedere stam de aantallen beschikbare ruiters en het voetvolk, de totale stammensterkte en de mate van strijdlustigheid: nuttige informatie voor wie op reis wil in Noord-Afrika.

Leo adviseert zelfs om de Rifkust de eerstkomende honderd jaar 'minstens vyf hondert mylen' te mijden. Wie niet van zijn koopwaar werd beroofd, eindigde er op de slavenmarkt. En als de passant niet te maken krijgt met de Berbers, dan zijn het wel de Arabieren die achter het struikgewas klaarstaan voor een beroving. 'Om kort te zijn de gemelde Arabiers sijn een seer rouw, roekeloos, bedelachtig, mager en uytgehongert Volk hebbende (sonder twijffel) Godt altijd tot haren vyand, als door wiens wrake sy dagelijks sulke sware ellendigheden moeten uytstaan.'

Leo Africanus begreep als geen ander hoe de voortdurende onderlinge strijd van stammen en families zijn vaderland bepaalde. Het was het land van de Berbers dat werd beheerst, maar nooit werd overwonnen door de Arabieren. En dat later te maken kreeg met een flinke invasie van moslims die Spanje uit werden gezet. Tot die laatste groep behoorde Leo Africanus zelf en dat is tussen de regels door duidelijk te merken. De moslims uit Al-Andalus behoorden tot de grootstedelijke klasse die zich in stilte superieur achtten ten opzichte van de Marokkanen in het algemeen en de Berbers op het platteland in het bijzonder. Leo schrijft dan ook opmerkelijk complimenteus over de bewoners van steden als Fès, waar zijn eigen familie was neergestreken. 'Seer eerlijk

Volk', aldus de schrijver, dat liever sterft dan zijn beloftes breekt en bovendien uiterst beleefd is. Onbetamelijkheden in gezelschap worden niet op prijs gesteld. Jongeren mogen niet over liefdeszaken praten. Het zijn bedreven handelaren, die door de hele wereld reizen op zoek naar roem en rijkdom. Ze zijn vrolijk, betrouwbaar, ijverig, vol deugden en toch eenvoudig.

Maar er is ook kritiek, waarin vermoedelijk iets doorschemert van ergernissen van de immigranten uit Al-Andalus waar Leo toe behoorde over de manier van hoe ze werden ontvangen na hun vlucht uit Spanje. De stedelingen zijn gierig, schrijft Leo. Ze zijn hoogmoedig en beschikken over een wraakzuchtig olifantengeheugen. Al het leed dat hen overkwam, hoe klein het ook mocht zijn, werd 'diep in Marmer' gegraveerd. Vreemdelingen zijn verdacht. 'Daar en kan ook niet een onder hondert gevonden worden, die uyt beleeftheyt, of uyt devotie eenig onderhout aan een vreemdeling yet geven sal.' Eenmaal op de klaagtoer is het hek van de dam. De stedelingen zijn eigenwijs en lichtgelovig. Chaotisch en met de neiging tot anarchie. Lichtgeraakt. En altijd maar dat luidruchtige gezeur. Ze 'spreken altijd met een toornige en luyde stemme', aldus de schrijver. En omdat ze voortdurend in beslag worden genomen door twisten en andere problemen, is er nooit eens plaats voor een vriendelijk woord. Geen wonder dat dit volk door zijn eigen sultans behandeld wordt 'of het Honden waren'. Wijze rechters en rechtsgeleerden zijn moeilijk te vinden, net als trouwens banken en wisselaars, wat de handel met het buitenland zeer belemmert.

Volgens eigen zeggen bekritiseerde Leo zijn landgenoten met de plichtbetrachting van een onafhankelijk geschiedschrijver. Dat is misschien waar, maar we moeten ook in de gaten houden dat hij zijn boek over Afrika en Marokko schreef in Rome, voor een Europees publiek, als geadopteerde zoon van de paus, deel uitmakend van een van Italiës rijkste families.

Leo Africanus zou na de dood van zijn beschermheer en aangenomen vader paus Leo X in 1523 nog jaren in Italië blijven. De Italiaanse kronieken van die tijd zwijgen echter in alle talen over deze wereldreiziger, die Europeaan was onder de Marokkanen,

Marokkaan in Europa, moslim onder de katholieken en katholiek als moslim. Misschien was Leo teleurgesteld over het gebrek aan belangstelling en eerbetoon dat hij ontving voor zijn alom gelezen werk over Marokko. Uiteindelijk keerde hij terug naar Tunis, waar hij in 1552 zou overlijden. Het lijdt geen twijfel, of Al-Hassan Ibn-Mohammed Al-Wezaz Al-Fasi nam afscheid van de wereld als een goed moslim.

Berbers

'Nee, Berbercultuur hebben we hier niet,' meldde de museumbewaker, een enigszins gezette man van middelbare leeftijd die opgewekt het wisselgeld accepteerde dat overbleef na de aanschaf van een museumboekje. Behulpzaam wees hij me de weg in de zaaltjes met hun ietwat rommelige uitstalkasten. Wie wat meer wilde weten over de Berbers had in het archeologisch museum van Rabat weinig te zoeken, zoveel was snel duidelijk. Er stonden wat gravures met dierafbeeldingen. Buiten in de tuin kon men terecht voor enkele grafstenen met het Berberschrift.

Het leek zo'n goed idee: het archeologisch museum zou een mooi begin zijn voor een zoektocht naar de wortels van de Marokkaanse cultuur. Wie waren nu eigenlijk die oerbewoners van het land? Waar begon het verhaal van de mengvorm van culturen? Waarom is Marokko zo anders dan Europa en tegelijk in veel opzichten herkenbaar?

De belangrijkste oudheidkundige collectie van Marokko bevindt zich een villa in de *ville nouvelle*, de door Fransen gebouwde nieuwe stad buiten de oude medina. De collectie bevindt zich enigszins verborgen in een straatje achter het plein met de grote moskee. Hier moest het antwoord liggen op de vraag waar de Marokkaan vandaan kwam. Maar na een halfuurtje rondgewandeld te hebben in het museum was het duidelijk dat de Romeinen in hun drie eeuwen van aanwezigheid meer hadden achtergelaten dan de Berbers. Zoals de prachtige bronzen buste van de jonge Juba II, de geromaniseerde Berberkoning die bijna vijftig jaar in dienst van Rome grote delen van Noord-Afrika onder zijn hoede had. Opgegraven in Volubilis, de Romeinse Berberstad waarvan de indrukwekkende resten te bezoeken zijn even ten noorden van Meknès.

De Romeinen beschouwden het gebied van het huidige Marokko als een vooruitgeschoven post van het rijk om de wilde stammen der Numidiërs, zoals zij de woestijnnomaden noemden, buiten de deur te houden. De Marokkaanse provincie Mauretania Tingitana had Tingi, het huidige Tanger, als hoofdstad.

De Romeinen maakten al vroeg kennis met het opstandige karakter van de Berbers. In de tweede eeuw na Christus kreeg het Romeinse rijk aanhoudend te maken met revoltes. Vanuit hun legerkampen in Tanger en Salé werden de Berbertroepen de Atlas in gedreven, maar van een daadwerkelijke verovering van het onherbergzame gebied was geen sprake.

Leo Africanus had meer verteld over de Berbers dan hier in het museum viel aan te treffen. In tegenstelling tot wat vaak gedacht wordt, zo schrijft hij, beschikten de Berbers wel degelijk over een eigen schrift. Onder invloed van de Romeinen kwam echter het Latijnse letterteken in zwang, dat later weer werd vervangen door het Arabische schrift. Leo vermoedde dat er boeken waren geschreven over de vroege geschiedenis van Marokko, maar dat deze waren verbrand door de sultans van Bagdad bij het onderdrukken van een van de vele opstanden. Het Berberschrift verdween, omdat het niet de taal van de machthebbers was.

Diezelfde avond bleek de Berbercultuur buiten het museum echter nog springlevend. Bij de ingang van het Mohammed v-theater in Rabat werd gevochten om kaartjes voor het concert van Fatima Tihihit, diva van het Berberlied. Wie het niet lukte om binnen te komen, droop verslagen af. In het gedrang vielen enkele rake klappen. 'De baarden, de baarden,' riep iemand bij de bar. Het bleek vals alarm: het waren niet de islamitische fanatiekelingen die amok maakten bij de ingang van het theater, maar teleurgestelde fans zonder plaatsbewijzen die probeerden alsnog de kaartjescontrole te passeren.

Eenmaal binnen in de afgeladen zaal heerste twee uur lang een gespannen verwachting. Marokko's grootste theater had een avondvullend programma in het Tamazight, het Berberdialect van Midden-Marokko, met een komiek, muziekgroepen en een tombola met een theeservies en andere prijzen. Maar daarvoor hebben we geen zestig dirham neergelegd, zei mijn buurman Dwaiyr. Fatima Tihihit, beroemd in Marokko en ver daarbuiten, was het onbetwiste hoogtepunt van de avond. Een compacte jonge vrouw met een warme glimlach boven een felrode jurk met veel goudstiksel en armbanden. Toen ze eindelijk na uren voorprogramma opkwam en deinend op het toneel een lied inzette veranderde de zaal in een fluitende en brullende massa. Hier en daar stond een toeschouwer op van zijn stoel en zette een dansje in. Drie danseressen die de diva begeleidden zweepten de zaal verder op. Dwaiyr pakte voorzichtig het eerder aangeboden plastic bekertje koffie uit mijn handen weg zodat ik mee kon klappen op de bezwerende klanken van Fatima Tihiti's Berberlied.

Marokko onderhoudt een dubbelzinnige relatie met zijn Berbers, of Amazigh zoals zij zichzelf liever noemen. Iedereen weet dat het aan deze oorspronkelijke bewoners te danken is dat het land een karakter heeft dat zo verschilt met de rest van de Arabische wereld. Maar als het zo uitkomt nemen veel Marokkanen graag enige afstand als de Amazigh ter sprake komen. 'Nee, van het Berbers versta ik niks,' luidt meestal het antwoord van Arabischsprekende Marokkanen. Vaak volgt dan een gorgelende imitatie van wat volgens hen op de taal lijkt. Berbers: dat zijn de lemen gehuchten in de Atlas of in de bergen van het noorden. Of lastig en opstandig volk met wie vaak geen land te bezeilen is.

Als de vooroordelen er worden afgeschraapt blijft er verrassend weinig over aan historische kennis van de Amazigh. Het verleden van de Berbers in Marokko, hun levenswijze en religie, is een zwart gat in de geschiedenis. De overgeleverde Romeinse beschrijvingen van Mauretanië Tingitana zijn beperkt. In hun eigen schrift hebben de Berbers behalve grafstenen vrijwel niets achtergelaten. De geschiedenisboekjes op Marokkaanse scholen melden kort dat de Berbers in het prehistorisch verleden vanuit Jemen en Syrië naar Marokko zijn getrokken. Maar dat lijkt vooral propaganda uit de tijd dat de pan-Arabische gedachte nog in zwang was en de mythe onderwezen werd dat Marokko reeds vanaf de Oudheid deel uitmaakte van de grote Arabische familie.

Historici houden tegenwoordig alle opties open: de Amazigh kunnen evengoed uit Europa zijn binnengetrokken of via de zuidelijke Sahara. Of altijd al in het gebied rond de Atlas en de Rif hebben geleefd en zich later hebben gemengd met volkeren uit alle drie de windrichtingen. De Feniciërs, Carthagers, Romeinen en Vandalen hadden met wisselend succes gebieden van Marokko onder controle en mengden zich tot op zekere hoogte met de lokale bevolking. Erg welkom waren de indringers vermoedelijk niet. Het misprijzende woord Arrumi dat de Berbers voor de Romeinen reserveerden is nog altijd in gebruik voor Europeanen. Buiten hun nederzettingen van Tingis, Volubilis en Sala (Salé) hadden de Romeinen weinig te vertellen.

Voor de meeste bezoekers aan Marokko blijft de Berbercultuur beperkt tot het obligate blauwe tapijtje met dierenmotieven uit de oude medina. Minder bekend is dat waarschijnlijk de helft van de Marokkanen is opgegroeid met een van de drie Berberdialecten. De Marokkaanse emigranten in Nederland bestaan in meerderheid uit voormalige bewoners van de Noordelijke Rifgebieden die in het geheel geen Arabisch spraken. En wat het Arabisch betreft dat in Marokko wordt gesproken: steeds duidelijker wordt dat het onder sterke invloed staat van de Berbertalen.

De Amazigh zijn de stiefkinderen van de Marokkaanse geschiedenis. De Arabischsprekende machthebbers hadden het niet op de Berbers. Ze slaagden er nooit in om de talloze Berberstammen in het rijk geheel te onderwerpen. Als wraak werd de historie van de oorspronkelijke bevolking genegeerd. Dat zorgde voor een tweedeling die tot op de dag van vandaag zijn invloed heeft op de Marokkaanse maatschappij. De Arabische veroveraars, later aangevuld met de Arabischsprekende moslims die uit Spanje waren gevlucht, heersten in de *bled-al-makhzen* (letterlijk: plaats van de magazijnen). Arabische en Andalusische families verdeelden in steden als Fès, Marrakech en Meknès onderling de politieke en economische macht rond het hof van de sultan. Dit stedelijke machtsstelsel van koning en machtige families staat nog steeds bekend onder de term makhzen. Daarbuiten, in de bergen en de woestijn, lag de bled-es-sibah, vrij vertaald het gebied buiten de stadspoorten. Hier hadden de Berberfamilies het voor het zeggen en was het gezag van de sultan lang niet vanzelfsprekend. Altijd was er wel een familie uit de bled-es-sibah die het centrale gezag aan zijn laars lapte, geen belasting betaalde en vanuit de bergen of de woestijn rooftochten ondernam.

De beperkte soevereiniteit van de sultans in de grote steden was eeuwenlang bepalend voor het instabiele karakter van het land. De Berberstamgebieden bleken een uitstekend vluchtoord voor politieke en orthodox-religieuze fanatiekelingen uit Bagdad en Damascus. Ze vonden er een veilige haven buiten het bereik van de machthebbers. Niet zelden slaagden ze erin in Marokko een beweging te vormen die een succesvolle greep naar de macht deed. Ondanks deze individuele successen slaagde de islam er nooit in de Berberstammen te arabiseren en het wantrouwen tegen de Arabischsprekende Marokkanen volledig weg te nemen. Arabieren waren tenslotte indringers geweest, die bovendien iets als centraal gezag trachten in te stellen. Indringers en gezag: twee zaken waar Amazigh, vrije mensen, niets van moesten hebben.

In de twintigste eeuw maakte de Franse koloniale bezetter handig gebruik van de bestaande verdeeldheid tussen de makhzen en de bled-es-sibah. Nadat de Franse troepen in de jaren dertig met pijn en moeite de laatste Berberstammen in de Hoge Atlas hadden onderworpen, propageerde de koloniale bezetter de Berbercultuur als een cultureel-politiek alternatief voor de Arabische invloeden. Een klassieke verdeel- en heersstrategie. De Fransen presenteerden de Berbers daarbij als een soort Europeanen die sinds het Romeinse Rijk naar het Afrikaanse continent waren afgezakt. De hoopvolle gedachte was dat ze waren los te weken uit de islam en misschien zelfs over waren te halen tot het katholieke geloof. Enthousiast werd een begin gemaakt met

Berberonderwijs en katholieke missie. Berberstrijders werden met open armen ontvangen in het Franse koloniale leger.

De koloniale heersers ruimden met de onafhankelijkheid in 1956 het veld, maar rond de Berbers bleef een naar luchtje van collaboratie hangen. De Marokkaanse nationalisten die het politieke voortouw namen met hun Istiqlal partij, kwamen vooral voort uit de Arabischsprekende stedelijke klasse. Zij waren aanhangers van de pan-Arabische idealen, waarbij vooral de verbroedering in de Arabische wereld werd gepredikt. Daarin was geen plaats voor Berbers, met hun eigen taal en hun anti-Arabische sentimenten. En al helemaal niet met hun afscheidingsidealen zoals de Berberrepubliek die de roemruchte Berberleider Abdelkrim in de jaren twintig in de Rif had willen stichten.

De spanningen liepen op tussen de nationalisten en de Berberleiders, die kort ervoor nog zij aan zij tegen de Fransen hadden gevochten. In 1957, nog geen jaar na de onafhankelijkheid, brak onder leiding van een feodale leider van een lokale Berberstam een opstand uit tegen het centrale gezag in Rabat. De reacties lieten niet op zich wachten. 'God heeft ons broeders gemaakt met eenzelfde geloof en onder leiding van dezelfde koning, Zijne Majesteit Mohammed v,' verklaarde de jonge kroonprins Hassan. Persoonlijk maakte hij duidelijk wat dit betekende. Met bruut geweld werd een einde aan de rebellie gemaakt. Twee jaar later, toen in het verpauperde Noordelijk Rifgebied opnieuw een Berberopstand uitbrak, ditmaal een grotere, besloot Hassan radicaler op te treden. De Marokkaanse luchtmacht bombardeerde dorpen met napalm, een onbekend aantal Riffijnen werd bruut afgeslacht. De Rif-Berbers hielden er een diepe haat aan over tegen de kroonprins, maar ook tegen de Marokkaanse onafhankelijkheidspartij Istiqlal. In het nieuwe onafhankelijke Marokko werd een eeuwenlange strijd voortgezet, met andere namen, maar dezelfde spelers.

De terugkeer van de Amazigh

Twee elegante jonge onderwijsinspecteurs van Berberafkomst zaten in de jaren zestig van de twintigste eeuw vaak samen in de trein en in de auto op weg naar de scholen in de provincie. Ze spraken over de toekomst van hun jonge land, over het verleden en over hoe het onderwijs het beste aangepakt kon worden na het vertrek van de Fransen. Het onafhankelijke Marokko had meer dan ooit behoefte om de toekomst op te bouwen met een goedgeschoold kader van eigen kweek. De vraag was hoe, in welke taal, met welke middelen. Welke geschiedenis zou Marokko leren, wat zou de plaats van de religie worden. Beide inspecteurs waren zich bewust van de verantwoordelijkheid die op hun schouders drukte. Mohammed Chafik, in 1926 geboren in een dorpje in de buurt van Fès, en de twee jaar jongere Abdessalam Yassine, afkomstig uit de binnenlanden bij Essaouira, waren allebei opgeklommen uit eenvoudige Berberfamilies en allebei bezig om de wortels van hun land te herontdekken. Een zoektocht naar verschillende identiteiten, waarbij ieder een tegengesteld pad insloeg dat hen in beide gevallen in grote moeilijkheden zou brengen. Beide jonge onderwijsinspecteurs konden tijdens hun gemeenschappelijke reizen door het land niet bevroeden dat zij ooit kopstukken zouden worden van de twee stromingen die elkaar aan het begin van de 21ste eeuw in Marokko het felst bestrijden.

Mohammed Chafik werd de grondlegger van de nieuwe Marokkaanse Amazighbeweging. Hij was altijd trots geweest op zijn wortels als Berber. Chafik besefte als onderwijsinspecteur al snel dat het tij voor de Berbers en hun cultuur na de onafhankelijkheid niet meezat. De machthebbers zagen in de Amazigh een soort vijfde colonne en in hun cultuur iets platvloers dat nauwelijks serieus genomen hoefde te worden. De plaats van de Berbers in de geschiedenis werd hooguit zijdelings vermeld, hun taal werd genegeerd. Chafik maakte er zijn levenswerk van om daarin verandering te brengen.

Inspecteur Abdessalam Yassine op zijn beurt raakte hoe langer hoe meer bevangen door de mystiek van de islam. Hij verruilde zijn pak voor een djellaba, schoor zich niet langer en groeide uit tot de leider van de fundamentalistische beweging Al Adl Wal Ihsane (Rechtvaardigheid en Zorg). De Berber was een baard geworden. Meer nog dan in Europa wordt *les barbus* (letterlijk de bebaarden) in Marokko vrij algemeen gebruikt als spottende term voor de fundamentalistische moslims. Yassine werd het boegbeeld van de fundamentalisten in Marokko. En daarmee de gezworen vijand van de Amazigh-beweging, die in de fundamentalisten hun Arabische erfvijand in een nieuw jasje meende te herkennen.

'We hadden in de trein al felle discussies over religie,' grinnikt Mohammed Chafik. Hij ontvangt me in zijn studeervertrek in zijn villa in een van de nieuwe residentiële wijken even buiten Rabat. Chafik is een kleine en enigszins formele man met een grijs ringbaardje in een driedelig bruin kostuum, die bijna wegvalt tegen de wanden vol met boeken. Chafik praat met een zachte stem in het sierlijke Frans van de Marokkanen die hun opvoeding in de koloniale tijd hebben genoten. Hij pakt een trapje om bij de bovenste plank van een van de boekenkasten van zijn bibliotheek te komen. Tussen de boeken plukt hij een bundeltje brieven van Yassine te voorschijn om hun oude twisten nog eens na te lezen.

De Amazigh ontwikkelden zich onder Chafik tot een beweging die min of meer openlijk de scheiding tussen kerk en staat bepleitte en er niet voor schroomde de islam aan te vallen. Dezelfde islam zou volgens de beweging van Yassine juist in een strengere versie de maatschappij moeten beheersen. De jonge Marokkaanse staat die in 1957 de onafhankelijkheid had verkregen, was allesbehalve stabiel. Koning Hassan II, die in 1961 aan de macht kwam, had een hekel aan zowel Amazigh als fundamentalisten. Fanatieke moslims betwistten zijn positie als religieuze autoriteit. De revolutionaire islam in Iran die de sjah had verdreven was het schrikbeeld voor de koning. Er waren echter van meet af aan ook problemen met opstandige Berberstammen in de Rif. Begin jaren zeventig delfde de koning ternauwernood het onderspit in twee staatsgrepen, uitgevoerd door Berbermilitairen uit het leger.

'De staat heeft de Berbercultuur lange tijd niet willen erkennen,' zegt Mohammed Chafik. In 2000, na de dood van Hassan, publiceerde Chafik het 'Amazigh Manifest', een veelbesproken publieke oproep om de Berbercultuur zijn plaats te geven in Marokko en het Tamazight officieel in de grondwet te erkennen als een van de talen van het land. In hetzelfde jaar publiceerde hij het eerste woordenboek dat het Arabisch in het Berber vertaalt. Bijna dertig jaar werkte hij eraan. 'Vertalingen van het Arabisch in het Berbers: het ging erom dat we onze wortels konden terugvinden,' aldus Chafik.

Zijn levensloop werd getekend door de grilligheden van het noodlot. Na zijn periode als inspecteur klom Chafik op tot directeur van het Koninklijk College in Rabat en kreeg daarbij zelfs de verantwoordelijkheid voor de opvoeding van de koninklijke kinderschare. Dat ging probleemloos totdat hij in 1980 een tijdschrift begon over de Amazigh in de Berbertaal. Toen het tijdschrift ook in het Arabisch vertaald dreigde te worden greep de geheime politie in: twaalf van Chafiks medewerkers werden gearresteerd. Zelf bleef hij op vrije voeten. Maar na het incident kwamen kroonprins Mohammed en zijn broer en zussen niet meer opdagen bij de lessen. Toen Chafik na twee weken absentie van de prinsen en prinsessen de koning een brief schreef met de vraag waar zijn kinderschare bleef, kreeg hij de korte mededeling dat hij was vervangen door een ander. Exit directeur Koninklijk College.

Twintig jaar later zorgde het 'Amazigh Manifest' voor een enorme commotie, maar de tijden bleken veranderd. Zijn voormalige leerling, de nieuwe koning Mohammed VI, die in 1999 na de dood van zijn vader Hassan was aangetreden, had het tij in meerdere opzichten doen keren. Op zijn lange tocht om kennis te maken met de onderdanen van zijn land, waren Tanger en het Noordelijke Rifgebied de eerste regio's geweest die de koning had aangedaan. Overal waar hij kwam werd hij door een uitgelaten menigte langs de weg met ongekend enthousiasme verwelkomd. Het waren scènes die nauwelijks waren voor te stellen voor iedereen die de intense haat van de Berbers in het noorden jegens zijn vader Hassan had meegemaakt.

Koning Mohammed VI bleek het pleidooi van Chafik welwillend te hebben gelezen. Menigeen zag hierin de invloed van Hassan Aourid (1963), een oud schoolkameraadje van Mohammed die eveneens het Koninklijk College in Rabat had doorlopen. Aourid, zoon van een Berber schoolmeester uit de Midden-Atlas, behoort tot een nieuwe generatie van Amazigh-intellectuelen die zich niet schamen voor hun afkomst. Gepromoveerd op een proefschrift over de Amazigh en het moslimintegrisme, voormalig diplomaat en journalist, had Aourid het onderzoekscentrum naar Berbervraagstukken Tarik Ibn Ziad in Rabat opgericht. En nu was hij benoemd tot woordvoerder van de nieuwe koning. In het paleis leek het besef gewonnen te hebben dat de Amazigh als een essentiële schakel voor de identiteit van het land juist meer de ruimte moesten krijgen. Zij vormden een natuurlijke bondgenoot tegen de fundamentalistische islam die sterk in opkomst was.

In 2001 volgde een nieuwe stap: onder toezicht van de vorst werd het Koninklijk Instituut voor de Amazigh Cultuur in Rabat opgericht. Voor het eerst werd officieel het belang erkend van de Berbercultuur, nota bene in de vorm van een instituut dat het predikaat koninklijk meekreeg. Als rector van het nieuwe Berber Instituut benoemde de vorst zijn vroegere schooldirecteur Mohammed Chafik.

Dankzij de inspanningen van Chafik had Marokko naast Frans en Arabisch er een derde taal bij gekregen. In *Le Monde Amazigh* (*De Berberwereld*), het tweewekelijkse tijdschrift voor de Berbercultuur, is te zien wat dit betekent. Het nieuws wordt gebracht in drie talen met elk hun eigen lettertekens: Frans in Latijnse letters, Marokkaans-Arabisch in het Arabisch en Berbers in het Berberschrift, dat met zijn cirkels, bolletjes en streepjes enigszins doet denken aan de hoofdletters van het Griekse alfabet. Drie talen in drie alfabetten, waarvan het Berbers bovendien nog is opgedeeld in drie sterk verschillende dialecten. Geen geringe opgave in een land waar meer dan de helft van de inwoners nog steeds niet kan lezen en schrijven.

De oplage van Le Monde Amazigh is klein, zo geven hoofdredactrice Amina Ibnou-cheikh en uitgever Rachid Raha ruiterlijk toe van achter hun computerterminals. We zitten op de redactie van het tijdschrift, gevestigd in een appartement aan de rand van de wijk Agdal in Rabat. Vanaf de foto's aan de wand kijken de Berberheld Abdelkrim al-Khattabi en Atlasstrijder Assu Baslam goedkeurend toe.

De hernieuwde belangstelling voor de taal en cultuur van de Amazigh geeft moed, zeggen Ibnou-cheikh en Raha. Hoofdredactrice en uitgever tonen zich niettemin sceptisch of er daadwerkelijk wat terecht zal komen van het Berberonderwijs. 'Er is sprake van een verborgen apartheid, eerder op culturele dan op etnische gronden,' meent Raha. 'Dat verander je niet zo makkelijk. Het Koninklijke Berberinstituut is een goed begin natuurlijk, maar ook niet meer dan dat.'

Maar behalve tegenwerking zijn er ook praktische problemen. Met drie Berberdialecten – het Tashilhit in het zuiden, het Tamazight in de Atlas en het Tarafit in de Rif – zou het onderwijs gediend zijn met een Algemeen Beschaafd Berbers. En in welke lettertekens moest het Berbers onderwezen worden? Het Arabische schrift kon vanzelfsprekend op weinig steun vanuit de Berbergemeenschap rekenen, maar werd niet uitgesloten. De Latijnse lettertekens maakten meer kans. In 2003 werd de knoop doorgehakt: het oorspronkelijke Berberschrift werd in ere hersteld als het letterteken voor het onderwijs in het Tamazight. Een schrift dat tweeduizend jaar praktisch was weggevaagd werd opnieuw geïntroduceerd. Wie van nu af aan het Berber wil begrijpen, zal zich ook het schrift eigen moeten maken.

Een taal onderwijzen in drie dialecten met een schrift dat op een kleine groep geïnteresseerden na vrijwel volledig uit het geheugen was verdwenen: voor een land dat kampt met een grote achterstand om zijn onderdanen te leren lezen en schrijven, bracht dit nieuwe uitdagingen met zich mee. Of beter gezegd:

grote problemen, want een belangrijk deel van de economische stagnatie in het land kan worden teruggevoerd tot een falend onderwijssysteem waar het Frans en Arabisch elkaar voortdurend voor de voeten lopen. Daar kwam nu het Berbers bij. Onderwijzers die nog nooit les hadden gegeven in de Berbertalen moesten zich haastig bijscholen. Nog in hetzelfde jaar gaf het Koninklijk Instituut van rector Chafik het eerste leerboekje uit voor de lagere school in het Berbers: *Tifaounine a Tamazight* (*Goedemorgen Tamazight*). Het verscheen in de drie verschillende edities met de drie Berberdialecten.

Mohammed Chafik, de oude onderwijsinspecteur die in de trein droomde over een nieuwe rol voor de Berbercultuur, blikte aan het einde van zijn leven de toekomst optimistisch tegemoet. Niet alleen in Marokko zijn de Amazigh in opkomst, ook internationaal vragen ze steeds meer aandacht voor hun situatie. De nieuwe generaties van naar Europa geëmigreerde Marokkanen lijken zich meer en meer bewust te worden van hun culturele wortels. Er is nog veel werk te verzetten, zo beseft Chafik. De Berberdialecten zullen worden samengebracht in een soort Algemeen Beschaafd Berbers dat in heel Marokko onderwezen kan worden. En de taal zal dan direct worden aangevuld met neologismen als koelkast en computer. Voor veel moderne apparaten hadden de Berberdialecten nog geen adequate term. Een belangrijke uitzondering vormt het woord voor vliegtuig. Dat bestaat al sinds de Fransen, de Spanjaarden en de Marokkaanse koning Hassan hun bommenwerpers gebruikten om de Berberopstanden neer te slaan. Een vliegtuig is een *Tas-aylalt*, letterlijk: 'instrument dat hoog draagt'.

Thuiskomst van een Berberpresident

Ruim veertig jaar na zijn dood wist Mohammed ben Abdelkrim al-Khattabi (1882-1963) – Muray Abdekrim in het Berbers – nog steeds voor opschudding te zorgen. Eind 2004 was het groot nieuws in Marokko dat officieel de eerste stappen werden gezet om de stoffelijke resten van de beroemde Berberstrijder uit de Rif vanuit Cairo te repatriëren voor een herbegrafenis in Marokko. De speciale commissie voor de compensatie van de schade van politieke onderdrukking onder koning Hassan II probeerde op deze manier de verzoening tussen de staat en de Rif-Berbers te bewerkstelligen.

Abdelkrim, zoals hij meestal kortweg wordt aangeduid, is een van de meest tot de verbeelding sprekende leiders van de Berberbevolking in het noorden van Marokko. Onder zijn charismatische leiding wist hij de twistende Berberstammen tot een eenheid te smeden met als doel de stichting van een Rifrepubliek, gegrondvest op een moderne staatsinrichting. De Berbers kwamen daarbij in opstand tegen de Spanjaarden, die bij het protectoraatverdrag van 1912 het Rifgebied onder hun hoede hadden gekregen.

Het Spaanse protectoraat was in alle opzichten rampzalig verlopen. Eenmaal buiten de vestingen van Ceuta, Melilla en Tetouan moest het slecht georganiseerde Spaanse leger zich staande houden in een gebied dat nauwelijks in kaart gebracht was en werd bevolkt door vijandige stammen. Het leidde ernstige verliezen in de strijd tegen de Riffijnen, die werden aangevoerd door Abdelkrim, zijn broer en El Raisuni, de plaatselijke potentaat van de Jabilistam.

Abdelkrim onderscheidde zich al snel als de intelligentste leider in het verzet. Geboren als zoon van de kadi in Ajdir, even buiten Al Hoceima, studeerde hij met een beurs in de Spaanse enclave Melilla en in Fès en werkte vervolgens als kadi in Melilla en als journalist bij het Spaanstalige El Telegrama del Rif. In 1921 wist hij de Berberstammen dusdanig te disciplineren dat hij met 3000 man in de slag op de vlakte van Anoual de Spaanse troepenmacht van 60.000 soldaten verpletterend versloeg. De nederlaag, waarbij naar schatting 15.000 Spanjaarden het leven verloren, werd een traumatische herinnering in het Spaanse koloniale bewustzijn.

Na deze glorieuze overwinning riep Abdelkrim de onafhankelijkheid van de Rif uit en organiseerde uit het verzet van de stammenfederatie een eerste vorm van modern bestuur met een nationale vergadering en regering. Zichzelf benoemde hij aanvankelijk tot Amir ar-Rif, emir onder het gezag van de sultan, wat een zekere onderworpenheid aan het centrale gezag suggereerde. Maar begin 1923 werd de Berberrepubliek uitgeroepen en erkenning bij de Volkerenbond gevraagd. Er werd eigen geld gedrukt en geprobeerd het Westen over te halen om in de republiek te investeren.

Het ideaal van Abdelkrim was vermoedelijk eerder de modernisering van het Rifgebied dan het stichten van een nationalistische Berberbeweging. Maar de uitwerking van zijn ideeën was niet altijd even duidelijk. De een zag een moderne sociaal-democraat in hem, de ander een nationalistisch Berberleider met aspiraties om heel Marokko te bevrijden. Veel van zijn volgelingen beschouwden hem als de aanvoerder van de jihad tegen de oude christenvijand uit Spanje. Sommigen verklaarden zijn opstand zelfs uitsluitend uit het salafisme, de orthodoxe stroming die uit Egypte was komen overwaaien en de islamitische opstand tegen de westerse overheersers predikte.

Wat de modernisering betreft stond Abdelkrim voor de vrijwel onmogelijke taak om de sterk verdeelde Berbers te verenigen onder moderne idealen waarvan de meesten nog nooit hadden gehoord. De grootste strategische fout van Abdelkrim was dat hij in 1925, na de rivaliserende bendeleider El Raisuni te hebben gevangen, als alleenheerser in het gebied niet langer het gezag van de sultan wilde accepteren. Daarmee viel hij rechtstreeks het Franse gezag af, aangezien de koloniale bezetter de sultan gebruikte als instrument om hun koloniale aanwezigheid veilig te stellen. De Fransen hadden tot dan toe zich heimelijk kunnen verkneukelen over het gekluns van de Spanjaarden in hun zone van het protectoraat. Nu realiseerde Parijs zich dat het voorbeeld van Abdelkrim navolging zou kunnen krijgen. Er moest opgetreden worden.

Nadat Abdelkrim was opgerukt tot een dertigtal kilometers buiten Fès, maakten de gezamenlijke Frans-Spaanse strijdkrachten een einde aan zijn heerschappij. Een indrukwekkende troepenmacht van een kwart miljoen soldaten en het gebruik van mosterdgas was nodig om het Riffijnse leger van 70.000 man te verslaan. De Franse troepen stonden onder leiding van generaal Henri Philippe Pétain, terwijl bij de Spaanse troepen commandant Francisco Franco leiding gaf. Zo zouden een latere Franse landverrader en een toekomstige Spaanse dictator zorgen voor de ondergang van Abdelkrim.

In mei 1926, na een strijd van een jaar, gaf Abdelkrim zich over aan de Fransen. Hij werd verbannen naar het eiland Réunion. In 1947 kreeg hij toestemming om zich in Zuid-Frankrijk te vestigen, maar vluchtte van zijn schip en kreeg asiel in Cairo, waar hij tot zijn dood in 1963 zou blijven. Hij bleef in naam president van het bevrijdingscomité voor de Maghreb en maakte in die hoedanigheid nog mee hoe Marokko en Algerije hun koloniale juk afschudden.

Ondanks de uitnodiging van koning Mohammed V om naar Marokko terug te keren bleef Abdelkrim in Cairo. De nieuwe koning Mohammed VI bezocht tijdens zijn rondtocht door de Rif de zoon van Abdelkrim. Het overbrengen van de stoffelijke resten vormt het sluitstuk om de Rif weer met het gezag in Rabat te verzoenen.

Makhzen en Berbermacht

Volgens Mohammed Chafik, de makers van *Le Monde Amazigh* en het publiek bij Fatima Tihihit is discriminatie van de Amazigh eerder een politiek-culturele dan een etnische kwestie. De Marokkaanse maatschappij zit zo gemengd in elkaar dat er geen sprake is van een duidelijke rassenscheiding.

Al in de zestiende eeuw maakte Leo Africanus tussen de regels door duidelijk dat de Berbers ook om sociaal-economische redenen een tweederangspositie innamen. De heersende klasse in de grote steden werd immers gevormd door afstammelingen van de Arabische families die het land binnengedrongen waren en de

Andalusische moslims die waren teruggekeerd. De huidige dynastie van de Alawieten, die het land vanaf de zeventiende eeuw regeert, is eveneens van Arabische afkomst.

De Franse militaire overmacht maakte definitief een einde aan de bled-es-sibah, de heerschappij van de Berberstammen op het platteland en in de bergen. Maar de makhzen wist de koloniale periode te overleven. Nog steeds bevindt zich rond de koning een machtsstelsel van vriendendiensten en kruiwagens waar zich de politieke en financieel-economische macht concentreert.

Maar een traditie van millennia aan trotse Berberstrijders liet zich niet zomaar uitwissen. Zowel de Franse als de Spaanse koloniale bezetters ronselden hun Marokkaanse huurlingen dankbaar onder de Berbers aan de oostkant van de Midden- en Hoge Atlas. Daar kwamen de taaiste vechters vandaan. Bij de onafhankelijkheid werden deze goedgetrainde strijders integraal ondergebracht in de Koninklijke Marokkaanse Strijdkrachten (Forces Armées Royales, FAR), het nieuwe leger van Marokko. Zo behielden de Berbers een belangrijke positie binnen de strijdkrachten. En zoals zij onder de Fransen werden ingezet tegen de Riffijnse troepen van Abdelkrim, zo toonden zich zij nu betrouwbare vechters bij het onderdrukken van de nieuwe opstanden die onmiddellijk na de onafhankelijkheid uitbraken in de conflictueuze noordelijke Berberregio's. Zo werden Berbers tegen Berbers ingezet.

Wie iets probeert te begrijpen van hoe de Marokkaanse samenleving in elkaar zit stuit al snel op dit soort paradoxen. De Franse Marokko-deskundige Pierre Vermeren noemt er drie. De Amazigh worden meestal aangeduid als een culturele en taalkundige minderheid, terwijl het getalsmatig om een meerderheid gaat. De tweede paradox is dat de Berbers in de afgelopen eeuw de meest fervente tegenstanders waren van de koloniale bezetters, terwijl ze na het verkrijgen van de onafhankelijkheid juist werden gewantrouwd als collaborateurs van de Fransen. De derde paradox bestaat eruit dat de Amazigh een fundamentele rol hebben gespeeld in de vorming van het eigen karakter van Marokko, maar dat dit jarenlang systematisch uit het historische geheugen is gewist.

Bij de onafhankelijkheid waren de Berbers voor koning Mohammed v en kroonprins Hassan een nuttig tegenwicht om zich staande te houden tegenover de Istiqlal, de onafhankelijkheidspartij die vooral uit de Arabische stedelijke klasse was voortgekomen. Alle sleutelposities in het veiligheidsapparaat werden bezet door Berbers. In 1972, na de twee mislukte staatsgrepen georganiseerd door militairen, werd de machtspositie van het leger echter stevig teruggedrongen. Met het aantreden van zijn zoon Mohammed vi lijkt er evenwel weer een kentering gaande ten gunste van het leger, dat nog steeds voor een belangrijk deel bestaat uit Amazigh uit de Midden-Atlas.

Ook economisch is er een verandering in de machtsposities. Wie yoghurt of een vers vruchtendrankje koopt in een milkshakebar in Rabat of Casablanca loopt goede kans met de Berbermiddenstand van doen te hebben. Als kruidenier, kleine detaillist, maar natuurlijk ook in de agrarische industrie zijn de Berbers traditioneel sterk vertegenwoordigd. De fassi, afstammelingen van de Arabische elite uit Fès, gaven hun de enigszins denigrerende bijnaam *épiciers* (kruideniers). Uitgesloten van de hechte makhzen – met toegang tot het kapitaal van de overheid en de banken – kennen de Berbers traditioneel hun eigen selfmade economie, die zich gaandeweg aan de kleinschaligheid onttrekt. De benoeming in 2002 van de geslaagde zakenman Driss Jettou als de nieuwe partijloze minister-president was een teken van de economische Berbermacht. Met zijn eigen schoenenimperium geldt Jettou als een typische representant van de grote Berbervermogens.

Misschien dat hun eeuwenlange uitsluiting en benadeling de Amazigh beter heeft voorbereid hoe ze zich moeten invechten via de regels van het kapitalisme dan de makhzen waar eerder de wet van gunsten en vriendjesdiensten geldt. Inmiddels zijn ze hard bezig de Marokkaanse economie te veroveren. Het weekblad *Tel Quel* inventariseerde in 2004 de rijzende economische

Berbermacht en kwam daarbij tot een dozijn families van geslaagde selfmade zakenmannen. Antropologen verklaren het succes van dit 'etnisch ondernemen' uit het traditioneel sterke individualisme waarover de Berbers beschikken, gecombineerd met de hechte familie- en stamverbanden waar ze op kunnen terugvallen. De financiering vindt dan ook plaats in eigen, beperkte kring, zonder een beroep te hoeven doen op weerspannige banken in handen van de stedelijke elite. Ze gelden als handige zakenlieden die bereid zijn risico's te nemen en nieuwsgierig zijn naar nieuwe ontwikkelingen en producten.

De Berbers uit de Sous-regio ten zuiden van Agadir en in het gebied van de Anti-Atlas staan van oudsher bekend als handelaren en karavaanrijders die de routes naar de rest van Afrika openhielden. Zij ruilden in de tweede helft van de vorige eeuw hun kamelen in voor vrachtauto's en groeiden uit tot grote transportondernemingen. Families uit steden als Agadir en Tafraoute waaierden uit over heel Marokko om kruidenierswinkels en hotels op te zetten. De familie Abaâkil zette in de jaren vijftig een keten van kruidenierswinkels op rond Tanger en bouwde hun imperium uit in de voedingsindustrie, textiel, financiering, onroerend goed en constructiematerialen. Haj Aït Menna kwam simpelweg te voet uit het stadje Demnate bij de Hoge Atlas naar Casablanca om te gaan werken bij een bouwbedrijf. Hij werkte zich op als grootondernemer in de bouw en in de metaal. De familie Agouzzal creëerde een imperium van honderden kruidenierszaken, leerlooierijen en conservenfabrieken. Andere families baseerden hun rijkdom op hun positie in het bestuur of als grondbezitter onder het Franse protectoraat of wisten Franse bedrijven bij de onafhankelijkheid goedkoop in handen te krijgen. Tot de bekenden in de jongere generaties zakenlieden behoren Berbernamen als Aziz Akhennouch (oliedistributie, telecommunicatie, containervervoer), Mohammed Hassan Bensalah (verzekeringen, luchtvaart) en Mustafa Amhal (gas, petrochemie, wasmiddelen en het in Marokko bekende frisdrankmerk Ice Cola).

De zakelijke Berberimperiums behalen omzetten van miljarden dirham. Toch kampen zij vaak nog met moeilijkheden om bij de banken financiering los te krijgen. Ondanks deze barrière lijken de Berbers langs economische weg een machtspositie te bereiken die hun via de politieke en sociale kanalen niet was gegund. Dat er de laatste jaren ook Berbernamen opduiken in regeringskringen is een teken dat deze emancipatie in volle gang is.

Berbers en baarden

'De baarden, de baarden!' De alarmkreten bij de ingang van het Mohammed v-theater in Rabat bij het optreden van Fatima Tihihit lieten weinig aan duidelijkheid te wensen over. 'Ze zijn gekomen om de boel te verstoren,' wist een jongen in de hal van het theater. Hij bezwoer het me met een ernstig gezicht. Hadden de baarden laatst ook niet geprobeerd om met een sit-in een cabaretvoorstelling in Casablanca onmogelijk te maken, omdat de grappen van de cabaretier mogelijk zouden wijzen op joodse sympathieën? Het bleek te gaan om een vals alarm. Geen moslimprotest tegen het lied van Fatima Tihihit. De paniek was er niet minder om. De Berberbeweging en de moslimfundamentalisten zijn in het Marokko van de 21ste eeuw elkaars gezworen erfvijanden.

De vaak ongecontroleerde baardgroei is voor fundamentalisten bij uitstek een symbool van de radicale terugkeer naar de veronderstelde wortels van het moslimgeloof. Het hebben van een baard geldt als een verplichting die is vastgelegd in de soenna en de hadith, de overgeleverde gebruiken en gezegden van de profeet. Zoals de christenen aan het eind van de Middeleeuwen verhit debatteerden over de vraag hoeveel engelen er op een speldenknop passen, zo is er onder moslimfundamentalisten de nodige discussie over de vereiste lengte van de baard. Maar de vuistregel is: hoe minder bijgeknipt, hoe fundamenteler. Het is de uiterste consequentie van een doctrine die de kernwaarden van het geloof zoekt in het zo letterlijk mogelijk navolgen van de voorschriften van een religie, hoe achterhaald deze ook mogen zijn. Maar het is tevens een statement van het zogenaamde occidentalisme, de beweging die alles verwerpt wat met de verdorven westerse cultuur te maken heeft. Een gladde kin is westers.

De Berbers in Marokko hebben vanouds een complexe verhouding met de islam. Leo Africanus vertelt hoe de islamitische Arabieren in de zevende eeuw vanuit Bagdad en Damascus langzaam westwaarts de Noord-Afrikaanse kust veroverden op de resten van het Romeinse Rijk. De islam wist zich breed te verspreiden, maar door onderlinge machtsstrijd en de opstanden van de Amazigh was er aanhoudend onrust, waarbij de greep vanuit Damascus en Bagdad op het gebied dat nu Marokko heet voortdurend werd betwist en uiteindelijk zelfs verloren ging. Wat bleef waren kleine vorstendommen die vaak geleid werden door opstandige leiders die voor de kaliefen uit het Midden-Oosten waren gevlucht.

De eerste vorst die iets van eenheid wist te smeden tussen de Berberstammen was Idris de Tweede, wiens familie begin negende eeuw de stad Fès stichtte. Leo Africanus beschouwt evenwel Joesoef ibn Tassjfien van de beruchte Berberstam van de Almoravieden, de eerste koning die Marokko min of meer als geheel onderwierp. Rond de elfde eeuw veroverden de Almoravieden vanuit de westelijke Sahara de rest van het land. De kaliefen van Damascus en Bagdad hadden het nakijken. De Almoravieden waren in religieus opzicht echter zeer streng in de moslimleer, die ze in de afzondering van de woestijn hadden weten vrij te houden van vreemde invloeden.

Berbers als de Almoravieden, islamitische fundamentalisten avant la lettre, zouden in belangrijke mate de ontstaansgeschiedenis van Marokko bepalen. Eeuwenlang doken sektes op uit de woestijn of de bergen om gewapenderhand de macht in het land over te nemen. Dat ging volgens een vast patroon. Een stamleider ziet, vaak na een bedevaart naar Mekka, het licht en keert zich tegen de corrupte heersers van de makhzen die volgens hem niet streng genoeg zijn in de leer. Net als Mohammed ooit van Mekka naar Medina moest uitwijken, trekt de leider zich terug in de woestijn of de bergen om van daaruit zijn aanhang te versterken. Ten slotte keert hij zegevierend terug in de bewoonde wereld en verovert met zijn troepen Marokko, waarbij de strijd vaak in een moeite wordt voortgezet op het Iberisch schiereiland aan de andere kant van het water. De nieuwe machthebbers zetten de hoofden van de verslagen sultan en zijn handlangers op palen langs de stadsmuur. Alles wat enigszins neigt naar vrijdenkerij is dood of gevlucht, de universiteiten worden weer bevolkt door strenge schriftgeleerden.

Dat duurt zo een aantal jaren, maar na verloop van tijd blijken de nieuwe heersers plezier te krijgen in het regeren. De harem wordt uitgebreid. Steeds openlijker worden er zaken gedaan met joden en christenen. Macht corrumpeert, zo blijkt, en het smalle pad van de strenge islam wordt steeds meer verlaten voor de brede weg van het pragmatisme en tolerantie. Een doorn in het oog van de ware moslims, zo vindt een nieuwe stamleider. Hij protesteert en trekt, al dan niet gedwongen, de woestijn in. Daar vormt hij zijn aanhang en keert terug om de macht over te nemen.

Zo verging het ook de Almoravieden. Joesoef ibn Tassjfien had bij zijn dood in 1106 behalve Marokko vrijwel het gehele Iberische schiereiland veroverd. Hij was de eerste Marokkaanse vorst die aanspraak maakte op de titel *Amir al-Mou'minine*: aanvoerder aller gelovigen. Geloof en staat werden aldus in een en dezelfde persoon ondergebracht. De Almoravieden brachten de islamitische rechtsschool van de malikieten tot ontwikkeling, de richting van de islam die Marokko tot op de dag van vandaag volgt. De malikieten zijn vernoemd naar Malik ibn Abbas, een moslimgeleerde uit de tweede helft van de achtste eeuw. Hoewel het hier een vrij conservatieve vorm van de islam betreft, hangen de malikieten erg aan de consensus waardoor deze leerschool in de huidige praktijk ver verwijderd is van de oerconservatieve islam zoals die in Saudi-Arabië wordt beleden.

Na de dood van Joesoef ibn Tassjfien sloeg de bekende corrumperende werking van de macht toe. De Almoravieden werkten samen met christenen. De strenge leer verwaterde. Drankzucht en andere zedenverwildering deden hun intrede. De

Berberstam van de Almohaden dook vanuit de wildernis op (dit keer vanuit de Hoge Atlas) om een einde te maken aan de verloedering. 'Namaals succedeerde in 't Koningrijk van Marocco eenen Mansor, die den vierden Koning en Prelaat was van de Mahumitische secte, de welke Muachidin genoemt wierd,' zo beschrijft Leo de beroemde sultan van de Almohaden Jaqoeb al-Mansoer (Jacob de Veroveraar, 1184-1199). Al-Mansoer gold als een vroom en efficiënt heerser. Onder de dynastie der Almohaden volgde een lange bloeiperiode van het Marokkaanse rijk, waarbij de binnenlandse rust leidde tot een opbloei van de handel. Na een aantal nederlagen in Spanje ging het echter mis. De macht werd overgenomen door de Marinieden, een groep Berbernomaden die uit het oosten van Marokko het land veroverden. Na de Marinieden volgden de Wattasieden, die op hun beurt weer werden afgeslacht door de Saädieten. De laatste stam raakte vooral bekend onder Ahmed al-Mansoer (Ahmed de Veroveraar). Hij versloeg in 1578 het Portugese leger in de slag van Ksar el Kebir. Het enorme losgeld dat Marokko voor de gevangenen beurde zou nog jaren de onbetwiste motor van de economie zijn.

De dood van Ahmed Al-Mansoer luidde opnieuw een periode van chaos in. Daaraan kwam in 1660 een einde door opkomst van een nieuwe stam. Het waren de Alawieten van Moulay Ali Sjerief, uit het oasedorp Rissani nabij Erfoud. De Alawieten – zo genoemd omdat zij nazaten zouden zijn van Ali, schoonzoon van Mohammed – hadden echter een andere reden om Marokko te veroveren dan de zuivering van hun afvallige geloofsgenoten. Vanuit hun oase beheersten zij de karavaanhandel op de Sahara en wilden verzekerd zijn van een vrije doorgang naar de kustgebieden. Het ging om handel. Om geld. Wellicht dat dit materialisme er de verklaring voor is dat de sjerefijnse dynastie der Alawieten het tot op de dag van vandaag heeft weten uit te houden in Marokko. Strijd en chaos bleven de geschiedenis van Marokko bepalen. Maar voortaan werden de ruzies uitgevochten binnen dezelfde familie van de Alawieten.

De sjeik uit Haha

Marokko is een islamitisch land en daaraan hoeft niemand te twijfelen. De islam slaagde er weliswaar nooit in een einde te maken aan de heiligenverering, de dierenoffers en andere heidense rituelen. Maar de officiële godsdienst zit stevig verankerd in de wetgeving, in de rechtspraak en in de politiek. En juist daarom wordt de radicale, politieke islam wellicht nog meer als een bedreiging gezien dan in het Westen. 'Niemand hoeft mij de les te lezen over de islam,' waarschuwde koning Mohammed VI in het eerste uitgebreide interview twee jaar na zijn aantreden in het Franse weekblad *Paris Match*. 'Moslims hebben de koran en god. Er is geen tussenpersoon. De enige die oordeelt is God,' aldus de koning, die als Alawiet geldt als een rechtstreekse afstammeling van de profeet Mohammed. 'Ik sta niet toe dat iemand zich opwerpt als geweten. Dat zou een belediging voor de moslims zijn.'

Het zelfbenoemde moslimgeweten van Marokko heet sjeik Abdessalam Yassine, oprichter van de fundamentalistische beweging Al Adl Wal Ihsane, Gerechtigheid en Zorg. Yassine werd geboren als zoon van een eenvoudige Berberfamilie in de streek van Haha nabij Essaouira. Het gebied staat vanouds bekend om zijn vele moslimheiligen. Net als de koninklijke familie maakt Yassine aanspraak op rechtstreekse familiebanden met de Profeet. Aanvankelijk leidde deze afstammeling van Mohammed echter een onopgemerkt bestaan. Anders dan veel van zijn generatiegenoten koos hij niet voor het nationalisme van de Istiqlal, de Berberstrijd of een linkse ideologie. Als adept van een islamitische broederschap zag Yassine in de jaren zestig het licht: hij bekeerde zich tot een mystieke, radicale vorm van de malakitische islamschool van Marokko. Hij liet een baard staan, begon te prediken en werd een sjeik, leider van zijn eigen sekte.

Net als in de meeste omringende moslimstaten zag koning Hassan de conservatieve islam aanvankelijk als een bondgenoot in de strijd tegen linkse ideologieën. Daar kwam voor hem immers het grootste gevaar vandaan, zo oordeelde hij niet ten onrechte. De zaken namen echter een radicale wending met de opkomst in de jaren zeventig in Iran van de aartsreactionaire ayatollah Khomeiny. Toen Khomeiny met de Iraanse Revolutie in 1979 een einde maakte aan het liberale, maar corrupte bewind van de sjah sloeg de schrik pas goed toe.

Hoewel Khomeiny behoorde tot de sjiitische tak van de islam, die meestal op voet van oorlog verkeert met de soennitische stroming, gold hij als een inspirerend voorbeeld voor een brede groep van fundamentalistische moslims. Khomeiny vertegenwoordigde immers als geen ander de haat tegen het allesoverheersende Westen met zijn platte materialisme, zijn individualisme en de secularisering van de maatschappij. Deze haat jegens westerse waarden, door Ian Buruma en Avishai Margalit gedoopt tot occidentalisme, was op een diffuse manier aanwezig in de islamitische revolutie in Iran. Alleen door rigoureus de principes van de islam toe te passen op de samenleving in al haar geledingen konden de moslims hun spiritualiteit herstellen en uiteindelijk in een wereldwijde revolutie zegevieren, zo was de gedachte.

Maar meer nog was het de ayatollah zelf die bewondering in islamitische landen afdwong. Het bleek dus toch mogelijk dat de islam na alle vernederingen de westerse overheersers een slag toe kon brengen. Khomeiny was in alle opzichten een groot succes. De dreigende blik onder de zwarte tulband, de woeste baard en de donderpreken tegen de Grote Satan van de Verenigde Staten hadden de angst in het Westen er goed in gejaagd. En wat de ayatollah niet met zijn verschijning teweegbracht, werd alsnog bewerkstelligd door zijn revolutionaire garde die tienduizenden tegenstanders afslachtte. De wijze waarop de sjiieten radicaal de corrupte vazallen van het Westen aanpakten lag misschien minder op de weg van de soennitische fundamentalisten. Niettemin namen ze geïnspireerd door het voorbeeld alvast de uiterlijke kenmerken van hun Iraanse broeders over: ongeremde baardgroei en traditionele gewaden werden het logo van verwerping van het Westen en de terugkeer naar de kern van het geloof.

Koning Hassan, die sjeik Yassine aanvankelijk vrijelijk zijn ge-loofsepistels liet publiceren, begon gaandeweg nattigheid te voelen. Dat sloeg om in woede toen de sjeik in 1974, op het hoogtepunt van de staatsterreur in het land, de koning een zeer uitgebreide brief schreef met de titel 'Islam of de Zondvloed'. Op aanvallende toon deed Yassine zijn beklag over de corruptie in het land en vergaande verslonzing van de islam. De koning werd gemaand om Yassine te volgen op het rechte pad.

Hassan, met op dat moment nog de schrik in zijn benen van twee opeenvolgende aanslagen op zijn leven, bedacht zich geen twee keer toen hij de brief van de sjeik uit Haha onder ogen kreeg. De conclusie kon niet anders zijn dan dat Yassine de puur mystieke hoek van zijn geloofsbeleving had verlaten en op zoek was naar politieke macht. Een krankzinnige brutaliteit, waar krachtig tegen opgetreden moest worden. Met een fijn gevoel voor symboliek liet de koning de fundamentalistenleider opne-men in een kliniek voor geesteszieken. Yassine kwam vrij na drieënhalf jaar opsluiting, maar ging echter onverdroten voort met het prediken van zijn boodschap. Het kwam hem te staan op verschillende arrestaties en uiteindelijk tien jaar huisarrest in zijn woning in Salé. In zijn afzondering bouwde hij gestadig aan een hechte groep van bewonderaars die in hem een heilige zien. Zijn aanhang is ervan overtuigd dat Yassine beschikt over magische krachten die hem in staat stellen dwars door de dikste muren heen te kijken en zieken te genezen.

Onder internationale druk van onder meer Amnesty Interna-tional werd Yassine uiteindelijk in mei 2000 vrijgelaten door de inmiddels aangetreden Mohammed VI.

Yassine raakte van meet af aan de achillespees van de makhzen. Hij ageerde tegen de corruptie van een verdorven, ver-westerde klasse die zich had afgekeerd van de ware islam. Alleen terugkeer naar het geloof, meer in het bijzonder zoals hij dat predikte, kon redding brengen. De sjeik was daarmee zijn tijd vooruit. De politieke strijd in het onafhankelijke Marokko werd op dat moment nog steeds gevoerd tussen links en rechts, en over ideologische vraagstukken als het pan-Arabische nationalisme en de plaats van de monarchie. Maar terwijl de ideologieën en de officiële politieke stromingen in de jonge natie hoe langer hoe meer het vertrouwen van de bevolking verloren, bleef de fundamentalistische islam compromisloos overeind staan.

In 1983 richtte Yassine de beweging op die bekend werd als *Al Adl Wal Ihsane*, Gerechtigheid en Zorg, eigenlijk meer een slogan dan een naam. Als de moslimversie van de katholieke missiepaters trok de beweging eropuit om in de sloppenwijken hulp te bieden en zieltjes te winnen. Zo werden de egalitaire principes van de islam zichtbaar in de praktijk gebracht: het zou een stevige basis gaan vormen voor de populariteit onder de bevolking. Een tweede steunpilaar vormde de activiteit van de beweging op de universiteiten. Nadat koning Hassan besloot hard op te treden tegen de progressieve studentenbewegingen, ontstond een gat dat de fundamentalistische moslims dankbaar opvulden door hun aanhang onder de studenten stevig te vergroten. Yassine bleek bovendien te hebben geleerd van het falen van andere moslimbewegingen. Geweldloosheid werd een uitgangspunt. Het systeem van de democratie werd aanvaard, misschien niet als principe, maar eerder als een pragmatisch middel dat vanzelf tot een fundamentalistische overwinning zou leiden.

Hoewel er geen cijfers bekend zijn over de aanhang, lijdt het geen twijfel dat Yassine en zijn beweging serieus genomen moeten worden. Er bestaat verdeeldheid over de mate waarin zij een gevaar vormen voor de democratie. Een deel van de politieke elite meent dat de sjeik en zijn aanhang relatief gematigde fundamentalisten zijn. Anderen vermoeden achter het beminnelijk lachende gezicht van Yassine echter een monster van khomeinyaanse proporties, dat slechts zijn kans afwacht om een fascistische theocratie te vestigen. Zij zien zijn beweging als een moderne voortzetting van de traditie van radicale moslimsektes die onder leiding van hun profeet terugkeren uit de woestijn en korte metten maken met hun gecorrumpeerde tegenstanders. Weer anderen zien in sjeik Yassine echter een bondgenoot in de strijd tegen het veel grotere gevaar van het neosalafisme, de gewelddadige radicale islam die vermoedelijk verantwoordelijk is voor de terreuraanslagen van mei 2003 in Casablanca. Anders dan in deze stromingen, lijkt de sjeik immers zijn orthodoxie te mengen met trekjes van de volks-islam.

Wie een afspraak wil maken om meer te weten te komen over Al Adl Wal Ihsane en zijn wondersjeik moet het doen met woordvoerders. De sjeik spreekt niet met de pers. Net als in de dagen van zijn huisarrest treedt het symbool van de fundamentalisten slechts op voor eigen publiek en wijdt zich verder aan gebed en contemplatie. De beweging treedt echter regelmatig naar buiten als een uiterst conservatieve stroming. Zij riep op tot de massale protesten tegen de verbetering van de vrouwenrechten. Badgasten op de stranden werden lastiggevallen met massale bidsessies, waarmee werd geprotesteerd tegen het gemengde en veel te blote (badpakken!) strandplezier. Meer problemen nog kreeg de beweging door de onomwonden wijze waarop de positie van de koning als geestelijk leider wordt aangevallen.

Op de website van de sjeik (www.yassine.net) valt te lezen dat Yassine, op foto's altijd een vriendelijke grijsaard, van zijn hart geen moordkuil maakt. Neem zijn twintig pagina's tellend, in vitriool gedrenkte afscheidsbrief na de dood van Hassan II, zijn levenslange kwelgeest en aartsvijand. Vergevingsgezindheid blijkt niet Yassines sterkst ontwikkelde karaktertrek: de spirituele voorman verkneukelt zich in het vooruitzicht dat de koning straks in het hiernamaals voor zijn daden rekenschap zal moeten afleggen. Het oordeel over deze 'arme moslimzondaar' zal niet erg gunstig uitpakken, zo stelt Yassine verheugd vast. Een enkeltje hellevuur voor Hassan en een waarschuwing voor koning Mohammed. 'Hassan II zal worden beoordeeld! Mohammed VI ook!' juicht Yassine. 'Ze zullen rekenschap moeten afleggen, zoals iedereen, bij de Hoogste Rechter die ze zal vragen over de muur van zonde die iedere dag hoger is tussen de in ellende levende bevolking en een handvol profiteurs.'

De nieuwe koning Mohammed wordt neergezet als een ijdeltuit die zich laat rondrijden in een antieke koets getrokken door 'paarden met gouden hoefjes', maar wiens smalle schouders snel zullen bezwijken onder de erfenis van zijn vader. Sarcastisch spreekt Yassine van een 'charmante prins', 'prins van de armen', 'sympathieke soeverein', 'glimlachende belofte' en 'Mohammed Braveheart' die het zal moeten opnemen tegen de overweldigende corruptie in het land. De smeergelden hebben zelfs de buitenlandse investeerders uit Marokko weggejaagd, waardoor het land op de rand van de afgrond is gebracht, aldus Yassine.

Niets, zo meent de moslimleider, ontsnapt ondertussen aan de 'koninklijke hebzucht'. Via zijn holdings zou de koninklijke familie over een vermogen van 'veertig tot vijftig' miljard dollar beschikken, zo rekende de sjeik uit. En dat is volgens de man die dwars door muren kan kijken nog slechts 'het topje van de ijsberg'. Aan de hand van een parabel suggereert hij dat de koning slechts zijn ziel kan redden door het vermogen weg te schenken aan zijn volk. Hetzelfde advies had hij 25 jaar daarvoor tevergeefs al aan Hassan gegeven.

Na terloops te hebben opgemerkt dat volgens Europese media 'personen dicht bij, zeer dicht bij het regiem' zich hebben ingelaten met de drugshandel, komt Yassine met een onthullend nieuwtje: Marokko wordt bestuurd door het jodendom. Dat werkt als volgt: de CIA heeft samen met de Israëlische Mossad de veiligheid van wijlen koning Hassan gegarandeerd. In ruil daarvoor zou de vorst – 'verklaard vriend van de Zionisten' – kosten noch moeite hebben gespaard om het 'uitverkoren volk' te belonen met leidende posten binnen het landsbestuur.

De brief is een barok geschreven staalkaart van sociale kritiek, religieuze dweepzucht, sarcasme, rancune en antisemitisme. Dat alles natuurlijk bezien in het licht van het imperialisme en de onderdrukking van de moslims, die dagelijks uit de Verenigde Staten en de rest van het Westen komt overwaaien. De economische malaise, de werkloosheid, de verpaupering in de steden en de corruptie van de makhzen: de wraakzucht van Yassine heeft een rijke voedingsbodem. Zo veel ellende is over Marokko uitgestort dat bij de lezer onwillekeurig de vraag rijst wat de schepper heeft bewogen om zo veel plagen op het land los te laten.

Aan het einde van zijn leven is Yassine uitgegroeid tot de fundamentalistische boeman van de Marokkaanse elite. Iran, maar ook het buurland Algerije, waar de opkomst van de fundamentalisten het land in een bloedige burgeroorlog stortte, geldt daarbij als het afschrikwekkend voorbeeld van wat er kan gebeuren als de radicale moslimbeweging tot handelen overgaat. De aanslagen van de 11de september, gevolgd door de oorlog in Afghanistan en Irak en de aanslagen in Casablanca en Madrid maken de zorg er niet minder op. In huiskamers, cafés en sloppenwijken, waar de zee van grauwe golfplaten slechts wordt onderbroken door het wit van de schotelantennes, verkondigen talloze Arabische satellietzenders dag in dag uit de boodschap van de moslimvernedering door het Westen, dat corrupte leiders de hand boven het hoofd houdt. Gratis reclame voor een Messias als Yassine.

De vrijlating van de sjeik uit zijn huisarrest in mei 2000 door de nieuwe koning werd in brede kring toegejuicht. Het paste in het beeld van de verbetering van de situatie van de mensenrechten. En bovendien was niemand gediend bij een martelaar voor de fundamentalistische zaak. Zijn beweging is officieel illegaal, maar wordt door de autoriteiten gedoogd. Het lijkt Yassine weinig te deren. Hij wacht af, zo hebben zijn aanhangers al laten weten, tot Marokko hem als een rijpe appel in de schoot valt.

De notaris en Shrek

We inspecteren de gaten, de kuilen en de scheuren. Het is tijdens de verkiezingstournee met de moslimpartij PJD (Parti de la Justice et du Développement) in Sidi El Bernoussi, een snelgroeiende buitenwijk aan de rand van Casablanca. Het asfalt van de straat vormt een maanlandschap. 'Kijk: zo worden hier in Marokko de wegen aangelegd,' zegt een grimmige Abdelkarim Lahouaichri, parlementslid voor de PJD. Behendig stuurt hij zijn auto langs een gapende kuil. 'Zeven centimeter asfalt staat er op de begroting, drie centimeter ligt er op de weg. Waar het verschil blijft kunt u raden.'

Sidi El Bernoussi geldt als een typische wijk waar Marokko's aarzelende middenklasse iets van welvaart probeert op te bouwen. Grauwe nieuwbouwflats met etagewoningen zijn schielijk opgetrokken tussen de spoorlijn naar Rabat en de tolweg naar het noorden. Op de braakliggende terreinen tussen de woningen ligt het vuilnis te rotten. Gescheurde plastic zakken fladderen door de lucht, even verderop warmen omstanders hun handen aan een open vuur. Wie een filmdecor van West-Beiroet anno jaren tachtig nodig heeft kan hier moeiteloos terecht.

Lahouaichri, een serieuze veertiger met een getrimd peper-en-zoutbaardje, weet het zeker: dit gaat veranderen. Als Allah het wil, stoomt zijn partij af op een klinkende meerderheid in Sidi El Bernoussi. Door de auto schalt een bandje met korangezang van een populaire voorzanger, maar het betoog van de lokale campagneleider is gericht op meer wereldse kwesties. Hoe de politici van de gevestigde partijen zijn verworden tot zakkenvullers en ongelikte baantjesjagers. 'Hier ziet u het zelf,' zegt Lahouaichri, nadat hij een foldertje met portretjes van de kandidaten van de nationalistische Istiqlal-partij door het autoraam krijgt aangereikt. 'Deze mevrouw is de vrouw van die meneer die de lijsttrekker is. En die jongeman daaronderop is zijn zoon. De hele familie is verkiesbaar. Denkt u dat de mensen daar nog vertrouwen in hebben? Geen wonder dat de opkomst zo laag is.'

Vriendjespolitiek, corruptie en makhzen: de vaste programmapunten van de PJD ontbreken ook bij deze gemeenteraadsverkiezingen niet. Groot kan het enthousiasme niet genoemd worden onder het electoraat. De brede desinteresse, niet in de laatste plaats onder de leidende elite, doet bijna geruststellend aan na de staat van opwinding waar het land in verkeerde na de zelfmoordaanslagen van radicale moslimterroristen vier maanden eerder in Casablanca. Na de arrestatiegolf die volgde en het aantrekken van de teugels door de koning, leek een verbod van de fundamentalistische PJD niet langer uitgesloten. De partij was tijdens de landelijke verkiezingen een jaar eerder in één klap uitgegroeid tot de derde grote politieke stroming van het land en zou hebben bijgedragen aan de sfeer van radicalisering onder moslims, zo luidden de verwijten. Het bleef evenwel bij een ernstig gesprek tussen de minister van Binnenlandse Zaken en de partij-leiding. De PJD mocht meedoen aan de lokale verkiezingen. Wel werd – net als bij het landelijke debuut een jaar eerder– door de moslimpartij een opmerkelijke zelfrestrictie betracht: in de grote steden werd maar een beperkt aantal kieskringen bezet, terwijl in PJD-bastions als Tanger en Agadir zelfs werd afgezien van kandidaten. Een door Binnenlandse Zaken opgelegde deal, zo luidde het algemene vermoeden. Jullie houden je in, wij houden ons in en iedereen is tevreden.

Na een kort avondgebed in de moskee van Sidi El Bernoussi weet campagneleider Lahouaichri een flinke aanhang op de been te brengen. Terwijl kleine groepjes politieke concurrenten ten einde raad hun folders maar op straat kieperen, trekt een flinke optocht van de politieke moslimaanhang zingend langs de huizen. De vrouwen, stemmig met een hoofddoekje maar geen complete sluiers, doen volop mee. Ze weten het zeker, zo verklaren ze enthousiast: El Bernoussi is nog maar het begin. Het gerucht is dat Meknès de eerste stad zal worden waar de PJD regeert. Lahouaichri: 'De komende jaren worden voor ons een test.'

De PJD nestelde zich als een politiek koekoeksjong in 1996 binnen het kwakkelende partijtje Mouvement Populaire Démocratique et Constitutionnel van de politieke veteraan dr. Abdelkrim El-Khatib, de held uit het verzet tegen de Fransen (niet te verwarren met de Berberleider Abdelkrim). Achter deze manoeuvre werd de hand gezien van koning Hassan die in zijn tolerantere nadagen naar een manier zocht om de politieke moslimbeweging een plaats te geven. De bejaarde El-Khatib met zijn partijtje leek een mooie parkeerplaats voor de politieke moslims. Hij dwong als verzetsheld tegen de Fransen groot respect af. Eind jaren vijftig was zijn arrestatie aanleiding geweest voor de opstand in de Rif, die bloederig werd onderdrukt door de toenmalige kroonprins Hassan. Het stond niet in de weg dat hij later altijd zeer goede verhoudingen met het koninklijke huis zou onderhouden. Nu mocht hij zijn partij openstellen voor de leden van de twee politieke moslimbewegingen. Onder de hoede van deze veteraan konden die niet zo veel kwaad, zo leek de sussende gedachte.

Het bleek echter al snel dat de energieke nieuwkomers op vriendschappelijke wijze Khatib volledig wisten te overvleugelen. De partij, die algauw zijn naam veranderde in PJD, wist succesvol mensenmassa's op de been te brengen zoals bij de demonstratie in 2000 in Casablanca tegen de nieuwe familiewetgeving die voorzag in een aanzienlijke versteviging van de vrouwenrechten.

De parlementsverkiezingen in september 2002 gaven de moslimaanhang nieuwe vleugels. De PJD werd na de socialisten en de nationalistische Istiqlal de derde partij in Marokko, en de zetelverdeling (50-48-42) gaf al aan dat de verschillen niet erg groot waren. De partij was in korte tijd uitgegroeid tot een politieke factor van belang. En hoewel nog geen sprake was van regeringsdeelname, begon de zittende macht van de weeromstuit in te spelen op bepaalde zaken die door de PJD werden aangekaart. De Miss Marokko-verkiezingen werden opgeschort na protesten uit kringen van de PJD wegens de onzedelijke kanten van de competitie. Een rechtbank in Casablanca veroordeelde veertien jonge heavy-metalfans. Hun delict: lange haren, oorringen en 'bizarre zwarte kleding met afbeeldingen van doodshoofden, cobra's en bepaalde symbolen waaronder het pentagram'. Aanbidders van Satan, oordeelde de rechter. Straffen variërend van een maand tot een jaar gevangenis werden opgelegd. In de geschreven pers leidde het vonnis tot een algemeen protest vanuit niet-islamitische kring. Maar ook op minder nadrukkelijke manier was de PJD in het dagelijkse leven aanwezig. De sluiers op straat rukten op. Op het werk bleken ineens nadrukkelijk bidpauzes ingelast te worden. En in restaurants werd westerse popmuziek plotseling vervangen door een meer ingetogen Marokkaans deuntje.

Achter het sociale gezicht van de PJD en de terechte kritiek op de corruptie van de makhzen is het niet moeilijk om de reactionaire bedilzucht te bespeuren. Terwijl de regering grootse plannen heeft om het toerisme fors te stimuleren, wordt geklaagd over 'morele misdaden' die in het kielzog van de bezoekende westerlingen in het land plaatsvinden, over de Europeanen die de paleizen in de medina's van steden als Marrakech opkopen en opknappen. En altijd weer de terugkerende obsessie met drank en seks in de klachten. `

Ook met de cultuur gaat het volgens de PJD slecht. De partij stelde vragen in het parlement over 'buitenlandse culturele instellingen' die met hun exposities en voorstellingen 'losgeslagen waarden' bevorderen. Het Institut Français en The British Council in Rabat lieten er hun ongenoegen over horen. 'De intolerante houding van zeer conservatieve groepen is opmerkelijk,' aldus de directeur van het Duitse Goethe Institut. 'En vaak weten ze niet eens wat we doen.'

Een dieptepunt in de islamitische heksenjacht vormde de tsunami in Zuidoost-Azië eind 2004. Het partijblad *At-Tajdid* wist heel goed waarom de stranden van Thailand en Sri Lanka waren weggevaagd. In een prominent commentaar werd de vloedgolf verklaard uit de goddelijke wraak van Allah op gebieden waar westerse bezoekers zich te buiten gingen aan het sekstoerisme, drank en andere zonden. Marokko, met zijn losse zeden en Arabieren en westerlingen die er de bloemetjes buiten kwamen zetten, was gewaarschuwd. Het ontketende een heuse rel nadat 2M, Marokko's tweede televisiekanaal, schande van de opmerkingen had gesproken. Dat wekte weer de woede van het partijkader van de PJD, dat boos werd dat het voor zo'n akkefietje de mantel kreeg uitgeveegd.

Het hoofdkantoor van de partij bevindt zich in een villawijk buiten de westelijke stadsmuur van Rabat. Partijsecretaris Saâdeddine El Othmani houdt er kantoor op de eerste verdieping naast een zaaltje waar een manshoge paarse vlag hangt met het partijembleem: een brandende olielamp. Licht in de duisternis: het lijkt op de brandende glocilamp van de grote moslimpartij in Turkije. 'Zij hebben dat van ons afgekeken, net als onze naam,' corrigeert Othmani beleefd.

Menigeen in Marokko vermoedt dat Othmani op zijn beurt

graag in de voetstappen van het premierschap wil treden van de Turkse leider van de moslimpartij, Erdogan. Othmani heeft goede kaarten: deze voormalige psychiater maakt deel uit van de gematigde vleugel van zijn partij, die voorstander is van een dialoog met de Marokkaanse staat, wat zoveel wil zeggen dat hij wellicht voor de koning een aanvaardbare kandidaat is als regeringsleider. Othmani is een lange magere man, begin vijftig, gestoken in een smetteloos blauw pak met das, getrimd ringbaardje en zorgvuldig bijgehouden kapsel: het imago van een onberispelijke notaris. Als alle moslimaanvoerders er zo uitzagen zou het Westen vermoedelijk aanzienlijk minder moeite hebben met fundamentalistische partijen. Ook zijn betoog is doordrenkt van matigheid. 'We presenteren ons maar in de helft van de kieskringen. Anders zouden we straks alle grote steden in handen krijgen,' zegt hij met een bijna ontwapenend gebrek aan bescheidenheid. 'Dat roept angst op bij toeristen en buitenlandse investeerders en dat is niet goed voor het land.' En afgezien daarvan: een te snelle groei zou de nog onervaren partij alleen maar op kunnen breken.

Jammer dat er uit de partijgelederen voortdurend berichten opborrelen die een streep halen door het zorgvuldige werk van Othmani. *Bête noire* in dit verband is Ahmed Raïssouni, de voorzitter van de Mouvement Unicité et Réforme (MUR). De MUR is een van de partijen die de PJD hebben gevormd en beschouwt zichzelf nog steeds als de harde ideologische ruggengraat van de partij. Voorzitter Raïssouni schuwt als hoofdredacteur van het partijblad *At-Tajdid* de confrontatie niet. Naast waarschuwingen voor alles wat vies en voos is (zoals de populaire muziekfestivals en buitenlandse cultuur, die immers een bron zijn van drankzucht, seks en andere losgeslagen zeden) raakt Raïssouni regelmatig open zenuwen in de Marokkaanse politiek. In een interview ontkende hij openlijk de rol van de koning als de aanvoerder der gelovigen.

Nu is het echter advocaat Mustafa Ramid die weer eens voor heibel zorgt. Ramid, bijgenaamd Shrek, kent zijn aanhang in de populaire wijk El Fida Derb Soltane van Casablanca. Hij geniet enige faam vanwege zijn tirades tegen de hervorming van de nieuwe familiewet, die de vrouwen meer rechten geeft. Dit keer heeft hij tegen een krant verklaard dat zijn partij op den duur de traditionele islamitische wetgeving of sharia in Marokko wil instellen. Inclusief het afhakken van handen bij dieven. Of de rest van de PJD er ook zo over denkt, vraag ik de partijsecretaris. 'Dat staat niet in ons partijprogramma,' verklaart Othmani en wrijft geschrokken over zijn baardje. 'Wij zijn echt zeer liberaal in dat soort zaken.' Zelfs de in moslimkring omstreden hervorming van de *Moudawana*, het islamitische familierecht, stuit volgens hem nauwelijks meer op bezwaren.

Na de aanslagen van mei 2003 in Casablanca werkte Othmani hard aan een gematigd imago van zijn partij. Geruisloos verdwenen de tirades tegen drank en culturele verdorvenheden uit het Westen, zoals die eerder waren te lezen in *At-Tajdid*. Zelfs de joden werden plots 'burgers als iedereen'. De partij moest, voor buitenstaanders, een aangenaam gezicht krijgen.

Abdel Aziz Rabbah behoort tot de nieuwe generatie gepolitiseerde moslims die de PJD vormgeven. Deze PJD-woordvoerder, in het dagelijks leven een hoge ambtenaar in de informatietechnologie op het ministerie van Industrie, is strak gestileerd: snel pak, een modieus ringbaardje, smaakvolle das en dito bril. De Renault Laguna waarin hij me ophaalt heeft bijna 200.000 kilometer op de teller, maar is nog om door een ringetje te halen. Geen plastic korantekstje bungelend aan de achteruitkijkspiegel of een vettig bidkleedje op het dashboard verraadt dat de bestuurder behoort tot de politieke voorhoede van de Profeet.

Informatie is belangrijk, zo benadrukt Rabbah in het gepolijste Frans van een vertegenwoordiger, want er bestaan misverstanden, veel misverstanden over zijn partij. Goede voorlichting kan daar mooi een eind aan maken. Rabbah is druk in de weer om de website, nu nog in het Arabisch, toegankelijk te maken in het Frans en Engels.

'Marokko is in een proces van democratisering,' zegt Rabbah als we in het partijhoofdkwartier neerstrijken bij een kopje thee met Marokkaanse koekjes. 'En wij willen daarin graag positief participeren.'

De rel tijdens mijn bezoek betreft dit keer de speelfilm *Lahdat Zalam, Une minute de soleil en moins* (*Een minuut minder zon*) van de Marokkaanse regisseur Nabil Ayouch. De PJD heeft in het parlement vragen gesteld over het 'obscene' karakter van de film, waarin een vrijscène voorkomt. Tot nader order mag de film niet gedistribueerd worden in de Marokkaanse bioscopen. Persoonlijk, zo bezweert Rabbah, heeft hij acteurs en zangers onder zijn beste vrienden. En natuurlijk, ook zijn partij is voor een verdere ontwikkeling van de Marokkaanse filmindustrie. Maar pornografie op staatskosten is een andere zaak. 'Die scènes moeten eruit!' meent Rabbah beslist over de gewraakte film van Ayouch. 'Er zijn wetten die dat verbieden.'

Meer misverstanden. Natuurlijk wil ook de PJD de economie en het toerisme stimuleren. Maar dan vooral een 'cultureel' toerisme. 'U komt hier toch ook niet voor de wijn en de discotheken?' vraagt de woordvoerder, op een toon die mijn antwoord als vanzelfsprekend al heeft ingecalculeerd. Wijn voor Marokkanen is verboden, dat staat in de wet, zegt hij. Er volgt een lange lijst met andere verboden. Kinderseks. En homoseksualiteit natuurlijk. 'Een toneelstuk met naakte acteurs: dat kan niet. Of drugs op het toneel. Drugs kun je niet als kunst gebruiken!' zo weet Rabbah beslist. En waar gaat het nu eigenlijk allemaal om, die onrust? Aanpassing aan de moslimwaarden, daar gaat het om. 'We willen alleen de bestaande wetten toepassen, dat is toch normaal? Terwijl het nog niet eens de sharia is!' De sharia, voor de goede orde, heeft niets te maken heeft met afhakken van handen of openbare steniging. Ethiek, rechtvaardigheid, solidariteit en niet te vergeten respect voor de vrouw, daar gaat het bij de sharia om.

Nouzha Skalli, socialistisch parlementslid en bekend voorvechtster van de vrouwenrechten in Marokko, ontploft als ze de uitspraken van haar islamitische collega-politicus hoort. 'Fascisten zijn het, een stelletje goedgeorganiseerde schapenhoeders.' We zitten in het kantoortje van haar apotheek op een brede boulevard aan de zeekant van de stad. Klanten lopen in en uit, de condooms gaan hier probleemloos over de toonbank. Dat 'respect' voor de vrouw waarvan haar moslimbroeders reppen, is van het paternalistische, aartsconservatieve soort, dat de vrouw juist wil bestemmen als een tweederangsburger. Het was niet voor niets dat de PJD haar aanhang optrommelde om tegen de hervorming van de Moudawana te protesteren.

Wat haar ziedend maakt is het alleenrecht dat de radicalen claimen op de uitleg van de koran. Er staat niemand op die openlijk de confrontatie met deze partij wil aangaan. En dat terwijl de werkelijke aanhang van de PJD volgens haar schromelijk wordt overdreven. Met gratis broodjes en donderpreken tegen de joden wordt de aanhang bij demonstraties opgetrommeld. Toch moet ook Skalli toegeven dat ze bang is voor de radicale aanhang. 'Natuurlijk. Want wij zijn verdeeld. En zij zijn één.'

'Deze mensen zijn gevaarlijk en ze banen zich langzaam een weg naar de macht,' zo verwoordt hoofdredacteur Ahmed R. Benchemsi van het liberale, onafhankelijke weekblad *Tel Quel* de groeiende zorg over de PJD onder de intellectuele, sociale en zakelijke elite van Marokko. De taakverdeling binnen de PJD is simpel, zegt Benchemsi: terwijl de partijleiders het nette gezicht ophouden, ruien de politieke klusjesmannen in de lagere echelons de aanhang op met hun intolerante en haatzaaiende praatjes. En als er weer eens een opstootje ontstaat dan wordt de zaak van hogerhand gesust en gaat alles gewoon op de oude voet verder. Het bepleiten van een islamitische zedenpolitie, klagen over het 'naakt' op de stranden, de verspreiding van aids toeschrijven aan het toerisme en muziekfestivals omschrijven als een bron van intellectuele en seksuele perversie: de islamitische mannenbroeders van de PJD weten heel goed wat ze willen, aldus Benchemsi. Een religieus fascisme, waarbij korte metten wordt gemaakt met alle andersdenkenden.

De ambitie van partijsecretaris Othmani om zich binnen enkele jaren aan te dienen als een acceptabel premier wordt inmiddels algemeen erkend. Desondanks zakt het gematigde masker van de PJD echter nog steeds met regelmaat af. Ter gelegenheid van de ramadan 2005 riep het partijblad *Attajdid* homoseksuelen op 'hun schuld te bekennen en op te houden God, de familie en de maatschappij te beschamen'. Homo's – 'slachtoffers van een complot georganiseerd door buitenlanders en internet' – werden opgeroepen Satan af te zweren. Ook politiek bleef het tobben. Bij het partijcongres begin 2005 bepleitte Mustafa Ramid de inperking van het grondwettelijke recht van de koning om de eerste minister te kiezen. 'Geen democratie met een uitvoerende koning,' verklaarde hij in een weekblad. Dat soort opmerkingen gaat niet snel verloren in het olifantengeheugen van de Marokkaanse monarchie. Maar anderzijds heeft de beweging inmiddels zoveel aan kracht gewonnen dat zij niet langer te negeren valt. Marokko zal moeten leren leven met zijn PJD. De vraag is of de PJD leert leven met Marokko.

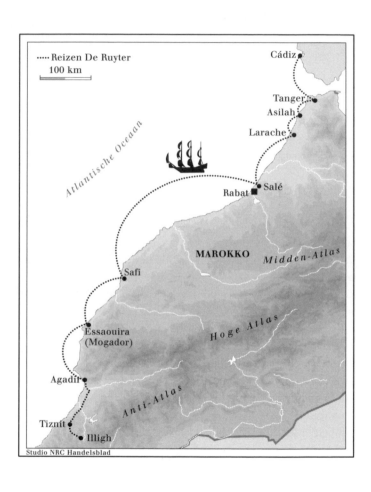

Reizen De Ruyter

100 km

Cádiz

Tanger

Asilah

Larache

Rabat Salé

Atlantische Oceaan

MAROKKO

Midden-Atlas

Safi

Essaouira
(Mogador)

Hoge Atlas

Agadir

Tiznit

Illigh

Anti-Atlas

3 | KOOPMAN IN SALÉ

Het had aan de Marokkaanse westkust ongenadig geregend die decembermaand van het jaar onzes Heren 1645. Goed voor het land, goed voor de handel, maar scheepskapitein Michiel de Ruyter had aanvankelijk meer oog voor de praktische ongemakken die de overvloedige waterval met zich meebracht. 'Den 1 Jannewary 1646 op Maendag,' zo schreef hij in het scheepsjournaal van zijn boot De Salamander. ''s Morgens voor daege vertrocken wij naar Massa, daer wy ontrent den myddach quamen en vonden gans Massa onder de voet geregent.' 28 dagen had het aan een stuk door gegoten, aldus De Ruyter. Het water stond binnenslands wel zes vadem hoog.

Michiel de Ruyter was op handelsmissie op de Atlantische kust van Barbarije. Hij had zijn schip De Salamander op de rede van 'Sante Cruyse' (Santa Cruz, Agadir) achtergelaten en was aan wal gegaan om te paard richting Massa te rijden, een dorpje ruim 45 kilometer zuidelijker gelegen aan de gelijknamige rivier. Het doel van de tocht was duidelijk: de lokale heerser Sidi Ali, een oude bekende van De Ruyter, had grote belangstelling voor de handelswaar die hij uit Holland had meegebracht.

De tocht van Agadir naar Massa, normaal gesproken een fluit-je van een cent, bleek door de regen vol gevaren voor de koop-man-kapitein en zijn bemanning. De rivieren waren buiten hun oevers getreden. Het gebied was gedeeltelijk overstroomd. De tocht dreigde met handelswaar en al letterlijk in het water te vallen.

Maar De Ruyter zette door. De Hollandse koopmansgeest liet zich niet nekken en zeker niet door een beetje water. Hij beval zijn mannen een vlot van Spaans riet te knopen. Daarmee voer hij de rivier over, ongetwijfeld gadegeslagen door Sidi Ali en zijn mannen. De paarden moesten zwemmen. De Hollandse koop-man die op een slimme manier het water wist te trotseren moet een diepe indruk op de Marokkanen hebben achtergelaten. Het verhaal zou nog jaren worden doorverteld bij de thee en het houtvuur op de kusten van Santa Cruz.

De Ruyters overtocht op het vlot van riet bleek de moeite waard. Er werd leuk verkocht die dag in Massa en de kapitein kon bovendien vijf Hollandse slaven vrijkopen voor de scherpe prijs van 85 gouden dukaten per stuk. Vlak voor het vertrek werd, ver-moedelijk na harde onderhandelingen, nog een zesde losgetrog-geld voor de prijs van 34 dukaten. De man was afkomstig uit Hoorn, zo meldt De Ruyter. Het was een koopje, maar de slaaf was dan ook kreupel.

Het kost enige moeite om zeeheld Michiel Adriaenszen de Ruy-ter (1607-1676) voor te stellen op de stoffige binnenplaats van de medina in een klein Marokkaans dorp, onderhandelend bij een kopje muntthee met zeeschuimers en de sidi, de lokale mos-limheilige, over de prijs van geitenvellen en het losgeld voor de slaven. Michiel de Ruyter uit Vlissingen, opgeklommen van hulpje op de lijnbaan tot admiraal van de machtigste vloot in de zeventiende eeuw, gold in de vaderlandse geschiedenis – zoals die vroeger onderwezen werd – toch vooral als het archetype van hoe een jongen van stavast kon opklimmen in de Republiek der Zeven Provinciën. Hij diende in zeven zeeoorlogen en veer-tig gevechten. Zeven van de vijftien grote zeeslagen die hij meemaakte stonden onder zijn briljante leiding. Zijn oorlogsbodems voeren de Theems op om als enige buitenlandse vloot in de geschiedenis zijn kanonnen voor Londen te laten bulderen.

Toch was diezelfde De Ruyter vooral een slimme handelaar die uit plichtsbetrachting in het oorlogsbedrijf betrokken bleef, maar liever fortuin maakte in de koopmansvloot. Hij voerde tussen 1643 en 1651 voor de Heren Lampsens uit Vlissingen – de rederij waar hij ooit als scheepsjongen was begonnen – talrijke handelsmissies uit. En minstens vier van deze reizen waren naar Marokko. Magodoor, Mamore, Salee, Sante Cruys, Kaap Taffetane, Kaap De Geer, Kaap Cantyn, Safye: De Ruyter tekende de namen op van Marokko's Atlantische kust, die voor hem geen geheimen had. Een verraderlijk stuk zee, zo schrijft hij, waar de schepen beurtelings stuurloos ronddobberen in een 'labberkoelte', en dan weer worden overvallen door zwaar weer, zodat het onmogelijk is om vanaf de rede met een sloep aan te landen. Vooral Agadir was in de winter berucht om zijn barre rede. Havens zijn er niet.

In de scheepsjournalen en zijn brieven heeft De Ruyter verslag gedaan van zijn belevenissen in Marokko, waarmee weliswaar betrekkingen bestonden, maar dat grotendeels onbekend was in de lage landen. De Ruyter was een eerlijk en dapper man, een briljant strateeg en een onvermoeibare en integere werker. In zijn scheepsjournaal onthield deze stugge Zeeuw zich van persoonlijke ontboezemingen. Voorzover daar aanleiding toe was, want De Ruyter vertoonde alle trekken van een licht monomane workaholic die het 'bid en werk' als levensmotto in praktijk bracht. Van lekker eten hield De Ruyter niet, naar faam taalde hij niet, aan dikdoenerij had hij een hekel. Het enige boek waar hij zich uit liet voorlezen was de bijbel. Ter ontspanning mocht hij wel eens een psalm zingen, want hij had, aldus zijn biografen, een goede stem.

Zoals Charles Darwin zijn scheepsjournaal schreef met het oog van de bioloog en Ernest Shackleton met de hand van de poolexpeditieleider, zo is het bij De Ruyter vooral de koopman die aan het woord is. De afgelegde weg wordt beschreven en de handelswaar nauwkeurig opgetekend. Geleverd worden balen katoen, rollen tabak, gommelak, gember en verschillende soorten lakense stoffen. Betaald wordt in goud, koeien-, ossenhuiden en bokkenvellen, bijenwas en salpeter. De Ruyter klaagt af en toe over de 'luysen ende vlooien' die in ruime mate aanwezig zijn in de dorpen die hij bezoekt. Maar voor het overige ziet hij Marokko toch vooral als een interessante markt met buitenkansjes. Marokkanen zijn lastige, maar uitdagende handelspartners die het spel van loven en bieden met toewijding spelen.

De slavenmarkt is een hoofdstuk apart. De Republiek had weliswaar een vriendschapsverdrag met de Marokkanen, maar dat stond niet in de weg dat er nog steeds een levendige handel in Nederlandse slaven was in ruil voor losgeld. Als het hem lukte, bevrijdde De Ruyter de Hollandse christenslaven die hij op zijn weg tegenkwam. Op maandag 7 maart 1644 kocht De Ruyter bijvoorbeeld van De Sant in Massa zes Hollandse slaven vrij, vijf uit Medemblik en een uit Amsterdam, zo meldt het scheepsjournaal punctueel. Ze waren op weg naar Mauritsstad in Hollands Brazilië gekaapt, vermoedelijk door een schip uit Salé. Kosten: 107,5 gouden dukaat per stuk. Twintig anderen konden niet worden vrijgekocht.

Krap drie jaar later, op woensdag 23 januari 1647 op bezoek in Iligh, meldt het logboek de koop van vijf Hollandse slaven voor 105 gouden dukaten per stuk. Verder niets bijzonders gebeurd die dag, zo schreef De Ruyter. *Business as usual*. Op de slavenmarkt blijken de prijzen echter nogal te schommelen. Twee dagen later werd een Spaanse slaaf vrijgekocht voor maar liefst 650 gouden dukaten! Voor zo'n bedrag had je toch evengoed zes Hollanders. En dat terwijl Spanje het voortdurend met de moren aan de stok had, waardoor welbeschouwd de toevloed van Spaanse slaven een stuk groter zou moeten zijn dan die vanuit het bevriende Nederland.

Zakendoen in Marokko was een kwestie van aftasten en uitproberen, waarbij de reactie nogal verschillend kon zijn. De ontvangst was doorgaans allerhartelijkst en gastvrij, wat niet wegneemt dat sommige onderhandelingen eindigden in een fikse ruzie. Anderzijds kon het ook voorkomen dat De Ruyter van deze en gene dorpsoudste een os cadeau krijgt. Een witvis uitgooien om een kabeljauw te vangen, luidt het droge commentaar van onze zeeheld.

Wat trok deze calvinist om zo vaak af te reizen naar het land der muzelmannen? Met de islam had hij wellicht nog de minste moeite. De Ruyter had groot respect voor andere religies en een hekel aan mensen die de spot dreven met godsdiensten. Wellicht dat hij als calvinist ook iets herkende in de islam, met zijn soberheid en uitgeklede rituelen.

En dan was er nog de gemeenschappelijke erfvijand. Ooit redde De Ruyter de bemanning van een Spaans galjoen dat hij de grond in had geboord. Eenmaal veilig op het dek getild merkte De Ruyter bescheiden op dat de Spaanse kapitein vermoedelijk ook zo zou hebben gehandeld als hij de Hollandse boot tot zinken had gebracht. Toen deze echter antwoordde dat hij in dat geval de Hollanders mooi had laten verzuipen, gaf De Ruyter opdracht om een plank uit te zetten om de Spanjolen alsnog overboord te gooien. Smekend om hun leven betoonden de drenkelingen alsnog de vereiste dankbaarheid. Dat soort verhalen deed het goed in Salé en omstreken.

Maar wat hem vermoedelijk het meeste trok was het afdingen in de soek. Uit de beschrijvingen komt De Ruyter naar voren als een harde onderhandelaar met stalen zenuwen, die pas goed op gang kwam bij onverwachte risico's. Een liefhebber van het psychologische spel met de gehaaide pasja's, wali's en kaïds, die er niet voor terugschrokken om de handelaar uit de lage landen stevig onder druk te zetten. Marokko was een uitdaging voor De Ruyter. En andersom was De Ruyter een uitdaging voor Marokko.

Salé en Agadir waren de kustplaatsen waar De Ruyter meestal langere tijd ankerde. In zee, pal voor de kust van Salé, maakte hij al direct naam door onder de neus van de bevolking drie Algerijnse roofschepen te verslaan die het op De Salamander gemunt hadden. Hij trok de stad triomfantelijk te paard binnen, gevolgd door de verslagen piraten te voet. Dat was een goede binnenkomer voor een koopman in Salé.

De Ruyter kreeg ondanks dit respect afdwingend huzaren-stukje een felle ruzie met de stadsvoogd ('De Sant', vermoedelijk een verbastering van *sidi*) van Illigh over de prijs van een stuk Engels kastanjebruin laken. De Sant bood zwaar onder de prijs en De Ruyter weigerde het laken hiervoor van de hand te doen. 'Hierover rezen hooge en scherpe woorden,' aldus de negentiende-eeuwse De Ruyter-biograaf Gerard Brandt. De Ruyter betoogde dat hij de goederen van zijn meesters niet onder de waarde mocht verkopen, maar dat hij wel bereid was het laken te schenken. De Sant, in verwarring gebracht, trapte met open ogen in de val. Als de Ruyter de stof niet mocht verkopen tegen de prijs die werd geboden, mocht hij het dan wel geven voor niets? 'De Ruyter antwoordde, ik mag 't niet geven onder de waarde om de markt niet te bederven, maar ik mag het, ter nood en om erger te ontgaan, weg schenken.'

Die impliciete belediging raakte een gevoelige snaar. De stads-voogd ontstak in woede: of de Zeeuwse kapitein zich wel realiseerde wat er zoal kon gebeuren met hem, met zijn schip en zijn lading? De Ruyter toonde zich van schokbeton. 'Dat weet ik wel (...), maar zoo gij dat doet, zal de gansche wereld zien, dat men op uw woord niet mag betrouwen.' Als ik een gevangene ben dan zal ik ervoor zorgen dat het losgeld betaald wordt, zo wreef De Ruyter de onbetrouwbaarheid van zijn zakelijke opponent er nog eens extra in. De Sant zou wel een toontje lager zingen als hij op De Salamander was in plaats van hier veilig aan wal in Illigh. De Sant verliet de kamer half in woede, half in bewondering. 'Is 't niet jammer dat zulk een man een Christen is?' zou hij hebben gezegd. Salé kon handelaren als De Ruyter kennelijk wel gebruiken.

Uiteindelijk ontaardde het in koehandel voor gevorderden. Twee uur lang laat de Sant zijn gast in het ongewisse of hij een vrij man was of ergens in de stad onthoofd zal worden. Dan komt hij geheel gekalmeerd weer de kamer binnen en vraagt opnieuw of De Ruyter de stof voor de geboden prijs wil verkopen. Deze weigert en biedt de stof nogmaals als een geschenk aan. 'Ziet eens hoe trouw en kloek die Christen voor zijn meesters is.

Zijt gij alle, als 't pas geeft ook zoo voor mij,' aldus de Sant. 'Daarop rukte hij zijn eigen en De Ruyter's boezem open, bracht De
Ruyter's hand op zijn bloote borst en de zijne op die van De Ruiter tot een teeken van liefde, vriendschap en trouw, die hij hem
beloofde.' Saai was het niet, zaken doen in Marokko.

Volgens zijn biograaf was De Ruyter na het voorval een gerespecteerd man in Marokko, die zelfs werd gevraagd om als rechter
conflicten op te lossen. Dat was nodig, want de contacten tussen
de Republiek der Zeven Provinciën en de snel wisselende machthebbers in Marokko waren niet altijd even goed te noemen.

Opmerkelijk genoeg ontstond het grootste diplomatieke conflict in die dagen niet door de Marokkanen, maar door het arrogante optreden van Cornelis Tromp. Cornelis, de over het paard
getilde zoon van zeeheld Maarten Tromp, zou De Ruyter het leven wel vaker zuur maken. Tromp had op zee een fluitschip met
kapers uit Salé overmeesterd en naar de Zuid-Spaanse havenstad
Cadiz gebracht. Salé ontstak in woede omdat dit lijnrecht in-
druiste tegen het akkoord met de Republiek. De toenmalige
stadsvoogd, Sidi Abdallah, nam geen halve maatregelen. De Nederlandse consul David de Vries beschrijft hoe nog diezelfde
middag plotseling de stadsbeul op zijn stoep stond, 'my tot myn
camer uytscheurende ende van de trappen afwerpende'. Op
straat wachtte hem een lynchgrage meute, zodat de consul 'niet
wiste waer mijn lijff berge soude', zo schrijft hij in een benauwde brief vanuit het gevang aan De Ruyter. Samen met drie Amsterdamse koopvaarders, inclusief hun schippers en matrozen,
eindigde de tocht onder leiding van de beul in een keldergevan-
genis 'drie à vier vademen' diep onder de aarde. De omstandigheden in het hol waren volgens de consul met geen pen te beschrijven.

Tromp was er inmiddels door de admiraliteit op uitgestuurd
om te zorgen dat de zaken niet nog verder uit de hand liepen. Dat
bleek geen goed idee. Eenmaal met zijn schip aangekomen voor
de rede van Salé weigerde hij de in beslag genomen boot terug
te geven. Tromp bleef bovendien veilig aan boord van zijn schip

en vertrok zonder zijn opwachting bij Sidi Abdallah te maken na het afleveren van een slap soort excuusbrief, zo zijn landgenoten aan hun lot overlatend.

In zijn hol vier vadem onder de grond ontplofte consul De Vries van machteloze woede toen bekend werd dat Tromp gewoon was weggevaren. 'De heer Tromp, niet cunnende ofte willende wachten, is sonder antwoort ofte iets uyt te rechten wederomme onverrichter zaecke naar Cadicx 't seyl gegaen, 't welck Zijn Exelentie (Sidi Abdallah), die aen den heer Tromp twee barcken met vervarsinge gesonden hadde, waerdich wel ontrent vijff hondert guldens, seer verdrooten heeft.'

De Ruyter, op dat moment vice-admiraal, liet de admiraliteit van de Republiek begin oktober 1654 vanuit Cadiz weten dat hij wel wilde bemiddelen. Hij wees op zijn bijzondere kennis van de situatie in Marokko, en zijn lange ervaring als handelaar in Salé. Het smeulende brandje tussen de Republiek en Salé moest geblust worden, meende De Ruyter, voordat er een ware brand ontstond. Snel handelen was bovendien noodzakelijk om te voorkomen dat de gevangenen als slaven verkocht zouden worden. De admiraliteit stemde in.

Eenmaal met zijn oorlogsbodem aangekomen op de rede van Salé, begon De Ruyter onmiddellijk met bemiddelen. Anders dan Tromp toonde hij zich een behoedzaam diplomaat die rekening wist te houden met de gevoeligheden aan Marokkaanse kant. Hij vroeg consul De Vries hem te adviseren vanuit zijn cel. Aldus geschiedde. Of de vice-admiraal alsjeblieft niet zoals Tromp wilde vergeten een gebruikelijk cadeau aan Sidi Abdallah te sturen. Vier à zes vaatjes kruit bijvoorbeeld zou door 'Sijne Exelentie zeer op prijs worden gesteld'.

Buskruit mocht hij niet wegschenken, zo schreef De Ruyter aan consul De Vries. Want het betrof hier immers staatseigendom en dat zou 'tegen mijn eedt zijnde'. Sidi Abdallah kreeg daarentegen enige tonnetjes nootmuskaat en een paar pistolen aangeboden. De Ruyter schreef hem dat de Staten-Generaal niets liever willen dan vrede met Salé. Als gezagvoerder is het hem niet toegestaan het schip te verlaten, wat hem zeer bedroeft, want zo kan hij niet persoonlijk aan wal komen 'om Zijn Exelentie de handen te comen kussen', maar hij verzekerde de Marokkaan dat er alles aan gedaan zal worden om de geleden schade te vergoeden. En dit alles om de vriendschapsband die 'eenige krack schijnt gekregen te hebben', weer te herstellen. Sidi Abdallah werd beleefd verzocht het schip en zijn bemanning vrij te laten en zo de 'commercie en vruntschap' niet in gevaar te brengen. Misschien dat de consul en de schipper bij hem aan boord mochten komen voor nader overleg?

De diplomatieke woorden van De Ruyter betekenden niet dat hij Sidi Abdallah ook vertrouwde. Aan consul De Vries schreef de vice-admiraal bijna terloops of deze even wil melden welke schepen van Salé op dit moment buitengaats zijn 'om in gelegentheyt ons daervan te cunnen dienen'. Een wijs man wedt niet op een paard alleen en wellicht is het nodig om nog wat meer piraten op te pakken als onderpand, mochten de reacties uit Salé onvermoed ongunstig zijn.

Na wat vertraging door het slechte weer, schreef Sidi Abdallah een brief terug. De Ruyters woorden bleken een gevoelige snaar te hebben geraakt en de heerser van Salé toonde zich van zijn meest innemende kant. De Ruyters boodschap was in goede orde aangekomen en aan hem vertaald in het Spaans door consul De Vries. De goede verhoudingen staan voorop, het hele misverstand was gerezen omdat Tromp de boot met inhoud niet terug wilde geven. Alle vertrouwen was dat De Ruyter deze kwestie met succes uit de wereld kon helpen en zo de vrede kon bewaren.

Langzaam werd de zaak weggemasseerd. De Ruyter beloofde een meegebrachte moor vrij te laten, waarop Sidi Abdallah een Rotterdamse slaaf liet gaan. Sidi Abdallah wilde hem een bootje met de consul sturen, samen met flink wat verversingen (dertig schapen, vier ossen), maar het weer bleef tegenzitten. De Ruyter schreef hem terug met alle egards. Als de rest van de Nederlanders vrijkwam, zouden de Staten-Generaal zeker een vergoeding betalen voor het verloren gegane lijf en goed, beloofde De Ruyter. En weg voer hij weer, richting Cadiz, waar een aantal schepen op hem wachtte dat in konvooi en onder bescherming van de oorlogsbodem terug naar het vaderland moest worden begeleid.

Hield Michiel de Ruyter van Marokko? Op zijn laatste handelsreis naar Barbarije in 1651, slaakte Hollands beroemdste scheepsheld een zucht van verlichting op de terugweg naar huis. De boot vertrok 17 december van de rede van Agadir, 'nadat wy daer 8 maenden ende 8 dagen met verdriet doorgebracht hebben (...) Godt gelieft ons te bewaren en met liefde in salve (veiligheid) te brengen, amen!'

Hier spreekt een 44-jarige zeeman die niet zozeer Marokko, als wel het varen zat was. Het jaar ervoor verloor hij zijn tweede vrouw, eveneens terwijl hij op reis was naar Marokko. De Ruyter had die laatste jaren zijn broer en veel goede vrienden zien verdwijnen in de zeeslagen en de stormen. Inmiddels was hij voor de derde maal getrouwd en verlangde volgens zijn biografen naar een rustig bestaan op het vasteland. Hij voer terug naar het vaderland, niet wetende dat de Republiek hem het jaar erop zou verzoeken om de vloot aan te voeren in de eerste Engelse Zeeoorlog.

De soek

Kamelen zijn er zelden aan te treffen, nieuwe koelkasten en televisies evenmin, al is een aardig tweedehandsje misschien nog wel ergens op te snorren. Maar voor het overige kan men in de soek terecht voor zo'n beetje alles wat nodig is voor het primaire levensonderhoud. De soek is het prototype van de markt. Moderne *shopping malls* en hypermarkten in het Westen hebben er conceptueel leentjebuur mee gespeeld: een grote verzameling winkels met een breed aanbod. Maar wat deze tempels voor de moderne consument onderweg aan levendigheid zijn kwijtgeraakt, dat tref je onveranderd aan in de soek.

De dienstverlening begint direct achter de poort van de medina. Op een wankel tafeltje treffen we de verveloze typemachine van de schrijver, een oudere man met een grijze stoppelbaard en een bril. Tegen een geringe vergoeding tikt hij documenten, brieven en aktes voor zijn analfabete klanten. Vermoedelijk zit de schrijver al eeuwenlang aan de poort van de medina, alleen de typemachine heeft de ganzenveer verdrongen. Zal straks de eerste verveloze computerterminal zijn intrede doen? Er zijn geen stopcontacten in de poort van de medina, maar we mogen niet uitsluiten dat hier een oplossing voor gevonden wordt. De klant is hier tenslotte koning.

Eenmaal de schrijver gepasseerd wordt de bezoeker snel opgezogen in de soek. De markten en werkplaatsen zijn productmatig onderverdeeld in aparte kwartieren. In de groentehoek liggen de terracotta aardappels, tomaten, radijzen, citroenen en paprika's in een eindeloos bonte kleurschakering op de grond. Bergen groen van koriander, peterselie en munt wisselen de stapels af. Even verderop schieten de katten tussen de visstallen door, op de planken van de slager ligt de lendenbiefstuk broederlijk naast de schapenkop. Aan een haak hangt een orgaan uit te lekken dat zo te zien een schapenlong betreft. Voor de liefhebber. Een jongen bewaakt een berg met eieren, even verderop blijkt een ruimte geheel gevuld met levende witte kippen. Je kunt je kip levend meenemen zodat zij langer vers blijft. Bij de specerijen liggen de kruiden in de puntbergen van okergeel, groen en baksteenrood naast het bruin van de dadels en de noten. Wat opvalt is de eenvormigheid. Winkel na winkel dezelfde bergen. Alleen de man die erachter staat verschilt. De olijvensectie biedt hetzelfde beeld. Stapels met olijven, eindeloos herhaald. Voor een bezoeker blijft het een onopgelost raadsel hoe al die winkeltjes, met exact dezelfde gemalen koriander of couscouskruiden, die in precies dezelfde kleurige bergjes zijn gerangschikt en tegen dezelfde prijzen worden aangeboden, zo vlak naast elkaar kunnen overleven. Minieme kwaliteitsverschillen en persoonlijk vertrouwen spelen vermoedelijk een rol. De vraag is voor hoe lang nog, nu de buurtsupers oprukken en de hypermarchés zijn uitgegroeid tot een favoriet uitje voor veel Marokkanen.

De soek is doorgaans gevestigd in de smalle straten van de

oude medina. Het is moeilijk voor te stellen dat de huizen ooit nieuw moeten zijn geweest. Verval in de medina's van Marokko lijkt een proces dat vrijwel onmiddellijk na de bouw intreedt. Gebroken ruiten van ramen zijn afgedekt met plastic en karton. De afdakjes zijn van roestige metalen golfplaten, onduidelijk draadwerk steekt uit kastjes, hangt tegen de muren en over de straten. Niets staat recht behalve de metalen buizen waar de paraboolantennes aan zijn bevestigd. Verf bladdert af en de muren zit vol scheuren. Alleen de veelvuldig aanwezige buurtmoskeeën zijn netjes onderhouden met hun vrolijke gele poorten onder groene keramische dakpannen.

In de kledingsoek biedt winkel na winkel rollen stof die vervolgens even verderop in kleine hokjes door kromgebogen mannen achter naaimachines tot jurken en djellaba's worden verwerkt. Uit de werkplaatsen klinkt klassieke koranmuziek. In de houtsoek, waar het ruikt naar versgeschaafd cederhout en lak, zijn tientallen houtbewerkers in de weer met het timmeren en op maat maken van bedden, tafeltjes en stoelen. Winkels en werkplaatsen worden afgewisseld door barbiers en restaurantjes. Het ruikt er naar gebakken vis en kip, naar komijn en koriander. Een onveranderlijk universum. Zo lijkt het tenminste tot de rappende klanken van Eminem uit een grote schoenenwinkel schallen en de bezoeker weer terug is in de wereld van het begin van de 21ste eeuw.

In Marrakech of Fès zijn de technieken en producten in de werkplaatsen niet wezenlijk veranderd in de afgelopen duizend jaar. De voorbijganger moet niet verbaasd staan als de aardewerken schalen die hij er aantreft in de werkplaatsen nog volgens precies hetzelfde ontwerp worden vervaardigd als die je aantreft in de collecties van musea. Nog altijd worden de varkensblazen gespannen op de frames van gesmeed ijzer en met een verfje gekleurd tot lampenkap. Het met de voet aangedreven draaibankje voor de houten profielen is al eeuwenlang onveranderd. Het ingelegde tegelwerk verraadt een ambacht met een lange geschiedenis. Wie een kijkje in de leerlooierijen neemt heeft het gevoel door een tijdmachine te zijn teruggevoerd naar een bijbels verleden. Ezels voeren de geiten- en schapenhuiden aan. Er wordt gelooid in bakken, vaak niet meer dan gaten in de grond. Het looimengsel van urine, visolie en zwavel maakt een bezoekje tot een onvergetelijke ervaring, waar niet iedereen even goed tegen bestand is. De geschiedenis ruikt niet altijd even lekker.

De soek heeft een glans van nostalgie die hem aantrekkelijk maakt voor de toerist uit Europa. Een kleurrijk spektakel dat speciaal voor de buitenlandse bezoeker lijkt te worden opgevoerd. Maar er is niet veel nodig om de armoede te zien die zich achter de veelkleurige dagmarkt verbergt. Mannen en vrouwen die een handjevol gepelde knoflook aanbieden. De gidsen die toeristenpolitie en gevangenisstraf trotseren omdat een hele familie afhankelijk is van hun werk. Afgestudeerde academici die losse sigaretten verkopen om aan de kost te komen. De jongens van het platteland die in de leer zijn en lange dagen maken in bedompte hokken als blikslager, timmerman of leerbewerker.

Welvaart en macht

De handel en bedrijvigheid in Marokko was vanouds een problematische aangelegenheid vanwege de machtsinstabiliteit. De Arabieren slaagden er maar gedeeltelijk in het moeilijk toegankelijke land te onderwerpen. De elite trok zich terug in de steden, achter stevige verdedigingswallen die hen beschermden tegen de omliggende feodale heersers. Fès was de belangrijkste stad, waar de grootstedelijke fassifamilies rond de sultan de dienst uitmaakten.

De stedelijke burgerij baseerde zijn economische macht voor een belangrijk deel op de schatkist, het magazijn van de sultan. Van het woord 'magazijn' is vermoedelijk de eerdergenoemde 'makhzen' afgeleid. Het onderscheid tussen de makhzen en het gebied buiten de stadspoorten waar de Berberstammen heersten, had vergaande economische gevolgen die tot op de dag van vandaag merkbaar zijn. Doordat de makhzen voortdurend het gezag moest bevechten met de omliggende stammen op het land konden de grote steden zich nooit ontwikkelen tot kernen van economische en industriële ontwikkeling zoals in het middeleeuwse Europa. De in de steden geconcentreerde makhzen ontwikkelde zich daarbij tot een geïnstitutionaliseerde vorm van gunsten en corruptie die rond de schatkist ontstond.

Pas de Franse koloniale bezetter slaagde erin een eind te maken aan de macht buiten de stadsmuren van de feodale Berberstammen en zo de traditionele tweedeling te doorbreken. Maar de makhzen bleef zowel in de koloniale periode als na de onafhankelijkheid gehandhaafd als een politiek-financieel netwerk dat de kern van de economische en staatskundige macht in Marokko representeerde. Voor de meeste Marokkanen geldt de makhzen nog steeds als het netwerk van vriendjespolitiek volgens welke de Marokkaanse elite onderling de baantjes verdeelt en afgesloten houdt voor buitenstaanders. Dat verhoudt zich van nature slecht tot de principes van concurrentie en vrije markt, maar stelde de grootstedelijke fassifamilies wel in staat fortuinen te vergaren.

Onder het Franse bewind werd de Marokkaanse economie opengegooid en de economische activiteit doelbewust verplaatst van de vroegere koningssteden Fès, Marrakech en Mèknes naar de kust. De makhzen verhuisde naar de administratieve hoofdstad Rabat en naar Casablanca als het nieuwe financiële centrum en centrale handelshaven. Aan de kust werden verschillende havens gebouwd voor de visserij, de olie-import en raffinage en de fosfatenexport.

Aan het begin van de 21ste eeuw stond de Marokkaanse economie met één been in haar gesloten agrarische verleden en met het andere in de toekomst van de wereldmarkt. Met een jaarlijkse bevolkingsgroei rond de 1,8 procent was er weinig voor nodig om de bevolking van dertig miljoen inwoners op hetzelfde welvaartsniveau te houden. Toch was een flinke economische groei gewenst om het land op een hoger plan te tillen. Volgens de cijfers leefde ongeveer eenvijfde van de bevolking rond de eeuwwisseling van een inkomen onder de armoedegrens, dat wil zeggen dat ze deel uitmaakte van een huishouden dat onvoldoende verdiende voor de eerste levensbehoeften.

Tussen de overweldigende meerderheid van de Marokkanen die ploetert om het hoofd boven water te houden en hen die een beter betaalde baan hebben, gaapt een kloof. Het officiële minimumloon ligt anno 2005 rond de 160 euro per maand, met een maximaal toegestane werkweek van 48 uur. Dat is minder dan 80 eurocent per uur. En dat is officieel, wat betekent dat er zwart minder wordt uitbetaald.

De inkomens van de elite staan hier ver vandaan. Een leraar op een lagere of middelbare school verdient tussen de 300 en de 1600 euro per maand; een rechter tussen de 1100 en de 2500 euro (de salarissen zijn verhoogd om corruptie tegen te gaan); commercieel directeur van een multinational 4250 euro; een minister 5400 euro; een voorzitter van de raad van bestuur van een grote onderneming 12.000 euro. Tussen de inwoner van een residentiële buitenwijk van Rabat of Casablanca en de bidonvilles een paar kilometer verderop heersen inkomensverschillen die niets te maken hebben met Europa, maar meer gemeen hebben met die in landen als Brazilië of India. De armste 10 procent van de bevolking nam 2,6 procent van de nationale consumptie voor zijn rekening. De rijkste 10 procent bijna eenderde.

In de macrocijfers keert het beeld van nette armoe terug. Het bruto nationaal inkomen was in 2003 1320 dollar per Marokkaan, grofweg een twintigste van het bruto nationaal inkomen per Nederlander, een vijfde van een Mexicaan en de helft van een Braziliaan. De gemiddelde levensverwachting was 68 jaar, 10 jaar lager dan in Nederland.

De verschillen in de levensstandaard tussen het platteland en de stad zijn aanzienlijk. Op het platteland heeft meer dan 60 procent van de bevolking geen stromend water, elektriciteit ontbreekt vrijwel overal in de huishoudens, net als medische voorzieningen. Geen wonder dat de leegloop richting stad in volle gang is. Terwijl het platteland gaandeweg ontvolkt raakt, groeit de werkloosheid in de stedelijke agglomeraties. Ongeveer 20 procent van de Marokkaanse beroepsbevolking heeft geen werk.

Onder hen bevinden zich niet in de laatste plaats hoger en universitair opgeleiden.

Macro-economisch waren er aan het begin van de 21ste eeuw ook lichtpuntjes. De inflatie bedroeg slechts 2 procent per jaar; vooral dankzij het overmaken van geld door geëmigreerde Marokkanen waren er genoeg deviezenreserves om een halfjaar de importen van te bekostigen. Maar het waren evengoed de symptomen van een economie die moeilijk op gang kwam. De problemen waren structureler van aard. Marokko was aan het begin van de 21ste eeuw nog steeds afhankelijk van de regen.

De regeneconomie

Wijlen koning Hassan II maakte graag goede sier met zijn baraka, het magische geluk dat hem behoedde voor alle kwaad. In tijden van nood liet de vorst zijn onderdanen ruimhartig delen in de vruchten van deze bijzondere gave. Als het maanden niet had geregend en de oogsten op de velden stonden te verpieteren, dan richtte de koning zijn gebeden tot de Allerhoogste om een fikse stortbui af te dwingen. Statistisch onderzoek naar het succes van de koninklijke bidstonden is nooit verricht, maar volgens menigeen had de vorst aanmerkelijk meer succes met zijn smeekbeden dan een willekeurig andere gelovige. Dat de koning volgens boze tongen het lot daarbij een handje hielp door een schuin oog te houden op de weerkaarten en de meteorologische voorspellingen maakte het succes er overigens niet minder op.

'Regeren in Marokko is regenen,' zo merkte de Franse resident-generaal Hubert Lyautey reeds op. Dat had de Fransman goed begrepen. Zon is er genoeg in Marokko, vocht is het probleem. In een jaar met regen zijn groeicijfers van 6 procent of meer geen uitzondering. Maar een jaar van droogte legt de economie stil. Er is geen olie of gaswinning die voor rijkdom zorgt. Geen regen betekent geen oogst, geen werk, geen eten, onrust en opstand. Het is een vorm van politieke instabiliteit die door de eeuwen heen bepalend is geweest in Marokko. De bouw van enkele tientallen stuwmeren sinds de onafhankelijkheid was on-voldoende om hier verandering in te brengen.

Geografisch bestaat Marokko grofweg uit drie zones. Langs de oceaan en de oostkant van de Middellandse Zee liggen vruchtba-re laagvlaktes. Het zijn platte groene vergezichten, onderbroken door bomenrijen, een bijna Hollands panorama. Het klimaat is relatief zacht aan de kant van de oceaan. Centraal Marokko wordt gevormd door de Rif met zijn groene heuvels en de ruige hoog-tes van de Atlasgebergten. De winters zijn er koud, de zomers warm. Achter de bergen ligt het nauwelijks bewoonde land van steenwoestijnen en het begin van de Sahara, een droge woestenij die hooguit wordt onderbroken door oases.

De Franse koloniale bezetter onderscheidde de vruchtbare laagvlaktes en de bergruggen, het zogenaamde *Maroc utile* (het nuttige Marokko), van de woestenij achter de bergen. Die was niet utile. Omdat Marokko na zijn onafhankelijkheid er niet in slaagde om een duidelijk economisch beleid te ontwikkelen en tot overmaat van ramp vanaf de jaren zeventig met een grote schuldenlast kampte, kwam een efficiënte aanpak van het Maroc utile nooit goed van de grond. Een doelmatig, grootschalig sys-teem van irrigatie, dat in staat zou zijn om het water van meer re-genrijke zones naar de droge, maar vruchtbare gronden te trans-porteren, ontbreekt. Negen van de tien boeren waren aan het begin van de 21ste eeuw afhankelijk van regen. Alleen in produc-ten voor de exportmarkt (fruit en groenten) is sprake van een gestructureerde bevloeiing. Maar verreweg het grootste deel van het land bestaat uit droge grond die wordt gebruikt voor het ver-bouwen van graan en het hoeden van de schapen- en geitenkud-des.

Desondanks is Marokko een netto-importeur van granen. 90 procent van de cultuurgronden kent geen irrigatie. Afhankelijk van de regen draagt de landbouw tussen de 15 tot 20 procent bij tot het bruto nationaal product. Maar het verschaft wel 40 pro-cent van de beroepsbevolking werk. Dat zegt iets over het gerin-ge inkomen dat het land oplevert en ook over het gebrek aan ef-ficiency en productiviteit: de afhankelijkheid van de landbouw bestaat meer uit het levensonderhoud dat het werk op het land verschaft dan uit de bijdrage in de economie. Het is voor velen de enige optie om iets te verdienen: vier van de vijf boeren heeft nooit enige opleiding genoten en bewerkt het land vrijwel zonder mechanische middelen. Elektriciteit ontbreekt, schoon water komt hooguit uit de dorpspomp. Een economie uit het preïndustriële tijdperk, waarin boeren vaak voor hun eigen consumptie het land bewerken en wat overschiet uitruilen.

Investeringen, consumptie, welvaart in het algemeen: Marokko moet vertrouwen op de regen. De droogte van 1999 deed de economie met bijna 1 procent krimpen, terwijl het jaar erop nauwelijks enige groei te bespeuren was. En zoals het zich laat aanzien valt er met de klimaatveranderingen steeds minder neerslag. Metingen wijzen op een halvering van de gemiddelde neerslag in de laatste helft van de twintigste eeuw. Die structurele ontwikkeling maakt de noodzaak des te dringender om de Marokkaanse economie minder afhankelijk te maken van de landbouw.

Hasj

Het zijn geen tomaten of sinaasappels waar de Marokkaanse agrarische sector zijn grootste faam aan ontleent. Met een jaarproductie van cannabis of kif die volgens schattingen rond de 100.000 ton ligt was Marokko aan het begin van de 21ste eeuw 's werelds grootste producent van hasj. De hasj voor de Europese markt komt grotendeels uit Marokko. Het landbouwareaal in het noorden van het land dat voor de cannabisteelt wordt gebruikt is indrukwekkend. Het vochtige en warme klimaat maakt twee tot drie oogsten per jaar mogelijk. De hasj geldt daarmee als een van Marokko's belangrijkste exportproducten.

Cijfers zijn niet officieel en berusten derhalve op schattingen. Maar zelfs bij een grote foutmarge is het duidelijk dat de Europese markt een fundamentele inkomstenbron vormt. Veel opschudding veroorzaakte in 1995 het rapport dat l'Observatoire Géopolitique des Drogues in opdracht van de Europese Unie maakte en dat het cannabisareaal op 80.000 hectare schatte. De opschudding was niet zozeer dat er werd geconstateerd dat de cannabis een bloeiende handel was, maar vooral de – overigens onbewezen – suggestie dat de koninklijke familie via een van haar fruitbedrijven bij de smokkel betrokken was.

In de tien jaar die volgden was sprake van een verdere groei, zodat de schattingen van het landbouwareaal van de cannabis in de groene heuvels aan het begin van de 21ste eeuw vanaf de 100.000 hectare en hoger lagen. In 2003 publiceerde de Verenigde Naties een onderzoek dat in samenwerking met de Marokkaanse autoriteiten werd verricht en dat een tipje van de sluier oplichtte van het economische belang van de cannabisteelt. Het onderzoek, verricht met inzet van satellietfoto's, betrof een flink deel van het noorden waar de cannabis wordt verbouwd: grofweg een gebied een tachtigtal kilometer landinwaarts tussen Tetouan en Al Hoceima.

De resultaten van het onderzoek bevestigden een beeld dat al langer bekend was, maar daarom niet minder verbijsterend: 134 hectare, een kwart van het nuttig landbouwareaal in dit gedeelte van de Rif, werd benut voor de cannabisteelt. De brutoopbrengst van het onderzoeksgebied betrof een kleine 50.000 ton kif, waar ruim 3000 ton hasj uit werd gemaakt. 100.000 families, tweederde van de bevolking in deze regio, en driekwart van alle dorpen, was bij de teelt betrokken. Voor de boeren in dit gebied bracht dat zo'n 2 miljard dirham op (180 miljoen euro).

Op basis van het onderzoeksgebied konden ook schattingen worden gemaakt van de afhankelijkheid van de cannabisteelt voor heel Marokko. 3 procent van het bruto nationaal product in de landbouw was afkomstig van de cannabisteelt. Dat lijkt weinig, maar het belang wordt pas goed duidelijk als gekeken wordt naar het aantal families dat zijn inkomsten uit de teelt van cannabis haalt. Geschat werd dat 800.000 mensen voor hun inkomen afhankelijk waren van de teelt.

De teelt is verreweg de belangrijkste bedrijfstak in het economisch achtergestelde en systematisch onderontwikkelde Rifgebied. De totale markt van Marokkaanse hasj was tegen de groothandelsprijzen in de Europese consumentenlanden zo'n 10 miljard euro. Daarbij moet overigens bedacht worden dat de grote winsten op de kif – nomen est omen – niet bij de Marokkaanse boer terechtkomen, maar verderop in de productieketen, bij de smokkelaars en drugsbaronnen. Gezien het illegale karakter en de omvangrijke georganiseerde misdaad rond de smokkel is er geen 'Max Havelaar-hasj' op de markt die een eerlijker deel van de winsten bij de boeren terecht laat komen. De boeren bewerken gemiddeld lapjes grond van 1,6 hectare aan cannabis. Per familie werd in 2003 zo 1900 euro per jaar met de cannabisteelt verdiend. Dat was de helft van het bruto nationaal product per familie. De grote winsten kwamen terecht bij de georganiseerde smokkelmisdaad die op de Europese markt actief was.

Door zijn omvang lijkt de strijd tegen het illegale verbouwen en de smokkel van de kif, de grondstof voor hasj, voornamelijk een symbolische aangelegenheid. 'Van de kif ga je niet dood, van de honger wel,' zo vatte Abderrahman Hammoudani, een voormalig parlementslid en burgemeester uit de noordelijke regio de zaken nuchter samen. 'Het telen van cannabis is verboden. Goed,' aldus een weekbladcommentaar. Maar stel een boer wordt op heterdaad betrapt terwijl hij in een kifplantage aan het werk is. De politie heeft dan dus al hectare na hectare van de plantages van zijn buren moeten doorkruisen om op zijn landje te komen. De hennepplanten staan er daar net zo groen en geurig bij. Waarom wel die ene boer in het bijzonder, en al die andere niet? 'Het systeem werkt als volgt,' aldus een boer. 'Ze laten ons onze gang gaan, en op een dag slaat de makhzen toe, zomaar willekeurig. Een paar jaar gevangenisstraf en het leven gaat weer verder. Dat zijn de regels van het spel.'

Sinds 2002 lijkt de repressie van de cannabisteelt en -smokkel door het leger stevig te worden opgevoerd. Het doel zou daarbij zijn om de bedrijfstak in 2008 te hebben uitgeroeid. Driss Benhima, directeur van het speciaal ingestelde Agentschap voor de Ontwikkeling van de Noordelijke Provincies dat meewerkte aan de VN-rapportage, noemt de teelt van druiven, fruitbomen, maar ook het verhogen van de kaasproductie en het houden van geiten als alternatief voor de cannabisteelt. Daarnaast hoopt Benhima dat de groei van een aantal grotere steden in het noorden de economische veranderingen eveneens een handje zullen helpen. De nieuwe megahaven bij Tanger en de bouw van nieuwe wegen en vliegvelden moeten het gebied verder ontwikkelen. Hier lijkt echter vooral de wens de vader van de gedachte. Want geiten brengen altijd nog minder op dan cannabis. In 2004 werd er van officiële zijde met gepaste trots op gewezen dat luchtfoto's bewezen dat het totale areaal aan cannabisteelt aan het krimpen was. Daar leek het inderdaad op, maar critici wijten dat niet aan het efficiënte beleid van de Marokkaanse overheid, maar aan de oude vijand van het land: de droogte.

De hasjhandel is vooral een groeiende zorg door de criminele infrastructuur die eromheen hangt. De Marokkaanse maffiabendes mogen dan discreter te werk gaan dan hun Italiaanse, Colombiaanse of Russische collega's, hun corrumperende invloed op de Marokkaanse maatschappij is er niet minder om. In de afgelopen jaren is er daarbij een ernstige mate van marktvervaging gaande waarbij de bendes hun activiteiten spreiden. Er is een toenemende tendens van ruilhandel, waarbij de markten voor hasj verstrengeld raken met die van XTC, cocaïne en heroïne. De georganiseerde misdaad combineert de hasjtransporten bovendien met de mensensmokkel, die jaarlijks tientallen, zoniet honderden slachtoffers eist. De contrabande van tabak, een andere groeisector, kost de staat jaarlijks aanzienlijke bedragen aan gemiste accijns. En achter een belangrijk deel van de bouwbedrijvigheid in Marokko gaan omvangrijke witwasprojecten van narcogelden schuil, zo is het vermoeden. Zwitserland wast wit, Marokko wast witter, zo is al opgemerkt.

De grote trek

Een uitvalsweg aan de rand van Casablanca richting vliegveld. Achter een lange muur bij een druk verkeersknooppunt verrijst een sloppenwijk waar enkele duizenden gezinnen zijn neergestreken. De huizen bestaan niet meer zoals vroeger uit de platgeslagen oliedrums. Ook de sloppen kennen hun vooruitgang: de muren zijn grof bijeengemetseld met blokken schuimbeton, de daken van eterniet- of golfplaat.

Karim (18) leidt me rond in het huis waar hij samen met zijn ouders en twee zussen woont. Binnen is een woonkamer met een keukentje en twee kleine slaapkamers. Op de aangestampte aarden grond bieden de kleden een zekere huiselijkheid. Zo vanbinnen, met de gestuukte muren en de banken langs de wand is het nauwelijks van een Marokkaanse doorsneewoning te onderscheiden. Er is hier bovendien elektriciteit en dat kon van het dorp in de Midden-Atlas waar hij met zijn familie vandaan komt niet gezegd worden. Op de televisie galmt het nieuws van Al Jazeera. Stromend water is er niet, al heeft de gemeenteraad wel aangekondigd dat het er zal komen.

'We zijn hier vijf jaar geleden komen wonen. In het dorp was geen werk,' verklaart Karim. Zijn vader werkt in een garage. De zusjes zitten nog op het schooltje dat even verderop is gevestigd. Karim, die zijn school heeft afgemaakt, schat de kans op werk laag in. Hij heeft familie in Frankrijk en België en denkt er wel eens aan de reis naar Europa te gaan maken. Maar vooralsnog zit hij hier aan de rand van Casablanca en wacht zijn kansen af.

Marokko staat aan het begin van de 21ste eeuw voor een uitdaging die te vergelijken is met die van veel Europese landen tijdens de industriële revolutie. Plotseling is de sociale en economische orde zoals die eeuwenlang op het platteland gegolden heeft in een maalstroom gekomen. De grote trek naar de stad is begonnen.

In het gebied tussen Casablanca en Rabat is te zien wat dit in de praktijk betekent: er is een grootstedelijke groei in gang gezet waarmee Marokko bezig is zijn eigen randstad te ontwikkelen. Langs de snelweg die de twee steden verbindt verrijzen eindeloze nieuwbouwwijken in een verbluffend rap tempo. De ontwikkelingen langs de splinternieuwe, buitenste ringtolweg van Casablanca gaan zo mogelijk nog sneller. Wat tot voor kort nog platteland was, wordt volgebouwd met flatgebouwen die uit het vlakke landschap oprijzen als muren van een nieuwe stadsvesting. Ertegenaan geplakt liggen verspreid de nieuwe bidonvilles van immigranten die zelf hun huizen hebben gemetseld op het braakliggende niemandsland.

Eenvijfde van de Marokkaanse bevolking is nu geconcentreerd in deze nieuwe randstad. Meer dan de helft van de nationale industriële productie vindt er plaats. Casablanca met vierenhalf miljoen en Rabat-Salé met anderhalf miljoen inwoners zijn de kernen van de moderne expansie van het land.

Wat opvalt is dat de massale trek naar de stad niet heeft geleid tot het ontstaan van de enorme sloppenwijken zoals je die aan kan treffen in veel derdewereldlanden. Door een systeem van prijssubsidiëring van de landbouw heeft Marokko in de jaren negentig de snelheid van de trek naar de stad enigszins weten af te remmen. Veel oorspronkelijke bidonvilles hebben inmiddels plaatsgemaakt voor nieuwbouw.

Maar ook binnen de bidonvilles zelf staan de zaken niet stil. Neem Sidi Moumen, de bidonville aan de rand van Casablanca die berucht werd als de wijk waar de zelfmoordterroristen werden geronseld voor de aanslagen van de zestiende mei 2003 in Casablanca. Een jaar later had de wijk elektriciteit en stromend water. Daaraan was een lange discussie voorafgegaan, want het stadsbestuur zag de aansluiting van licht en water aanvankelijk vooral als een gevaar dat de sloppenwijk nooit meer zou verdwijnen. En sommige families klaagden over de rekening die ze nu plotseling moesten betalen. Maar met het licht en water verschenen ook de eerste winkels en cafés. Een sportschool werd opgericht, cybercafés met internetverbindingen zagen hun kans schoon. Langzaam begonnen de sloppen steeds meer op een echte wijk te lijken. Afwatering werd aangelegd. Het aantal berovingen daalde, het aantal studenten nam toe.

De trend van verstedelijking is niet meer te stuiten. Niet alleen rond Casablanca en Rabat, maar ook kleinere steden als Marrakech en Tanger groeiden in een rap tempo. Begin jaren zeventig leefde nog tweederde van de bevolking op het platteland. Eind 2004 was dit nog maar 45 procent. De schattingen zijn dat in de vijf tot tien jaar die zullen volgen vijf tot zeven miljoen mensen, bijna een kwart van de bevolking, stadwaarts zal trekken.

Delfts blauw in Tanger

Wie Tanger in zuidwestelijke richting uitrijdt, klimt een fraai beboste heuvel op. Erachter liggen de grotten van Hercules. De Griekse held heeft er vermoedelijk nooit een stap gezet, maar het klinkt fraai voor de holen waar ooit de stadsbordelen waren gevestigd, en die nu gelden als exotisch dagtripje voor toeristen. Landinwaarts, op een paar kilometer van een fraai strand waar de oceaanwind aanstrijkt, staat de fabriek van De Klomp Maroc.

Binnen de werkplaats wordt een stenen stellage op wieltjes juist de Italiaanse gasovens uitgereden. De collectie: mokken met molentjes, grachtenhuisjes, jeneverkruiken, molentjes waar muziek uit komt, een bord met Willem-Alexander en Máxima, de Waag in Alkmaar. Rachid Ahassad, een kleine bewegelijke vijftiger in een witte laboratoriumjas, draait tevreden een Drummetje terwijl hij het aardewerk inspecteert. Een getrimde snor, licht grijzende haardos, smaakvol lichtbruin overhemd met dito streepjesdas: Kees van Kooten in de huid van een Marokkaan. 'Ja, echt waar,' zegt Ahassad, terwijl hij over een bierpul strijkt en een zoutvaatje recht zet. 'Precies 1050 graden. Te weinig wordt niet goed blauw. Te veel wordt ook niet goed.'

De Tangerse fabriek De Klomp Maroc is producent van Delfts

blauw aardewerk. ECHT DELFTS BLAUW staat er achter op de borden, op de kaasplankjes en de bierpullen. Het kleimengsel voor
het aardewerk komt uit Nederland, net als het glazuur en het
ontwerp van de tekeningen dat met folie erop geplakt wordt
voor de zaak in de oven gebakken wordt. Het kleinere werk
wordt met de hand bijgeschilderd. Kwaliteit telt, vindt Rachid
Ahassad. 'Kijk meneer, dit molentje komt uit China,' zegt hij terwijl hij met nauw verholen minachting het aardewerkje tussen
duim en wijsvinger de lucht in tilt. 'Rommel. Ja, echt waar. Die
kleur is niet goed. Niets te maken met echt Delfts blauw.'

Ahassad vertrok in 1977 uit zijn geboortestad Al Hoceima naar
Nederland op zoek naar werk. Gastarbeider heette dat toen nog.
Hij werkte bij de Porselijnen Fles in Delft en bij andere fabrieken.
Altijd in het aardewerk. In 1991 kon zijn toenmalige werkgever
het niet meer bolwerken. Nederland was te duur geworden voor
het toeristisch aardewerk. Het jaar daarop opende Ahassad met
een Nederlandse partner De Klomp Maroc in Tanger. Inmiddels
werken er 65 mensen in de fabriek. De Klomp Maroc maakt een
aardige winst. 'Aardewerk is arbeidsintensief,' zegt Rachid Ahassad. 'Delfts blauw komt nu uit Marokko.'

Rachid Ahassad is een opmerkelijke combinatie van innova-
tief Marokkaans ondernemerschap, remigratie en investeringen
uit het buitenland. Hij heeft op verschillende manieren een bijdrage geleverd aan de Marokkaanse economie. Sinds de emigra-
tiegolven die in de jaren zestig op gang kwamen, hebben behalve Ahassad nog zo'n twee miljoen geregistreerde Marokkanen
zich in het buitenland gevestigd. Ruim 80 procent ging werken
in landen van de Europese Unie, waar Frankrijk, België, Nederland en Spanje het grootste deel van voor hun rekening nemen.
De emigranten werden daarmee Marokko's belangrijkste export-
product. Door geld over te maken naar hun familie of zelf terug
te keren zorgen de Marokkaanse emigranten voor een wassende
geldstroom die jaarlijks in de Marokkaanse economie wordt ge-
pompt. Volgens de Marokkaanse autoriteiten is de deviezen-
stroom naar huis tussen 1968 en 2004 186 keer zo groot geworden. Bijna 37 miljard dirham, bijna 3,4 miljard euro werd in

2004 in geld naar huis gestuurd. De kleding, keukenapparatuur, fietsen, meubels en andere producten die iedere zomer hoog opgestapeld op de bagagerekken van de auto's het land in worden gebracht zijn daar niet bij gerekend.

Al het overgemaakte geld vertegenwoordigt circa 10 procent van het bruto nationaal product en is evenveel als de helft wat het land binnenkrijgt met zijn export. Daarmee bevindt Marokko zich in de top vier van landen die geld van hun emigranten ontvangen (na India, Mexico en de Filippijnen). Het overgemaakte geld is meer dan de toeristen of buitenlandse investeerders aan deviezen het land in brengen. Zonder de bijdragen van zijn emigranten zou Marokko een groot probleem hebben om zijn chronische tekort op zijn handelsbalans te compenseren.

Door Delfts blauw in Tanger te gaan produceren hielp Rachid Ahassad zijn land met een andere nijpende kwestie: het gebrek aan investeringen om werkgelegenheid te scheppen. Wie in Marokko een bedrijf wil beginnen heeft het immers niet eenvoudig. De rente op leningen bedraagt effectief 10 procent of meer. De onderling weinig concurrerende banken hanteren een uiterst conservatief kredietbeleid, waardoor slechts met behulp van relaties en een berg aan onderpanden en garanties iets van geld losgepeuterd kan worden. En als het geld er eenmaal is moet de ondernemer nog door een stroperige zee van vergunningen, permissies en andere bureaucratische regelgeving waden. Onder koning Mohammed VI is getracht de regels te stroomlijnen door de zogeheten 'één loket'-regeling waarbij beginnende ondernemers niet meer van het kastje naar de muur worden gestuurd. Maar te oordelen naar de aanhoudende klachten werkt het loket nog niet zoals werd beoogd.

De Marokkaanse economie is wat Amerikanen een 'uitdaging' noemen. Voor minder hebben economen zelfmoord gepleegd. Het land kampt met een klassiek probleem: de overheid moet een grote schuldenlast aan het buitenland afbetalen en is daardoor niet bij benadering in staat voldoende te investeren in zijn infrastructuur of menselijk kapitaal. Wat ook niet helpt is dat de

Marokkaanse staat een log monster is, dat door 33 ministers in toom gehouden moet worden. Daardoor blijft de economie op een soort nulpunt doorkwakkelen en hangt de schuldenlast als een molensteen om de nek.

Aan het einde van de negentiende eeuw gebruikten de Europese koloniale grootmachten het opvoeren van de schuldenlast aan de Noord-Afrikaanse landen als een methode om het land feitelijk in bezit te nemen. Er werd geleend om het land vooruit te brengen en vervolgens moesten nieuwe leningen worden afgesloten om de lasten van de oude leningen op te brengen. Omdat Marokko vrij onbekend was bij de Europeanen en derhalve voor achterlijk werd versleten, kwam het land als laatste in de rij aan de beurt. Mulay Abdelazziz, de broer van de overgrootvader van de huidige vorst die in 1894 op veertienjarige leeftijd sultan werd, was het eerste, willige slachtoffer van de financiële wurgklem: in ruil voor een rap opklimmende schuldenlast stouwde hij zijn paleizen vol met alles wat de Europese beschaving zogenaamd te bieden had. Omdat de belastinginning een bende was, moest Abdelazziz nog meer lenen. De Fransen, die het met de Britten en de Spanjaarden op een akkoordje hadden gegooid over de verdeling van het land, trokken het land routineus het vel over de oren. De Franse Banque de Paris et des Pays-Bas ontpopte zich daarbij als de grootste geldschieter, die zich vervolgens tevreden stelde met de vetste kluiven uit de Marokkaanse economie. De zich snel ontwikkelende fosfaatwinning, mijnbouwbelangen en de beste landbouwgronden en waterreserves kwamen in handen van de kolonisten en de makhzen die met de koloniale bezetters collaboreerden.

De onafhankelijkheid in 1956 maakte in economische termen allerminst een einde aan de overheersende invloed van het buitenland. De grootgrondbezitters en eigenaren van de fosfaatmijnen werden min of meer met rust gelaten tot 1973, toen besloten werd tot een 'marokkanisering' van de landbouw, de industrie en het bankwezen. Dat betekende dat de ondernemingen van nationaal belang op z'n minst voor 51 procent in handen kwamen van Marokkaanse aandeelhouders. In de grotere ondernemingen moest de makhzen voortaan zijn invloed met de Fransen delen. Voor veel kleinere landbouwbedrijven betekende het de doodsklap doordat de eigenaren gedwongen werden afstand te doen, terwijl niemand in staat was hen te vervangen. De nationalisering van de strategische kernbedrijven in de economie vormde uiteindelijk de Omnium Nord Africain (ONA), de machtige houdstermaatschappij van belangen in mijnbouw, chemie, transport, toerisme, textiel, banken en supermarkten, die aan het begin van de 21ste eeuw eenvijfde van 's lands nationaal product genereerde. De Marokkaanse koninklijke familie is een belangrijk aandeelhouder van de ONA.

Zwalkend tussen de vaag uitgewerkte ideeën om de landbouw te stimuleren en de industrie verder te ontwikkelen besloot Marokko zich aan het begin van de jaren zeventig flink in de schulden te steken. De leningen waren bedoeld om omvangrijke investeringen te financieren in de fosfaatwinning en de raffinage tot fosfaatproducten voor kunstmest en reinigingsmiddelen. Al sinds de jaren twintig werd fosfaat gewonnen door de ONA en het door de Fransen opgezette staatsbedrijf Office Chérifien des Phosphates (OCP). Het was de enige strategische grondstof van enig belang waar Marokko over beschikte. De sterk gestegen fosfaatprijzen droegen bij aan de euforie. Met driekwart van de wereldreserve zou fosfaat voor Marokko moeten worden wat olie voor Saudi-Arabië is, zo was de gedachte waarmee het geld geleend werd.

Het pakte anders uit. Mede als gevolg van milieubeschermende maatregelen die de fosfaat uit de waspoeders weerde, kwam begin jaren tachtig een einde aan de fosfaatboom. De prijsontwikkeling en de vraag stokten. Marokko bleef zitten met de rekening. Voor de koop van apparatuur en machines was de buitenlandse schuld in tien jaar tijd verachtvoudigd tot elf miljard dollar in 1983. De verplaatsing van veel Europese textielbedrijven van hun productie naar Marokko bracht wel veel nieuwe werkgelegenheid en een nieuwe sterke exportindustrie, maar het compenserende effect was onvoldoende.

Net als veel andere ontwikkelingslanden bleek Marokko te

zijn beland in wat de Britse econoom John Maynard Keynes (1883-1946) als het voorportaal van de economische hel zou hebben beschouwd: schuldsaneringen en bezuinigingen ten koste van investeringen en economische ontwikkeling. Het leek sterk op wat een eeuw eerder was gebeurd, alleen waren de koloniale toezichthouders van weleer ingeruild voor Wereldbank en Internationaal Monetair Fonds. Marokko betaalde zich suf aan rente, zonder dat de hoofdschuld kon worden afgelost.

Deze uitzichtloze situatie werd in de jaren negentig doorbroken door een schikking onder leiding van de Club van Parijs, waarbij met name Frankrijk een deel van de schulden kwijtschold. Niettemin bedroeg aan het einde van de eeuw de binnenlandse en buitenlandse schuld van Marokko opgeteld vrijwel 100 procent van het binnenlands product. Marokko moest een jaar werken om zijn schulden af te betalen, wat geen beste indicatie is voor een land met bescheiden groeiperspectieven. Aan minister van Financiën Fathallah Oualalou, die sinds de kabinetswisseling van 1998 waakte over de staatsfinanciën, viel de eer te beurt de schrale koek te verdelen. Ongeveer de helft van het beschikbare staatsbudget ging richting ambtenarensalarissen en andere staatsuitgaven, waarbij de post onderwijs overigens de grootste op de rekening is. Eenderde van het staatsbudget verdween richting aflossing schulden en interest. Wat restte kon geïnvesteerd worden in de toekomst van het land. Dat wil zeggen: in goede jaren. Als de oogst tegenvalt, de aarde beeft als in Al Hoceima in 2004 of de olieprijzen tegenzitten dan is het snel gedaan met de bestedingsruimte.

Cyber Parc

De tekenen van de verloedering ten gevolge van het afknijpen van de overheidsbegroting liggen in Marokko op straat: het overvloedige zwerfvuil in de steden, de gaten in het wegdek, trottoirs die door de jarenlange achterstand in onderhoud zijn veranderd in een cakewalk. Het stadspark van Marrakech, pal tegenover het stadhuis aan de boulevard Mohammed v, gaf in tuinformaat een inkijkje in de staat van ontbinding waar de openbare ruimte in verkeert. Een wandeling door het park had door de jaren heen meer van een expeditie door een oerwoud gekregen. De omvergevallen bomen op de paden en ingestorte bankjes noopten de bezoeker onwillekeurig tot het afleggen van een trimparcours. Aldus springend over de takken werd de wandelaar nieuwsgierig aangestaard door kolonies schurftige zwerfkatten die hun behoeftes deden tussen de kale takken die van de sinaasappelbomen waren gevallen.

De groeiende kans dat een neerstortende boom een toerist zou treffen, leek de meest voor de hand liggende oorzaak dat het stadspark in 2004 plotseling gesloten werd. Groot was dan ook de verrassing toen in het voorjaar 2005 een geheel vernieuwde en opgeknapte stadstuin opende. Cyber Parc Arsat Moulay Abdeslam, zo meldt nu een trots bord aan de ingang. Eronder staan de logo's van Alcatel, Nokia, Philips, Siemens en nog zo wat grootheden uit de communicatietechnologie. Op de plaats van een verveloze kiosk met koffie en jus d'orange verrijst een splinternieuw gebouw van staal en glas waar mobiele telefoons worden verkocht.

Achter het nieuwe hekwerk leiden frisse gravelpaden naar een modern vormgegeven fontein waar water uit komt. Het lover glinstert in de zon, de sinaasappels hangen uitbundig in de gesnoeide bomen. Iemand heeft de katten weggejaagd. Langs de paden meer verrassingen: afvalbakken in overvloed. En daar blijft het niet bij. Onder afdakjes zijn door het hele park beeldschermen geplaatst. Met behulp van een telefoonkaart kan je er internetten, sms'en, e-mails versturen of simpelweg telefoneren. Het is nog niet erg druk bij deze multimediapunten in het park, maar onder de sinaasappelbomen op de Nokia-Allée heeft het eerste flirtende tienerpaar al plaatsgenomen op een bankje.

Het Cyber Parc in Marrakech blijkt een creatief voorbeeld van hoe een failliete overheid de particuliere sector kan laten meehelpen de openbare infrastructuur te financieren. Het is de uiterste consequentie van het proces van privatisering dat de afgelopen jaren is doorgevoerd. Voor de consument hoeft dat overigens niet altijd even goedkoop uit te pakken, zo bewijzen de tolsnelwegen tussen de grote steden die de afgelopen jaren aangelegd zijn.

Om de dreigende tekorten op de staatsbegroting enigszins in de hand te houden nam Marokko zijn toevlucht tot een beproefd middel: de verkoop van het tafelzilver. Staatsbedrijven werden geprivatiseerd, licenties voor het mobiele telefoonnet duur verkocht. De regel dat de kernbedrijven van de economie voor 51 procent in Marokkaanse handen moesten zijn – toch al moeilijk overeind te houden in een wereldeconomie – werd afgeschaft. Vanaf 1988 werd een omvangrijk privatiseringsprogramma ingezet. De staatsholding ONA werd een geprivatiseerde reus op de beurs van Casablanca. De koninklijke familie hield een belangrijk deel van de aandelen, driekwart kwam in handen van Marokkaanse institutionele beleggers. Maar ook oude bekenden uit het buitenland zoals de Banque de Paris et des Pays-Bas, later omgedoopt tot Paribas, waren weer van de partij in de aankoop van de bedrijven. Banken, houdstermaatschappijen, een bierbrouwerij, suikerfabrieken en hotels werden van de hand gedaan. Door middel van het uitventen van een licentie voor het mobiele telefoonnet aan het Spaans-Portugese consortium Meditel en voortgaande privatisering van delen van het kapitaal van de staatstelefoonmaatschappij Maroc Telecom en de staatsbank BCP bleef de overheidskas vol.

Ondanks het strakke regiem van bezuinigingen begon de Marokkaanse economie aan het begin van de 21ste eeuw toch iets van dynamiek te vertonen die al die jaren van de onafhankelijkheid zo nadrukkelijk afwezig was geweest. Steeds meer buitenlandse ondernemingen begonnen interesse te krijgen voor de Marokkaanse markt. De Koreaanse Daewoo-groep investeerde in assemblagefabrieken, het Franse Accor en Spaanse toeristenbedrijven in hotelcomplexen, Heineken in brouwerijen, het Franse Lyonnaise des Eaux en het Spaanse Dragados in waterzuiveringsinstallaties. Grote stukken goede landbouwgrond werden tegen gunstige voorwaarden langdurig in pacht gegeven aan buitenlandse agrarische bedrijven, waarbij het opviel dat de Nederlandse boeren vrijwel niet gebruikmaakte van dit aanbod. Het Franse Auchan startte samen met de ONA de keten van Marjane hypermarkten, een nieuw consumptiefenomeen dat zich al snel ontwikkelde tot een favoriet uitstapje in het weekeinde voor veel Marokkaanse gezinnen.

Het zwarte goud van Talsinnt

De Arabische veroveraars van Noord-Afrika in de zevende eeuw moeten een zesde zintuig hebben gehad voor olie en gas. Hun opmars hield immers op in Marokko, een van de weinige landen in de regio dat niet over deze bodemschatten beschikt. Libië en Algerije hebben olie, maar Marokko moest het doen met een wereldvoorraad aan fosfaat, een minerale grondstof die niet in de schaduw kan staan van het zwarte goud. Olievoorraden zouden de ontwikkeling van Marokko in een versnelling kunnen zetten waar het land tot dusver alleen maar van kan dromen. Geen wonder dat de olie op gezette tijden de fantasie op hol brengt en Marokko in een collectieve euforie stort. Koning Hassan II mijmerde publiekelijk over olievondsten. En zijn zoon Mohammed VI had hem nog niet opgevolgd of ook hij werd slachtoffer van de oliegekte.

De 20ste augustus 2000 leek een belangrijke dag te worden in de geschiedenis van het land. In een rechtstreeks uitgezonden toespraak verraste Mohammed VI zijn onderdanen met de heugelijke mededeling dat er olie was gevonden. De zaak werd toegelicht door de minister van Energie en Mijnbouw Tahiri: volgens een geologische studie van Lone Star Energy, een dochter van een obscuur Texaans oliebedrijfje dat een aantal Marokkaanse proefboorconcessies bezat, zou olie zijn aangetroffen in de buurt van Talsinnt, een dorp in de steenwoestijn achter de Midden-Atlas. De geschatte reserves waren goed voor tweehonderd jaar aan nationale olieconsumptie.

Marokko ontwaakte onmiddellijk uit zijn zomerslaap. Na jaren van droogte, mislukte oogsten, stagnerende economie en een jeugd die massaal het land uitvluchtte leek er plots een rijke toekomst in het verschiet. De koersen op de beurs van Casablanca schoten omhoog.

Maar nog geen week later was het uitgerekend Abraham Serfaty, de oude revolutionaire leider die eerder dat jaar door koning Mohammed VI uit zijn ballingschap was teruggehaald, die Marokko uit de droom hielp. Vanuit zijn rolstoel verklaarde de mijnbouwingenieur, die zijn koninklijke benoeming tot olieadviseur serieus nam, dat het hele rapport een kletsverhaal was. Er was maar één boorput gemaakt en bovendien sloten de geologische formaties in het betrokken gebied grote ondergrondse oliereserves uit. De olie uit Talsinnt verdween weer even snel uit het nieuws als zij verschenen was. Wie ook van het toneel verdwenen waren minister Tahiri en de schimmige Texaanse eigenaar van Lone Star Energy.

De droeve sage van Talsinnt betekent geenszins dat een vondst van Marokkaanse olie in de toekomst uitgesloten is. Het Nationale Instituut voor Energie en Olieonderzoek (Onarep) gokt vooral op de offshoreboringen voor de Atlantische kust. Onder meer de Koninklijke Olie heeft een concessie voor proefboringen voor de kust van Agadir.

Ook over het dispuut over de soevereiniteit van de Westelijke Sahara hangt nadrukkelijk de schaduw van de boortorens. Verschillende geologische rapporten achten omvangrijke oliereserves in het gebied waarschijnlijk. Aanhangers van de Saharaanse Polisario, de beweging die onafhankelijkheid nastreeft van de door Marokko bezette Westelijke Sahara, protesteerden herhaaldelijk tegen de concessies die Marokko verkocht om voor deze kust naar olie te boren. Nadat onder druk van de protesten ondermeer het Franse TotalFinaElf zich had teruggetrokken van het seismisch onderzoek, was in 2005 alleen nog het Amerikaanse oliebedrijf Kerr McGee actief met offshoreproefboringen voor de Saharaanse kust. De langdurige en energieke bemoeienis van voormalig Amerikaanse minister van Buitenlandse Zaken James

Baker als VN-onderhandelaar in het conflict rond de Westelijke Sahara kreeg hiermee een extra dimensie. Baker, minister onder president George Bush senior, geldt als bijzonder goed ingevoerd in de Texaanse oliewereld. Wellicht dat dit de verklaring is dat hij het zo lang wist uit te houden in de vruchteloze onderhandelingen over het gebied.

Kopje koffie

In een land waar een kleine groep veel bezit en een grote groep weinig is het schandaal nooit ver te zoeken. Op een koude decemberdag in 1999 werd Fouad Filali door de Franse politie gearresteerd toen hij net met zijn privé-vliegtuigje was geland op de Parijse luchthaven. In zijn bezit werd 'een belangrijke hoeveelheid geld' aangetroffen, zo meldde het Spaanse dagblad El País. Later was in Le Monde te lezen dat de speciale fraudebrigade van de Franse politie vermoedde dat het ging om een omvangrijke witwasoperatie van zwart geld.

Fouad Filali, zoon van voormalig minister van Buitenlandse Zaken Abdellatif Filali, was jarenlang een van de machtigste mannen in Marokko geweest. Getrouwd met prinses Lalla Meryem, gold hij als een vertrouwensman van koning Hassan II. Als president van de houdstermaatschappij ONA besliste hij over het wel en wee van Afrika's grootste holding. Maar zijn val was diep: prinses Lalla Meryem liet zich – ondanks grote bezwaren van haar vader – van hem scheiden. Haar broer, de nieuwe koning, had in navolging van zijn zus eveneens een hekel gekregen aan Filali. Deze raakte dan ook zijn almachtige post bij de ONA kwijt. Toen hij op het politiebureau in Parijs was gaan zwaaien met zijn Marokkaanse diplomatieke paspoort, liet het koninklijk paleis via zijn ambassade koeltjes weten dat Filali wat hen betreft behandeld kon worden als willekeurig ieder andere Marokkaanse burger. Het moest maar eens afgelopen zijn met de onschendbare positie van sommige hooggeplaatste leden uit het Marokkaanse openbare leven.

Corruptie, vriendjespolitiek, fraude en zwart geld ontwrichten en verlammen de Marokkaanse samenleving op een manier die niet onderschat moet worden. Het is niet overdreven te stellen dat de corruptie werkt als een handrem op de algehele ontwikkeling van de maatschappij. Marokko is eraan verslaafd. Dat bleek in 1995 toen de oppermachtige minister van Binnenlandse Zaken Driss Basri een ambitieuze campagne begon om de corruptie in het land te bestrijden. Dat het uitgerekend het hoofd van de makhzen was die de campagne had verzonnen, was aanleiding tot nogal wat grappen. Maar toen bleek dat Basri de zaken serieus aanpakte en her en der arrestaties liet verrichten was het snel gedaan met de pret.

Er brak paniek uit. Niemand wist meer waar hij naartoe moest om even snel een vergunning te regelen of een ambtenaar om te kopen. De actie had vrijwel de hele economie stilgelegd. Binnen enkele weken moest de anticorruptiecampagne gestaakt worden om te voorkomen dat het land plat werd gelegd.

De corruptie ligt op straat. Bekend tafereel: een vrachtwagen volgeladen met mensen en balen goederen en wat al niet staat langs de weg geparkeerd. De chauffeur zit gesticulerend achter het stuur, naast zijn deur staat wijdbeens een agent in zijn marineblauwe uniform in zijn papieren te bladeren. Goede kans dat er iets niet klopt. Aangehouden worden is betalen in Marokko. Geen wonder als je bedenkt dat een agent in 2005 honderdzestig tot tweehonderd euro per maand verdient.

Mij overkwam het op de kronkelende binnenweg van Rabat naar Rommani. Het was een weekeinde in december en ik had haast om op tijd voor een afspraak te komen. Voor me reed traag een gammele vrachtwagen met gasflessen. Ik haalde in en zag daardoor te laat de motoragent die even verderop in de berm stond geparkeerd. Dat was dom van me: de weg stond vol met politie, de koning zou hier langs komen rijden zo was me verteld. De agenten stonden zich te vervelen. De vrije dagen rond de jaarwisseling waren in aantocht. De gezette man van middelbare leeftijd met een pokdalig gezicht en een snor was het cliché van de corrupte diender. Routineus begon hij zijn act. Met een dreigende blik begon hij de papieren van de huurauto door te bladeren. Die waren in orde.

De agent verzonk een ogenblik in gepeins. 'U heeft bij het inhalen een doorgetrokken streep op de weg gekruist,' concludeerde hij ten slotte. Ik probeerde me het te herinneren. De weg was vol strepen. Niemand trok zich hier wat van aan. Mijn twijfel gaf het gezag van de motoragent nieuwe vleugels. 'Dat is verboden meneer. Ik moet u een boete geven. U moet zich melden op het commissariaat,' vervolgde hij bars. Traag maakte de agent aanstalten voor een verdere inspectie van de auto. Ik keek gehaast op mijn horloge. De tijd drong. De agent zag het. 'Maar u kunt de boete ook contant voldoen,' zei hij terloops terwijl hij zijn laars tegen de autoband drukte. Tweehonderd dirham (achttien euro) en de zaak was afgehandeld.

Nadat ik had betaald voltrok zich een opmerkelijke metamorfose bij de man. Zijn gezicht klaarde op. Belangstellend informeerde hij naar mijn verdere reisplannen. Even verderop werd de weg erg mooi, zo moest ik weten. Vierde ik kerst met mijn familie? Had ik het slachtfeest wel eens meegemaakt, dat was veel gezelliger. Even leek het erop of hij me bij hem thuis wilde uitnodigen. Bij het wegrijden salueerde hij met een brede glimlach en wenste me een prettige voortzetting van mijn tocht.

Een in Marokko woonachtige vriend hoorde mijn verhaal meewarig aan. Als niet-ingezetene was ik gevrijwaard van boetes voor kleine verkeersovertredingen, zo doceerde hij geduldig. Hij was wat dat betreft een aantrekkelijker prooi voor de agenten, maar betaalde nooit als hij weer eens voor een zogenaamde overtreding werd aangehouden. Als ze moeilijk bleven doen, dan dreigde hij de zaak voor te laten komen bij de rechtbank. Dat was doorgaans voldoende.

De organisatie Transparency Maroc publiceerde in 2001 de uitkomst van een enquête onder vierhonderd bedrijven en duizend huishoudens waarbij naar voren kwam dat de corruptie een dagelijkse aangelegenheid is. Vrijwel alle ondervraagden zagen het als een belangrijke belemmering in de ontwikkeling van Marokko. Na de werkloosheid werd het als het grootste maatschappelijke probleem gezien. 'De corruptie zit overal,' zegt Transparency-woordvoerder Abdesselam Aboudrar. 'De gendarmes die dreigen een hele autobus te gaan fouilleren. Ben je zo twee uur kwijt. Het rijbewijs dat je moet betalen, al ben je nog zo goed. De bouwvergunningen. Je kunt in Marokko bouwen wat je wilt. Complete wijken worden illegaal uit de grond gestampt.'

Een combinatie van factoren heeft ervoor gezorgd dat Marokko kampt met een bijkans geïnstitutionaliseerde fraude. De makhzen en de familiestammen functioneerden vanouds als een systeem waarin persoonlijke relaties veel belangrijker waren dan de wankele structuur van de staat. Dit stelsel werd aangekleed met de op Franse leest geschoeide bureaucratie. En vervolgens afgewerkt door een staatssysteem waarin jarenlang de willekeur en repressie iedere vorm van een functionerende rechtstaat blokkeerde. Wie wat wilde, kon maar op één zaak vertrouwen: een kopje koffie, de huiselijke term voor steekpenningen.

Toen Transparency, dochter van een internationale organisatie, in 1996 in Marokko de eerste voet aan de grond zette, weigerden de autoriteiten vrijwel iedere medewerking. Met de komst van de regering-Youssoufi en de nieuwe koning kregen de corruptiebestrijders echter meer de ruimte. Transparency organiseert ieder jaar in Marokko de nationale anticorruptiedag. Onder koning Mohammed is de politieke wil tot verandering aanwezig, zegt Abdessalam Aboudrar. In 2003 meldde het onafhankelijke weekblad *Le Journal* dat twee invloedrijke generaals (Abdelhaq Kadiri, ex-chef van de contraspionage en Hosni Benslimane, voorzitter van het Olympisch Comité) gedwongen werden een vennootschap met belangen in de visserij van de hand te doen.

Aan de bel trekken wordt niet altijd op prijs gesteld. Dat ondervond Mustafa Adib, een jonge legerkapitein die zo onverstandig was een zaak van systematische brandstofroof door zijn medeofficieren aan te kaarten. De mannen werden oneervol uit het leger ontslagen, maar Adib werd vervolgens het leven op allerlei manieren zuur gemaakt. Toen hij tevergeefs de disciplinaire straffen die hem waren opgelegd bij de rechtbank aankaartte, besloot hij eind 1999 zijn zaak kenbaar te maken via het Franse dagblad *Le Monde*. Dat werd hoog opgenomen: nu belandde Adib zelf in de cel wegens het doorbreken van zijn militaire zwijgplicht. De kwestie haalde de internationale pers, maar dat verhinderde niet dat Adib tweeënhalf jaar gevangenisstraf moest uitzitten. Transparency Maroc eerde Adib in 2000 met een prijs voor zijn betoonde moed. De kapitein werd uit het leger ontslagen.

De situatie is na de troonwisseling 'duizendmaal verbeterd', meent Aboudrar. Maar corruptiebestrijding is een taaie kwestie in een tribale samenleving met een lange voorgeschiedenis. 'Het probleem is dat er vaak grote belangen met de corruptie gemoeid zijn,' meent hij. 'Oude machten als de politie en de militairen zitten stevig in het zadel. De mensen veranderen misschien, maar het systeem blijft hetzelfde.'

Het witte goud van Agadir

Niemand komt om van de honger in Marokko. Maar vijftig jaar onafhankelijkheid hebben het land allerminst veel welvaart geschonken. Of het nu onder de populaire koning Mohammed v was, dan wel onder diens autoritaire opvolger Hassan ii, dan wel onder de nieuwe belofte Mohammed vi, die bij zijn troonsbestijging hoopvol 'de koning der armen' werd gedoopt: regering na regering slaagde er niet in om de welvaart op een fundamenteel hoger niveau te brengen.

Op een bevolking van dertig miljoen zielen leeft anno 2005 volgens de cijfers van de Marokkaanse regering vier miljoen (13 procent) in omstandigheden van absolute armoede. Een veel grotere groep kan net de eindjes aan elkaar knopen. Dat Marokko aan het begin van de 21ste eeuw met twaalfhonderd dollar gemiddeld jaarinkomen tot een relatieve middenmoter onder de armere landen beschouwd kan worden bewijst de extreem ongelijke verdeling van de rijkdom. Met een economische groei die een procentje uitstijgt boven de bevolkingsaanwas is er op korte termijn geen spectaculaire welvaartsverbetering te verwachten.

Bijna de helft van de bevolking is nog steeds analfabeet. De lagere school wordt volgens de statistieken door vrijwel alle kinderen bezocht, maar daarna laten de cijfers een scherpe daling zien. Ondanks het feit dat het grootste deel van de overheidsuitgaven richting educatie gaat, zijn de resultaten van het onderwijssysteem onverminderd slecht. In landen als Jordanië en Palestina weet men met minder inkomen 80 procent van de bevolking te laten lezen en schrijven. Een cijfer waar Marokko vooralsnog slechts van kan dromen.

In 2005 presenteerde de regering andermaal een ambitieus plan: de armoede moest binnen vijf jaar uitgebannen zijn. Er werd in de commentaren sceptisch gereageerd. Plannen en beleid dreigen in Marokko nu eenmaal snel te stranden in de gebruikelijke routine van corruptie en onverschilligheid. Als er eenmaal een plan op tafel ligt, gaat men tevreden over tot de orde van de dag. Controle op de uitvoering en evaluatie van de effectiviteit vinden nauwelijks plaats. Geen wonder: het zijn zaken die alleen maar onnodig risico met zich meebrengen. Wie zijn nek uitsteekt, valt op. En de Marokkanen kennen genoeg van hun roerige geschiedenis om te weten dat opvallen meestal alleen maar problemen met zich meebrengt.

De tijd dringt. De komende jaren moet een efficiëntere landbouwproductie worden gerealiseerd en in 2004 begon de Marokkaanse overheid grote stukken goede landbouwgrond in concessie uit te geven aan buitenlandse geïnteresseerden om er hun land- en tuinbouwbedrijven op te gaan vestigen. De productiviteit op het land moet drastisch stijgen. Nog meer kleine boeren, die hier niet tegenop kunnen concurreren, zullen hun stukjes grond verlaten om naar de stad te trekken. Daar wacht hun een onzeker bestaan. Als het tegenzit is er geen werk en moet de familie zijn intrek nemen in een zelfgebouwd huis in een sloppenwijk. Fundamentalistische moslimbewegingen staan klaar om de mislukte nieuwkomers bij te staan met hulp en goede raad.

Wat Marokko nodig heeft is een aantal grootschalige ontwikkelingsprojecten die geld en werk opleveren. Die kwamen er ook. Zoals het in het oog springende Tanger-Med-project dat de bouw van een nieuwe, grote containeroverslaghaven ten oosten van Tanger in gang zette die het onderontwikkelde noorden een belangrijke economische impuls moet geven. Marokko hoopt zich daarmee te ontwikkelen tot een belangrijke concurrent aan de toegang van de Middellandse Zee van het Spaanse Algeciras. Met het project, dat de persoonlijke goedkeuring van koning Mohammed VI draagt, is een totale investering van zo'n 1,4 miljard euro gemoeid in een diepzeehaven, een vrijhandelszone en de omliggende infrastructuur. Misschien een bescheiden bedrag voor een groot infrastructuurproject in Europese termen, maar een enorme diepte-investering binnen de Marokkaanse verhoudingen. De containerhaven moet zich nog bewijzen, maar zeker is dat een koortsachtige bouwactiviteit in Tanger is ontstaan rond het Tanger-Med-project.

Er waren meer projecten. Begin 2005 werd een vrijhandelsakkoord gesloten met de Verenigde Staten. Het akkoord kwam voort uit de politieke herontdekking door de VS van Marokko, volgend op de terreuraanslagen van 11 september 2001. Vooral de duidelijk ingenomen antiterreuropstelling van Marokko had voor de Amerikanen het land op de kaart geplaatst. Daarvoor, zo deed de grap de ronde, reageerden de Amerikanen op het woord 'Marokko' met 'Yeah... Princess Kelly'.

Het idee was dat dit vooral de Amerikaanse markt zou moeten openbreken voor de export van Marokkaans leer, landbouwproducten en textiel. Maar het akkoord riep nogal wat protesten op. Zo werd gevreesd dat als gevolg van de overeengekomen bepalingen de Marokkaanse markt werd gesloten voor generieke geneesmiddelen om zo de Amerikaanse merken te beschermen. De Marokkaanse vereniging voor hulp aan aids-patiënten deed hierover zijn beklag, omdat de behandeling van seropositieven in Marokko plotseling aanzienlijk duurder zou uitvallen als gevolg van de overeenkomst. Andersom krijgen bepaalde landbouwproducten uit Marokko nog steeds geen toegang tot de Amerikaanse markt omdat ze niet aan de strenge normen zouden voldoen. De goedkope Amerikaanse producten met hun gelikte marketing zouden de Marokkaanse markt plat kunnen walsen, terwijl andersom de Marokkaanse exporteurs met hun gebrekkige ervaring in de vs weinig in de melk te brokkelen hadden.

Gevoegd bij de handelsakkoorden met de Europese Unie, Turkije en Roemenië is de overeenkomst met de Verenigde Staten duidelijk bedoeld om Marokko te ontwikkelen als een soort exportplatform. Maar rond 2005 was daarvan nog weinig te merken. Het leek er meer op dat de poort was opengezet voor goederen uit het buitenland die de eigen productie succesvol dreigde weg te vagen. Marokko, met zijn producten van weinig toegevoegde waarde, slechte marketing en laaggekwalificeerde arbeidskrachten had het moeilijk. Terwijl de export slechts met enkele procenten toenam, vlogen de importcijfers met dubbele groeicijfers de lucht in. De toenemende concurrentie van textiel uit China maakte de zaken er evenmin bloeiender op.

Het bleef dus knagen. Hoe moesten alle immigranten die van het platteland naar de steden kwamen in de toekomst hun brood verdienen? Eén dienstensector leek aan het begin van 21ste eeuw kansvol: het toerisme. Marokko heeft op het eerste gezicht veel te bieden: duizenden kilometers kust met stranden, een aangenaam klimaat, een prachtige natuur, bergen, woestijnen, exotische steden. Een groot klantenpotentieel op een paar uur vliegen afstand. Ideaal voor de vakanties van zowel de massatoerist die op een strand van Agadir zijn bleke huid wil bijbruinen, als van de cultureel geïnteresseerde kwaliteitstoerist en de avonturiers die graag wat meer willen besteden op hun bestemming.

In 2000 liet koning Mohammed VI zijn volk dan ook weten dat de ambities in de toeristensector stevig opgepookt moesten worden. Er kwam een indrukwekkend plan van het ministerie van Toerisme. In 2010 moest het aantal toeristen zijn verviervoudigd tot tien miljoen per jaar. Drie keer zoveel hotelbedden (230.000) zouden in Marokko moeten klaarstaan om de gasten op te vangen. Een investering van tien miljard euro moest Marokko opstoten in het rijtje van de eerste twintig toeristische wereldbestemmingen.

De elfde september 2001 was een bittere tegenslag voor het

nieuwe toeristenplan. Het internationale toerisme zakte ineen, in het bijzonder als de bestemming een islamitisch land betrof. Tot overmaat van ramp volgde anderhalf jaar later de aanslagen in Casablanca, waarbij Marokko zelf getroffen werd.

Vijf jaar na de aankondiging van het ambitieuze Marokkaanse toeristenontwikkelingsplan lijkt er enig herstel in de markt. In 2004 bezochten vijfenhalf miljoen toeristen Marokko, een groei van maar liefst 16 procent ten opzichte van het voorgaande jaar, zo lieten de van overheidswege verstrekte cijfers zien. Het waren bovendien toeristen die bereid waren meer uit te geven (de via banken opgenomen gelden uit het buitenland groeiden met een kwart) en langer te blijven (het aantal overnachtingen steeg met 18 procent).

Maar de officiële cijfers verhulden een werkelijkheid waar de toeristenbranche aanzienlijk minder gelukkig mee was. Want bij de vijfenhalf miljoen bezoekers werden ook de emigranten geteld die iedere zomer naar Marokko komen om vakantie te vieren. Het werkelijke cijfer ligt na aftrek van de passagiers op de boten tussen Spanje en Marokko misschien wel twee miljoen lager. Heel Marokko krijgt vermoedelijk nog altijd maar eenderde van het aantal toeristen dat jaarlijks op de Canarische Eilanden te vinden is. Dat neemt niet weg dat de indruk bestaat dat de vakantievierende emigranten hun terugkeer benutten om geld te spenderen en de laatste jaren bovendien over steeds meer koopkracht beschikken. Het zijn niet langer de volgeladen derdehands auto's die in Tanger van de boten afgereden komen, maar splinternieuwe middenklassers.

De Nederlandse salesmanager Gonnie Egberink van Atlas Voyages in Casablanca, een van de grotere Marokkaanse reisbureaus, toont zich evenwel sceptisch over de ontwikkelingen. De Duitse en Italiaanse toeristen zijn nog altijd niet teruggekomen na de elfde september. De forse uitbreiding van het aantal bedden laat op zich wachten. 'We zijn nu op de helft van het plan voor 2010, maar er is nauwelijks iets gerealiseerd. Er zit hier nu eenmaal veel verschil tussen wat men zegt en wat men doet,' aldus Egberink. Ze somt de problemen op. Aangekondigde investeringen in hotelcomplexen in Agadir bleven uit. Royal Air Maroc lag dwars bij buitenlandse vliegtuigmaatschappijen die op bestemmingen in Marokko wilden gaan vliegen. Het Marokkaanse verkeersbureau in Nederland staat in Brussel. Bij het bureau in Duitsland was net iemand benoemd die geen Duits spreekt.

Er waren in vier jaar tijd maar 28.000 bedden bijgekomen en de bezettingsgraad nam eerder af dan toe. Alleen Marrakech, met zijn soek, de Djemâa-el-Fna, de Atlas en woestijn onder handbereik, groeit als kool. De nieuwe hotels schieten er uit de grond en de vaak prachtig verbouwde paleizen in de medina, die voor het grootste deel door buitenlanders waren opgekocht, vinden gretig aftrek als logeerplek.

Ook de regering lijkt zich te realiseren dat het allemaal maar moeilijk van de grond kwam. Minister van Toerisme Adil Douiri spreekt bezorgd van een 'versnelling van het ritme' waarin de zaken aangepakt moeten worden. Van nu af aan moeten er jaarlijks 50 in plaats van 25 hotels bijkomen, zo sprak hij zijn gehoor begin 2005 toe. Zes badplaatsen werden aangewezen waar in twee jaar tijd 130.000 bedden bij moeten komen. In 2010, zo meldde minister, zouden 1,2 miljoen arbeidsplaatsen zijn gecreëerd. Het zou precies genoeg zijn om alle werklozen van Marokko een baan te bezorgen.

De pot met het witte goud blijft blinken aan de horizon.

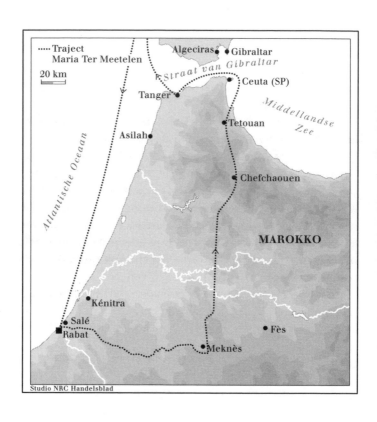

4 | VROUW IN MÈKNES

Veel wisten we in Europa niet over Marokko, maar een ding had zich met *De vertellingen van duizend-en-één-nacht* hardnekkig vastgezet in de beeldvorming. Vooral bij de Europese mannen. Veelwijverij. De harem. De islam stond toe dat de man het officieel met meerdere vrouwen kon houden. Een sultan kon zelfs een complete collectie van echtgenoten en bijzitten verzamelen, die hij naar believen bij zich kon roepen op ieder moment van de dag. Een schrikbeeld van morele verdorvenheid voor de christelijke beschaving. Menig westers man benijdde in stilte zijn moslimbroeders.

De Marokkaanse schrijfster en veelvuldig onderscheiden vrouwenactiviste Fatima Mernissi (Fès 1940) had dan ook onmiddellijk succes met haar autobiografische boek *Het verboden dakterras* dat haar jaren beschreef als klein meisje in een van de laatste harems in Fès. Het boek verscheen in dertig talen.

Na dit verkoopsucces zag Mernissi zich genoodzaakt om nog een tweede, minder succesvol werk te schrijven. Het werd een boos pamflet tegen de westerse mannen die niets begrepen hadden van de harem. Het begon er al mee dat de westerse schilders en tekenaars haremvrouwen altijd naakt afbeelden. Dat klopte niet, aldus Mernissi. En bij haar lezingen over haar haremboek kreeg ze vaak giechelige of besmuikte reacties van haar mannelijk gehoor die haar deden concluderen dat ook intellectuele westerse mannen de harem vooral zagen als een lustoord van naakte, domme vrouwen.

Niets was minder waar. Zoals gezegd waren ze niet naakt en ten tweede was al in *De vertellingen van duizend-en-één-nacht* duidelijk dat haremvrouw Sheherazade juist door haar vertelkunst en strategisch inzicht de sultan om haar vinger weet te winden. Die intellectuele superioriteit van de haremvrouw werd kennelijk over het hoofd gezien. In haar boekje schrijft Mernissi dat ze de westerse mannen pas echt doorkreeg toen ze bij het kopen van een rok in een New Yorks warenhuis te horen kreeg dat ze een afwijkend brede heupmaat had. Haar mooie heupen waar ze zo trots op was pasten niet in het door de westerse mannen opgelegde schoonheidsideaal! Mernissi ontstak in woede: ze zijn net zo erg, misschien nog wel erger dan de sultans: moderne westerse vrouwen zijn als haremvrouwen onderworpen aan de grillen van hun mannen!

Slavin in Marokko

Ook zonder een liefhebber te zijn van al het werk van Fatima Mernissi is het duidelijk dat de verhoudingen tussen mannen en vrouwen in Marokko vaak gecompliceerder liggen dan het cliché van de harem doet vermoeden. Of dat van de vrouw die zich te pletter werkt, maar niets te zeggen heeft terwijl de man de hele dag met zijn vrienden koffie zit te drinken in het café en haar inruilt voor een ander zodra ze kuren begint te vertonen.

Twee eeuwen eerder, in de achttiende eeuw schreef de Amsterdamse Maria ter Meetelen net als Fatima Mernissi een autobiografisch boek dat alle ingrediënten van een bestseller bevatte. Het ging over haar belevenissen tijdens twaalf jaar slavernij in Marokko, waar zij zich als mooie slavin staande moest houden tegenover een sultan die niets liever wil dan haar toevoegen aan zijn uitgebreide haremcollectie. 'De Naukeurige Aantekening, van de Wonderbaare *Reys-beschryving*, en Merkwaardige en droevige twaalf-jaarige *Slaverny*, van mijn *Maria ter Meetelen* en gelukkige *Verlossinge* van deselve, en myn blyde wederkomst in myn lieve *Vaderlandt*, alles na *Waarheyt* en eygen ondervinding van myn beschreven'. De titel was wat langdradig, de cursivering enigszins raadselachtig, maar het verhaal liep in ieder geval goed af. Maria bevrijdde zich uit de gretige handen van de sultan en keerde veilig terug naar Medemblik. Zoiets verkocht in die dagen.

Maria ter Meetelen begreep net als Fatima Mernissi dat achter iedere sultan een aantal vrouwen stond die vaak meer macht hadden dan een pasja of een andere hoogwaardigheidsbekleder aan het hof. Ze maakte er een goede gewoonte van om bij de machtswisselingen die voortdurend plaatsvonden altijd even op het paleis langs te wippen en aan te pappen met de nieuwe vrouwelijke hofhouding in de haremverblijven. In het bijzonder de moeder van de nieuwe sultan werd bij die gelegenheid met een bezoek vereerd. Het was vaak de sleutel tot een betere behandeling, en zelfs haar uiteindelijke vrijlating uit gevangenschap had ze te danken aan een sultanmoeder met wie ze goede vriendinnen werd.

Ter Meetelen had met Mernissi gemeen dat ze niet snel bij de pakken neer ging zitten. Als kind van een geïmmigreerde suikerbakkersknecht en een Zwolse jongedochter werd ze in 1704 gedoopt in de roomse kerk Het Boompje in Amsterdam. Op haar 21ste trekt ze in mannenkleren naar Spanje, waar ze wordt geronseld voor een regiment van Friese dragonders in Baskenland. In Madrid, ontmaskerd als vrouw, huwt ze de Nederlandse kapitein Claas van der Meer. Op de terugreis van Spanje naar Nederland slaat het noodlot toe.

Aanvankelijk lijkt er geen wolkje aan de lucht op die mooie julidag in 1731 wanneer Maria samen met haar man op een Hollands schip vertrekt uit San Lucar de Barrameda, Spanjes zuidelijke zeehaven aan de monding van Guadalquivir. De boot is klein, het gezelschap niet oninteressant. De koetsier van de Nederlandse ambassadeur bevindt zich aan boord, samen met een man die verkondigt dat hij de kok van de koning van Spanje is geweest. Voor de Portugese zuidkust loopt het echter mis. In de windstilte doemt een 'Turk' op. De snaphanen en drieponders worden in gereedheid gebracht, maar al snel is duidelijk dat het bootje met elf opvarenden en drie kanonnen geen partij is voor een piratenschip met twintig stukken geschut en honderdvijftig man aan boord.

Echtgenoot Claas, al eerder door Maria beschreven als een slappe zeurkous, raakt bij de aanblik van de piraten 'soodanig al van syn sinnen ontrooft' dat hij te bang is om te vluchten met de rest van de bemanning. Met gepast gevoel voor dramatiek kiest Maria om bij haar echtgenoot te blijven in plaats van een vlucht naar de vrijheid te ondernemen. Ze verschuilt zich samen met haar hondje in de onderkooi. Angst voor de dood heeft ze niet, maar 'dat sy mijn souden schandiliseren' daar is zij nog het meest bang voor.

Gelukkig viel het mee. Maria wordt na een uurtje aan dek geroepen, waar Claas samen met de kapitein en de kok van de koning in gescheurde kleren staat te snotteren. De piraten hebben inmiddels het damasten goed van Maria ontdekt en bouwen een feestje: ze verkleden zich in haar hoepelrokken en wikkelen haar geborduurde kamerdoekse voorschoten rond hun hoofd. Ter Meetelen ziet het tafereel droogjes aan: 'Godt gaf, Godt nam, de naam des Heeren moet syn geloofd.' Ze besluit tot handelen over te gaan. Ze pakt de wijnzakken, waar nog een restje drank in zit, uit handen van haar belagers en geeft die als troost aan haar snotterende man en zijn twee lotgenoten.

Dat haar kleren worden geplunderd is natuurlijk jammer, maar de gevreesde verkrachting blijft uit en ze wordt zelfs ondergebracht in het officiersverblijf. De kapitein, kennelijk onder de indruk van haar persoonlijkheid, geeft haar beschuit met dadels te eten en stuurt zelfs iedere avond een zwarte moor 'met zijn speeltuig van snaren' om wat muziek te maken. Maria begeleidt hem op haar citer. Samen zingend in het Spaans en Arabisch varen ze eind juli de haven van Salé binnen.

Eenmaal aangeland blijft de toon eerder die van een gedwongen schoolreisje dan van een slavenkonvooi. De kapitein, mogelijk een christenrenegaat uit Andalusië, geeft Maria nieuwe kleren en zelfs enige sieraden. Richting Meknès gaat de tocht, waar ze zullen worden voorgeleid aan sultan Moulay Abdallah. De ontmoeting verloopt naar wens. Maria wordt vrijgesteld van slavenwerk, wat haar overigens niet in het minst verbaast. 'Ik was jong en niet lelijk,' schrijft ze bij wijze van verklaring. Haar man heeft minder geluk. Die wordt ziek en sterft in het katholieke klooster, dat speciaal door de Spanjaarden is gebouwd om de slaven te helpen. Zo barbaars waren de moren kennelijk nu ook weer niet dat zij deze kloosters, soms al gesticht door Franse en Spaanse paters gedurende de kruistochten, bij hun steden duldden.

Uit de beschrijving die Maria van de harem geeft blijken de vrouwen inderdaad niet naakt rond te lopen, maar voor het overige voldoet het beeld aardig aan het cliché. De sultan ligt wat te soezen te midden van zeker vijftig vrouwen, zijn hoofd in de schoot van een vrouw, zijn voeten in de schoot van een andere. Volgens Maria krijgt hij iedere vrijdag een jonge maagd, die na gebruik aan de harem wordt toegevoegd. De ene vrouw is nog mooier dan de ander. Het blinkt en schittert van goud, zilver en juwelen.

Maria's grootste probleem is dat de sultan haar in het Spaans kenbaar heeft gemaakt dat hij haar het liefst aan zijn harem wil toevoegen, een idee dat haar niet erg aanspreekt. Ze wil hertrouwen met de hoofdman van de Hollandse slaven in Meknès, een zekere Pieter Jansz Ide. De sultan moet hiervoor echter zijn toestemming geven. Er zit niet veel anders op dan proberen de vorst te overtuigen. Om te voorkomen dat de sultan bij haar aanblik weer begint over zijn haremplannen probeert ze er zo onaantrekkelijk mogelijk uit te zien. Ze hult zich in vodden en windt een 'oude pisdoek' om haar hoofd. Zo makkelijk is een sultan echter niet te misleiden. Hij laat haar met pisdoek en al eerst een uurtje op haar citer tokkelen en weet het vervolgens zeker: Maria moet zich tot de islam bekeren en een van zijn vrouwen worden.

Om het aanbod kracht bij te zetten stelt hij Maria voor de keuze: de harem in of de marteldood.

Maar dan kent de sultan Maria niet. Liever dood dan Turks, roept de struise Amsterdamse uit en werpt zich aan de voeten van de vorst. Vervolgens belet ze hem ('als een leeuw') de poort uit te gaan en trapt daarbij allerlei scènes totdat de sultan er uiteindelijk genoeg van krijgt. Hij geeft haar niet alleen toestemming om te trouwen, maar belooft haar ook dat zij terug mag naar Holland. Maria vertrouwt het niet, want een tiran die bij wijze van ontbijt een dozijn gevangenen laat doden hoeft zich weinig gelegen te laten liggen aan een weerspannig katholiek meisje uit Amsterdam. Niettemin wordt het huwelijk zonder problemen gesloten door de paters.

Het leven van een christenslaaf in Marokko was geen pretje, maar bood binnen zekere marges toch perspectieven, zo blijkt uit de beschrijvingen van Maria. Het jonggehuwde stel zit niet geketend in een vochtige kelder maar neemt zijn intrek in de stal van een kroeg. Maria krijgt met kerst via ambassadeur Frans van der Meer in Madrid '50 ryxsdaalders' toegezonden. De situatie wordt alleen maar beter nadat de sultan Maria en haar man in een bui van vrijgevigheid cadeau doet aan zijn pasja. Die zorgt goed voor zijn christenslaven. Maria en haar man mogen zelfs de herberg gaan uitbaten. Dat gaat anderhalf jaar goed totdat het weer eens rommelt in het paleis. De sultan roept zijn pasja bij zich en laat hem vervolgens 'door sijn jongens de hersens in slaan'. Exit pasja. Zijn vrouwen worden naakt de deur uit gejaagd. De koning annexeert al zijn bezittingen en neemt de christenslaven terug. Maria is haar kroeg kwijt. Om te voorkomen dat haar man in dwangarbeid bezwijkt, werpt ze zich andermaal voor de voeten van de sultan, die juist van het vrijdagmiddaggebed terugkomt en vermoedelijk op weg is naar zijn wekelijkse jonge maagd. 'God bewaart het hoofd van myn Heer,' roept ze luid en kust de grond voor zijn voeten. Ontroerd door zo veel ootmoed geeft de koning haar man een betere betrekking.

De sultan kan wel wat bescherming van zijn hoofd gebruiken,

zo blijkt al snel. In augustus vindt het grote slachtfeest Aïd-el-Adha plaats: 'Conings Paas-dag van het slagten des lams'. De sultan zelf snijdt op een heuvel buiten de stad het eerste lam de hals door. Zoals de lokale rite wil volgt dan een zenuwachtige haast-partij: het lam wordt op een muilezel gehesen en gaat in volle vaart richting paleis, waar het nog levend aan moet komen. Als het lam onderweg de geest geeft, dan wil de voorspelling dat de sultan niet lang sultan zal blijven. Die 12de augustus 1734 strui-kelt de muilezel met het lam op zijn rug, komt ten val en levert zijn vrachtje dood bij het paleis af. Een slecht omen.

Maria ter Meetelen sleet haar dagen als slavin onder een van de eerste sultans van de Alawieten, de dynastie die vanaf 1666 tot op de dag van vandaag Marokko regeert. Sultan Moulay Abdallah was een van de zeven zonen van de roemruchte Moulay Ismaïl, die samen met zijn halfbroer Rasjied de grondlegger was van de heerschappij der Alawieten. Moulay Ismaïl bracht in zijn uitzon-derlijk lange regeerperiode (1672 tot 1727) rust en orde in het land. De centrale macht werd gewaarborgd door een indrukwek-kend leger van slaven uit zwart Afrika. Daarmee verdreef hij de Europeanen uit een aantal havensteden, bracht de kaapvaart van Salé onder controle en hield de voor de Alawieten belangrijke handelsroutes naar de kust open. Meknès werd zijn basis; Ismaïl bouwde er een indrukwekkend paleis dat met zijn duistere gan-gen en vrouwenverblijven door Maria wordt beschreven.

Ismaïls zoon Abdallah was minder standvastig dan zijn vader. Vijfmaal werd hij afgezet, vijfmaal keerde hij terug. Uiteindelijk zou hij niettemin bij elkaar bijna dertig jaar (tot 1757) regeren. Maria beschrijft een aantal van die tijdelijke machtswisselingen vanaf 1734. In september, een maandje na het struikelen van de ezel, komt tijdelijk een broer van Abdallah aan de macht. Een gruwelijke tiran, aldus Maria. Ze beschrijft hoe de nieuwe sultan vrij willekeurig een slaaf neerknalt, en een andere laat aftuigen op de valse beschuldiging dat hij zijn herberg openstelde voor sekspraktijken tussen mannen. De schatkist is leeg: Maria's man wordt naar Salé gestuurd met de boodschap voor de Hollandse ambassadeur Hendrik Lijnslager, die in een boot voor de kust ligt, om te komen onderhandelen over een prijs voor de Nederlandse slaven. Lijnslager zendt de sultan voor 70.000 gulden aan zilver, maar eist eerst de slaven voordat het op verder uitbetalen aankomt. Nog voordat de onderhandelingen goed en wel op gang komen, is er echter alweer een nieuwe opstand, dit keer onder aanvoering van het leger. Binnen een dag volgen vier sultans elkaar op. 'De een na de andere wierden op- en afgeset.' Maar na een paar dagen is het uiteindelijk weer Moulay Abdallah die als winnaar uit de bus komt.

Maria krijgt toestemming haar kroeg te heropenen en dit keer is het een denderend succes. Ze neemt zelfs twee knechten en een meid in dienst. Het welslagen van de onderneming is vooral te danken aan Maria's brandewijn, die door de sultan wordt aangezien als middel om de christenen harder te laten werken, maar ook bij de moren gretig aftrek vindt. In drie maanden tijd verdient zij tweehonderd dukaten en weet zes tot acht zieke landgenoten van voedsel te voorzien. Zo populair was Maria's brandewijn, dat de zoon van Moulay Abdallah – kennelijk een vaste bezoeker – een speciale drinkbeker klaar had staan, nota bene door zijn grootmoeder meegebracht uit het Heilige Land en gegraveerd met het woord van de Profeet.

Na de maanden van voorspoed neemt een andere broer van Abdallah het roer over en is het wederom uit met de pret. De kroeg wordt geplunderd en de nieuwe sultan is minder makkelijk met alcohol. Kennelijk vanuit een verzwakte onderhandelingspositie laat hij de Spaanse en Franse slaven vrij, zodat er maar 28 Hollanders en 3 Portugezen overblijven. Dat betekent meer werk voor de achterblijvers. Maria vraagt belet bij de sultan om te pleiten voor verbetering van de situatie van haar familie. De nieuwe heerser blijkt haar goedgezind. Ze mag de sultan les komen geven over hoe de steden en landschappen in Europa er uitzien.

Onderwijl is het een gruwelijke winter. De oogst mislukt dat jaar en de ontberingen die Maria beschrijft doen denken aan de epidemieën en hongersnoden uit de Europese Middeleeuwen. Op de kerkhoven liggen de doden manshoog opgestapeld. 'De levenden aten de doden, de moeders haar kinderen,' aldus Maria, die ook beschrijft hoe de botten van het vee worden opgegraven om te worden gemalen. Gemengd met water wordt de zaak gedronken. Een graankonvooi vanuit Europa wordt geplunderd nog voor het Meknès kan bereiken. Huizen worden gestript van alles wat brandbaar is. De stadsbewoners trekken naar het land in de hoop daar tenminste nog iets eetbaars te vinden. De bevolking van het jodenkwartier wordt gedecimeerd van veertienhonderd naar tweehonderd huishoudens.

Waarschijnlijk doordat ze niet op haar mondje was gevallen en vaak opmerkelijk handig haar zaken wist te regelen in onderonsjes met de sultan maakte Maria in die tijd nogal wat vijanden. Regelmatig doet zij verslag van haat en nijd die opborrelt in de kleine Hollandse slavengemeenschap. Ze gaat over de tong. Als ze op zeker moment met man en kinderen moet voorkomen voor de pasja vermoedt de slavenkraal dat ze haar hand overspeeld heeft. 'Nu zal die hoer van den Koning verbrand worden,' juicht het rapaille en spuugt haar na. Een ander strooit praatjes in de hofhouding rond dat Maria allerlei vuiligheid uithaalt met de speciaal gereserveerde drinkbeker van de zoon van de sultan, met de duidelijke bedoeling dat Maria in ongenade valt. Gezellig was anders in de Hollandse slavenkolonie van Meknès.

De pestepidemie in de zomer van 1742 zorgt voor vertraging, maar eindelijk arriveert de verlossende expresbrief uit Tanger van koopman Louis Butler, broer van de Nederlandse consul in Gibraltar. Hij staat klaar om de losgelden te betalen. Begin november worden Maria en haar man en kinderen door de sultan ontboden, die hun de vrijheid schenkt en overdraagt aan de pasja in Tanger. De volgende dagen verkrijgt ook de rest van de slavenkolonie de vrijheid. Pieter Jansz. Ide staat van blijdschap met zijn mond vol tanden voor de sultan, maar Maria spreekt een 'uytermaaten fraay' dankwoord dat de sultan zeer behaagt. 'So waar als ik leef, die Christenvrouw is waardig om een princes te weesen,' verklaart de vorst met een mengsel van bewondering en teleurstelling.

Op 16 december 1742 reist het gezelschap af naar Tetouan, een barre tocht waarbij de kinderen soms halfdood zijn van kou en nattigheid. Tot overmaat van ramp dondert Maria met kind en muilezel het ravijn in. Maar uiteindelijk komen ze behouden aan bij de Britse consul in Tetouan. Daar moeten ze echter nog ruim drie maanden wachten op een schip dat hen kan meenemen. 11 april 1743 is het eindelijk zo ver: het Hollandse schip De Brak van commandant Martinus Meitens verschijnt aan de horizon. Tijdens een stop op de rede van Tanger trachten de Spanjaarden uit Ceuta nog tevergeefs de boot te enteren, maar verder verloopt de reis zonder problemen. 18 September loopt De Brak behouden Texel binnen, drie dagen later Amsterdam, de stad die Maria in geen twintig jaar meer had gezien.

Vijf jaar later zou Maria ter Meetelen haar boekje met avonturen op de markt brengen. Ze vestigde zich in Medemblik. Haar man Pieter ging vrij snel na thuiskomst op Indië varen, zijn vrouw achterlatend met haar herinneringen aan de sultan en zijn harem in het prachtige paleis van Mèknes. Was er iets van nostalgie, zoals later Fatima Mernissi eveneens met gemengde gevoelens terugdacht aan haar jeugd? Opmerkelijk is dat Maria zich in haar nawoord niet beklaagt over haar slavernij of de aanhoudende druk die de sultan uitoefende om haar aan zijn harem toe te voegen. 'Dat alles kan ik inschikken,' zo beëindigt zij haar verhaal, 'maar de hoon en smaad, die mijn meede-broeders mijn en mijn man hebben aangedaan, syn niet te vergeten...' Het waren niet de moren, maar de Hollanders die Maria nog het meeste plaagden in haar herinneringen.

De laatste haremjaren

De Bab er Rouah, de Rouah Poort, is zo'n mooie, moorse poort zoals je die veel aantreft in de stadsmuren rond de medina's van de steden in Marokko. Strikt genomen begint de medina pas een kilometer verderop, maar de Almohaden, die in de twaalfde eeuw kennelijk een uitbreiding van Rabat in gedachten hadden, trokken de muur een flink stuk door. Wie hier de stad uitrijdt richting Casablanca treft aan zijn linkerzijde aan de muur wacht-posten, militairen en politieagenten. Verkeersagenten blazen hier bij het regelen van de verkeersstroom op hun fluitjes alsof hun leven ervan afhangt. Of in ieder geval hun baan, want achter de hekken en de ongenaakbare vestingmuur ligt het koninklijk paleis van Rabat. En aangezien de jonge koning Mohammed VI nog wel eens onaangekondigd achter het stuur van een van zijn auto's wil kruipen, is het maar beter om je beste beentje voor te zetten op deze rotonde onder de rook van het paleis.

Veel getuigenissen zijn er niet van het leven achter de muren van het immense paleiscomplex. En wat de harems betreft zullen we het vermoedelijk definitief moeten doen met de beschrijvingen als van Ter Meetelen en Mernissi. De koninklijke harem in Marokko werd immers afgeschaft bij de dood van koning Hassan II in 1999, en de vorige eeuw was niet erg rijk aan harembeschrijvingen. Het geheim van Soestdijk was een vergiet vergeleken met dat van Rabat. En dat mag een wonder heten in een maatschappij waar het gerucht een niet te onderschatten rol speelt. Bekend is dat aan het einde van de twintigste eeuw het enorme paleiscomplex in Rabat nog werd bewoond door een tiental bejaarde bijzitten van koning Mohammed V. Bij zijn dood in 1961 waren het dertigers geweest, nu frêle dames die hun hele leven op de paleisgronden hadden doorgebracht. Ze leefden er in hun afzonder-lijke appartementen, met naar verluidt geheime gangen waar de vroegere koning gebruik van maakte. Ze hadden hun auto met chauffeur en een bescheiden toelage die hun in staat stelde om af en toe uit winkelen te gaan in de stad.

Koning Hassan had het instituut van de harem in ere gehou-den. Franse journalisten als Jean-Pierre Tuquoi en Gilles Perrault gunden ons een vrij zeldzaam kijkje achter de paleismuren, het-geen vanzelfsprekend weinig op prijs werd gesteld in Marok-kaanse hofkringen. Hassan heerste volgens hen als ouderwetse sultan over zijn harem. De haremvrouwen – onder wie Filippijn-se verpleegsters en Japanse masseuses die de vorst cadeau had ge-kregen – woonden in een dertigtal appartementen in het hoofdgebouw, waar altijd de konings favoriete geur van sandelhout hing. Eenmaal deel van de harem, was er in principe geen weg terug van achter de paleismuren, met uitzondering van de Filippijnse verpleegsters die nog wel eens op een westers diplomatenfeestje opdoken. Net als zijn vader maakte Hassan enthousiast gebruik van zijn koninklijke voorrecht om vrouwen te verzamelen. De collectie zou voortdurend zijn uitgedijd totdat de koninklijke belangstelling in de loop van de jaren tachtig uitgeblust begon te raken en het schenken van jonge meisjes door de stamhoofden niet langer op prijs werd gesteld.

Hassan mocht graag in het gezelschap van zijn vrouwen kijken naar zijn favoriete televisieseries *Dynasty* en *Dallas* of in een koninklijke bioscoop een filmpje pikken van Louis de Funès of Alain Delon. Tot zover de vooruitgang. Voor het overige waren de verhoudingen zoals die al eeuwenlang in een harem golden. De vrouwen moesten klaarstaan om hem te dienen. Ze werden overstelpt met de duurste cadeaus of maandenlang opgesloten in een cel bij wijze van straf voor een brutaliteit. Onvoorziene zwangerschappen werden standaard geaborteerd.

De talrijke dienstmeisjes in het paleis moesten eveneens op hun tellen passen. Als de koning tegen hun zin een oogje op hen liet vallen moest er een list verzonnen worden. Net als ooit bij Maria ter Meetelen namen ze daarbij de toevlucht tot het zo onaantrekkelijk mogelijk voor de koning verschijnen, onopgemaakt en in oude kleren. In noodgevallen kon altijd een besmettelijke ziekte worden geveinsd, want het was bekend dat de hypochondrische Hassan een panische angst koesterde voor alles wat zijn gezondheid in gevaar kon brengen.

Binnen de harem heerste een ingewikkelde hiërarchie, waarin de vrouwen en bijzitten hun eigen taken en eigen bevoegdheden kenden en waar complete oorlogen werden uitgevochten tussen rivaliserende groepen. Vrouwen die beschikten over het vermogen om op een intelligente manier het vertrouwen van de vorst te winnen konden daarbij uitgroeien tot invloedrijke persoonlijkheden, wier macht aanzienlijk groter was dan van de stoet ministeriële jaknikkers die Hassan gedurende zijn lange heerschappij om zich heen verzamelde. Zoals Farida, die dertig jaar lang raadgever van de vorst was en hem op zijn buitenlandse reizen vergezelde.

Zijn twee wettige echtgenotes – onder wie Latefa, de Berbervrouw die hem zijn vijf kinderen schonk – zouden geheel volgens de traditie nooit een rol spelen in het publieke leven. Van Latefa zijn geen foto's bekend. Zij werd vlak voor de onafhankelijkheid door een invloedrijke Berberstam aan Mohammed v cadeau gedaan, die haar doorgaf aan zijn zoon. Als moeder van de prinsen en prinsessen mocht Latefa wel vaak aanzitten bij privé-etentjes met buitenlandse staatshoofden, zij het samen met de vrouw die op dat moment konings favoriet was.

De vrouwelijke hofhouding van Hassan besloeg een klein leger: de harem van echtgenotes en concubines, raadgeefsters, vijf secretaresses, de vrouwen die verantwoordelijk waren voor het branden van het sandelhout, voor de koninklijke badkamers, de bediening en een dozijn kleedsters van de koning. Zijn drie dochters en twee zonen groeiden op te midden van dit vrouwenleger. Ze zagen het leven buiten de paleispoorten veranderen, terwijl hun vrouwelijke leeftijdgenoten binnen nog steeds werden behandeld als de haremslavinnen van weleer.

In de laatste levensjaren van Hassan begon de harem zelf ook tekens van revolte te vertonen. Er raakten juwelen weg, er werd geld gestolen. Haremvrouwen raakten aan de drank en rookten hasj. Farida, vertrouweling van de koning, verdween naar de achtergrond na een schimmig verduisteringsschandaal. Terwijl de haremvrouwen vroeger van alle contact verstoken waren (er bevonden zich maar een paar telefoons binnen de paleismuren en die werden strak gecontroleerd) werden nu massaal mobiele telefoons binnengesmokkeld. De techniek sloeg de laatste pijlers weg onder het wankele gebouw van een achterhaalde traditie.

Koning Mohammed vi besloot dat het anders moest. In zijn eerste publieke toespraak na zijn aantreden beloofde hij op te komen voor de rechten van de vrouwen in zijn land. De daad bij het woord voegend schafte hij de harem af. De vroegere bijzitten gingen met pensioen. Twee jaar later trouwde hij de 24-jarige

Salma Bennani, een studente in de informatietechnologie en afkomstig uit een middenklassenmilieu uit Rabat. Voor het eerst in de geschiedenis van de dynastie der Alawieten was de 'moeder van de prinsen' geen anonieme slavin, maar kreeg zij een naam en een gezicht. Een novum waren tevens de huwelijksplechtigheden. De nieuwe echtgenote zat er bij de voltrekking van het huwelijk geheel gesluierd bij, maar vertoonde zich de volgende dag openlijk aan haar onderdanen. Als Hare Koninklijke Hoogheid Prinses Lalla Salma is zij sindsdien met enige regelmaat aanwezig op publieke ontvangsten en bij ceremonies.

Petites bonnes

Een villa in het centrum van Casablanca. Aïcha Ech-Chena opent de met bougainville begroeide tuindeur, trekt me het huis binnen, verontschuldigt zich en begint als een enorme moederkloek heen en weer te rennen tussen de crèche met kraaiende peuters, het klaslokaal waar Arabisch wordt gegeven, de keuken waar de taarten worden gebakken en het naaimachinezaaltje op de eerste verdieping. Haar kleurige streepjeshemd wappert door de vaart op, haar sjaal in regenboogkleuren trekt een spoor door de lucht.

Met haar ronde, energieke verschijning is Aïcha Ech-Cenna (1941) moeder, onderwijzer, kokkin, verpleegster en directeur tegelijk. Een door atoomkracht aangedreven motor van sociale bevlogenheid. In het pand werken een advocate, een psychologe en een twintigtal vrijwilligers aan de opvang van ongehuwde moeders, zo legt ze uit en verdwijnt achter een deur. Ik ben getuige van een kleine terechtwijzing. Een van de meisjes die niet wil meewerken wordt krachtig, maar zonder stemverheffing toegesproken. 'De meisjes moeten hier zelf de kost verdienen,' verklaart Aïcha Ech-Chena op gedecideerde toon, nadat het onderhoud is afgelopen. 'Het geld komt niet uit de lucht vallen.'

Aïcha Ech-Chena is de Florence Nightingale in de loopgraven van de Marokkaanse vrouwenstrijd. Als halfwees – haar vader overleed op jonge leeftijd – werkte ze zich door zelfstudie en baantjes omhoog in een tijd dat vrouwen in burgerberoepen in Marokko nog een bezienswaardigheid waren. Onder het Franse regiem klom ze op als medisch secretaresse van de liga tegen de tuberculose. Ze werd een van de eerste verpleegsters in Marokko. In de jaren zestig zette ze zich als vrijwilligster in om vrouwen voor te lichten over voorbehoedsmiddelen. Haar werkterrein waren de achterstandswijken van Casablanca. Zo werd ze geconfronteerd met een van de grootste taboes van de Marokkaanse samenleving: de jonge tienermeisjes die als dienstmeid waren misbruikt en eenmaal zwanger op straat werden gezet. Vaak eindigden ze in de prostitutie. In 1985 stampte ze eigenhandig de vereniging Vrouwensolidariteit uit de grond, die zich inzette voor een betere toekomst van de ongehuwde moeders. Elf jaar later publiceerde ze haar boek, onder de onomwonden titel *Misère*, waarin ze bekendheid gaf aan een fenomeen dat Marokko tot dan toe schaamtevol had verzwegen: de *petites bonnes*.

De petites bonnes zijn de dienstmeisjes van het platteland die als hulpje in de huishouding worden afgestaan door hun straatarme ouders, in ruil voor kost en inwoning en een maandelijkse vergoeding van enkele tientallen euro's. Jongetjes worden onder dezelfde voorwaarden ondergebracht bij een leermeester die hun in ruil voor hun werk een vak bijbrengt. De praktijk van de meisjes in de huishouding is wijdverbreid. Het gaat zeker om honderdduizenden kinderen; sommige vrouwenorganisaties schatten hun aantal zelfs op een miljoen. Uit onderzoek blijkt dat de leeftijd zeer laag is: een kwart is onder de tien jaar, de helft tussen de tien en de dertien jaar oud. De kinderbescherming kwam in 2004 zelfs met een onderzoek waaruit bleek dat 8 procent van de dienstmeisjes al op hun vijfde jaar met werken begonnen was. Naar school gaan deze kinderen niet, ze werken de hele dag door en hebben doorgaans een chronisch slaaptekort. Het is in feite een moderne vorm van slavernij.

Veel kinderen lopen weg en komen ten slotte op straat terecht. Rond het jaar 2000 werd het aantal zwerfkinderen in de grote steden op zo'n 400.000 geschat. Zij verdienen de kost als schoenpoetsers, klusjesmannen, sigarettenverkopers of belanden in de prostitutie of kleine criminaliteit. Er zitten veel lijmsnuivertjes onder, hun gezondheidstoestand is vaak slecht. De straatkinderen bestonden al in de koloniale periode, maar het verschijnsel is er in de jaren van onafhankelijkheid niet minder op geworden. De Marokkaanse regisseur Nabil Ayouch vestigde internationaal de aandacht op het probleem met zijn film *Ali Zaoua*, waarin de hoofdrollen werden vertolkt door deze zwervertjes in Casablanca.

Met haar boek over de uitgestoten dienstmeisjes was Aïcha Ech-Chena de eerste die het onderwerp breed onder de aandacht bracht. Haar boek kreeg veel publiciteit, in Frankrijk won ze er een prijs voor. Met de opbrengsten kon de hulp aan ongetrouwde moeders worden uitgebreid. Het probleem van de petites bonnes is dat het vaak niet wordt erkend als een vorm van verwerpelijke kinderarbeid, zegt Ech-Chenna. De families die ze in huis nemen, houden zichzelf voor daarmee een goede daad te verrichten. Sociale bewogenheid als excuus voor kinderslavernij. 'Ik ken zelfs voorvechtsters voor de vrouwenrechten die zelf een dienstmeisje in huis hebben,' zegt Ech-Chena.

We lopen door naar de afdeling patisserie. Hier in de keuken zijn de meisjes in de weer met het bakken van taarten en koekjes die verkocht worden aan de lokale winkels. Aïcha Ech-Chena vertelt over de tegenwerking die ze ondervindt van de fundamentalisten onder de moslims. Die moeten weinig weten van haar voorlichting over voorbehoedsmiddelen en haar manier om de moeders van de straat te halen. 'Als ze weer eens protesteren op een forum of congres vraag ik altijd: wat hebben jullie dan voor oplossing?' zegt Ech-Chena terwijl ze een koekje proeft. De nieuwe koning schreef haar een brief en nodigde haar uit op het paleis. 'Had je ze moeten horen, die baarden. Hij steunt ongehuwde moeders! De koning steunt dit!' Ze is bang dat de invloed van de fundamentalisten, met hun bekrompen seksuele moraal, voor een toenemende ellende zal zorgen. Je ziet het, zegt ze, aan de groeiende markt voor operaties om het maagdenvlies te herstellen voor een huwelijk. 'Het is belachelijk dat er zo veel artsen zijn die zich hiervoor lenen. Die fundamentalisten zijn gek. Alsof seksualiteit in de islam niet zou bestaan!'

Van Casablanca naar Aït-Lekak is het zeven uur rijden. Eerst naar Marrakech, dan naar de imposante bergwanden van de Hoge Atlas. Het is een lemen gehucht van tweehonderd zielen, geplakt tegen de roodbruine hellingen en besneeuwde toppen van de Toubkal, de meer dan 4000 meter hoge bergtop. De autorit heeft me van een metropool in de 21ste eeuw teruggeworpen naar een dorp waar de tijd eeuwen geleden is stilgezet. De huizen onderscheiden zich hier van de stallen doordat de muren iets dikker zijn en de aarden vloeren beter aangestampt. Blozend brengt Aïcha (15 jaar) ons het bittere brood en de olijfolie die gastvrij bij de thee worden geserveerd. Op haar rug, afgedekt door een draaglap, slaapt haar baby onverstoorbaar door. Geconcentreerd schrijft ze haar eigen naam in een schrift. De vruchten van drie maanden school. Meer zat er niet in, de koeien moesten worden gehoed, de aardappels gerooid en met de baby blijft er helemaal geen tijd meer over. Maar ze is trots op wat haar geleerd is. In haar kamertje is op de lemen wand een landkaart geprikt die vagelijk bekend voorkomt. Nadere inspectie leert dat het gaat om het Afrikaanse continent. De kaart is ondersteboven opgehangen.

De stof en de modder op de felgekleurde jurken en truien van de Berbervrouwen rond de dorpsbron verraden het harde bestaan hier aan de voet van Marokko's hoogste berg. Ze dragen hun haar in een knot, hun handen zijn verweerd, hun gezichten vroeg gerimpeld door de droogte en de felle bergzon. Kinderen kruipen rond met vervaarlijke snottebellen aan hun neus. Er zijn weinig mannen te bekennen. Het grootste deel van hen is vertrokken naar de stad om geld te verdienen. En dus wordt het werk op de kleine akkers in de rivierbedding verricht door de achtergebleven vrouwen. Aardappels poten, maïs planten. 's Middags wordt er gekookt op een oerfornuis: een open, aarden vuurpot in een zwartgeblakerde ruimte met een gat in het dak bij wijze van schoorsteen. Gebukt onder onwaarschijnlijk grote bossen slepen de vrouwen het brandhout de berg op. Er is geen openbaar vervoer, geen elektra, geen telefoon, geen gas, geen stromend water.

Net als elders in de bergen en op het platteland zijn praktisch alle vrouwen analfabeet, onder de mannen kan een tiental lezen en schrijven. De meisjes trouwen op jonge leeftijd. Tien, twaalf kinderen was vroeger geen uitzondering, tegenwoordig is vijf tot zeven kinderen de norm. 'Meer is te duur geworden,' verklaart een vrouw resoluut. En in de kliniek beneden aan de berg is het mogelijk de pil of een spiraaltje te krijgen.

Terug in Casablanca bevindt de vrouwenstrijd zich op een heel ander niveau. De chauffeuse van Naïma Alami laveert haar Fiat Panda behendig door het drukke stadsverkeer. In Marokko bestaan twee snelheden, meent Alami, die naast succesvol zakenvrouw tevens het woord voert voor de Vereniging van Vrouwelijke Ondernemers. Tegenover het platteland met zijn achterstandsgebieden staat een groeiend aantal vrouwen in de grote steden die hun rechten opeisen. Zelf leidt Alami een confectieatelier met veertig vrouwelijke werknemers. 'Vrouwen werken harder, zijn eerlijker en consciëntieuzer,' zo vat ze de situatie samen. Als om haar woorden te illustreren moet de Fiat met een ruk uitwijken voor een groepje wankelende, kennelijk dronken mannen.

Werkende vrouwen in de middenklasse waren een zeldzaamheid in de jaren na de onafhankelijkheid. Maar veertig jaar later is de situatie veranderd. Nog steeds ligt de arbeidsparticipatie laag, maar niettemin zijn vrouwen duidelijk zichtbaar aanwezig op de arbeidsmarkt. In de grote steden wordt een op de vier arbeidsplaatsen door een vrouw bezet.

Deze ontwikkeling is niet los te zien van de kleinere families, emancipatie en het veranderen van de traditionele leefpatronen. Koning Hassan erkende in de loop van de jaren negentig de toegenomen gelijkwaardigheid door vrouwen toe te laten in het politiekorps en als piloten bij de nationale luchtvaartmaatschappij Royal Air Maroc. De vrouwen waren al eerder begonnen aan hun stormloop op de universiteiten, met als gevolg dat studierichtingen als letteren en medicijnen een meerderheid aan vrouwelijke studenten kregen. Vanaf eind jaren negentig doken de eerste vrouwelijke parlementariërs en ministers op. Koning Mohammed nam begin 2000 staatssecretaris Zoulikha Nasri aan als de eerste vrouwelijke adviseur van de koning. Fathia Bennis maakte internationaal furore als de doortastende directeur van het Nationaal Bureau van Toerisme. In de universitaire wereld kreeg Fatima Mernissi internationaal bekendheid met haar vrouwenprojecten en boeken waar de positie van de vrouw centraal staat. Schrijfster Hakima Chaoui werd een van de gezichten van de verdediging van de Marokkaanse mensenrechten. Zelfs in de wereld van de drugshandel rukt de emancipatie op. Eind september 2004 vond de arrestatie plaats van Fatiha Jebliya, een drugsbarones uit Salé. Fatiha had een bloeiende handel in hasj opgebouwd. Zij wist uit handen van justitie te blijven door een verhouding te beginnen met een regionale politiechef. De zaken liepen mis toen haar man in de gevangenis op de hoogte kwam van de relatie en dreigde haar bij zijn vrijlating te vermoorden. Uit pure angst liet Fatiha zichzelf arresteren: in de gevangenis was ze veiliger dan erbuiten.

Moudawana

Met zijn eerste officiële toespraken na zijn troonsbestijging verklaarde koning Mohammed VI het nationale debat over de positie van de vrouw voor geopend. Voor een vorst wiens woorden op een goudschaaltje worden gewogen sprak hij zich daarbij onomwonden uit. Wilde Marokko meegaan in de vaart der volkeren, dan kon het land niet de rechten ontkennen van de vrouwelijke helft van zijn bevolking.

De uitspraken van de koning droegen in belangrijke mate bij aan de euforie rond zijn aantreden. Marokko leek geleid te worden door een vorst die de taal sprak van veel moderne Marokkanen. Van meet af aan werd daarbij de invloed genoemd van Lalla Meryem, de oudste van zijn drie zusters. In het sterk door vrouwen overheerste paleisleven waarin de nieuwe koning was opgegroeid had Lalla Meryem altijd al een geëmancipeerde rol ge-speeld. Ze was door haar vader gedwongen om te trouwen met de zoon van een van zijn ministers. Maar na een aantal jaren zet-te ze haar man buiten de deur en liet zich scheiden, een tot dan toe ongekende stap in koninklijke kring. Lalla Meryem bleek op meer terreinen doortastend op te kunnen treden. Ze ontwikkel-de zich als een publieke persoonlijkheid bij tal van sociale pro-jecten. Als voorzitter van de Nationale Raad voor de Toezicht op de Kinderrechten, een soort kinderbescherming, zou ze aan-dachttrekkende campagnes in gang zetten tegen de uitbuiting van de dienstmeisjes en tegen seksueel misbruik van kinderen.

De woorden van de nieuwe koning gaven een nieuwe impuls aan een ambitieus actieplan dat de regering van de socialistische premier Abderrahman Youssoufi al enige tijd in de kast had lig-gen en dat voorzag in een herziening van de Moudawana, het is-lamitische familierecht waarin de positie van de vrouw is gere-geld. De plannen tot hervorming leidden evenwel tot fel verzet in orthodox-islamitische kring. Tijdens het vrijdagmiddaggebed werd in menig moskee geageerd tegen het 'joods-christelijk complot', dat geen respect toont voor de islamitische wetten en de vrouwen dreigt te veranderen in 'alcoholici en gedegenereer-den'. Mensenrechtenactiviste en dichteres Hakima Chaoui, die het had gewaagd de Profeet gekscherend te parafraseren door te stellen dat in Marokko 'de vrouw maar een half wezen is', werd vanuit de moskee met de dood bedreigd.

De Moudawana behandelde de Marokkaanse vrouwen als on-mondig en rechteloos: ze kon niet trouwen zonder toestemming van haar vader, ze werd verstoten als een man haar niet meer wil-de en werd dan het huis uitgezet met een te verwaarlozen ali-mentatie die doorgaans niet eens werd uitgekeerd. Slechts in uit-zonderlijke gevallen kon de vrouw een echtscheiding aanvragen, maar de procedures hiervoor waren moeizaam en uiterst tijdro-vend.

Onder verwijzing naar internationale verdragen op het ge-bied van de mensenrechten die door Marokko zijn ondertekend, bereidde de regering Youssoufi een grondige aanpassing van de

Moudawana voor. De plannen konden rekenen op een warm onthaal bij de tweehonderd vrouwenorganisaties waarvan de leden worden gevormd door de minderheid van hoogopgeleide vrouwen in Marokko. Maar de fundamentalistische organisaties en de oulema, de schriftgeleerden, klaagden steen en been. De verhoging van de minimale huwbare leeftijd van vijftien tot achttien jaar zou de vrouwen veranderen in hoeren, zo luidde hun interpretatie van de islamitische wetten onomwonden. Toch leken de fundamentalistische argumenten door de feiten achterhaald. De gemiddelde leeftijd waarop gehuwd werd lag in 1960 nog op ruim 17 jaar, maar was 35 jaar later gestegen tot 26 jaar. Niettemin was de weerstand hardnekkig. 'Het actieplan is door feministen geredigeerd zonder rekening te houden met de gevoeligheden onder de moslims,' verklaarde Mustafa Ramid van de fundamentalistische moslimpartij PJD.

Wie de Marokkaanse mannen aansprak op de voorgenomen veranderingen kreeg gemengde reacties. De elite in de steden toonde zich voorstander, zij het soms met enkele reserves. 'We kunnen meisjes niet zonder toestemming van de vader in het huwelijk laten treden. Dat is traditioneel niet te verdedigen,' meende marketingdeskundige Noureddine Ayouch. Hij is de drijvende kracht achter een stichting die door middel van kleine leningen en scholing de vrouwen op het platteland verder probeert te helpen.

Op straat werd het gemoed vaak minder subtiel gelucht. 'Hoeren,' meende chauffeur Mohammed op een terras in Marrakech, terwijl hij wees op twee vriendinnen die verderop lachend hun cola dronken. Nette vrouwen zitten niet op een terras, zo luidde zijn overtuiging. En die vrouwelijke toeristen daar verderop, waren dat ook hoeren? Mohammed twijfelde even. 'Nee, dat zijn buitenlanders,' zo herstelde hij zich snel.

'Met deze wet kunnen de mannen er alleen maar op achteruitgaan,' vond toeristengids Rachid bij een kopje thee op een terras in het skigebied in de bergen. Het is bovendien slecht voor de economie als de vrouwen straks meer willen gaan verdienen, wist hij. Dat maakt de zaken duurder. 'Een goede moslim wil niet dat zijn vrouw het huis verlaat en gaat werken,' zo mengde restauranthouder Said zich in het gesprek. Zijn tienjarige dochter Naima mocht wel naar school, maar niet te lang, anders ging ze straks nog naar de stad. En dan was het hek van de dam. 'Dan zien ze te veel dingen van buiten en die willen ze later zelf ook.' Natuurlijk: ook hij hoopte dat zijn dochter het beter kreeg dan nu en dat de zaken werden 'comme chez vous'. Materieel gesproken dan, want de vrijheid en de morele opvattingen uit het Westen hield hij liever buiten de deur. 'Je laat ze te vrij en weg zijn ze,' zei hij en maakte met zijn handen een fladderend gebaar.

Het verzet tegen de veranderingen was niet uitsluitend een mannelijke aangelegenheid. Nadia Yassine, officieus woordvoerder van de Al Adl Wal Ihsane-beweging van haar vader, liet regelmatig haar krachtig protest horen in de Marokkaanse media. De Marokkaanse vrouwen zaten volgens haar helemaal niet te wachten op een verbetering van hun positie, een verzinsel van een stadse elite en verwesterde feministen die bezig waren om de essentie van de islam te ondermijnen.

De Marokko's van de twee snelheden kwamen in botsing op 12 maart 2000. In Rabat was in verband met de internationale dag van de vrouw opgeroepen tot een protestdemonstratie van alle vrouwenorganisaties om hun steun te betuigen aan de voorstellen om de Moudawana te veranderen. Maar in Casablanca werd op hetzelfde moment een tegendemonstratie georganiseerd door de fundamentalistische bewegingen. Een land waarin het houden van demonstraties jarenlang verboden was geweest, kreeg nu plotseling te maken met twee protestdemonstraties op dezelfde dag. Aïcha Ech-Chena liep mee in Rabat, de stoet in Casablanca werd aangevoerd door Nadia Yassine.

Het werd een wedstrijd in demonstreren. Wie had er gewonnen? De media verschilden van mening. Tienduizenden mannen en vrouwen gingen in Rabat de straat op, zo telden buitenlandse journalisten. Het communistische partijblad *Al Bayane* telde er een miljoen. De islamitische organisaties en hun dagbladen meenden juist een miljoen betogers in Casablanca op straat te zien. Eén ding was zeker: de fundamentalistische PJD en de beweging van sjeik Yassine in Casablanca waren in staat gebleken om een imposante aanhang te mobiliseren, die met honderdduizenden demonstranten een beduidend massalere indruk maakte dan de demonstratie in Rabat.

De regering trok zijn conclusies: het plan van aanpak voor de verbetering van de positie van de vrouw werd, inclusief de aanpassing van de Moudawana, in de koelkast gezet. Maar sceptici die meenden dat de zaak definitief in de prullenbak was beland kwamen bedrogen uit. Een jaar later nodigde de koning alle leiders van de vrouwenorganisaties in Marokko uit op de internationale vrouwendag en kondigde aan dat het project van de aanpassing van de Moudawana opnieuw in gang werd gezet. De aanpassing werd in handen gegeven van Mohammed Boucetta, die als oud-voorman van de conservatief nationalistische Istiqlal-partij de slangenkuil van de Marokkaanse politiek goed kende.

De hoogbejaarde Boucetta was echter niet de meest voor de hand liggende keuze om een adviescommissie te leiden en ook hij leek zijn tanden stuk te bijten op de kwestie. Volgens velen was het de koning zelf die uiteindelijk de oplossing forceerde. In oktober 2003 verscheen Mohammed VI in het parlement. 'Hoe kan een maatschappij vooruitgang boeken als de vrouwen, die de helft van het land vertegenwoordigen, hun rechten geschonden zien en lijden als gevolg van onrechtvaardigheid, geweld en marginalisatie, ondanks de waardigheid en rechten die hun worden gegeven door onze glorievolle religie?' zo herhaalde de koning. Het antwoord kwam in een pakket van hervormingen van de Moudawana dat tot dusver ongekend was: verbod op uithuwelijken tegen de zin van de vrouw, geen kinderhuwelijken meer, voor emigranten toepassing van de huwelijkswetten in het land van vestiging, een gelijkwaardige echtscheidingsprocedure in plaats van de eenzijdige verstoting door de man, alimentatieprocedures en dat alles onder toezicht van een speciale familierechtbank. Het woord van de koning was nog steeds wet. En in dit geval betrof het een Moudawana die aansluiting zocht met het seculiere huwelijk zoals dat in Europa geldt.

De 'historische omwenteling in Marokko' werd bejubeld door de pers, de politieke partijen en de voorvechtsters van vrouwenrechten. Het enthousiasme waarmee koning Mohammed VI zijn troon had bestegen leek weer even terug. Alle inspanningen van de voorgaande jaren tegen de allesoverheersende positie van de man in het huwelijk leken beloond. Marokko bevond zich in een klap in de voorhoede van de islamitische landen wat de vrouwenrechten betreft.

In de fundamentalistische hoek bleef het opvallend stil. In de moskeeën rommelden wat oude klachten van het joods-christelijk complot in de vrijdagpreken. De eerste mannelijke slachtoffers protesteerden: de *adouls*, de islamitische notarissen die vaak worden ingesteld bij de bekrachtiging van huwelijks- en eigendomsaktes, gingen een dag in staking uit protest tegen het werk dat ze uit handen werd genomen. Voortaan spraken niet zij, maar een nieuw ingestelde familierechter in Marokko de scheidingen uit.

Het familiestatuut

Belangrijkste uitgangspunt in het nieuwe familiestatuut is de gedeelde verantwoordelijkheid van beide echtgenoten binnen het huwelijk, met rechten en plichten die een grotere gelijkheid kennen dan voorheen. De 'gehoorzaamheid' van de vrouw aan de man binnen het huwelijk is uit de tekst verdwenen. In de nieuwe regeling kan de vrouw zelf haar partner kiezen, huwelijksvoogdij is niet verplicht. De huwbare leeftijd van de vrouw is verhoogd van vijftien tot achttien jaar, gelijk aan de man. Echtscheiding is nu ook een recht van de vrouw. De procedure tot echtscheiding is toegankelijker, eenvoudiger en sneller geworden en vindt plaats na interventie van een speciale familierechter. Eenzijdige verstoting door de man is niet langer mogelijk. De familierechter zal de scheiding pas uitspreken na een rechtvaardige verdeling van de boedel en een alimentatieregeling voor de kinderen. Huwelijkspartners kunnen een boedelscheiding vastleggen in een aparte akte bij het huwelijk. Polygamie is alleen toegestaan als de verschillende vrouwen en kinderen financieel een gelijke behandeling krijgen. Een Marokkaans huwelijk kan in het buitenland voltrokken worden volgens de lokale formaliteiten, mits in het bijzijn van twee moslimgetuigen en de uitwisseling van een al dan niet symbolische bruidsschat. Een kind van een ongehuwde moeder heeft sterkere rechten om het vaderschap te laten erkennen en zodoende alimentatie te verkrijgen. Bij scheiding worden de kinderen in eerste instantie toegewezen aan de vrouw, in geval van een probleem oordeelt de familierechter. Het belang van het kind is daarbij doorslaggevend.

Weerstand van traditie

We bevinden ons op de patio van de familierechtbank in Rabat, die samen met een aantal andere rechtskamers is gevestigd in een statig gebouw in de schaduw van de grote moskee. Het is het voorjaar van 2005 en de nieuwe Moudawana is nu een jaar in werking. Het is druk deze ochtend: advocaten schikken hun bef op hun zwarte toga's, rijen vrouwen, mannen en kinderen staan te wachten voor kleine kamertjes waar recht gesproken wordt. Voor het kamertje voor de echtscheidingen is het een chaotisch gedrang van advocaten die wachten op de behandeling van hun zaak door de driekoppige rechtbank. 's Ochtends zijn het de verstotingen door de mannen, 's middags de scheidingen aangevraagd door de vrouwen,' verklaart Fatima Boukassi. Als gespecialiseerd Moudawana-advocate geeft ze bijscholingscursussen aan de rechters en de adouls. Er zijn nog altijd veel vragen over het nieuwe familierecht, zo legt ze uit.

De Moudawana is ook buiten Marokko aanleiding tot veel

vragen. 'Ik heb een Marokkaanse vrouw uit Nederland als cliënt die werd mishandeld door haar man. Hij heeft haar teruggebracht naar Marokko, nam haar paspoort in en vertrok zelf weer. Voor haar zal het aanvragen van een echtscheiding nu een uitkomst zijn,' zegt Boukassi. Zodra de vrouw is teruggebracht naar Marokko trouwt de man vaak opnieuw, een praktijk die volgens Boukassi vooral onder de Riffijnen verhoudingsgewijs vaker voorkomt. Het familiestatuut opent nieuwe wegen: de eerste vrouw kan een tweede huwelijk als reden van een scheiding aanvoeren.

Maar een jaar is duidelijk nog niet genoeg voor de Moudawana om eeuwen aan tradities te overwinnen. De stemming onder de voorvechters van de veranderingen is enigszins bedrukt. 'Het was mooie propaganda voor het moderne Marokko,' moppert Fouzia Assouli, voorzitter van de Democratische Liga voor de Vrouwenrechten. We drinken een kopje koffie in een café in Rabat. In praktijk blijken veel van de oude regels nog steeds te worden toegepast, vertelt Assouli. Vaders pikken het niet dat hun dochters trouwen tegen hun zin, mannen laten hun vrouwen met lege handen achter als ze de kans krijgen, kinderhuwelijken worden nog steeds met kletsargumenten goedgekeurd.

Het ministerie van Justitie is juist die week gekomen met mooie cijfers die het verjaarsfeest luister hebben bijgezet. Zo blijkt het aantal echtscheidingen in zijn geheel aanzienlijk verminderd, terwijl de scheidingen aangevraagd door de vrouw juist zijn toegenomen. 'Veelbelovend,' noemt secretaris-generaal van justitie Mohammed Ledidi de statistieken. De wet werkt volgens hem: mannen zetten hun vrouwen niet langer zonder geld op straat en vrouwen blijven niet langer gedwongen bij hun man.

Maar van die verhalen blijft weinig over in het onderzoeksrapport dat de Liga voor de Vrouwenrechten van Fouzia Assouli liet maken. Het aantal verstotingen door de man is niet af- maar toegenomen, terwijl de toegewezen scheidingen door vrouwen aangevraagd nog steeds een uitzondering vormen. Bij tellingen bij de rechtbanken blijkt het aantal gevallen van polygamie aanzienlijk hoger dan de officiële cijfers. De nieuw ingestelde familierechtbank in Rabat heeft in een halfjaar tijd 228 huwelijken met minderjarige meisjes toegestaan. In 60 van de 71 omstreden polygamiedossiers is toestemming gegeven. In de helft van de bijna zeshonderd aanvragen voor een scheiding deden de vrouwen afstand van al hun rechten. Van de gelijke verdeling van de boedel bij echtscheiding blijkt niet veel terecht te komen, omdat de vrouwen vaak moeite hebben aan te tonen wat hun bijdrage in het huishouden is geweest. De toewijzing van buitenechtelijke kinderen (met bijbehorende zorgplicht) blijkt evenmin eenvoudig. Getuigen zijn onwillig en rechters leggen zelden een genetische test op. Advocaten gespecialiseerd in het familierecht hebben de indruk dat er weinig vertrouwen bestaat in het aangaan van een juridische procedure. Of dat de vrouwen simpelweg nog steeds niet precies begrijpen wat de rechten waren die hen via de nieuwe Moudawana toekomen.

Tussen de nieuwe tekst en de uitvoering in praktijk blijkt nog een afgrond te gapen van onbegrip, gebrek aan middelen en een hardnekkige patriarchale mentaliteit. 'Veel van de rechters respecteren niet de filosofie achter de wetgeving,' concludeert Fouzia Assouli. De Marokkaanse pers spreekt daarnaast van grote achterstanden op de familierechtbanken. En medewerkers van justitie laten off the record weten dat de nieuwe jurisprudentie rond de wetgeving angstvallig wordt stilgehouden door justitie. Wat weer zo zijn problemen meebrengt voor de rechtstoepassing in veel Europese landen. De familierechtelijke gevolgen van de nieuwe Moudawana zijn via de immigranten tot de dagelijkse praktijk gaan behoren en vooral in echtscheidingsprocedures is het belangrijk hoe de rechter de nieuwe wetgeving gaat toepassen.

Er is nog een nieuw verschijnsel dat zowel in Marokko als in Europa is opgekomen onder Marokkanen: het moskeehuwelijk. Naar analogie van de kerken in het Westen wordt er getrouwd voor de imam, zodat alle nieuwe regelgeving en de rechtbank wordt vermeden. 'De betrokken vrouwen vervallen ermee in een soort concubinaat waar geen enkel recht aan kan worden ontleend,' zo uit rechtsgeleerde Abdellah Ounnir van de Universiteit van Tanger zijn zorg over het verschijnsel van de moskeehuwelijken. 'Deze clandestiene huwelijken zijn door de fundamentalistische moslims geïntroduceerd die vinden dat de huidige regels te westers zijn,' concludeert hij.

Ondanks alle tegenslag is er iets in gang gezet dat moeilijk terug te draaien lijkt. In de boekhandels van de grote steden gaan de voorlichtingsboekjes over de Moudawana gretig over de toonbank. Het loopt storm bij advocatenkantoren met verzoeken om informatie. Vrouwenactiviste Fouzia Assouli blijft optimistisch. 'We beschouwen de nieuwe Moudawana als een kwalitatief grote sprong voorwaarts,' zegt ze. 'De achterliggende gedachte maakt een eind aan het paternalisme. Het gaat er nu om dat de wet ook daadwerkelijk wordt toegepast.' Aïcha Zaïmi Sakhri, hoofdredactrice van *Femmes du Maroc*, de Marokkaanse Opzij, meent dat er een eerste stap is gezet op een lange weg. 'Als we werkelijk naar een samenleving toe willen waar de vrouwen volledig worden erkend als vrije burgers,' zegt Sakhri, 'dan zullen we het religieuze moeten scheiden van het juridische.' Dat is voorlopig nog een droom. De Moudawana, de islamitische familiecode, lijkt het schoolvoorbeeld dat een land in praktijk nooit vooruitstrevender kan worden dan de meest conservatieve rechter die de wet toepast. Wat Marokko nodig heeft was een mentaliteitsverandering vinden vrouwen als Fouzia Assouli en Aïcha Zaïmi Sakhri. En vooralsnog hobbelt die nog achter de nieuwe Moudawana van koning Mohammed VI aan. Zakenvrouw Naïma Alami uit Rabat had het al voor de inwerkingtreding van de wet voorspeld: 'Er moet nog heel wat gebeuren om de nieuwe maatregelen ook daadwerkelijk geaccepteerd te krijgen. Wat in eeuwen is opgebouwd breek je niet zomaar af in twee, drie jaar.'

De dochter van de sjeik

De emancipatie kent onverwachte vormen. Het geheime wapen van Al Adl Wal Ihsane is een vrouw en heet Nadia Yassine. Wie de dochter van de sjeik opzoekt in de nieuwbouwetage aan de rand van Salé begrijpt onmiddellijk waarom. Haar dochters zitten te computeren, echtgenoot Abdalá Chibani is docent boekhoudkunde en corrigeert hun werk. Moeder Yassine is bezig met het eten, maar het gesprek vindt plaats op de bank in de woonkamer. Nadia Yassine (1958) gaat gekleed in een eenvoudige maar smaakvolle jurk en een fraaie blauwe hoofddoek. Aan haar vinger draagt ze een opvallend moderne ring. Ze spreekt het smetteloze Frans van de Marokkaanse elite, is welbespraakt en heeft gevoel voor humor. Als ze niet de officieuze woordvoerder van een fundamentalistische beweging was, zou Yassine makkelijk door kunnen gaan voor het westerse rolmodel van een moderne, geëmancipeerde vrouw. Dat maakt haar bij uitstek geschikt om het clichébeeld van de fundamentalistische vrouw – onmondig, slaafs, ingepakt in zwarte *nikab* – op losse schroeven te zetten. Nadia Yassine is er niettemin trots op dat ze – naar eigen zeggen – de eerste vrouw op een Marokkaanse universiteit was die een hoofddoekje droeg toen ze in Fès politicologie studeerde. Haar tegenstanders noemen haar publiciteitsziek en lichtelijk getikt.

De beweging van Yassine kent aanzienlijk meer vrijheid dan vroeger onder koning Hassan II. De sjeik staat niet langer onder huisarrest, zijn beweging wordt officieel gedoogd. Maar Marokko is nog lang niet vrij genoeg voor de islamitische fundamentalisten, meent Yassine. 'Onze vrijheid bestaat eruit dat we naar het vrijdagmiddaggebed mogen,' spot ze. Politiek mag de beweging zich niet presenteren, wat niet wegneemt dat Gerechtigheid en Zorg zich heeft uitgesproken voor de instelling van een islamitische staat in Marokko. Hoe die eruitziet is minder duidelijk. De manier waarop de islam nu in de wetgeving is verankerd is onvoldoende. In ieder geval meer islam voor de onderdanen in plaats van minder. 'Voor u in het Westen is de scheiding van staat en kerk een bevrijding geweest,' zegt Yassine. 'Voor ons is het juist andersom: de vermenging van de islam en de staat heeft voor de moslims nooit een probleem gevormd.' Prompt haast ze zich te verklaren dat Marokko geen Iran is en zeker geen Afghanistan. Maar wat de rol van de koning als 'aanvoerder der gelovigen' betreft, laat zij er geen twijfel over bestaan dat de beweging van haar vader geen traan zal laten bij een eventueel voortijdig vertrek van de vorst. Nadia Yassine ontkent evenwel dat ze zou hebben gepleit voor een islamitische republiek. 'Ik ben een idealist, maar wel goed bij mijn hoofd,' lacht ze.

Juist dat laatste maakt dat haar tegenstanders haar beschouwen als het geciviliseerde gezicht waarachter zich een beweging verbergt die aanmerkelijk minder vriendelijk en welbespraakt is. Vrouwenorganisaties verweten haar openlijk verzet tegen de modernisering van de vrouwenrechten in de Moudawana. Zelf verklaarde ze dat zij en haar dochters zich niet 'beschermd' voelden door de nieuwe familiecode. Een argument zoals in fundamentalistische katholieke kring ook wel wordt gehoord over echtscheiding of homohuwelijk die het gezin bedreigen. 'Dit is een dictaat. Het is niet aan de feministische elite van de grote stad om hun ideeën op te leggen aan de vrouwen van het platteland,' aldus Yassine.

Nadia Yassine kan echter ook uit een ander vaatje tappen. Zo heette het in een ingezonden brief aan een Arabischtalige krant dat de aanpassing van de familiecode uitsluitend een voetval was voor het Westen 'binnen de algemene context van islamofobie, in het bijzonder na de aanslagen van de elfde september'. Die aanslagen worden misbruikt om het westerse democratische model op te dringen, inclusief de westerse opvatting van mensenrechten. Steun aan de zionistische vijand is daarbij niet meer voldoende als bewijs van goed gedrag, zo schrijft Yassine bijtend, 'maar ook het benutten van de vrouw als enige maat voor het vaststellen van de democratisering en het respect voor de mensenrechten'. Het Westen heeft volgens haar totaal geen interesse in de positie van de moslimvrouwen, behalve als argument om hun eigen economische en geopolitieke belangen veilig te stellen. Zo ontkomen zelfs de Marokkaanse vrouwen niet aan de elfde september.

Steun voor Bin Laden is er niet binnen de principieel geweldloze beweging van haar vader, onderstreept Yassine evenwel. De aanslagen in de Verenigde Staten waren een 'stommiteit'. Een goede moslim doodt geen onschuldige burgers. Maar achter de Amerikanen gaan staan is zo mogelijk nog erger. 'Het is onzin om de hele moslimwereld te straffen voor wat Bin Laden heeft gedaan,' vindt Yassine. Ze presenteert Al Adl Wal Ihsane als een beweging die juist gematigdheid uitdraagt. 'Ik verzeker u dat 90 procent van de Marokkanen op straat Bin Laden steunt. Ons volk is nu eenmaal emotioneel in zijn reacties. We werken eraan om onze achterban te overtuigen dat terreur tegen de islamitische principes is. Maar als ik moet kiezen tussen twee vuile oorlogen om tegen te protesteren, dan kies ik voor een demonstratie tegen de Verenigde Staten.'

Minder moeite lijkt Nadia Yassine te hebben met de antisemitische opvattingen die haar vader openlijk predikt. Ondanks het feit dat praktisch alle Marokkaanse joden naar Israël zijn verhuisd noemde de oude sjeik het corrupte Marokko onder Hassan een 'judeocratie'. Nadia Yassine: 'De joden vormen een geprivilegieerde minderheid. De militairen, de makhzen en de handelsfamilies hebben zich verrijkt aan de corruptie. Er zijn duizenden joden naar Israël gegaan ondanks de goede verstandhoudingen met de Marokkanen, omdat ze daar beter konden verdienen. Die minderheid aan joden die hier is gebleven deed dat uitsluitend om hun materiële belangen te verdedigen en niet vanwege de mooie ogen van de Marokkanen of de liefde voor hun land.'

Marokko, zegt ze, is een kruitvat dat ieder moment kan ontploffen. En het corrupte systeem van de makhzen weet dat, vandaar de zenuwachtigheid rond de fundamentalistische bewegingen. Nadia Yassine: 'Wanhoop leidt tot geweld. De nieuwe koning is anders dan zijn vader, geen despoot van nature. Maar het gaat niet om de persoon maar om het systeem gebaseerd op belangen waarin de koning het middelpunt vormt.' De enige geloofwaardige oppositie in het land is Al Adl Wal Ihsane. Dat het de beweging wordt verboden zich politiek te organiseren is welbeschouwd een zegen, meent Nadia Yassine. Want de overwinning zou wel eens zo overdonderend kunnen zijn dat er onvermijdelijk een reactie van onderdrukking volgt. 'We leren de lessen uit de geschiedenis. In Algerije heeft de vloedgolf van fundamentalisten in het parlement tot een totale onderdrukking geleid die tien jaar aanhield. We zouden een ineenstorting van de Marokkaanse maatschappij kunnen veroorzaken zoals in Algerije. En daar schiet niemand wat mee op. En wij nog wel het minst.'

En dus wacht Gerechtigheid en Zorg rustig tot Marokko rijp is voor de ommezwaai. Onderwijl is iedereen welkom voor een gesprek. 'Wij sluiten de deur niet. We hebben de plicht om de boodschap van de islam uit te dragen en staan voor de dialoog. Desnoods met de duivel.'

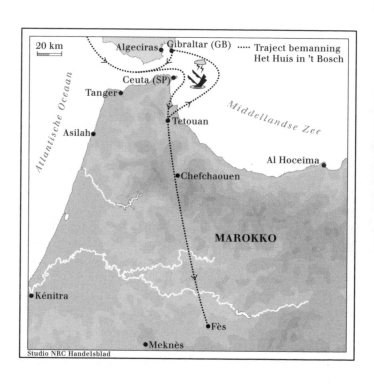

20 km

Algeciras
Gibraltar (GB)
Ceuta (SP)
Tanger
Atlantische Oceaan
Asilah
Tetouan
Middellandse Zee
Al Hoceima
Chefchaouen

MAROKKO

Kénitra

Fès
Meknès

Traject bemanning
Het Huis in 't Bosch

Studio NRC Handelsblad

5 | SCHIPBREUK BIJ TETOUAN

De carrièremogelijkheden in het vroegere Marokko waren beperkt. Wie behoorde tot de rijke families uit Fès, de fassi, kon zich via de makhzen omhoogwerken. Met om de haverklap een nieuwe sultan was dit echter een onzeker en risicovol bestaan. Bij paleisruzies of overname van de macht werden de afgehakte hoofden van de overwonnen tegenstanders aan hun oren hoog in de poorten van de stad gehangen. Maar er waren meer riskante beroepen en wie het een beetje handig aanpakte kon een leuk inkomen bijeengaren. De karavaanhandel was een alternatief, maar hier loerde het gevaar van struikrovers en woestijnbendes. Zakelijk gesproken was de piraterij zo gek nog niet. Zeker specialisatie in de slavenhandel bood aantrekkelijke mogelijkheden, een bovengemiddeld renderende activiteit voor ondernemers met lef die bereid waren om een meer dan gemiddeld risico te nemen. Vrij beroep met risicopremies bij succesvol ondernemerschap: een profiel waar menig hedendaagse zakenman zich in zal herkennen.

Een gekaapt schip vertegenwoordigde allereerst waarde in de vorm van de vracht aan boord, de kanonnen en de wapens. De boot kon natuurlijk doorverkocht worden. Maar vaak waren het de opvarenden zelf die het meest waardevol waren. Alles wat zich aan mannen, vrouwen en kinderen aan boord bevond werd automatisch tot slaaf verklaard en vormde daarmee aantrekkelijke handelswaar. Iedereen met een gebrek – te oud, te ziek – kon overboord. De rest werd aangeboden aan hun respectievelijke regeringen in Europa, niet zelden na langdurige en moeizame onderhandelingen over de losprijs. Uitvalsbases voor de piraten waren de Atlantische kustplaatsen in Marokko en de Afrikaanse noordkust aan de Middellandse Zee. Algiers, het belangrijkste zeeroversnest aan de Middellandse Zee, zou op het hoogtepunt van deze handel in de zestiende en zeventiende eeuw soms twintig- tot dertigduizend slaven herbergen.

De losprijs voor een slaaf hing sterk af van zijn belangrijkheid. Dat ondervond tot zijn schade en schande de Spanjaard Miguel de Cervantes. De latere schrijver van *Don Quichot* had zich moedig geweerd in de Slag bij Lepanto (1571) tegen de Turkse vloot. Als beloning kreeg hij daarom aanbevelingsbrieven mee voor een baantje in Spanje van niemand anders dan bevelhebber Don Juan van Oostenrijk. Ongelukkig genoeg werd het schip van Cervantes in 1575 gekaapt door piraten. Die troffen de brieven met de indrukwekkende zegels aan en hielden de latere schrijver voor een veel belangrijker persoon dan hij in feite was. Het kwam hem te staan op vijf jaar slavernij in Algiers, waar hij uiteindelijk min of meer bij toeval werd vrijgekocht met een borgsom die ontoereikend bleek voor een Spaanse edelman van aanzienlijk meer gewicht. Cervantes had geluk: veel van zijn Europese medeslaven zouden hun vaderland nooit meer terugzien.

De zeeroverij en slavenhandel zou nog tot in de negentiende eeuw een aantrekkelijke handel blijven. Toen vond de Engelse admiraal sir Sidney Smith het welletjes en richtte de Vereniging tot Afschaffing van de Slavernij op om de christenslaven in Noord-Afrika definitief te bevrijden. Het bombardement van Algiers in 1816 door een Brits-Hollandse vloot maakte een einde aan de Noord-Afrikaanse pirateneconomie. Aangemoedigd door dit succes besloot de vereniging van sir Sidney haar werkterrein te verleggen naar de zwarte slaven in de Verenigde Staten.

In tegenstelling tot Algerije, waar de piraterij en slavenhandel een min of meer georganiseerd deel uitmaakten van het officiële landsbestuur, heerste in Marokko vanaf de zeventiende eeuw vooral de chaos. Na de dood van sultan Ahmed el-Mansoer in 1603 was het land uiteengevallen in twee sultanaten: een in Fès en een in Marrakech. Spanje had zich een aantal strategische kustplaatsen toegeëigend. Verschillende Berberstammen bestreden elkaar zoals gebruikelijk op leven en dood, de ene sultan volgde de andere op en vaak was niet precies duidelijk wie er aan de macht was. Door de anarchie werd Marokko een dankbaar toevluchtsoord voor avonturiers. Tot de islam bekeerde christenen maakten carrière in de kaapvaart, Turken doken op als huurlingen in het leger, joden beheersten de buitenlandse handel en de uitgezette Andalusische moslims bekleedden als fassi vaak hoge posten in het bestuur.

De sultans hadden nauwelijks greep op het land. In de steden aan de Atlantische kust en Tetouan aan de Middellandse Zee was het bestuur feitelijk in handen van lokale vrijbuiters en kaapvaarders. In Salé resulteerde dit zelfs in een piratenrepubliek, waar de zeerovers zich nauwelijks iets gelegen lieten liggen aan de wisselende sultans in Marrakech of Fès.

Voor de Europese mogendheden stonden er twee manieren open om hun koopvaardij en hun onderdanen te beschermen. Onderhandelen, wat op betalen neerkwam, en als dat niet hielp: grof geweld. Het laatste vereiste meestal nog meer geld en mankracht, en dus was diplomatie de meest adequate oplossing. In de Republiek der Zeven Provinciën was de handel en economie van meet af aan verweven met de staat, en dus had het onderhandelen sowieso de voorkeur. Met Marokko leek bovendien een goede deal te sluiten. Spanje was erfvijand van beide landen, dus lag een bondgenootschap voor de hand. Het enige probleem was met wie. Zoals wel vaker in de geschiedenis realiseerde men zich in het noorden onvoldoende dat de Marokkaanse sultan slechts een beperkte macht kon doen gelden over zijn onderdanen. Zeker wanneer onduidelijkheid heerste over wie de sultan was.

De eerste Nederlandse diplomatieke missie in 1605 had al direct problemen gehad. De Staten-Generaal had een speciale gezant naar de sultan in Marrakech gezonden voor het sluiten van een verdrag. Enkele jaren later schreef deze naar Den Haag op wanhopige toon dat hij midden in voortdurende paleistwisten en machtswisselingen terecht was gekomen. In minder dan anderhalf jaar tijd had hij zijn opwachting moeten maken bij zes verschillende sultans. De hoeveelheid geschenken had het karige staatsbudget ruimschoots overschreden, zodat de gezant uit pure noodzaak de cadeautjes nu uit zijn eigen zak moest betalen. Uiteindelijk zou Nederland in 1610 als eerste Europese mogendheid erin slagen een verdrag te sluiten, waarin Marokko in ruil voor een handelsakkoord zijn havens openstelde en niet langer Hollandse slaven zou verhandelen. Voor Marokko was dit een niet onbelangrijke overwinning na de oproep van de paus in Rome om de moslimlanden te boycotten.

Het diplomatieke gekibbel ging ondanks het bereikte akkoord onverminderd door. Terwijl in Marokko de machtswisselingen aanhielden, werden steeds meer Hollandse schepen met kaapbrieven tegen de Spanjaarden op de Marokkaanse kusten actief. Deze Hollandse piraten bleken zich gaandeweg steeds minder aan te trekken van Den Haag en vielen bij tijd en wijle ook Marokkaanse steden en schepen aan. Andersom trok de piratenrepubliek van Salé zich weinig aan van het gezag in Marrakech. Met de benoeming tot admiraal van de kapersvloot van Salé van Jan Janszoon (een renegaat uit Haarlem die bekend werd onder de naam Moerad Raïs) werden de betrekkingen allerhartelijkst. Totdat ook Moerad Raïs niet kon voorkomen dat Hollandse schepen werden aangevallen vanuit Salé.

Een eeuw later was er weinig meer over van het vriendschapsverdrag tussen de lage landen en hun moorse broeders. Het einde van de tachtigjarige oorlog met Spanje in 1648 maakte de noodzaak van een alliantie met Marokko minder dringend. De ondertekening van de Vrede van Utrecht (1713) bevestigde bovendien dat Nederland het als zeevarende grootmacht definitief had afgelegd tegen het Britse Rijk. De dure zeeoorlogen hadden de staatskas uitgeput. De provinciën weigerden om hun admiraliteiten fatsoenlijk te financieren. De marine verkeerde in permanente geldnood, de vloot raakte verouderd. In de piratennesten aan de Atlantische kust en in de Middellandse Zee begon het respect voor de Hollanders merkbaar te tanen.

Het uitgeven van kaapbrieven tegen Marokko haalde evenmin veel uit. Als er weer eens een vlooteskader naar de Middellandse Zee werd gestuurd, bleek dat de oorlogsbodems niet in staat waren om de kleinere, snelle piratenboten op te brengen. In 1715 werd de vrede met Marokko verbroken, omdat de Republiek weigerde om op Nederlandse schepen buitgemaakte gevangenen vrij te kopen. Vanaf 1716 werd de Nederlandse handelsvloot weer systematisch belaagd door de piraten. In vier jaar tijd werden veertig handelsschepen met een gezamenlijke waarde van zes miljoen gulden gekaapt. Negenhonderd slaven werden buitgemaakt.

Het ging pas goed mis met de affaire rond de oorlogsbodem Het Huis in 't Bosch dat in 1751 onder leiding van gezagvoerder Hendrik Cornelis Steenis naar de Middellandse Zee was gestuurd om voor de kust van Tetouan te jagen op piraten. Het was bedoeld om een nieuwe vredesovereenkomst met de sultan af te dwingen. De zaak liep echter volledig spaak. Het Huis in 't Bosch, een splinternieuw fregat met 22 kanonnen en 132 opvarenden, verging tijdens een storm in de nacht van 18 op 19 december voor de kust ten zuiden van de Spaanse enclave Ceuta. Het grootste deel van de bemanning wist levend en wel aan wal te raken, maar werd daar al snel gevangengenomen door de gouverneur van Tetouan. De sultan in Fès toonde zich vanzelfsprekend zeer in zijn nopjes met de vette buit.

De gevangenschap van de mariniers van Het Huis in 't Bosch was een zaak waar het thuisfront intens in meeleefde. Hier was de nationale trots in het geding. Het boekje over de 'Rampspoedige Reys Tocht' van Het Huis in 't Bosch werd naderhand goed verkocht. De reiskroniek, bijgehouden door een anoniem gebleven marineofficier, deed verslag van de belevenissen van de bemanning, die bijna een jaar lang gevangen zou blijven. Behalve de gebruikelijke gruweldetails over de mishandelingen en het wispelturige gedrag van 'Zijne Beestelykheyd' de sultan, werd tevens gedetailleerd beschreven hoe het er die dagen in Marokko aan toeging.

De narigheid begint al direct als de mariniers na de schipbreuk half zwemmend met een lijn op het strand zijn geraakt. Ze proberen het Spaanse Ceuta te bereiken, maar worden onderweg gesnapt door de Marokkanen. Een uit de kombuis geredde ham wordt de grond ingetrapt en de mariniers worden vrijwel geheel uitgekleed en alles wordt hun afgenomen. Een matroos die de rest niet bij kan benen wordt de hersens ingeslagen, hetgeen de schrik er goed in houdt bij de gevangenen.

Eenmaal gearriveerd bij Sidi Mohammed, de gouverneur van Tetouan, verbetert de situatie. De gezagvoerder en de officieren krijgen een eigen tent, er worden broodjes en ander eten uitgedeeld. Wel wordt de bemanning geacht, net als de Marokkanen, met hun handen te eten. Gezagvoerder Steenis heeft geluk. Hij krijgt van de gouverneur een houten suikerlepeltje bij wijze van bestek en mag slapen op een leeuwenhuid. Ook krijgsgevangenen konden in Marokko op een zekere gastvrijheid rekenen, vooral als zij een hoog losgeld vertegenwoordigden.

Dat laatste is inmiddels ook bekend bij de inwoners van Tetouan. De stad is feestelijk uitgelopen om de buit binnen te zien wandelen. Ruiters schieten hun geweer leeg, de vrouwen laten hun jubelende *zagharid* horen: 'het wonderlykste gegil met de mond dat er de lugt van weergalmde'. Er is muziek van trompetten, schalmeien en kleine trommeltjes met blikken ringen, er wordt gezongen en wierook gebrand. Onder de slaven is de stemming minder opgewekt, 'te meer wanneer door de vrouwen en kinderen in 't aangezigt gespoogen wierden'. De tocht eindigt in een gevangenis onder de grond, die bekendstaat als de Matimoor. 'Hetgeen zoo veel wil zeggen als leeuwenkuyl, zoodat daar voor deesen denkelyk leeuwen in zullen opgeslooten geweest zyn.' De gevangenen moeten er met een loshangend laddertje in afdalen. Gezagvoeder Steenis krijgt het slingerend aan zijn laddertje te kwaad en barst in een snikbui uit, zo laat het verslag niet onvermeld.

De Engelse consul zorgt voor een verbetering in de situatie. De officieren, inclusief de weinig heldhaftige Steenis, worden in een huis ondergebracht. De rest blijft in de leeuwenkuil. Daar wordt het steeds drukker: negentien bemanningsleden van een Frans schip en twee Spaanse paters dalen af van het laddertje. Overdag moet er hard gewerkt worden ('steenen draagen'), waarbij de moorse bewakers over losse handjes blijken te beschikken. Het journaal meldt onder meer darmbreuken en zwerende wonden als gevolg van het gemep. De schiemansmaat verliest een duim.

Den Haag wordt vanuit Tetouan gemaand tot haast bij het voldoen van het losgeld. Na een dikke twee maanden verschijnt er inderdaad een bode van de republiek aan de poort met de mededeling dat er betaald wordt. De vreugde is groot: prompt hoeven er geen stenen meer gesjouwd te worden. En ook de gouverneur is in zijn nopjes bij het vooruitzicht van uitbetaling, waar hij ongetwijfeld zijn deel uit ontvangt. Bij wijze van beloning worden de slaven getrakteerd op een extra grote portie couscous 'gelardeerd met jonge hoenders en eijeren en schaapevlees'. De couscous bevalt de officieren van Het Huis in 't Bosch goed. Het betreft hier een fijn soort meel, zo meldt het verslag, dat door gisting tot kleine korreltjes wordt gewreven en vervolgens gekookt.

Lang duurt de vreugde niet. Volgens de lokale wet moeten de slaven eerst hun meester hebben gezien willen ze vrijgelaten worden. En sultan Moulay Abdallah ('de Cyzer'), die in Fès aan de laatste van zijn veelvuldige regeerperiodes bezig is, lijkt niet van plan een uitzondering op deze regel te maken. Een domper op de feestvreugde. Fès ligt immers landinwaarts, weg van de kust waar de vrijheid lonkt. De sultan, al bekend uit de beschrijving van Maria ter Meetelen, heeft geen beste naam. Ook de gouverneur van Tetouan is in mineur, want de verhoudingen met de sultan in Fès zijn niet optimaal. Misschien dreigt hij zijn bewaarpremie te missen. Maar de sultan is onverbiddelijk: de slaven, die een flink bedrag vertegenwoordigen, moeten naar hem overkomen. De sultan vertrouwt zijn gouverneur in Tetouan voor geen cent. Opstandige Berbers uit de bergen hebben Fès enige tijd belegerd. Het is hoog tijd zijn gezag weer eens te laten gelden.

Met frisse tegenzin beginnen de mariniers aan hun tocht naar Fès. De mineurstemming staat niet in de weg dat het journaal de indrukwekkende natuur van het Rifgebergte opmerkt. De stoet trekt door een fraaie vallei langs steile, groene bergen. Het zonnetje schijnt. In de buurt van Chefchaouen wordt een berg beklommen waarvan de hoogte door de moren op wel 2 mijl wordt geschat. 'Dat wy tot bloedsweetens toe ondervonden,' aldus het journaal. Het is hartje zomer. De oostelijke levante, die 's winters de kou aanvoert, zorgt nu voor een onverdraaglijke hitte. De tweede kapitein krijgt daags na de klimpartij een flauwte en wisselt 'in wynig minuten tyds dit tydelyke met het eeuwige'. Nog een matroos bezwijkt, een twintigtal anderen vallen flauw. Gezagvoerder Steenis, wiens zenuwen al veel te verduren hebben gehad, wordt beroerd op zijn muilezel. Gelukkig komt hij weer bij zinnen.

Niet alleen de hitte vormt een bedreiging. Achter de struiken en de rotsen loeren de mannen van de 'Arbas', een lokale bergstam die naar verluidt bestaat uit 'seer stroopende en roovende volkeren'. De dreiging leidt tot saamhorigheid tussen de gevangen en hun escorte. Willig wordt het advies geaccepteerd waakzaam te zijn en in geval van onraad onmiddellijk alarm te slaan.

Eenmaal bij de poorten van Fès aangekomen blijkt het ramadan. Sultan Moulay Abdallah (''t grootste schrikdier deezer eeuwe') laat zich die eerste paar dagen niet zien. In de slavenverblijven blijkt ieder land zijn eigen hoekje te hebben, inclusief een eigen opzichter of *alcaide*. Comfortabel is anders. De slaapmatten zitten vol ongedierte, zodat de nacht niet kan worden doorgebracht 'sonder op een heevige wys door de moorse weegluyzen aangerant te worden'.

Schrikdier of niet, als de sultan dan eindelijk verschijnt doet hij dat in een stijl die ook op zijn gevangenen indruk maakt: gezeten op een parelkleurige hengst, een ruim 3 meter lange lans in de hand, een parasoldrager aan zijn zijde en omringd door vier 'extra grote bulhonden'. Hij wordt terzijde gestaan door vier met geweren bewapende lijfwachten, één met een stok om het gepeupel weg te meppen en een slaaf met een koffiekan voor de plotselinge dorst. Ramadan is kennelijk voorbij. Zijne majesteit is gekleed in een mantel van gebloemde, blauwe zijdedamast. Hij is slechts in het bezit van het linkeroog. Het oog rechts is verdwenen na een aanval van de 'Napelse kinkhoest', zo meldt het journaal.

Vanaf het begin is het duidelijk dat het niks wordt tussen de Hollanders en deze heerser, al doet de sultan – vermoedelijk in zijn nopjes met de toezegging van het losgeld uit Den Haag – nog zo zijn best. De aanvoerder der gelovigen begint een gesprekje met gezagvoerder Steenis, een eer die echter niet bijster op prijs wordt gesteld. 'Beuselachtige vragen', zo omschrijft het verslag de hoogwaardige belangstelling. De communicatie verloopt stroef. Herhaaldelijk probeert de vorst de namen van Steenis en zijn officieren uit te spreken, hetgeen maar moeilijk lukt. Een domoor, concludeert het verslag. Ook al omdat de sultan belangstellend vraagt wie hun koning is, maar niet schijnt te begrijpen dat Nederland een republiek is en dus geen koning kent. Het gesprek moet een opeenstapeling van misverstanden zijn geweest: een sultan die geen koning is, krijgt een republiek uitgelegd met een stadhouder die een prins is.

Niettemin: de scheepsjongens worden op last van de sultan ondergebracht bij de kapucijners met de mededeling dat ze goed voor hun gasten moeten zorgen. Anders wordt hun hoofd afgehakt. Een kapucijner krijgt opdracht om een jongetje van zes jaar op zijn rug te nemen. Kwartiermeester Marten Jetse wordt vanwege zijn grijze haar onmiddellijk van alle werk vrijgesteld. Maar door deze humane gestes laten de Hollanders zich niet vermurwen. De sultan kent immers geen medelijden, aldus de schrijver, 'alzoo het nooyt in zyne ziele plaats gehad heeft'.

Inderdaad wordt de bemanning ondanks de vriendelijke ontvangst direct weer aan het werk gezet. De ene dag krijgen ze opdracht een muur te bouwen, die de volgende dag weer wordt afgebroken, grachten worden gegraven en vervolgens weer gedempt. Hopen aarde en stenen worden van hot naar her gesleept zonder duidelijke bedoeling. En dat alles tegen een schamel loontje, waar de slaven ook nog eens hun eigen eten en drinken van moeten bekostigen.

Het hof in Fès is indrukwekkend maar chaotisch. De schrijver telt een harem van een tachtigtal 'wyven en bywyven' en dat is niet alles, want volgens slaven die al langer vastzitten bevindt de grootste groep vrouwen van de sultan zich in Meknès. De bewaking van de dames is in handen van 'swarte castraten', die met regelmaat 'door deze mistvarkens' worden geslagen. Zelf lijkt de sultan overigens niet erg geïnteresseerd in zijn vrouwen. Hij verpoost zich liever in het gezelschap van twee mooie jongens, die hem dag en nacht vergezellen en muziek voor hem maken.

De hofhouding verkeert in een diepe crisis, zoveel wordt wel duidelijk. De schatkist is leeg. Dat blijkt vooral een probleem voor de broers van de sultan, van wie het aantal volgens de schrijver op enige honderden geschat moet worden. Een familieleger van nietsnutten die de dag doorbrengen met onderlinge ruzies. Zo groot is de armoe onder de prinsen, dat ze bij de slaven komen bedelen om een muntje of een stuk brood. De Hollanders twijfelen er niet aan of de broederschare zal straks 'by hoopen afkoomen om hunnen broeder van de importante somme van onse verlossinggelden wat te ontlasten'.

De sultan heeft een nogal impulsief karakter. De slaven zijn er getuige van hoe hij, op zijn paard gezeten, een Spaanse slaaf op zijn lans spietst in iets wat lijkt op een plotselinge aanval van hysterie. Een van de zwarte opzichters ondergaat hetzelfde lot – de lans komt er aan zijn rugzijde weer uit– maar deze overleeft wonderbaarlijk genoeg de spietspartij. Achteraf voelt de heerser zich geroepen zich voor de dood van de Spanjaard te verantwoorden tegenover gezagvoerder Steenis: de slaaf had zich voorgedaan als Hollander, hij ging te fraai gekleed, en alsof het niet genoeg was, was hij een oplichter die publiekelijk werd gesignaleerd met schandknaapjes.

Wantrouwen is 'een algemeene siekte' onder de Marokkanen en een bron van strijd en economische achterstand, zo menen de

Hollanders. De sultan vertrouwt de stadsvoogd van Tetouan niet. Binnen de eigen families vertrouwen mannen hun vrouwen en kinderen niet. Andersom ook niet. Binnen de Berberstammen in de Rif vertrouwt men elkaar evenmin. Zichtbare welvaart leidt vrijwel onvermijdelijk tot ruzie en afgunst. Het schamele geld en de sieraden worden begraven in de grond, zodat na de dood van de bezitters niets meer terug te vinden valt.

Het lot krijgt een gunstige wending als een van de vele broers van de koning, Moulay Queer geheten (hij zou nog een blauwe maandag op de troon hebben gezeten tijdens een van de paleisrevoltes), tijdens Pasen op bezoek komt in Fès. Ook deze prins bedelt bij de slaven om een pijp tabak en wat te eten. Dat blijkt dit keer zijn vruchten af te werpen, want tijdens een nachtelijk bezoek herinnert deze Moulay Queer zijn broer eraan dat hun vader – de beroemde Moulay Ismaïl – met de Hollanders een langdurige vrede had gesloten en hun slaven had bevrijd. De sultan, die al eerder blijk gaf weinig van Nederland te weten, laat staan dat er een akkoord was geweest, zweert bij de beenderen van zijn vader dat hij de slaven terug zal zenden. Vreugde bij de mariniers die het verhaal via de schandknapen van de koning doorgebriefd krijgen.

De groep wordt teruggezonden naar Tetouan in afwachting van vervoer naar huis. Onderweg dreigt het nog even mis te lopen. Een jongen die volgens de Nederlanders niet helemaal goed snik is, eist enige dukaten als passagegeld, maar wordt door de bewakers van het escorte hartelijk uitgelachen. Boos zegt hij dat hij terugkomt met zijn broers. Dat blijkt geen loos dreigement: de achterhoede van de stoet wordt belaagd door een groep jongens en gevreesd wordt dat er snel veel meer uit de bergen opgetrommeld kunnen worden. Gelukkig komt er op dat moment juist een versterking uit Tetouan, waarop het dreigende handgemeen in de kiem wordt gesmoord. De conclusie is duidelijk: buiten de stadsmuren van Fès en Meknès heeft de sultan weinig te vertellen. Het grootste deel van Marokko voelt zich niet aan hem onderworpen, zo meldt het verslag. Dat had Den Haag anderhalve eeuw eerder moeten weten.

Na een behouden aankomst in Tetouan moeten de vrijgelaten slaven nog enige tijd wachten op de administratieve rompslomp van het losgeld dat betaald moet worden en een nieuw vredesakkoord tussen Nederland en Marokko dat in de maak is. Het verblijf is niet onaangenaam, de bevolking van de stad toont zich nu plotseling een stuk vriendelijker. Nu is het echter de alom aanwezige corruptie die de Nederlanders stoort. Overal staat men klaar om voor niets een kleine bijdrage te vragen. Wie protest aantekent belandt al snel van de regen in de drup. De Britse vice-consul, die de bagage van de Nederlandse consuls naar Gibraltar laat overbrengen, krijgt het aan de stok met de muilezeldrijvers, die volgens hem vier beesten te veel in rekening hebben gebracht. Er ontstaat een scheldpartij. De vice-consul gooit de ezeldrijvers zijn huis uit. Die gaan verhaal halen bij de stadsvoogd, omdat de vice-consul hen in het Arabisch voor 'hoorndragers' zou hebben uitgemaakt. Zoiets wordt hoog opgenomen. De vice-consul wordt in de gevangenis gesmeten. Na enkele minuten wordt hij weer vrijgelaten, in ruil voor een 'schadevergoeding' voor de stadswachten. Eenmaal thuis wordt op de deur geklopt: de wachten en een gevangeniscipier staan op de stoep en maken amok – 'als Bonte kraaijen op het Aas' –, omdat ze niks hebben gekregen. De zaak wordt afgekocht voor vijftien zilveren dukaten, aanzienlijk meer dan de vier muilezels waar het allemaal om was begonnen. Het thuisfront wordt gewaarschuwd: 'Van sulke en diergelijke schrokkerijen is dat Zodommistische land vol.'

De bemanning van Het Huis in 't Bosch wordt uiteindelijk gelijktijdig uitgeruild met sloepen gevuld met het losgeld. Voor 250 slaven en een nieuwe overeenkomst betaalt de Republiek 325.000 gulden. De vrijgelaten mariniers reizen in de ochtend van 22 november 1752 met de oorlogsbodem Raven af met een gunstige wind richting Gibraltar. De Raven arriveert twee maanden later bij Tessel. De opvarenden worden als helden binnengehaald. Er was vrede met Marokko, maar het heeft zijn prijs gehad.

Ramadan

Het is niet toevallig dat de bemanning van Het Huis in 't Bosch bij hun aankomst in Fès de sultan niet zagen. Het was immers ramadan. En wie het zich kon veroorloven brengt de dag gedurende de heilige vaste slapend door. Dat was in 1752 niet veel anders dan nu. De ramadan betekent immers dat een maand lang vanaf zonsopgang tot zonsondergang wordt gevast en onthouding wordt betracht. Dat is geen makkelijke opgave, die echter door een eenvoudige handgreep een stuk dragelijker gemaakt kan worden. Wie zijn leefritme simpelweg verlegt naar de nacht, komt het vasten gedurende de dag een stuk eenvoudiger door. Bijkomend voordeel is dat de veelgeroemde gezelligheid van de ramadan zich sowieso naar de nachtelijke uren verplaatst gedurende de vastenmaand. Strikt genomen is het natuurlijk vals spel en niet volgens de geest van de ramadan, die juist voorziet in een geestelijke verdieping door het afzien dat overdag betracht wordt. Sommigen noemen het zelfs hypocrisie. Alle moslims zijn gelijk voor ramadan. Maar net als onder de christenen zijn sommige moslims nu eenmaal gelijker dan andere.

Omdat de schade van het vasten in de avonduren wordt ingehaald, tonen de straten en de markten aan de vooravond van ramadan een aanblik van een koopdrift ter voorbereiding van een groot feest. Of, zo men wil, het decor van hamsterwoede in het vooruitzicht van een hongerwinter. Vrouwen zeulen zware tassen vol houdbare melk, meel, boter en eieren door de poorten aan de ingang van de oude medina. Straks worden er de *brioutes*, *harcha*, *chebbakia* en andere zoete koekjes en pasteitjes van gebakken.

Overdag wordt gevast, na zonsondergang volgt in huiselijke kring de compensatie. De dadels komen met vrachtwagens vol de grens over als de oogst in eigen land door de aanhoudende droogte weer eens tegenvalt. De importheffingen voor buitenlandse producten zijn verlaagd in verband met ramadan, maar de invoer is nog altijd duur. Met de smokkel van honing valt goed geld te verdienen. De prijzen stijgen, behalve die van de satellietschotels, televisies en geluidsinstallaties. In deze branche wordt de feestmaand juist benut om het arsenaal aan huiselijke consumentenelektronica in de aanbieding te gooien.

De Ramadan heeft met Kerstmis gemeen dat het wordt voorgesteld als een periode van reflectie, waarin de geborgenheid van de familiekring, tolerantie en vreedzaamheid vooropstaan. Maar net als bij Kerstmis staan deze oude waarden in toenemende mate onder druk van het seculiere stadsleven in een moderne consumptiemaatschappij. De mensen zijn juist snel prikkelbaar, er hangt een vage zweem van hysterie in de lucht en achter de façade van geforceerde gezelligheid liggen ruzies op de loer. Een wijs mens ruilt Marokko tijdens ramadan voor Europa, net zoals het verstandig is de kerst in Marokko door te brengen. Omdat ramadan wordt vastgesteld aan de hand van het islamitische maanjaar, dat elf dagen korter is het zonnejaar van de westerse kalender, verschuift de vastenmaand jaarlijks elf dagen naar voren. Eens in de zoveel tijd vallen kerst en ramadan derhalve samen. In dat geval dient een reis naar een land met een boeddhistische of hindoebevolking ernstig overwogen te worden.

Marokko is overdag collectief uit zijn humeur tijdens ramadan. Geen wonder, want de vasten leidt onvermijdelijk tot ongemak. 's Ochtends in alle vroegte propt iedereen zich nog snel vol met een ontbijt waarmee de dag moet worden doorgekomen. Op het moment dat de eerste zonnestralen de nieuwe dag aankondigen – en dat is afhankelijk van de zomertijd een tot twee uur vroeger dan de zon opkomt in het grootste deel van Europa – is het afgelopen met eten, roken en seks. Dat is nog tot daar aan toe. Maar ook het drinken wordt gestopt. Voor wie – geheel in lijn met moderne voedingsadviezen – gewend is een paar liter vocht per dag te drinken, een ondragelijke opgave. Gezondheidshalve een afrader.

Islamitische dokters daarentegen zijn vol lof over het vasten. Geestelijk bevordert het de wilskracht. Net als bij de planten zorgt een beetje minder vocht voor een langer leven. De lange eetpauze zorgt voor verlaging van het bloedsuikergehalte en de cholesterol, daling van een hoge bloeddruk, vermindering van overgewicht en positieve effecten bij hart- en vaatziektes. En door regelmatige herhaling van de koranteksten wordt tijdens ramadan tevens het geheugen getraind. Tijdens een speciaal congres in Casablanca over de medische effecten van ramadan werd de ramadan dan ook aan iedereen van harte aanbevolen.

Ik ben arts noch moslim, maar uit eigen waarnemingen in Marokko lijkt me de gedachte dat het vasten met ramadan gezond is te berusten op een zorgvuldig instandgehouden mythe. Vooral tijdens zo'n bloedhete zomerdag is vastend Marokko bezig collectief uit te drogen. Lage bloedsuikergehaltes zorgen voor concentratiestoornissen en fysieke slapheid. Het onderbreken van een regelmatig eetpatroon geldt evenmin als aanbevelenswaardig. De kwelling wordt niet minder door de weemakende geur die in de straten hangt van gebakken zoetigheid voor in de nachtelijke uren. Zodra de zon onder is, valt men familiegewijs aan op de traditionele *harira* – Marokko's onvolprezen soep van linzen en kikkererwten – gekookte eieren, melk, koffie en het kleverige gebak. Na een dag van afzien volgt nu in een sfeer van algehele gezelligheid een bombardement van calorieën. Een soort sinterklaasavond, maar dan iedere nacht een maand lang. Het feest wordt bovendien tot in de kleine uurtjes voortgezet. Na een paar uur slaap gaat de wekker voor het ontbijt. Voor wie moet werken althans. Wie het zich kan permitteren, kruipt na het ontbijt weer snel onder de dekens.

Voor de grote meerderheid begint de dag met een slaaptekort, ontregelde magen en dorst. Dat ongemak wordt afgereageerd. Statistieken zijn niet voorhanden, maar de ervaring leert dat het verkeer in Marokko nog een slag minder voorspelbaar is met ramadan. Er wordt merkbaar meer getoeterd. Hoeveel chauffeurs vallen in slaap achter het stuur? Stijgt het aantal ongelukken? Er zijn minder mensen op straat, dat is weer een voordeel. Cafés zijn gesloten, restaurants dicht voor een opknapbeurt, het sociale leven staat op een laag pitje. Voor buitenlanders is het langer zoeken naar een biertje of een fles wijn. De sigarettenverkopers, de stalletjes met slakken, sinaasappelsap of nootjes: alles wat gericht is op de consumptie van alledag moet zijn nering opschorten tot in de avonduren. Alleen de suikerindustrie en bakkerijen van de koekjes maken overuren voor de productie van het zoet-goed dat na zonsondergang wordt geconsumeerd.

Het vasten kan ongetwijfeld karaktervormend werken op de geest. Dat discipline de wilskracht scherpt, daar kan iedereen zich wel wat bij voorstellen. Zo op het oog worden de vasten-regels ook vrij nauwkeurig in acht genomen. Kom daar in het Westen maar eens om, zo liet ik mij met bewondering ontvallen tegenover een Marokkaanse collega van de nationale radio. We zaten in de studio in het centrum van Rabat en het was al bijna donker. Ja zeker, iedereen hield zich strikt aan de ramadan, zo be-zwoer mijn collega net iets te opgewekt. Zelfs geen slokje water of een kaakje op het toilet, zei hij terwijl hij vertrouwelijk naar mij overboog. Een enigszins zoete wolk prikkelde mijn neus-vleugels. Het leek aftershave, een geurtje dat strikt genomen niet volgens de ramadanregels is. Bij het opstaan viel me echter zijn licht wankelende tred op. Het was geen slokje water dat hij die middag op het toilet had gedronken.

Niet iedereen blijkt zich neer te leggen bij de regels van het vasten. Niet-moslims zijn vanzelfsprekend vrijgesteld, maar ook onder de geseculariseerde moslims begint een kentering te ko-men. Journalist Ahmed Benchemsi van het weekblad *Tel Quel* be-kende vrijmoedig dat hij wel eens een kopje koffie nuttigde tij-dens ramadan. Dat kwam zijn werktempo aanzienlijk ten goede. Maar hij had gemerkt dat je daar mee op moest passen. Voor je het wist werd je samen met de rest van je familie tot paria's ver-klaard.

Het ligt natuurlijk moeilijk: ramadan heeft met zwangerschap gemeen dat je het niet een beetje kunt doen. Het is alles of niets. Voordat je het weet is het hek van de dam. Maar daar wilde Ben-chemsi niks van weten. Achter de knusse gezelligheid van het feest schuilt vaak sociale dwang en religieuze bedilzucht. Niks geen tolerantie en verbroedering met ramadan. Juist de onver-draagzaamheid maakt zich tijdens de vastenmaand van de sa-menleving meester, zo klaagde hij in het hoofdcommentaar van zijn blad. 'Zelfbenoemde rechters' onder zijn landgenoten hou-den je nauwlettend in de gaten houden of je je wel aan de regels houdt. Alsof het niet God, maar de mens is die onderscheid maakt tussen goed en kwaad, zo hield Benchemsi de ramadanspionnen voor. 'We moeten niet vergeten dat eten een mensenrecht is,' vond hij. 'Net als de gewetensvrijheid.' Ramadan contra de universele mensenrechten: aan het begin van de 21ste eeuw kent Marokko steeds minder heilige huisjes.

Religie

'Kom binnen, kom binnen.' De man in de witte djellaba wenkt uitnodigend naar me die vrijdagavond in het stadje Sidi Ifni. In deze kustplaats op de uiterste westpunt van de Anti-Atlas, ooit garnizoensplaats van de Spaanse troepen, is de sfeer gemoedelijk. Ik moet de lokale moskee bezichtigen. Enigszins overdonderd ga ik op het aanbod in – sinds de Franse bezetting zijn de moskees in Marokko verboden terrein voor een westerling, laat staan dat je wordt uitgenodigd. De schoenen worden uitgedaan bij de ingang en door mijn gastheer zorgvuldig opzijgezet. Via een hal komen we in een gebedszaaltje, dat behalve de tapijten op de stenen vloer en enkele lezende mannen nagenoeg leeg is. Geen beelden die verafgood worden, geen schilderijen, geen andere parafernalia. De islam doet in zijn soberheid eerder aan het calvinisme denken dan aan de katholieke kerk met zijn bonte santenkraam en geloofsattributen.

Mijn gastheer, een enigszins gezette man van middelbare leeftijd, blijkt bevangen door een goedmoedig soort bekeringsdrift. Ik ben natuurlijk een christen, zo veronderstelt hij met de neutrale vanzelfsprekendheid als van een arts die zojuist een veelvoorkomende kwaal heeft vastgesteld. Religie heeft mijn warme belangstelling, zo antwoord ik niet geheel bezijden de waarheid. De kunst van het diplomatiek omzeilen kent in Marokko een dankbaar oefenterrein. De kwestie van het christenzijn blijft zo in het midden. Christenen behoren hier van oudsher tot de vijand. Maar zij erkennen tenminste nog dezelfde God en hebben gedronken aan dezelfde bronnen. Ongelovigen daarentegen gelden voor menig moslim als definitief verloren. Met boeddhisten en aanbidders van heidense veelgoderij staan zij op de laagste tree van de beschaving.

Ik heb geluk: mijn gastheer, die Abdellah heet, behoort tot die moslims die graag over hun geloof praten zonder zich te verliezen in kleverige bigotterie. Of ik weet dat veel personen uit mijn bijbel ook voorkomen in de koran, vraagt mijn gastheer. Abraham (Ibrahim) en Job bijvoorbeeld. Er volgt een korte uitleg dat de islam geen tussenpersoon nodig heeft tussen de allerhoogste en de gelovige. De band is direct. 'Voor Allah zijn we allen gelijk,' verklaart hij in gebroken Spaans. Jammer dat zijn geloof de laatste tijd in zo'n kwade reuk staat in het Westen. 'Kijkt u rond in deze moskee,' zegt hij met een armgebaar naar het kale zaaltje. 'Hier hoeft u toch niet bang voor te zijn?'

Voor de moslims is het de laatste jaren niet makkelijker geworden om een lans te breken voor hun geloof. Na de elfde september verspreidde zich wereldwijd een anti-islamitisch virus, waarbij het leek alsof achter iedere moslim een terrorist school. De islam werd door neoconservatieve ideologen voorgesteld als een inherent agressieve en achterlijke godsdienst waarvan de aanhangers zich vroeg of laat ontpoppen als strijders van een allesverzengende jihad. Dat propagandaoffensief bleek zeer succesvol. Bezorgd gingen de wenkbrauwen bij landgenoten omhoog bij de mededeling dat ik weer eens naar Marokko afreisde, als gold het een tripje naar de grotten van Tora Bora, naar een sjiitische brandhaard in Irak of naar een van die andere plekken waar schuimbekkende emirs met rollende ogen klaarstonden om mijn hoofd van de romp te snijden.

Het beeld van de islam was er in Europa niet beter op geworden, doordat men er gaandeweg achter was gekomen wat voor taal er werd gebezigd in bepaalde moskeeën. Vooral waar Saudi-Arabië de financiering in handen had, werden imams van de wahabitische geloofsrichting binnengehaald uit verre woestijnstreken waar de ontwikkelingen ergens in de Middeleeuwen waren blijven stilstaan. Gelijkberechtiging van vrouwen en homoseksuelen bleek niet te behoren tot de belevingswereld van deze voorgangers in het gebed.

Nederland had zich nooit bijzonder geïnteresseerd voor de ontwikkeling van de islam op eigen bodem. Jarenlang waren de zwartekousenmoslims probleemloos binnengelaten. De Saudi's betaalden de rekening voor de moskeeën en verder moesten die moslims het zelf maar uitzoeken en het liefst een eigen zuil oprichten. Maar wat had dit Staphorst van de islam eigenlijk gemeen met de islam zoals deze in Marokko zelf wordt beleden?

De islam kent richtingen, leerscholen en interpretaties. Van de twee hoofdstromingen, de overheersende soennieten en de minderheid van sjiieten, volgt Marokko de eerste. De splitsing tussen de twee kwam al snel na de dood van Mohammed tot stand. De soennieten kozen een kalief als de opvolger van de Profeet. De sjiieten vormden een minderheid die vonden dat het leiderschap toevertrouwd moest worden aan de afstammelingen van Ali, de schoonzoon van de profeet die met zijn lievelingsdochter Fatima was getrouwd.

Binnen de soennitische stroming is het kalifaat inmiddels opgeheven. De soennieten baseren hun geloof nu naast de koran op de soenna en de hadith, de verzameling van overgeleverde gewoontes en uitspraken van de Profeet tijdens zijn leven. Er gelden bij de soennieten vier verschillende religieuze rechtsscholen, met ieder hun eigen tekstuitleg. In Marokko betreft het de malakitische rechtsschool, die een betrekkelijk orthodoxe uitleg van de koran betracht, maar anderzijds religieuze conflicten tracht op te lossen via de consensus. De malakitische rechtsschool heeft weinig gemeen met de uiterst reactionaire sekte der wahabieten die in Saudi-Arabië heerst. De wahabieten, genoemd naar grondlegger Mohammed bin Abdal Wahab, wijzen iedere vernieuwing van het geloof af en zijn felle tegenstanders van iedere vorm van heiligenverering. Al in de negentiende eeuw trachtte het wahabisme in Marokko een voet aan de grond te krijgen, maar die pogingen liepen altijd stuk op de Marokkaanse traditie van de volksislam met zijn heiligenverering.

Volgens de Britse journalist en Marokko-kenner Walter Harris, die de definitieve neergang van het sultanaat aan het begin van de twintigste eeuw beschreef, is de islam in zijn essentie een nogal kale godsdienst, 'waarvan het belangrijkste kenmerk bestaat uit zijn eenvoud en gebrek aan voorstellingsvermogen'. De malakitische leerschool van de islam die in Marokko en de rest van Noord-Afrika overheerst is daar volgens hem geen uitzondering op. Maar het volksgeloof heeft zich dusdanig in deze vorm van islam genesteld, dat religieuze orthodoxie en onorthodoxe toepassingen dwars door elkaar heen lopen. In Marokko is de orthodoxe islam altijd sterk vermengd geweest met resten van religieuze godenverering uit oude tijden. Net als de heidenen in Spanje na hun bekering tot het katholicisme een leger aan heilige maagden bleven vereren en zo hun veelgoderij overplantten in het christendom, zo kent de islam in Marokko een reeks aan eigen heiligen en bedevaartplaatsen. Marokko kent zijn *djinns*: geesten die door de lucht vliegen en in de huid van mensen of dieren kunnen kruipen. Er is de invloed van het soefisme, het populaire islamitische volksgeloof met zijn religieuze feesten. *Maraboets*, heilige islamstrijders met bijzondere gaven, *sjorfa*, die als afstammelingen van de profeet beschikken over geluk en wonderkrachten, en religieuze broederschappen of *tariqa's* dragen verder bij aan de veelkleurige religieuze lappendeken. De islam kende ook in Marokko in het verleden uiterst fanatieke trekjes als het aankwam op strijd tegen de christelijke indringers, maar bood anderzijds ruimte aan een vorm van oosterse mystiek die de islam in al zijn kaalheid strikt genomen ontbeert. En de grens tussen heiligen en zondaren was daarin niet altijd even duidelijk te trekken. Een sjerief kon drinkend en stelend door het leven gaan omdat dit nu eenmaal als de wil van God werd gezien.

Het geloof ligt in Marokko op straat. Wie een wandelingetje over het populaire Djemâa-el-Fnaplein in Marrakech maakt, ziet al snel een reeks aan wonderdokters zitten die, desnoods ter plekke, hun patiënten verlossen van reuma, hoofdpijn en Napelse kinkhoest. Toeschouwers staan met open mond te luisteren naar de verhalen van wonderbaarlijke genezingen. Duistere, pisgele drankjes gaan grif van de hand, net als gemalen hagedissenvel, arendsklauwen, apenhandjes en andere vieze troep. Magische praktijken en bijgeloof. In de schrijnen waar de heiligen liggen, gaat het er vaak niet anders aan toe. Een bezoekje aan de heilige, ofwel *sidi*, kan helpen bij ziekte, onvruchtbaarheid en ander ongemak. Kleine offers – een haantje, eenvoudige sieraden of desnoods wat kaarsen – zijn van harte welkom. Na afloop van de ceremonie worden zij discreet weggehaald door de dienstdoende bewaker die het bedevaartsoord onderhoudt.

Marokko kent zo vermoedelijk honderden heiligen, zowel onder de moslims als bij de Marokkaanse joden, van wie tallozen nog iedere vakantie uit Israël overkomen op bedevaart. Dieren kunnen heilig zijn, zoals de ooievaar, of zelfs de vlo.

'Zo zag ik tot mijn verbazing dat de sjeik op zijn blote been handig een vlo ving en hem zorgvuldig naast zich neerzette, alsof hij bang was hem te beschadigen,' zo beschreef A. den Doolaard een theebezoek. 'In dit door ongedierte en bijgeloof vergiftigde land zijn vlooien en luizen "marabout"!'

De herkomst en wonderbaarlijke verrichtingen van de menselijke heiligen zijn overigens ook niet altijd even duidelijk. Neem Sidi Belyout, een vrij slecht gefrequenteerde heilige wiens eenvoudige, witommuurde heiligdom we aantreffen in de medina van Casablanca. De naam van deze sint zou een verbastering zijn van *boulliout*, wat zoveel betekent als 'meester van de wilde dieren'. Het zou volgens de overlevering gaan om een man die op wonderbaarlijke wijze wist samen te leven met wilde beesten, een moslimcollega van de heilige Franciscus. Een prozaïscher verklaring is evenwel dat het graf van Sidi Belyout zich bevindt op een plek waar ooit een vliegtuigje neerstortte en dat de sint niemand anders was dan de piloot (verbasterd: Belyout) die bij het ongeluk betrokken was. Andere sinten blijken bij nadere beschouwing zonderlingen of vreemdelingen met namen die niemand begreep. Zo werd de Europeaan Albert Nucci na zijn dood de heilige Sidi Bournoussi.

De directe afstammelingen van de Profeet ofwel de sjerefijnse families, kunnen reeds bij hun leven op een bijzondere behandeling rekenen. Aan hen wordt baraka toegeschreven, een mengsel van geluk, helderziendheid en andere bijzondere gaven die hen bij uitstek geschikt maken als leiders van religieuze broeder-schappen, waarvan er nog enkele bestaan in Marokko. Deze sektes ontstonden rond de verering van de maraboets en vormden in de Marokkaanse geschiedenis een sociale en religieuze machtsfactor van belang. De sjeriefs stonden buiten de geldende machtsverhoudingen en soms was hun positie vrijwel onaantastbaar. Walter Harris beschrijft hoe de nazaten van sjerief Moulay Abdullah, leiders van de machtige Tabiyabroederschap, aan het einde van de negentiende eeuw in Ouazzane aan de rand van de Rif geheel buiten de jurisdictie van wie dan ook min of meer hun eigen gang gingen. Een van de gebroeders was zo zwaar aan de drank dat hij na verloop van tijd een onherstelbare hersenbeschadiging opliep. In een vlaag van gekte begon hij met een geweer vanuit het raam van zijn huis te schieten, waarbij een aantal toevallige voorbijgangers om het leven kwam. Het was de wil van God die zich via de heilige sjerief manifesteerde, zo luidde het stoïcijnse commentaar van de inwoners van Ouazzane. Sommigen benijdden zelfs hun dode stadsgenoten dat ze door een nazaat van de Profeet waren neergeschoten. Om meer doden te voorkomen werd een even simpele als pragmatische oplossing bedacht. Voor de deur van de gestoorde sjerief werd een soldaat geplaatst die voorbijgangers waarschuwde dat er vanuit het raam geschoten kon worden.

Tegenwoordig gaat het er minder ruig aan toe. Als de belangrijkste hedendaagse heilige geldt Sidi Hamza van de Qadirya Boutchichiya-broederschap, wiens vader Sidi Hajj Abbas ook al heilig was. Jaarlijks trekt deze wit bebaarde geestelijke leider zo'n 30.000 pelgrims die hem komen opzoeken in zijn *zawia*, de behuizing van de broederschap even buiten het noordelijk gelegen stadje Berkane. Ondanks zijn internationale bekendheid leidt Sidi Hamza een teruggetrokken bestaan in een gebied waarvandaan veel Marokkanen naar Nederland zijn getrokken.

Sidi Hamza is een typische vertegenwoordiger van het soefisme. Een man van weinig woorden, die meent dat de werkelijke wijsheid uit het hart komt. Hij wijdt zijn leven aan de zoektocht naar deze innerlijke waarheden. Anders dan de opkomende fundamentalisten is deze heilige wars van maatschappelijke macht. Sidi Hamza predikt vooral tolerantie en liefde, en staat ver van het materialisme. Zijn wijsheden lijken vooral esoterisch en verhouden zich tot de opdringerige tirades van de fundamentalisten als een gedicht tot een dreigbrief. Een van zijn uitspraken: 'Als we leven als broeders vloeit er een heerlijke wijn van liefde. Dat is het werkelijke koninkrijk gods!' Een ander: 'De wereld is als een korte schaduw. Als de zon een object verlicht, verschijnt de schaduw even en verdwijnt dan weer. Zo ligt de verhouding tussen de wereld en de werkelijkheid.' Een heel andere toon dan in de van sarcasme druipende epistels van zijn van collega-sjeik Abdessalam Yassine.

Tegenover de volkse islam met zijn mystiek en de opkomende fundamentalisten met hun politieke islam kennen de grote steden een modernere geloofsopvatting, waarin de duidelijke contouren van een proces van secularisatie vallen te herkennen. De achterliggende ideeën van het geloof zijn hier van groter belang dan het zoeken naar macht of mystiek. Een belangrijk deel van de Marokkanen is in naam moslim, zonder dat dit noodzakelijkerwijs gepaard gaat met noemenswaardig moskeebezoek. Voor hen geldt de koning in zijn rol als 'aanvoerder der gelovigen' vooral als een garantie om de radicalisering buiten de deur te houden.

Moskee en staat

Voor de gemiddelde westerling is de minaret van een moskee vermoedelijk het meest confronterende symbool van de islam. Al was het alleen maar vanwege de oproep voor het gebed die vijfmaal daags door de muëddzin vanaf de minaret over de hoofden van de gelovigen wordt afgeroepen. Een ervaring die vooral in de vroege ochtend geen onverdeeld genoegen is. Het kan een reden vormen om geen hotel te nemen in de oude medina, waar zich meestal de grootste concentratie moskeeën bevindt. De muëddzin of gebedsoproeper blijkt bovendien meer te worden geselecteerd op het volume van de stem dan op de melodieuze kwaliteiten ervan. De moderne moskeeën, gul gefinancierd met Saudisch geld, blijken standaard te beschikken over grote luidsprekers, blinkende gebedstoeters die langs elektronische weg de goddelijke boodschap een aanzienlijk bereik geven. Er bestaan in Marokko ook muezzins met een indrukwekkend mooie stem, al zijn die op de vingers van één hand te tellen. Mijn favoriet bedient zich van een moskee achter de Mohammed v-boulevard in Marrakech. Zijn oproep voor het ochtendgebed klinkt als een gedicht dat vriendelijk en melodieus wordt voorgedragen. Daarmee is het prettig wakker worden.

De islam is een vrij ongeorganiseerd geloof. Het lijntje tussen Allah en zijn aanhang is bewust kort gehouden. Dat egalitarisme kent zijn charmes. Een paus bestaat niet, in principe kan iedere gelovige worden benoemd om als imam voor te dragen uit de koran. Niettemin is de koning van Marokko de Amir al-Mou'minine, aanvoerder van de gelovigen en tevens de president van het college van de oulema, de schriftgeleerden die zich moeten uitspreken over morele en wettelijke kwesties. Afkomstig uit een sjerefijnse familie is hij eveneens een afstammeling van de Profeet en kan derhalve bogen op baraka en andere bijzondere gaven. De religieuze autoriteit en onschendbaarheid van de koning kent in de praktijk van alledag echter zijn beperkingen. Koning Hassan werd door een groot deel van zijn onderdanen in stilte gehaat op een wijze die eerder angst dan religieuze eerbied verried. Zijn zoon heeft andere problemen. In toenemende mate houdt een deel van de bevolking er een vrij seculiere geloofsopvatting op na, terwijl een ander deel juist kiest voor islamstromingen waarin de koning niet vanzelfsprekend als aanvoerder van de gelovigen wordt geaccepteerd. Niettemin: net als zijn vader volgt koning Mohammed een vrij orthodoxe plichtsbetrachting, waarbij hij nauwgezet de rituele vormen en tradities van de islam in zijn land in acht neemt. En net als bij zijn vader staat dat enigszins in contrast met zijn meer alledaagse imago van de vorst die met zijn waterscooter over de golven suist of in het geheim met een vriendenclub een discotheek in Rome bezoekt.

In de praktijk van alledag mag de betekenis van de titel 'aanvoerder der gelovigen' dan vooral symbolisch zijn, hij is van groot belang. Veel fundamentalisten, zoals de aanhangers van sjeik Yassine, wijzen de religieuze autoriteit van de koning af. Maar hun onderlinge verdeeldheid steekt vooralsnog schril af bij het koninklijke vermogen om op gezette tijden in alle pracht en praal de aanvoerder der gelovigen neer te zetten.

De fundamentalisten hebben ondanks hun verdeeldheid echter de wind mee. De bewegingen zijn sterk gegroeid sinds de Iraanse Revolutie en de opkomst van de radicale moslimbeweging in de Arabische wereld vanaf de jaren zeventig. Politiek gesproken bloeide het fundamentalisme op als een reactie op het failliet van de pan-Arabische gedachte. Ook het verzet tegen de corrupte regimes die met de hulp van het Westen in stand worden gehouden speelt de politieke islam in de kaart. De strijd van de Palestijnen in Israël en meer recentelijk de oorlog in Irak, voeden het antiwesterse sentiment waar deze bewegingen op teren. In religieuze zin prediken ze een radicale terugkeer naar wat zij beschouwen als de orthodoxe basiswaarden van de islam. Dat hoeft echter niet te betekenen dat zij, net als de zwartekousenislam uit Saudi-Arabië, een letterlijke interpretatie van de koranteksten nastreven. Niettemin bestaat er een gezamenlijke afkeer van 'westerse waarden', zonder dat overigens altijd even duidelijk is waar de waarden van de islam eindigen en die van het Westen beginnen.

De fundamentalistische islam presenteert de waarden van de islam als enig alternatief tegen de corrupte makhzen. Het is een sterke troefkaart die de beweging veel moreel krediet geeft onder een bevolking die dagelijks te maken heeft met armoe, uitzichtloosheid en vriendjespolitiek. De kritiek op de corruptie en de sociale belangstelling worden gecombineerd met een vergaande intolerantie tegen alles wat niet voldoet aan de strikte normen die zijzelf opleggen. Net als de christelijke en katholieke sektes vallen de fundamentalisten daarbij op door een humorloze, obsessieve preoccupatie met seks, drank, cultuur en andere zaken die voor plezier en afleiding zorgen.

Dat het fundamentalisme in Marokko niets te maken heeft met de wahabitische geloofsopvattingen in Saudi-Arabië, wil nog niet zeggen dat de laatste stroming geen invloed heeft. Vanaf eind jaren zeventig heeft de rigide leer van de Saudiërs aan kracht gewonnen. Ironisch genoeg is dat vooral te danken aan wijlen koning Hassan, de man die als geen ander een hekel had aan religieuze scherpslijpers die hem de les kwamen lezen. Het was een klassieke verdeel-en-heersstrategie die Hassan toepaste: bevreesd voor de opkomst van bewegingen zoals die van sjeik Yassine, zocht hij tegenkrachten. Misschien vond hij de soefistische bewegingen van eigen bodem hiervoor te soft, of wantrouwde hij ze omdat er nogal wat gesitueerd zijn in de door hem gehate Rif. Hoe dan ook: Hassan haalde de Saudi's binnen om moskeeën te financieren. De ene fundamentalist kon wel wat concurrentie van de ander gebruiken, zo leek de gedachte. Bovendien werd de Arabische steun in de vorm van oliedollars van harte welkom geheten.

In Europa begon Saudi-Arabië op hetzelfde moment eveneens aan de weg te timmeren met het oprichten van moskeeën. Het gevolg was dat veel Marokkaanse immigranten ook daar te maken kregen met een schriftuitleg die weinig te maken had met hun eigen geloofstradities.

Pas na de aanslagen van moslimextremisten in Casablanca in 2003 en het jaar erop in Madrid kwam er zowel in Marokko als erbuiten meer aandacht voor de groeiende invloed van het extreem strenge wahabisme. In Spanje trok de grootste organisatie van Marokkaanse immigrantenwerkers (Atime) aan de bel om te waarschuwen tegen de radicale imams. 'Ze verkondigen een leer waar wij traditioneel niks mee te maken hebben,' klaagde Atime-voorzitter Mustafa el M'rabet. Hij drong er bij de minister van Justitie op aan deze imams onmiddellijk over de grens te zetten zodra zij zich schuldig maakten aan haatpreken.

De wahabitische leer, zo is de vrees, is niet alleen het visitekaartje van het Saudische totalitaire bewind, maar vormt voor sommigen een opstapje richting verdere radicalisering die eindigt in terreurorganisaties binnen het brede netwerk Al-Qaeda van de Saudische terroristenleider Osama bin Laden. Bin Laden heeft het salafisme als de religieuze drijfveer van Al-Qaeda geïntroduceerd, maar in wezen is zijn leer geënt op het wahabisme van zijn vaderland. Dit neosalafisme kent daardoor een heel andere achtergrond dan het salafisme dat oorspronkelijk werd gehuldigd in het Rifgebied of werd omarmd door nationalistische leiders als Al-Fassi.

De fundamentalistische islam in Marokko heeft de afgelopen vijftien jaar onmiskenbaar aan kracht gewonnen. Over de omvang van de aanhang en het mogelijke gevaar voor de democratische ontwikkelingen bestaan echter veel vragen. Naast de bekende bewegingen ontstond een wildgroei van garagemoskeeën en anonieme gebedsruimtes waar radicale splintergroepjes bijeenkwamen. Indicatief waren demonstraties eind jaren negentig en de eerste jaren van deze eeuw waarin de fundamentalistische bewegingen honderdduizenden aanhangers wisten te mobiliseren om te protesteren tegen onder meer de modernisering van de vrouwenrechten en de Palestijnse kwestie. Speciale islamitische zomerkampen, waar mannen en vrouwen gescheiden van hun vakantie konden genieten en de laatsten geheel gekleed in zee zwommen, waren een groot succes met vele tienduizenden deelnemers. Zo'n succes dat de regering besloot er een einde aan te maken. De politieke aanhang van de fundamentalisten wordt door sommigen op 30 procent van het electoraat geschat. Bij dat laatste kunnen vraagtekens gezet worden, maar zeker is dat de PJD hard op weg is de grootste partij in Marokko te worden.

De aanslagen van 2003 in Casablanca confronteerden Marokko hardhandig met de aanwezigheid van extremistische terreurcellen, een verschijnsel dat tot dan toe vooral aan het buitenland werd toegeschreven. Anders dan zijn vader probeert koning Mohammed het religieuze fanatisme binnenboord te houden door de controle op de moskeeën en imams te versterken. Daartoe besloot de vorst tot een versteviging van zijn positie als de aanvoerder der gelovigen. Tijdens een plechtigheid in het koninklijk paleis in Casablanca, in het bijzijn van zowel het kabinet als van de oulema werden nieuwe personen benoemd in de raden voor de schriftgeleerden. Voortaan was het afgelopen met de praktijk dat iedere willekeurige schriftgeleerde een fatwa uit kon spreken. Elke religieuze uitleg heeft nu de goedkeuring van de koning nodig. Benoemingen van imams moeten voortaan hiërarchisch worden geregeld via de raden van oulema. En de overkoepelende raad van oulema kwam onder leiding van de vorst te staan. Er moet worden gerapporteerd wat er zoal in de preken van het vrijdaggebed wordt beweerd. De koning wees er ten overvloede maar weer eens op dat een goede Marokkaan de relatief consensusgerichte islamrichting van de malakieten aanhangt. De schriftgeleerden moesten hun oor bij de jeugd te luisteren leggen. Want de jeugdige geesten moeten beter beschermd worden tegen religieuze praatjesmakers, aldus de vorst.

'Het lijkt erop dat onze religie weer in zijn klassieke vorm is teruggekeerd,' meent socioloog en historicus Mohammed el Ayadi over de koninklijke poging de religie onder controle te krijgen. We zitten op een terras in een buitenwijk van Casablanca. Even verderop steekt de Hassan II-moskee majestueus boven de golven van de oceaan uit. Binnen dendert via een Arabisch satellietkanaal op een enorm scherm het geweld van Israëlische helikopters in Ramallah.

De manier waarop koning Mohammed zich met de religie bemoeit is begrijpelijk, maar heeft iets tegenstrijdigs, zegt de socioloog. Terwijl de samenleving in de praktijk op de meeste gebieden al lang geseculariseerd is, probeert de koning zijn positie als aanvoerder van de gelovigen met veel vertoon te versterken. Hij roept op tot vernieuwing, maar zijn schriftgeleerden worden nog steeds geschoold in een doctrine van een leerschool die ergens in de late Middeleeuwen is blijven steken. Weinig wijst op een werkelijke modernisering. En via de koning zijn staat en religie meer dan ooit met elkaar verbonden. 'Ieder land heeft zijn eigen verlichting doorgemaakt waarin de scheiding van staat en geloof totstandkwam. Maar in de Arabische wereld is het discours en het denken hierover geblokkeerd,' zegt El Ayadi.

De anarchie van de fatwa's, de wildgroei aan garagemoskeeën: het werd hoog tijd dat er weer enige orde in de chaos werd gecreëerd. De staat probeert de predikers onder controle te brengen, concludeert El Ayadi. Of dat ook lukt is een tweede, want zo makkelijk laten gedreven fanatiekelingen zich niet conditioneren. 'Die hebben hun eigen circuit van cassettes en cd's, van internet en satelliettelevisie.' Wat heeft het voor zin om de moskeeën via de vrijdagpreken beter in de gaten te houden als de hele dag via de satelliettelevisies fanatieke predikers uit de golfstaten hun banvloeken de Marokkaanse huiskamers in slingeren? El Ayadi: 'Het fanatisme zal niet verdwijnen, het wordt alleen clandestien en minder zichtbaar.'

Wereldwonder

Wie wil heersen over gelovigen, waarvan een deel niet meer zo gelovig is en een ander deel juist zo gelovig dat zij er andere leiders op na houden, heeft een wereldwonder nodig. Niemand begreep dat beter dan koning Hassan II, de verscheiden vader van de huidige vorst. En zoals de hangende tuinen van Babylon, de piramide van Cheops of de Kolossus van Rhodos aantonen, wordt een wereldwonder wordt vooral gedefinieerd aan de hand van zijn omvang. Zo bezien kan de Hassan II-moskee in Casablanca met recht een wereldwonder genoemd worden. Al vanuit het vliegtuig zie je de toren fier boven de smoglaag van Casablanca uitsteken. En ook op de grond beheerst de minaret al van tientallen kilometers afstand het profiel van de miljoenenstad. Eenmaal in de morsige havenkwartieren van de oude medina en Sour Jdid gekomen verdwijnt het gevaarte uit het zicht, maar buiten de smalle steegjes is de slagschaduw van de 200 meter hoge toren onmogelijk te ontwijken. De nagedachtenis aan Hassan II is enorm, duidelijk bedoeld om tijd en ruimte te trotseren. Geconfronteerd met dit gebouw verliezen zelfs getrainde waarnemers ieder gevoel voor proportie.

Het idee was verrassend in zijn eenvoud. Aan de rand van Casablanca, waar de Atlantische Oceaan woest op de basalten rotsen beukt, moest een moskee verrijzen. Stond Gods troon volgens de koran immers niet ook op het water, zo vroeg koning Hassan retorisch toen hij het plan in 1980 aankondigde. Het moest een bouwwerk worden van kolossale afmetingen. Een moskee een Amir al-Mou'minine waardig. Hoogmoed diende uiteraard te worden vermeden. En dus werd de moskee net een slagje kleiner in oppervlakte dan het heiligdom in Mekka.

In 1993 opende de Hassan II-moskee zijn deuren. Het was een nationale gebeurtenis waar jaren naartoe was geleefd. De Marokkaanse posterijen gaven speciaal voor de gelegenheid een postzegel uit waarin we koning Hassan in gebed verzonken voor zijn moskee zien knielen. Op het prentje zijn de koning en de minaret van de moskee van gelijke hoogte. De ontmoeting van twee reuzen op postzegelformaat.

We bezoeken de moskee onder leiding van een gids en met een groep Japanse toeristen. Videocamera's snorren, het gezelschap raakt niet uitgefotografeerd. Dat is het aardige van deze moskee: Hassan II, God wake over zijn ziel, besloot dat zijn nagedachtenis ook in ere gehouden mocht worden onder niet-moslims, zodat dit gebedshuis bij wijze van uitzondering ook voor hen toegankelijk is. De gids draait routineus de lijst van superlatieven af, terwijl de Japanners al fotograferend door de enorme deuren worden geleid. De zalen kunnen 25 gelovigen herbergen. Op het reusachtige, geheel met marmer beklede plein van de moskee kunnen nog eens 80.000 man terecht.

We lopen door, terwijl het ene na het andere record over ons heen dendert. Tienduizend handwerklieden hebben jarenlang gewerkt aan de tegelmozaïeken en het houtsnijwerk in de deuren en het plafond. Gestort in modern gewapend beton, volgepropt met technische snufjes, maar afgewerkt met eeuwenoud vakmanschap: vorst en gebedshuis hebben meer gemeen dan hun ontmoeting op de postzegel.

De Japanners luisteren aandachtig. Uit een van de drie gouden bollen boven op de minaret verschijnt 's avonds een laserstraal richting Mekka die tot zeker een afstand van 30 kilometer landinwaarts reikt, zo verklaart de gids. De fundering is bestand tegen aardbevingen. Instemmend gemompel van het gehoor. Vloerverwarming. De huizenhoge deuren zijn van titanium en worden volautomatisch bediend, net als overigens het 70 meter hoge dak van de moskee, dat net als bij de Arena in een paar minuten opengeschoven kan worden. Verder: 2500 marmeren pilaren, 50.000 vierkante meter marmer op de muren, nog eens 100.000 vierkante meter op de vloer, kroonluchters met het gewicht van tweeënhalve ton en 41 reusachtige fonteinen voor de rituele wassing. De aandacht lijkt wat te verslappen. De Japanners beginnen te beseffen dat het vrijwel ondoenlijk is alle pilaren en marmeren tegels in hun camera's vast te leggen.

Indrukwekkend, kolossaal, megalomaan. Hassan gaf het ontwerp in handen van de Franse architect Michel Pinseau, die voorzover bekend geen moslim is, maar daar wordt niet moeilijk over gedaan. Het Mausoleum van zijn vader koning Mohammed in Rabat was tenslotte van de hand van een Vietnamese architect en iedereen was er dik tevreden mee.

Een wereldwonder kent zijn prijskaartje. De bouwkosten van Hassans praalmoskee zijn volgens de schattingen uiteindelijk opgelopen tot 800 miljoen euro, een rekening die overigens niet door de koning, maar grotendeels door het Marokkaanse volk zelf werd betaald. Zo verrees een van de grootste publieke werken uit de geschiedenis van het land. De omliggende sloppenwijken aan de stedelijke rafelrand van de kust werden gesloopt. Jaren achtereen riep het dagblad *Le Matin du Sahara et du Maghreb* – officiële spreekbuis van de staat – over de volle breedte van zijn voorpagina zijn lezers op tot gulle giften voor de bouw van het moskeecomplex.

Op gezette tijden werd het volk een handje geholpen in zijn vrijgevigheid. Ambtenaren zagen plotseling een aanzienlijk deel van hun maandsalaris per decreet richting moskee verdwijnen. De politie hield desnoods passanten aan om ter plekke een storting te voldoen. Zakenlieden deden er goed aan diep in de buidel te tasten voor de moskee wilden ze niet op onvoorziene problemen in hun nering stuiten. Er werd gemord, maar binnensmonds. In een land waar de middelen ontbraken voor fatsoenlijk onderwijs, volksgezondheid en zo nog wat basisbehoeften, werd het volk gedwongen bij te dragen aan een gebedspaleis van ongekende omvang ter eer en meerdere glorie van het staatshoofd. De koning deed echter op zijn beurt of de moskee een cadeau van hem aan de samenleving was in plaats van andersom. Het gemok zou wel verdwijnen, later zouden ze hem nog dankbaar zijn om het prachtgebouw dat hij had nagelaten. 'Mijn molensteen,' had Hassan ooit met enige bitterheid geconstateerd, 'is die van een schoolmeester die niet goed wordt begrepen door zijn leerlingen.'

Dat Hassan II koos voor een moskee ter nagedachtenis in plaats van een praalgraf als dat van zijn vader of een ander monument, diende eveneens een strategisch doel. Het geslacht der Alawieten geldt immers als rechtstreekse afstammeling van de profeet Mohammed. Aan hem kleeft baraka, geluk, zoals in het geval van Hassan II ook uitgebreid werd bewezen. En het volksgeloof wil dat dergelijke baraka ook op de directe omgeving afstraalt.

Traditioneel ontbreekt in Marokko de scheiding tussen de wereldlijke en religieuze macht. De sultans combineerden beide. De benoeming op de troon kon alleen worden geëffectueerd na instemming van de vergadering van de oulema. Deze deden er in praktijk goed aan om de keuze van de sultan voor zijn opvolger te eerbiedigen, maar konden in bepaalde gevallen wel degelijk hun invloed laten gelden. De moeizame opvolgingsperikelen waarmee de Marokkaanse geschiedenis zo rijkelijk bedeeld is, zijn een rechtstreeks gevolg van dit systeem.

In het onafhankelijke Marokko werd deze traditionele lijn grondwettelijk voortgezet. De islam is de staatsgodsdienst, de koning bewaakt de principes van de islam. Hij kent daarbij niet de onfeilbaarheid van een paus en moet daarom ook rekening houden met wat de schriftgeleerden hem vertellen. Reden om enige greep op de oulema te houden. De koning is dan ook de voorzitter van de raad van oulema die zich onledig houdt met islamitische vraagstukken.

Desondanks is het gezag van de koning als Amir al-Mou'minine in Marokko geen vanzelfsprekende zaak. Het minste probleem vormt daarbij de groeiende stedelijke middenklasse, die in naam moslim is, maar steeds minder in de moskee is aan te treffen. Zij hebben met hun ontkerkelijkte christelijke lotgenoten in het Westen gemeen dat zij zich meer druk maken over de rentestand, de voetbaluitslagen en de vakantiebestemming in het komende jaar dan over het geloof en hun aanvoerders.

Dat ligt diametraal anders bij de fundamentalistische stromingen in Marokko, die zich juist met hand en tand verzetten tegen deze 'westerse' secularisering. Zoals hun fanatieke voorgangers uit de woestijn liggen zij op de loer om toe te slaan als de aanvoerder der gelovigen verslapt in zijn jihad tegen de westerse christenvijand. Voor hen ontbeerde een koning als Hassan niet alleen elk gezag van een ware aanvoerder van de gelovigen – hij was er een pijnlijke parodie van. Hij werd door hen gezien als een gecorrumpeerde vorst, die zich buiten zijn verplichte moskeeoptreden ontpopte als een gretig consument van drank, vrouwen, automobielen, golfspel en wat het Westen verder nog aan losse zeden in de aanbieding had. Het Westen, waarvan de Franse en Amerikaanse vertegenwoordigers gastvrij door de koning aan de borst werden gedrukt. Een vorst die badend in obscene weelde zijn volk onthield waar het recht op had en de ware gelovigen trachtte te dwarsbomen in hun gerechtvaardigde strijd.

Koning Hassan was er de man niet naar om de dreiging van zijn fanatieke geloofsgenoten niet op te merken. Aanvankelijk leken serieuze moslims, zoals de nationalist Allal Al-Fassi of de verzetsheld Abdelkrim El-Kathib, natuurlijke bondgenoten in zijn machtsstrijd tegen linkse groepen die het werkelijke gevaar vormden voor zijn positie. Gaandeweg begonnen de fundamentalistische stromingen echter steeds meer praatjes te krijgen. De koning reageerde hierop door zich meer te profileren in zijn rol als aanvoerder der gelovigen. Op televisie was te zien hoe Hassan het vrijdaggebed bijwoonde. Foto's van Hassan II kwamen in de moskee te hangen. En als uiteindelijke en ultieme consequentie ontstond de Moskee van Hassan II. Een religieus statement dat moeilijk te negeren was. Een vorst die in staat was om een gebedshuis van deze proporties op te richten, kon zijn positie als aanvoerder der gelovigen nauwelijks ontzegd worden.

Geschoonde herinnering

Niet alle monumenten zijn in goede staat. Een achttal kilometers voor Al Hoceima, waar de weg zijn daling naar de kust begint, ligt het dorpje Ajdir. Wie links de hoofdweg verlaat, komt vrijwel vanzelf op de heuvel waar de resten staan van het huis en kantoor van Abdelkrim al-Khattabi, de beroemde Berberaanvoerder uit de Rif en een van Marokko's grootste leiders uit de vorige eeuw. Het langgerekte gebouw is een ruïne. Het dak is vrijwel geheel verdwenen, de pilaren van de veranda zijn ingestort. Het interieur ligt vol puin. 'Ze gebruiken het om in te pissen,' aldus een buurtbewoner.

Het kost weinig voorstellingsvermogen om te zien dat het ooit een imposante villa geweest moet zijn, die met durf en gevoel voor symboliek op de heuvels van Ajdir werd gebouwd. Even verderop ligt immers Al Hoceima, dat onder de naam Villa Sanjurjo een belangrijke basis van de Spaanse koloniale machthebber was. Onder de neus van de bezetters werden hier de plannen gesmeed voor de verpletterende nederlaag van de Spanjaarden en de oprichting van de Rifrepubliek. Toen de Spanjaarden met hulp van de Fransen Abdelkrim in 1926 versloegen, werd de villa verlaten.

In 1958 was Al Hoceima opnieuw een uitvalsbasis van een legermacht, dit keer onder leiding van de toenmalige kroonprins Hassan, die was gekomen om de opstandige Rif-Berbers met harde hand in het gareel te dwingen. Het leger en de politie gebruikten het kantoor van hun held Abdelkrim als gevangenis en martelcentrum. Hassan liet het huis daarna tot puin vervallen, als een symbool van zijn minachting voor de opstandige Rifbewoners. En nog steeds wordt de herinnering aan Abdelkrim gemeden: zelfs geen wegwijzer, geen bord maakt duidelijk wat de ruïne op de heuvel heeft betekend in de Marokkaanse geschiedenis.

Marokkaanse heersers kennen een lange geschiedenis als het gaat om het uitwissen van de sporen van voorgangers en concurrenten. Het beste voorbeeld van *dynasty cleansing* is het paleis El-Bedi dat de grote sultan Ahmed al-Mansoer (Ahmed de Overwinnaar) liet neerzetten in Marrakech. Moulay Ahmed bracht de Portugezen in 1578 een gruwelijke nederlaag toe bij Ksar el Kebir. Niet alleen verdween de jonge Portugese koning Sebastião spoorloos in de veldslag, ook werd vrijwel de complete Portugese adel gevangengenomen, hetgeen een schat aan losgeld opleverde.

De sultan besloot de grootheid van zijn dynastie uit te drukken in de vorm van een ongeëvenaard paleis in Marrakech. De bouw zou zes jaar in beslag nemen. De Nederlandse kunstenaar en gravuremeester Adriaen Matham, die toegevoegd aan een diplomatieke missie van de Republiek in 1641 Marrakech zou bezoeken, was diep onder de indruk van het El-Bedipaleis. Het overtrof in omvang en kostbaarheden alle bestaande paleizen, aldus Matham, en kon met recht 'een wonder boven alle wonderwercken des weereldts' genoemd worden. De beste ambachtslieden en architecten uit Noord-Afrika en Europa hadden er hun bijdrage aan geleverd. Heel Marokko droeg bij met lokale kunst en sierwerk. Vanuit Pisa werden vijftig enorme marmeren kolommen getransporteerd. Het rechthoekige gebouw met zijn vele koepels werd gesierd met onyx en marmer in alle kleuren, de vloeren bestonden uit fraaie mozaïeken, de muren en plafonds waren ingelegd met goud en versierd met het fraaiste stucwerk. In arabesken was een groot aantal gedichten verwerkt. Een toren in een van de binnenplaatsen was zo geconstrueerd dat de sultan er op zijn paard gezeten naar de top kon rijden. Geen buitenlandse bezoeker of hij schreef met ontzag en bewondering over het paleis.

Bij zijn gravures van Marrakech liet Adriaen Matham een gedicht na waarin hij de wonderen van de stad bezingt en betreurt dat het de moslims en niet de christenen zijn die hiervan kunnen genieten. Maar bij alle pracht van het paleis wordt hij overvallen door een gevoel van vergankelijkheid.

> *Maer 't burgherlyck gebouw vervalt tot inde grondt*
> *En 't blijft gequest, vertreen, en deerelyck gewondt*
> *Gelijcker is voorseyt van alle coninckrycken*
> *Gheen conincklyck pallijs bij u sal sijn te glycken*
> *Toch dat voorts al de stadt sal comen tot een val*
> *En tenemael gelyck een schaepstal worden sal.*

> (Maar wat de mens bouwt wordt weer afgebroken tot de grond
> In stukken, deerniswekkend opgebroken en dodelijk gewond
> Dat is het vooruitzicht aller koninkrijken
> Al kent het koninklijk paleis niet zijn gelijken
> Toch komt deze stad hier ooit ten val
> En krijgt het aanzicht van een schapenstal.)

Ruim zestig jaar na zijn bezoek zou de voorspelling van Matham uitkomen. Sultan Moulay Ismaïl, de grote vorst van de Alawieten, gaf in 1707 opdracht de herinnering aan de vroegere dynastie der Saädieten letterlijk met de grond gelijk te maken. Het El-Bedi werd afgebroken. De graven van de Saädieten dichtgemetseld en vergeten tot ze in de twintigste eeuw door de Franse koloniale bezetter werden ontdekt. De pilaren, het marmer en het goud van het paleis vonden gretig aftrek voor andere gebouwen. Naar verluidt was er geen dorp in heel Marokko dat wel iets kreeg uit de resten. Wat bleef waren de indrukwekkende ruïnes aan de rand van Marrakech, tot op de dag van vandaag een toeristische trekpleister.

Het offer van Ibrahim

De voorgaande dagen waren de schapen in steeds groteren getale in het straatbeeld verschenen. Het begon met meer dan de gebruikelijke kuddes die door hun herders langs de wegen richting stad werden geleid. Vrachtauto's volgeladen met schapen kwamen toeterend de uitvalswegen oprijden. Aan de rand van de steden doken schapenmarkten op, vaak niet meer dan een verzameling vrachtwagens rond wat tenten. Het schaap nam langzaam bezit van de stad. Schapen in de kofferbak, achter op de brommer en op de balkons van een flatgebouw. Geen straathoek of je kwam wel een schaap tegen.

Eenmaal per jaar is Marokko in de ban van het schaap. Iedere familie wordt bevangen door een koorts om tijdig zijn schaap te kopen; er is een jaar voor gespaard. In de soek van de medina worden televisies, radio's en geluidsapparatuur aangeboden voor wie onvoldoende opzij had gelegd voor het kopen van een schaap. De eerste geruchten van zelfmoord doen reeds de ronde. Geen geld genoeg om een schaap te kopen en de familie en de buren niet meer onder ogen durven komen.

De bedoeling van het Aïd-el-Kebir (het grote feest) of Aïd-el-Adha (offerfeest) is het rituele schapenoffer. Het feest begint de zevende van de Dhou-I-Hijja, de twaalfde maand, waarin ook de pelgrimage naar Mekka plaatsvindt. Een schaap is een dankbaar offerdier. Het laat zich betrekkelijk eenvoudig slachten en het vlees is smaakvol. Dat had de religieuze mens reeds sinds de tijden van de thora, de bijbel en de koran goed in de gaten.

Alle drie de heilige boeken vertellen het voor ongelovigen nogal omstreden verhaal dat de grondslag vormt van het offerfeest. Aartsvader Abraham, Ibrahim voor moslims, wordt door God geboden zijn zoon levend te verbranden als een teken van zijn onderworpenheid. Onder schriftgeleerden wordt gekibbeld welke zoon precies – de christenen houden het op Izak, de moslims menen Ismaïl, de joden zijn verdeeld – maar dit doet niets af aan de essentie: de God van de drie monotheïstische religies hield niet van halve maatregelen als het aankwam op het testen van de loyaliteit van zijn aanhang.

Abraham/Ibrahim gehoorzaamt gedwee en leidt zijn geliefde kind naar een brandstapel om hem te offeren. Op het nippertje krijgt het verhaal nog een goed einde doordat een engel neerdaalt en Abraham/Ibrahim als beloning voor zijn godvrezendheid een ram als plaatsvervangend offer aanbiedt.

Joden en christenen hebben het schapenoffer enigszins verdrongen, maar de moslims houden het op gepaste wijze in ere. Een traditie die vermoedelijk al millennia oud is, en van het platteland meeverhuisd is naar de moderne stad.

En dus staan we in de kelder van een flatgebouw en ligt voor ons op de betonnen vloer een vet schaap. Abdelhafid en Karim houden het beest op de grond gedrukt. Abdelhafid is in het dagelijks leven boekhouder, maar een keer per jaar, tijdens het schapenfeest, verandert hij in slager.

Het beest wordt stevig vastgehouden. De meisjes en vrouwen in het gezelschap heffen een vrolijke gebedszang aan. Abdelhafid krijgt een flink slagersmes aangereikt en prevelt binnensmonds een snel gebedje. Het schaap ruikt onraad en stribbelt tegen, maar Abdelhafid is sneller. Met een krachtige, korte haal, als bij het opensnijden van een gefileerde kippenborst, snijdt hij de keel van het beest open. Het bloed spuit uit de gapende wond en stroomt in het putje in de vloer. De doodsstrijd is opmerkelijk kort. Binnen een paar seconden staart het schaap nog glaziger dan gebruikelijk uit zijn ogen. Er zijn nog wat stuiptrekkingen, maar gemekker, doodsgereutel of andere strijdgeluiden blijven uit. Een schaap sterft zonder veel rumoer.

Je moet er lol en handigheid in hebben, vertelt Abdelhafid, maar de slacht is relatief een peulenschil. Het geheim zit hem, zo legt hij uit, in het opblazen van het schaap. Hij voegt de daad bij het woord. In een van de dijen van het beest wordt een inkeping in het vel gemaakt. Abdelhafid haalt diep adem, perst zijn lippen op het gat en blaast met volle kracht zijn adem in de inkeping. Langzaam, als de dierlijke variant van het Michelin-mannetje, bolt het schaap op. Het is, zegt Abdelhafid tussen twee teugen lucht door, een trucje om de huid los te krijgen van het vlees. Hij slaat een paar keer hard op de bol gespannen schapenvacht. Het maakt het galmende geluid van een doffe trom.

Als de huid is los getrommeld en de schaapballon licht fluitend is leeggelopen, begint het villen. Het schaap wordt aan een haak opgehangen en de dunne huid wordt voorzichtig losgesneden, alsof het kadaver van een jasje wordt ontdaan. Vooral de huid rond de hals is dun en moet voorzichtig worden behandeld, zegt Abdelhafid. Hij zweet van de inspanning. De kop biedt nog de meeste weerstand, maar is in een minuutje losgesneden. Leer en wol worden gewassen in zeewater en met steenzout in de zon gelegd en kunnen gebruikt worden voor tasjes, een waterzak of kleedje. Niets wordt weggegooid.

De ingewanden wegsnijden is een operatie die met chirurgische precisie wordt uitgevoerd. Onder het borstbeen wordt een snee gemaakt, Abdelhafid steekt zijn vinger erin en trekt voorzichtig de ingewanden eruit. De maag moet in zijn geheel voorzichtig worden weggesneden om te voorkomen dat de inhoud vrijkomt en een smeerboel van de slacht maakt. Schijnbaar eindeloze meters darm worden uit het karkas getrokken. Lever, niertjes en wat minder herkenbare organen ploffen in een bak. Ze worden netjes ingepakt in de zemige vliezen met vet die uit de buikholte te voorschijn komen. Morgen zal het vet ook dienen om het vlees sappig te houden op de grill. De galblaas met inhoud wordt zorgvuldig apart gehouden. Het kan gebruikt worden voor de bereiding van shampoo.

De ingewanden en de lever komen in principe het eerst voor consumptie in aanmerking. De organen worden verwerkt in de couscous. Afhankelijk van de regionale traditie laat men het vlees nog een dag besterven.

Die ochtend had koning Mohammed VI als eerste een schaap geslacht. Het was rechtstreeks door de Marokkaanse televisie uitgezonden. Geheel in de traditie van zijn voorvaderen was de vorst in een smetteloos wit gewaad op het plein van het paleis in Rabat verschenen. Hij had met een snelle steek de keel van het beest doorgesneden, waarna het schaap bliksemsnel werd afgevoerd. Het is het sein voor de massaslachting van bijna zes miljoen schapen in heel Marokko. Volgens peilingen doet 95 procent van de Marokkaanse families mee aan het slachten van een schaap. Met een prijs die in 2005 op ongeveer 110 euro per schaap lag betekende dat het schapenfeest ongeveer een kwart van het familiejaarbudget voor vlees opeist.

Daarmee is het schapenfeest naast een belangrijk religieus offerritueel vooral een sociaal feest van belang. De families komen bijeen, er worden cadeautjes gegeven aan de kinderen. En dagenlang staat er vlees op het menu in hoeveelheden die normaal gesproken in geen maanden worden gegeten. Indachtig het offer van Ibrahim, moet een deel worden weggegeven aan de armen die zich geen schaap kunnen veroorloven. Dat laatste is overigens een bron van grote stress en schaamte die mensen tot wanhoop kan drijven. Vooral in jaren van droogte kan de aanschaf van een schaap uitgroeien tot een financieel debacle. Dat had koning Hassan II goed begrepen. In een van de rampzalige oogstjaren, toen er een nijpend tekort aan schapen was en de prijs tot astronomische hoogte steeg, liet de koning weten dat het schaap dat hijzelf zou offeren voldeed voor de hele bevolking. Er ging een zucht van verlichting door Marokko.

Koken en eten

We zitten aan een ronde tafel op lage krukjes. Op het komfoor van houtskool staat de thee, uit de cassetterecorder klinkt Saharablues uit Mauritanië. Ik ben op bezoek bij Khalid, een oude man uit Essouira. Hij diende bijna dertig jaar als klarinetspeler bij het Schuttersorkest van het Spaanse Vreemdelingenlegioen. Hij vertelt me over zijn oudere broer, die net gestorven is. Die vocht mee in 1936 met de gevreesde moorse troepen onder leiding van generaal Franco. Knettergek kwam hij terug uit de Spaanse Burgeroorlog. Vergeten kanonnenvlees, net als de Marokkanen die meevochten aan geallieerde zijde om Europa van het fascisme te bevrijden.

Khalid staat erop dat ik mee-eet. Ik probeer het nog af te weren – drukke agenda, meer bezoeken af te leggen – maar het is onmogelijk te ontsnappen aan de Marokkaanse gastvrijheid. Die gastvrijheid is met reden wereldwijd beroemd en kan soms beklemmende vormen aannemen. Paul Bowles beschrijft hoe hij op bezoek bij twee broers in Fès een complete vleugel van een huis in de oude medina krijgt toegewezen. Zijn gastheren voorzien hem van eten, drank, zangers en muzikanten. 'Het enige vervelende was dat ze zich zo veel moeite getroostten om me het gevoel te geven dat ik erbij hoorde, dat ze er ook van uitgingen dat ik niet geïnteresseerd was in een bezoek aan de stad.' Twee weken lang ziet hij van Fès alleen de blauwe lucht vanaf de patio.

We wassen onze handen. Khalids vrouw heeft flink uitgepakt. De eerste gang bestaat uit een ronde platte schaal met punten van met kaneel en poedersuiker bestrooide pastei van bladerdeeg gevuld met duif. Het is om meerdere redenen een sympathiek gerecht. De combinatie van hartig en zoet is in de westerse keuken in onbruik geraakt. In veel recepten uit de zeventiende eeuw van pasteien is het echter nog terug te vinden. Marokko houdt zo een oude smaak in ere. En waarom doen we in het Westen zo weinig met duif? Het is dat de kwaliteit van de westerse patatetende stadsduiven het vermoedelijk niet toelaat, maar anders zou het een mooie oplossing zijn voor de duivenplaag die menig Nederlandse stad teistert.

Na de pastei volgt de couscous met kip. Op een bed van stomende meelbolletjes wordt het kippenvlees opgediend, gegarneerd met langwerpig opgesneden courgettes, peen, rapen, aardappelen en pruimen. De saffraan heeft de couscous geel gekleurd. Een aparte kom met kookvocht staat klaar om over de couscous te sprenkelen. Ik vraag een lepel, het eten van de couscous met de vingers is een kunst voor gevorderden. Na afloop volgt een nieuwe schaal. Het dessert bestaat uit zoete *briouats*: rolletjes en driekantige pakketjes van krokant bladerdeeg gevuld met gemalen amandelen, pistache en sesamzaadjes, kleverig van de honing en de *arganolie*. Arganolie is een delicatesse uit de streek, vertelt Khalid trots. We nemen ieder een koekje. Aan de olie worden bijzondere geneeskrachtige eigenschappen toege- schreven, zo vervolgt hij zijn toelichting. Het wordt bereid uit de pulp van de argannoot, die groeit aan olijfachtige bomen (*argania spinosa*) die men vooral in het achterland van Essouira aantreft. De noten werden traditioneel via de geiten uit de boom geplukt, vertelt Khalid. Ik neem een hap van mijn koekje. 'De vruchten werden door geiten uit de boom gegeten. Tussen de keutels kon je dan de pitten terugvinden,' zegt mijn gastheer. Onwillekeurig stop ik met kauwen. Maar tegenwoordig wordt de argannoot meestal met de hand geplukt, zo stelt Khalid me gerust. De met verdwijning bedreigde, arbeidsintensieve Berbertraditie van het maken van de arganolie wordt de laatste jaren weer door vrou- wencoöperaties opgepakt vanwege de groeiende vraag ernaar voor culinaire en cosmetische toepassingen.

Bij zoetigheid of ter verdrijving van de onvermijdelijke middag- dip: een glaasje muntthee behoort tot een van de belangrijkste Noord-Afrikaanse bijdragen aan de culinaire cultuur. 'De heerlij- ke kruizemuntthee der Muzelmannen!' aldus de schrijver A. den Doolaard. 'Ook in Holland groeien de geurige groene plantjes; waarom is tijdens de oorlog niemand erop gekomen daar thee van te trekken in plaats van maag en humeur te vergiftigen met apennotendoppen en verder vuil?' Zo is het maar net. De munt- thee wordt bereidt uit Chinese, groene gunpowderthee, ver- mengd met muntblaadjes en geweldige hoeveelheden suiker, die alleen door hun calorische waarde een welkome energie-injectie kunnen geven.

Couscous is voor Noord-Afrikanen als rijst voor de bewoners van het Verre Oosten. Voedselhistorici vermoeden dat de cous- cous vanuit Soedan via Egypte Noord-Afrika heeft bereikt. Over de origine van het woord bestaat geen consensus: sommigen houden het op het klassiek Arabische *kouskous*, anderen pleiten voor het Berber *k'seksu*. De kleine meelbolletjes – een soort gries- meel maar dan van harde tarwebloem – gelden als het nationale gerecht van Marokko, maar evengoed van Algerije of Tunesië. Geen feest zonder couscous. Wie couscous eet krijgt de zegen van God en zo mogelijk zelfs iets van baraka. Vrouwen kunnen de trouw van hun mannen garanderen door hun couscous te serveren waarin de zachtste stukjes van de schapenstaart zijn verwerkt. Andersom is overigens meer voor de hand liggend, want de bereiding van couscous moet in het verleden zo'n arbeidsintensief karwei zijn geweest dat er weinig tijd restte om vreemd te gaan. Net als de Italiaanse pasta moesten de kleine bolletjes handmatig gefabriceerd worden door het draaien, opstomen en indrogen van het meel. De eerste couscousmachine, die in 1953 werd gepatenteerd, moet het leven van veel Marokkaanse vrouwen ingrijpend hebben veranderd.

Naast de couscous zijn het vermoedelijk de *tajine*-schotels die in Marokko de meeste aandacht trekken. Dat heeft zonder twijfel te maken met de decoratieve tajinestoofpot, de conisch toelopende schaal van geglazuurd aardewerk. Het aardige van de tajine is dat je er vrijwel alles in kan gaarstoven: lam, vis, kip, aubergines, erwten, uien, olijven. Ondanks de gezonde uitstraling van zo'n bruine aardewerken stoofpot zijn de gerechten uit de tajine overigens vaak enigszins aan de vettige kant.

De kracht van de Marokkaanse keuken ligt afgezien van zijn bijzondere gerechten (gekonfijte citroenen bijvoorbeeld) voor een belangrijk deel in de gebruikte kruiden en specerijen. Op de markt in de medina's worden ze afgeschept van de puntige bergen met hun rode, bruine en geelgroene kleuren. Komijn is een terugkerende smaak die veel Marokkaanse gerechten zo herkenbaar maakt. Of de verse koriander, die met bossen tegelijk in de groentestalletjes wordt aangeboden. Meer subtiel: de sinaasappelbloesem die in de muntthee wordt gebruikt.

Khalids vrouw neemt blozend mijn complimenten voor haar kookkunst in ontvangst. De traditionele Marokkaanse keuken is onovertrefbaar bij de mensen thuis. En een stuk minder riskant. 80 procent van de voedselvergiftigingen vinden volgens de statistieken plaats buiten de deur. Vooral in de warme zomermaanden is het een feest van bacteriën, virussen en parasieten. Berucht is de *sandwich de la mort*, vrij vertaald 'broodje dood', die vooral bij de vele muziekfestivals op straat wordt aangeboden. Mayonaise in Marokko is vaak nog echte mayonaise van geklopte eieren en dus een uitstekende voedingsbron voor salmonella. Een actie van de gezondheidsinspectie in de maand mei van 2005 in Casablanca resulteerde in boetes bij 23 restaurants, 46 snackbars, 32 melk- en sapbars, 6 crêperieën en 6 ijssalons. De grote hitte moest toen nog uitbreken.

Afgezien van het sanitaire ongemak steekt het gemiddelde restaurant vaak wat schraaltjes af bij de culinaire huisvlijt. Het lijkt soms wel of Marokko zijn eigen keuken enigszins verloochent voor de invloeden uit vooral Frankrijk. En voorts valt er een zekere herhaling op. Wie door Marokko trekt kan de kaart van tajines en couscous op zeker moment wel dromen. Het wachten is op een nieuwe generatie van Marokkaanse koks die hun rijke culinaire traditie weten toe te passen in nieuwe, creatieve gerechten.

Marokkaanse recepten

Harira

Marokko's nationale linzensoep. Tijdens ramadan dertig nachten lang een verplicht nummer.

Ingrediënten: wat resten kip en schaap, 2 uitjes, een puntje saffraan, 100 gram linzen, koriander en peterselie, 4 tomaten, 20 gram boter, sap van een citroen, 2 eetlepels meel, zout, peper.

Trek in anderhalf uur de bouillon van het vlees samen met de linzen, de gehakte ui en de saffraan in anderhalve liter water met zout en peper. In een tweede pan anderhalve liter water aan de kook brengen met de gehakte tomaten, de boter en het citroensap. Twintig minuten laten koken. Het meel met een beetje water aanlengen tegen klonteren en goed roerend toevoegen. Aanlengen met fijngehakte peterselie en koriander. Vervolgens

bij de andere bouillon gieten en nog tien minuten laten trekken. (Deze soep kan naast linzen voorts ook kikkererwten bevatten).

Couscous met schaap

Ingrediënten: 500 gram couscous, 500 gram schapenbout, 250
gram van respectievelijk raap, peen, courgettes, aubergines,
kool, pompoen, aardappels, tomaten. 2 uien, knoflook naar
smaak, theelepeltje saffraan, theelepeltje gemalen zoete peper,
koriander, couscouskruiden, boter of olijfolie, peper en zout.

Snij het vlees in stukken. Uien, knoflook, saffraan, zoete peper, peper en zout toevoegen. Met 3 liter water aan de kook
brengen. Uurtje gaar laten sudderen. Groenten wassen en in
grove langwerpige of ronde stukken snijden. Raap, kool en peen
toevoegen aan bouillon. Kwartiertje gaar laten worden en daarna de tomaten, pompoen, aubergines, courgettes, aardappels en
de fijngehakte koriander en couscouskruiden toevoegen. Gaar
laten koken. Onderwijl de couscous gieten in een ruime schaal
en met heet water en zout en eventueel wat van de bouillon
aanlengen en loskloppen. Afdekken met een doek of deksel. In
magnetron op middenstand drie minuten verwarmen zodat de
korrels het vocht opnemen. Even loskloppen, eventueel nog wat
vocht toevoegen en nog een minuut of twee in de magnetron
opwarmen. De couscous op een schaal opdienen gemengd met
de olie of boter. Vlees eromheen draperen en de groentes op het
couscousbed. Bouillon apart serveren als jus over de couscous.

Skink versus golf

Strand, duinen en moeras. Het stroomgebied van de Moulouya-
rivier tot aan de Middellandse Zee is een Verkade-album van na-
tuurplaatjes. Een kuststrook van zo'n 20 kilometer die begint
vanaf de Cap de l'Eau en doorloopt tot aan Saïdia, de badplaats

aan de Algerijnse grens waar de inwoners van Berkane en Oujda verkoeling en vertier zoeken. Het geel van de nummerborden wijst op de grote hoeveelheid Marokkanen uit deze streek die naar Nederland emigreerden. Hun kinderen komen hier de vakantie doorbrengen. Maar wij zijn op zoek naar otters, purperreigers, visarend en de Griekse schildpad die hier hun leefgebied hebben. Mijn gids is Najib Bachiri, een goedlachse besnorde telg uit een familie van boeren, docent Engels, maar bovenal al 25 jaar natuurbeschermer en daarmee een activist van het eerste uur. Toen hij begon was het oprichten van burgerbewegingen simpelweg verboden. Nu is hij de drijvende kracht achter de Vereniging Mens en Milieu, die de voormalige katholieke kerk van de Fransen in Berkane heeft omgebouwd tot een centrum van natuurbeschermers.

'De mensen dachten dat ik gek was met mijn praatjes over de bescherming van vogels en reptielen,' herinnert hij zich achter een kopje koffie op een terras. Hij had het van zijn grootmoeder op de boerderij, die hem als kleine jongen betrapte terwijl hij een zwaluwnestje vernielde. Hij wilde weten wat erin zat. 'Ze waarschuwde me dat als ik een vogel kwaad deed, later als ik groot werd mijn handen zouden trillen. "Wil je dat?" vroeg ze. Ze legde me uit wat de nesten waren en leerde me respect te hebben voor de natuur.'

De Berbercultuur hier in het noorden zat traditioneel vol met verhalen over dieren, vertelt Najib. Nooit was de islam erin geslaagd om de Berbers hun verbod op te leggen op het afbeelden van dieren. Vogels brachten baraka. De ooievaar was een heilig beest. Deze steltlopers waren immers eigenlijk mannen die op hun huwelijksnacht – als zij gekleed gingen in een witte djellaba en een zwarte boernoes, hun handen en voeten rood van de henna – waren betoverd. De boeren in de omgeving van Fès lieten altijd een deel van hun terrein braak liggen zodat de vogels er konden nestelen en voedsel konden vinden: het land van de vogels. De sultan had een heilig decreet, later omgezet tot wet, dat de ooievaarsnesten beschermde en het omzagen van palmen verbood.

Ergens in de loop van de vorige eeuw moet het bergafwaarts zijn gegaan met het traditionele respect voor de natuur. Marokko begon in hoog tempo zijn prachtige bossen en bergen, rivierlandschappen en woestijnen te vernietigen. Overbevolking in bepaalde gebieden, waterschaarste, jacht en erosie zorgden voor het vernietigen van de habitat van dieren en van planten. De laatste in het wild levende Atlasleeuw – ooit massaal door de Romeinen geïmporteerd voor hun spelen – werd in 1922 doodgeschoten. Het kost weinig moeite om de hedendaagse vervuiling in Marokko op te merken: de enorme hoeveelheid plastic en andere rotzooi die door de straten en het land waait is misschien nog het minste kwaad. Maar het stemt tot weinig optimisme om te zien hoe afgewerkte olie zonder veel omhaal in afvoerputjes verdwijnt, hoe rioolpijpen indrukwekkende hoeveelheden ongezuiverd afvalwater in de zee en de rivieren spugen en hoe luchtvervuiling de hemel boven Casablanca geel kleurt.

Hier aan de kust is juist enkele maanden geleden de laatste monniksrob doodgegaan die zijn leefgebied had tussen Al Hoceima en Cap de l'Eau, vertelt Najib. Hij rustte vermoedelijk in een grot toen de grondverzetmachines voor de snelweg vanuit Tanger voor een instorting zorgden. Nu is er alleen nog een kolonie monniksrobben over aan de zuidelijke Atlantische kust.

Najib Bachiri staat in de wijde omgeving bekend als een gepassioneerd milieubeschermer. Zijn leerlingen op school waar hij Engels geeft vinden hem maar streng. 'Je bent aardiger voor de vogels dan voor ons,' had een jongen gezegd toen hij hem had betrapt bij spieken tijdens de examens. Wees aardig voor de mensen op aarde en de hemel zal je belonen, citeerde de leerling uit de koran. 'Ik zei: dan moet je maar leren vliegen,' lacht Najib.

Enige didactische strengheid is nodig, want de Marokkaanse overheid geeft niet thuis als het op het milieu aankomt, meent Najib. Ze geeft voortdurend het slechte voorbeeld. Maar gelukkig begint de strijd zijn vruchten af te werpen. Zelf redde hij het bos bij Berkane waar een van 's werelds grootste populaties ooievaars haar nesten heeft. De burgemeester had het woud verkocht en een kapvergunning gegeven. Door een enorme heibel te trappen en te dreigen met gevangenisstraf wegens het overtreden van de oude wetten ter bescherming van de heilige ooievaar wist Najib het gevaar te keren. Nu is het een beschermd gebied.

Maar dat is nog geen garantie om grootschalige vernieting te voorkomen. Want als de werkgelegenheid in het geding is, knijpt de Marokkaanse overheid snel een oogje dicht en schuift de schamele milieubescherming zonder veel omhaal ter zijde. Het milieubewustzijn in Marokko is onderontwikkeld, meent Najib, en helaas geven de gouverneurs, de pasja's en de kaïds meestal het slechte voorbeeld. Neem de waterlanden van de rivier de Moulouya. De Spaanse projectontwikkelaar Fadesa bouwt midden in het gebied een kolossaal project dat Mediterrania is gedoopt en dat bestaat uit drie achttien-holesgolfbanen met bijbehorende appartementencomplexen. 'Drie golfbanen! Dat verbruikt evenveel water als een stad van 66.000 mensen. Dat is ongeveer de bevolking van heel Berkane. Ik vroeg de investeerders waar ze het water vandaan willen halen. Ze hadden had het over hergebruik van afvalwater. Maar dat is natuurlijk nooit genoeg. Ze gaan er het rivierwater en het drinkwater voor gebruiken. De waterlanden staan straks droog.'

De Moulouya ontspringt in de Atlas, niet ver van Midelt, en daalt af door ruige woestijnen, oases en hoogvlaktes om in de Middellandse Zee uit te monden. De rivier is de levensader voor de relatief rijke landbouwgronden rond Berkane. Frankrijk was wel zo slim om tijdens het protectoraat het gebied vanaf de Moulouya tot aan de Algerijnse grens niet aan de Spanjaarden over te laten. Onder de Franse boeren nam de landbouw, sinaasappel- en druiventeelt voor de wijn een hoge vlucht. Het beviel ze zo goed dat ze na de onafhankelijkheid de Marokkaanse nationaliteit wilden aannemen om te blijven. Maar hun gronden werden genationaliseerd met alle nadelige gevolgen van dien.

De onafhankelijkheid bracht de streek weinig welvaart. Veel inwoners emigreerden naar het noorden. De wijdverbreide smokkel van en naar Algerije vormt voor de achterblijvers een dankbare inkomstenbron. Het sluiten van de Algerijnse grens in 1994 heeft de contrabande alleen maar aantrekkelijker gemaakt.

De grens is zo lek als een mandje. Langs de weg richting de Spaanse enclave Melilla lopen zwarte mannen uit landen van onder de Sahara, die via Algerije en Marokko hun illegale overspeek naar Spanje hopen te maken. Op de brug over de Moulouya, die Berkane met de rest van het Rifgebied verbindt, is een permanente controlepost met wegversperringen en Spaanse ruiters ingericht om het passerende verkeer op smokkelwaar te controleren. De kif wordt massaal over de grens richting Algerije gesmokkeld. Ezeltjes volgepakt met plastic flessen benzine komen over de bergen terug naar Marokko. Overal langs de weg, naast de stalletjes met meloenen en sinaasappels, wordt hier de smokkelbenzine en -diesel aangeboden in grote plastic vijfliterflessen. Het kost de helft van de officiële prijs. De politie is nadrukkelijk afwezig. 'Die krijgen gewoon een *kopje koffie*. Zo is iedereen hier weer tevreden,' verklaart een taxichauffeur terwijl de zwarte diesel met een plastic trechter en een doek bij wijze van filter klokkend in zijn tank verdwijnt. De streek maakt inderdaad een welvarende indruk. De nieuwbouwhuizen die hier als paddestoelen uit de grond schieten zijn van emigranten of van kifsmokkelaars, zo is hier de gevleugelde uitspraak.

Maar de regering heeft besloten dat het gebied een van de speerpunten moet worden in de ontwikkeling van het toerisme. Bij Nador, op de uitvalsweg naar Al Hoceima, is een splinternieuw vliegveld gebouwd. Behalve de zomercharters met emigranten uit Amsterdam, Brussel en Parijs moeten hier straks de toeristenvluchten gaan landen. En waarom ook niet: qua klimaat en omgeving lijkt het hier nog het meest op de zuidkust van Andalusië. Geen wonder dat de Spaanse projectontwikkelaar bereid is gevonden om hier een megaproject van vakantiebungalows en golfbanen te realiseren.

We rijden in het bestelautootje van Najib Bachiri vanaf Saïdia het duingebied in. Langs de kaarsrechte boulevard wapperen de vlaggen van de Spaanse bouwer. Grote borden melden dat een deel van de drieduizend vakantievilla's al verkocht is. Totale oppervlakte: 400.136,63 vierkante meter. De jachthaven met plaats voor zevenhonderd plezierboten is al uitgegraven. 'Ook zoiets: die jachthaven,' monkelt Najib achter het stuur. 'We hebben ze gewaarschuwd dat de strekdam precies zo is gebouwd dat alle zandaanslibbing via de stroming in de haven terechtkomt in plaats van op het strand. De huizen van Saïdia die je hier rechts in de duinen ziet liggen staan straks aan het water. Het enige voordeel is dat de bewoners niet meer naar de zee hoeven te lopen. Binnen een jaar of tien kunnen ze zo vanuit het balkon van hun slaapkamers de zee induiken.'

Aan weerskanten van de weg verschijnen graafmachines en vrachtwagens. Op een soort terpen zijn de eerste modelbungalows te bewonderen: Andalusische paleisjes waarmee de Spaanse zuidkust vol staat. Eromheen heerst de kaalslag van het grondverzet voor de golfbanen. Tussen de rioolbuizen en de platgewalste duinpollen staat een blauw bord van het Marokkaanse ministerie van Bos, Water en Milieu dat ons informeert dat we hier het natuurgebied van de monding van de Moulouya betreden. '*Site d'intérêt biologique et écologique*,' zo meldt het ministerie onder een plaatje van een flamingo. 'Help ons het te beschermen.'

Najib zucht eens diep. '80 procent van de waterlanden van de Moulouya is al verdwenen. Wat je hier ziet is wat er over is,' zegt hij. Een paar kilometer verderop, dichter bij de rivier, is de omgeving beter bewaard. Vennetjes en duinland wisselen elkaar af. Alles wat nog levend is, lijkt zich hier te hebben verzameld. Terwijl we over smalle paadjes lopen, plonzen de schildpadden om ons heen in het water. Aan de toppen van de riethalmen kleven ijsvogeltjes, klaar om in een duikvlucht achter de vissen aan te jagen. Lepelaars, flamingo's, ibis en de Rifreiger scharrelen rond op zoek naar voedsel in de ondiepe poeltjes. De otter laat zich vandaag helaas niet zien. Ook de bedreigde skink, het vrijwel pootloze reptiel dat nog het meest weg heeft van een hazelworm, houdt zich goed verborgen tussen de moeraspollen. De skink mag dan een onooglijk beestje van enkele decimeters lang zijn, de moerasdelta van de Moulaya is een van de drie laatste plekken ter wereld waar hij nog voorkomt. 'Dit gebied hier is een stuk minder groot dan bijvoorbeeld de Doñana in Spanje,' verklaart Najib. 'Maar de biodiversiteit aan vogels, vissen, reptielen, amfibieën en andere dieren is veel geconcentreerder. Dit gebied biedt een unieke verzameling van bijna vijfduizend verschillende plantensoorten. Tweederde van de vogelpopulatie van heel Marokko passeert deze zone. Dat dreigt allemaal opgeofferd te worden aan economische belangen.'

We rijden verder. Plotseling stopt het bestelautootje abrupt en zonder duidelijke aanleiding langs de rand van de weg. Even verderop slentert een lusteloos groepje werklieden met scheppen onder leiding van een man met een klembord in de hand onderzoekend over het duinterrein. Najib Bachiri schiet zijn auto uit en loopt in een drafje naar de groep werkers. Er volgt een verhitte discussie in het Arabisch, vermengd met Franse zinnen. Marokkanen gebruiken graag Frans als ze kwaad zijn. 'Maar we hebben van het MedWed opdracht gekregen om naar een andere plek voor de parking te zoeken,' zegt de man met het klembord. 'Waarom weet ik daar niks van? Ik zit toch ook in die overleggroep! Ik ben niet tegen die parking, meneer, maar niet hier in de natuur!' roept Najib. De man met het klembord denkt even na en toetst een nummer in op zijn mobiele telefoon voor overleg met hogerhand. Najib vraagt de telefoon en vervolgt zijn tirade. 'Non, non, niet hier in dit beschermd gebied, meneer,' herhaalt hij briesend. Het groepje werklieden leunt op zijn schoppen en wacht nieuwsgierig af hoe dit verzetje zal eindigen. Na een minuut of tien luwt de storm. Najib geeft de telefoon terug aan het klembord. Onhoorbaar voor de omstanders geeft de andere kant van de lijn opdracht het parkeerterrein af te blazen. We zijn getuige van een kleine zege van het Marokkaanse milieufront.

Terug in de auto komt de natuurbeschermer weer enigszins tot rust. 'MedWedCoast is de regionale organisatie van de Verenigde Naties die hier de waterlanden moet beschermen,' verklaart Najib droogjes. Ze hadden opdracht gegeven om een nieuw parkeerterrein af te vlakken, nadat het vorige parkeerterrein door het hoge water onder was gelopen en nu vol ligt met los stuifzand. De auto's met hun aanhangers voor de waterscooters kwamen er vast te zitten. Weer zo'n lastig neveneffect van de nieuwe jachthaven, vermoedt Najib. Wat hem betreft parkeren ze dan maar op de weg. Of bij Fadesa, waar toch al alles platgegooid is. En dat ze dan niet met die verschrikkelijke waterscooters bij het strand kunnen komen is alleen maar meegenomen. Als hij niet toevallig langs was gekomen, peinst Najib, lag er nu een parkeerterrein. Aangelegd door de organisatie die het resterende stroomgebied van de Moulouya moet beschermen. 'We hebben nog een lange weg te gaan om de mentaliteit hier in Marokko te veranderen.'

Ezels

Eind negentiende, begin twintigste eeuw verdwenen in Marokko de Atlasleeuw, de gazelle en de tijgerkat. Kort daarna was het de beurt aan de krokodil, de keizersarend en de struisvogel. Aan het begin van twintigste eeuw staat de biodiversiteit in het land verder op inkrimpen. Een twintigtal van de 92 landzoogdieren wordt met uitsterven bedreigd. De lynx en de monniksrob dreigen te verdwijnen, het luipaard is vermoedelijk al vertrokken. De hyenapopulatie is sterk verminderd omdat de lokale toverdokters zijn klauwen en vacht verwerken in hun wonderpoeders. Negentig van de ruim driehonderd vogelsoorten in Marokko worden bedreigd.

Eén beest is gelukkig nog volop te bewonderen: de ezel. Op het platteland of in de steden, de ezel is nog altijd een belangrijk vervoermiddel. In de steile steegjes van Fès of op de velden en wegen van de Rif tot in het zuiden: altijd valt er wel een ezel te ontdekken. Het ezelgebalk, vrijwel verdwenen uit de collectie milieugeluiden in Spanje en Italië, valt in Marokko nog steeds met regelmaat te beluisteren. Vooral bij de kinderen blijft een ezeltje een populair vervoermiddel. En terecht. Paarden zijn achterbakse beesten, waarvan de biefstuk een aanrader is, maar die nog in leven onverwacht gemeen kunnen trappen of hun berijders zwaar verwonden door hen van zich af te werpen. De dromedaris produceert eveneens smakelijk vlees en geurend leer voor pantoffels en andere toepassingen. Maar wie wel eens op een dromedaris heeft gezeten weet dat het 'schip van de woestijn' qua rijcomfort het midden houdt tussen een cakewalk en een auto zonder schokbrekers. De dromedaris is bovendien in het bezit van een geweldige bek vol tanden die niet altijd goed gemuilkorfd is. Op onverwachte momenten barst dit bultdier in een brullend geboer uit.

Zolang er geen afmattende woestijntrajecten afgelegd hoeven te worden wint de ezel het op alle punten van zijn concurrenten. Hij heeft een hoge aaibaarheidsfactor en is anders dan de mythe wil een schrander en aandoenlijk beest. Een ezel is bedachtzaam en laat zich niet de wet voorschrijven. Terwijl het domme paard gewoon doet wat hem wordt opgedragen, zal een ezel die gevaar vermoedt geen stap verzetten. Het is een van nature vreedzaam beest, al kunnen de mannetjes hun mogelijke concurrenten uitschakelen door hun testikels af te bijten. Tegenover de mens toont de ezel zich doorgaans vriendelijk, zeker wanneer men hem aan de binnenkant van zijn oren krabt. Wie dat doet heeft een ezelvriend voor het leven, zo verzekeren kenners. Omgekeerd toont de mens zich minder zachtzinnig. Menig ezel in Marokko maakt een overbeladen indruk en ook is de verzorging niet altijd optimaal.

De ezel is de bestelauto van de arme man. Alle aaibaarheid ten spijt is hij eerst en vooral een werkdier en wordt dan ook zonder pardon afgedankt als hij niet meer nodig is. De universele wet van de economische welvaart luidt: meer welvaart betekent minder ezels. De ontwikkeling van de ezelpopulatie is dan ook indicatief voor de mate waarin de welvaart in een land zich ontwikkelt. Vermoedelijk bestaat er zoiets als een Ezelindex (de ontwikkeling in het aantal ezels per hoofd van de bevolking) die iets zegt over de ontwikkeling van het welvaartsniveau. Een rijk land als Groot-Brittannië heeft de afgelopen veertig jaar steevast tienduizend ezels binnen zijn landsgrenzen, wat erop wijst dat het beest uitsluitend nog als huisdier wordt aangehouden en zijn economische functie verloren heeft.

In 1996 had Marokko 888.000 ezels, wat neerkwam op één ezel op 30 Marokkanen. Daarmee behoorde het land verhoudingsgewijs tot een van de dichtstbevolkte ezelnaties ter wereld. In Afrika wordt Marokko in absolute aantallen alleen voorbijgestreefd door Egypte, Nigeria en Ethiopië. Wereldwijd zijn Mexico (ruim drie miljoen) en China (elf miljoen) de koplopers. Wie het aantal ezels tegen de bevolking afzet ziet dat Marokko vergelijkbaar is met Egypte (één ezel per 35 Egyptenaren) en Mexico (één ezel per 29 Mexicanen). De dichtstbevolkte ezelnatie is vermoedelijk het straatarme Ethiopië, waar in 1996 één ezel per 11 Ethiopiërs rondliep.

Ook Marokko onttrekt zich niet aan de ijzeren wet van de Ezelindex. In de laatste twintig jaar van de vorige eeuw verminderde het aantal ezels in Marokko met ongeveer een kwart. De ezel begint duidelijk terrein te verliezen als lastdier en vervoermiddel. Vanuit ezelperspectief is er sprake van een zorgwekkend snelle daling. Opmerkelijk is daarbij dat er in de jaren negentig weer sprake was van een lichte opleving van het aantal ezels. Als Marokko er echter in slaagt zijn economische welvaart te vergroten, zal het aantal ezels onvermijdelijk verminderen. De tol van de vooruitgang.

Ezelpopulaties (bron Paul Starkey en Malcolm Starkey, *Regional and world trends in donkey population*)

Land	1966	1976	1986	1996
Marokko	950.000	1.200.000	785.000	880.000
Algerije	275.000	463.000	340.000	230.000
Egypte	1.162.000	1.568.000	1.879.000	1.690.000
Turkije	1.971.000	1.476.000	1.192.000	800.000
Ethiopië	3.775.000	3.860.000	4.600.000	5.000.000

Land	1966	1976	1986	1996
Mexico	3.403.000	3.318.000	3.183.000	3.250.000
China	7.438.000	8.127.000	10.415.000	10.923.000
Spanje	442.000	274.000	140.000	90.000
Groot-Brittannië	10.000	10.000	10.000	10.000

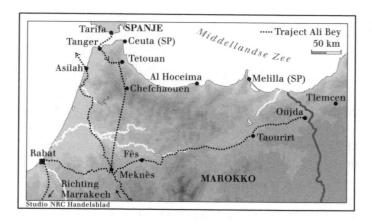

6 | SPION IN TANGER

Wie wil veroveren moet weten waar hij zijn voeten zet. Aan het begin van de negentiende eeuw kreeg het kolonialisme Noord-Afrika in het vizier. Egypte, Libië, Algerije en Tunesië werden de speeltuin van de grote mogendheden. Ook Marokko was zo'n niemandsland dat hoognodig protectie behoefde. Veel te halen viel er echter niet, zodat de belangstelling onder de koloniale mogendheden voor Marokko betrekkelijk lauw was. De Britten hadden er wat handelscontacten, de Fransen begonnen ambities te krijgen om van de Maghreb hun achterland te maken en de Spanjaarden koesterden heimelijk het plan om de moren die ooit Andalusië waren binnengedrongen met gelijke munt terug te betalen. Wie kreeg Marokko?

Intrige en machtsstrijd waren in Marokko tot die tijd vooral een binnenlandse aangelegenheid geweest. De Turken waren eeuwen eerder de laatsten geweest die het idee hadden gehad het land te veroveren en dat was uiteindelijk op niets uitgedraaid. Met de groeiende belangstelling vanuit Europa kreeg Marokko nu echter te maken met de verkenner die voor de legers uitliep: de spion.

De negentiende eeuw was niet toevallig ook de eeuw van de romantische reisverslagen naar oorden met een hoog gehalte aan exotica. Het publiek snakte naar verhalen over landen waar het leven nog avontuurlijk kon zijn. Marokko, met zijn sultans, harems en zeerovers bood in dit opzicht een buitenkans.

Veel spionnen schreven een boek over hun verblijf aan de andere kant van de Straat van Gibraltar. Dat bleek een aardige bijverdienste. Frankrijk smulde van de avonturen van Charles de Foucauld, een Franse cavalerieofficier die vermomd als Algerijnse rabbi begin jaren tachtig door Marokko reisde en *Reconnaissance au Maroc* schreef. Het Britse rijkeluiszoontje Walter Harris kwam in 1886 op twintigjarige leeftijd naar Tanger als correspondent van *The Times*. Hij bleef er tot zijn dood in 1933 en vervulde naast zijn journalistieke werk de nodige 'diplomatieke missies'. Tussen de regels van de verhalen van deze Marokko-kenner valt op dat hij over opmerkelijk veel geheime stukken en documenten beschikte. Zijn boeken, waarvan *Morocco That Was* de meeste bekendheid kreeg, beschreven op deskundige en vaak geestige manier zijn persoonlijke vriendschappen met sultans, machtige veedieven en geflipte sjeriefs.

Spanjes spion geniet minder bekendheid. Zijn alias was Ali Bey. Toch was hij de eerste van de Europese spionnen die faam verwierf met een reisboek in de traditie van avonturiers als Leo Africanus en Ibn Battuta. Al in 1814 verscheen in Parijs *De reizen van Ali Bey*. De schrijver presenteerde zichzelf als een geleerde koopman die door Noord-Afrika en het Midden-Oosten trekt, zogenaamd om vanuit Europa een bedevaart naar Mekka te maken en terug te keren naar zijn geboortestad Aleppo in Syrië. Het werd een bestseller in de salons van Parijs, Londen, New York, Rome en Madrid.

Ali Bey, die in 1767 in Barcelona was geboren als Domingo Badía Leblich, gaf zijn publiek wat het lezen wilde. Als een van de weinige Europeanen was hij in staat om verkleed door Noord-Afrika en het Midden-Oosten rond te reizen zonder argwaan te wekken. Tot in het heiligdom van Mekka drong hij door. Zijn boek bevat een gedetailleerde plattegrond van de Kaaba en de zwarte meteorietsteen. Voorts werd de lezer deelgenoot gemaakt van de gastvrije ontvangst en vriendschap met de moorse sultan, die nieuwsgierig kennisneemt van de laatste technieken die de vreemdeling met zich meebrengt (een thermometer), hem uit pure dankbaarheid zijn broeder noemt en een paleisje schenkt compleet met wat concubines om zijn verblijf te veraangenamen. Zo groot is de broederlijke vriendschap dat de sultan hem uiteindelijk met tranen in de ogen probeert te weerhouden te vertrekken richting Mekka voor zijn bedevaart.

De reizen van Ali Bey ging erin als koek bij de negentiende-eeuwse lezer. Die wilde, met een romantisch aquarelletje van de Franse kunstenaar Eugène Delacroix aan de wand (*Op reis tussen Tanger en Meknès*), wegdromen uit de Europese sleur van alledag.

Als spion was Domingo Badía Leblich gewend te liegen. Sommige van zijn avonturen in Marokko zijn ronduit verzonnen, andere (zoals zijn gedwongen vertrek) zijn bewust vaag gehouden. Toch beschikte hij over een scherp waarnemingsvermogen, waardoor zijn beschrijvingen nog bijna een eeuw lang een bron van informatie vormden.

Ali Bey verzweeg de rauwe realiteit achter de vriendschap en verbroedering met de moorse sultan die hij zijn publiek voorschotelde. Uit later ontdekte, geheime, gecodeerde boodschappen aan zijn opdrachtgevers in Madrid bleek dat hij was ingehuurd door de Spaanse 'generalísimo' Godoy, die op dat moment de facto Spanje bestuurde. Zijn reis naar Marokko had een 'politieke en wetenschappelijke' reden. Doel: de inlijving van Marokko. Vanaf het eerste moment dat hij voet aan wal zette in Tanger, was Ali Bey druk in de weer met het doorzagen van de stoelpoten onder de troon van Moulay Slimaan (1798-1822), de sultan die in zijn boek zo gastvrij en vriendelijk wordt beschreven. Marokko verdiende een nieuw staatshoofd. En het leed geen twijfel of Ali Bey beschouwde zichzelf als een goede kandidaat om als onderkoning van Spanje het land te gaan leiden.

De stille getuigen van het complot tegen de sultan van Marokko stonden in het geheime boodschappenlijstje dat Ali Bey aan zijn opdrachtgever in Madrid stuurde. Met duizend paar pisto-len, tweeduizend geweren, vierduizend bajonetten, artillerie en ander wapentuig was het succes van een opstand tegen de sultan vrijwel verzekerd, zo schatte de Spaanse spion de kansen. Maar zoals wel vaker in de Spaanse geschiedenis liepen de zaken an-ders. Het land werd zelf binnengevallen door de troepen van Na-poleon, die ongeveer dezelfde expansieve plannen had maar dan met Spanje. De operatie om de sultan ten val te brengen moest op het laatste moment worden afgelast.

Marokko onderging in de negentiende eeuw een aantal ingrij-pende veranderingen. De karavaanroutes binnen Afrika werden verlegd, de ontdekking van nieuwe goudmijnen veranderde Ma-rokko's positie als transitoland voor de goudexport. Berberstam-men ruilden de overbevolkte berggebieden in voor een noma-denbestaan op de vlaktes aan de kust en in het binnenland, met alle strijd van dien. De woestijn rukte op, sprinkhanenplagen aten het weinige dat overbleef kaal. Als gevolg waren er lange pe-riodes van hongersnood. Een pestepidemie zorgde voor een slachting. Volgens schattingen zou de bevolking aan het begin van de negentiende eeuw binnen korte tijd grofweg gehalveerd zijn, wat leidde tot ontvolkte steden en dorpen. Militaire opstan-den, oproer van Berberstammen en intriges van de islamitische broederschappen complementeerden het plaatje.

Tegen die achtergrond was de heerschappij van sultan Moulay Slimaan een wonder van rust en doeltreffend bestuur. Slimaan wist de macht in Marokko te consolideren na acht jaar van chaos na de dood van sultan Sidi Mohammed. De laatste, had in 1757 zijn vader sultan Abdallah (''t grootste schrikdier deezer eeuwe') opgevolgd en het land gedurende 33 jaar op een stabiele wijze bestuurd. Moulay Slimaan wist het eveneens lange tijd uit te houden, maar werd uiteindelijk afgezet. Niet door een coup on-der leiding van Ali Bey, maar door de leiders van de belangrijkste islamitische broederschappen. Moulay Slimaan was aanhanger van de orthodoxe, strenge interpretatie van de islam die zich in die dagen onder de wahabieten in Saudi-Arabië vormde. De sul-

tan trachtte de religieuze feesten en heiligenverering van de soefistische volksislam te verbieden en kwam daarmee rechtstreeks
in aanvaring met de machtige broederschappen. Het gevolg
hiervan was dat de zawia's zich aansloten bij de opstandige Berberstammen en uiteindelijk de sultan op de knieën dwongen.

Te midden van deze complexe strijd rond macht en religie steekt
Ali Bey in een sloep de Straat van Gibraltar over van het Spaanse
Tarifa naar Tanger. Zijn beschrijving van de 29ste juni 1803 is als
een vakantiereis die aanvangt op een mooie zomerdag. Het boot-
reisje over de zeestraat van 17 kilometer mag geen naam hebben,
maar bij aankomst is het effect als in een droom. 'In een zo korte tijd treed je een totaal andere wereld binnen,' zo omschrijft hij
zijn aankomst in Tanger. In Europa zijn we gewend dat de veranderingen over de grenzen geleidelijk plaatsvinden, maar hier is
volgens hem sprake van een tijdmachine: tussen beide zijden van
de zeestraat zit een verschil van twintig eeuwen.

Het begint al met de kleding: de mannen gaan gekleed in de
djellaba ('een soort wijde zak met een capuchon') en de boernoes. Aan hun voeten dragen ze pantoffels van geel kamelenleer
('zonder hakken'). De vrouwen bedekken zich onder een enorme doek waarin we een soort burka herkennen: het kost Ali Bey
grote moeite om zelfs maar hun ogen te ontdekken.

Ali Bey is toeschouwer van de besnijdenis van een aantal jongetjes. Het besnijden vindt plaats in een kapelletje ter ere van een
lokale heilige. Nadat 'de slachtoffers' zijn binnengeleid wordt
hun aandacht afgeleid door luid joelende en zingende jongens.
Met een speciaal schaartje wordt de voorhuid weggeknipt en
snel ingepoederd. Het gekrijs van de jongetjes valt nauwelijks op
door de harde muziek die ten beste wordt gegeven. De operatie,
waar een vijftal mannen bij betrokken is, duurt nog geen halve
minuut, aldus Ali Bey, merkbaar verbaasd over de routineuze ef-
ficiency van het ritueel.

Het recht in Marokko wordt gesproken door de *kaïd* of gouverneur van de stad, een post die in het geval van Tanger wordt
bekleed door een rijke, maar ongeletterde muilezeldrijver. Een

rechtszitting gaat er ruig aan toe. De klager en aangeklaagde schelden elkaar ongeveer een kwartier lang uit in het bijzijn van de kaïd totdat deze er genoeg van krijgt en de aanwezige wachters opdracht geeft om erop los te slaan om ze stil te krijgen. Hij spreekt dan zijn vonnis uit, dat onmiddellijk voltrokken wordt. In het geval waar Ali Bey getuige van is bestaat de straf uit stokslagen. Ook de klager krijgt na afloop van de zitting een pak slaag. Beroep is alleen mogelijk bij de sultan.

Eet- en drinkgewoontes verschillen eveneens radicaal met Europa. Wijn is niet te koop, maar wordt door de Europese consuls aangevoerd naar de stad. De couscous is een fenomeen dat de Europeaan blijft verbazen; vrij uitgebreid beschrijft Ali Bey de bereidingswijze van deze gezonde en voedzame korrels van tarwemeel. Ook de gewoonte bij het eten om in plaats van bestek de vingers van de rechterhand te benutten, bevalt de schrijver goed. Het is praktisch en helemaal niet zo vies als de Europeanen denken, mits de handen voor- en achteraf gewassen worden, zo meent hij. Ook etensresten in de mond en in de baarden worden na afloop van de maaltijd met water weggespoeld. Een vorm van lichaamshygiëne die in Europa vrijwel onbekend is.

Ali Bey houdt in zijn boek gedisciplineerd de schijn op van een koopman met wetenschappelijke belangstelling. Voortdurend wordt de lezer op de hoogte gebracht van de temperatuur en vochtigheidsgraad. Hij schiet regelmatig een zonnetje of tuurt naar de sterren met de wetenschappelijke instrumenten die hij met zich meezeult. Door middel van prenten en plattegronden wordt Marokko in kaart gebracht. Ali Bey lanceert zelfs nieuwe theorieën. Aan de hand van de geologische afzetlagen in de grond concludeert hij dat de berg die de Straat van Gibraltar dichthield is omgevallen boven op Marokko. Tot dan toe overheerste de gedachte dat de zeestraat was opengebroken doordat een berg naar beneden was gezakt.

Verval en achterstand zijn overal. Een bezoek aan het publieke badhuis loopt uit op een klaagzang dat alles er smerig en verlopen uitziet. Het beste bevallen nog de stoombaden, maar daar wordt zijn plezier weer verstoord doordat er acht tot tien geheel naakte mannen in de stoom zitten, wat volgens Ali Bey 'niet erg decent' genoemd kan worden. De architectuur en stedenbouw is rommelig: de huizen worden maar een beetje tegen elkaar aan gekleid, zonder duidelijke structuur of planning. Het geheel begint al snel na oplevering scheuren te vertonen omdat de muren zijn gebouwd van met water aangelengde aarde.

Ali Bey treedt veelvuldig in contact met notabelen en intellectuelen om bij een kopje thee te converseren over wetenschap en politiek. De aanwezigheid van de geleerde vreemdeling blijkt een welkome afwisseling: publiek vermaak is er niet, de cafécultuur is nog niet doorgebroken. In zijn vrije tijd verlaat de Marokkaanse man 's morgens zijn huis en 'gaat in het zand van een plein of op straat zitten, andere bewoners komen toevallig langs en doen hetzelfde. Op die manier vormen zich bijeenkomsten waar de hele dag gepraat wordt.' Gelezen wordt er weinig. Wie het lezen machtig is zoekt tevergeefs naar boeken.

De gloriedagen van het moslimrijk op het gebied van kennis en wetenschap lijken lang vervlogen. Ali Bey doet zijn beklag over de algemene onwetendheid in zijn theekransjes: niemand heeft het benul dat de aarde rond zijn as draait, medische kennis is nul, geografie wordt niet onderwezen, wiskunde is onbekend, scheikunde wordt verward met alchemie, en sterrenkunde met het opmaken van horoscopen. Dichters zijn er niet, schone kunsten evenmin en historici ontbreken. Studie van natuur is vrijwel onmogelijk, omdat de islam het figuratief afbeelden van levende wezens verbiedt. 'De koran en zijn tekstuitleg zijn de enige literatuur voor de inwoners van Tanger,' klaagt Ali Bey.

In Fès ('het Athene van Afrika') ligt het onderwijs daarentegen op straat. 'Stel u voor,' schrijft Ali Bey, 'dat er een man in het zand zit met zijn benen gekruist, terwijl hij vreselijke kreten slaakt of een monotone klaagzang opdreunt, en die omringd wordt door vijftien tot twintig jongens met hun boeken en schriften in hun handen die zonder enige orde het geschreeuw en geklaag van hun meester herhalen. Probeer een dergelijke groteske voorstelling voor de geest te halen en u hebt een nauwkeurig beeld van hoe de scholen eruitzien.' Alle wetenschap is teruggebracht tot koranteksten, waarvan de onderwijzers vaak zelf niet eens de essentie begrijpen. Een discussie eindigt meestal in het simpelweg herhalen van wat een wijze of een heilige ooit heeft gezegd.

In zijn praatgroepjes probeert de schrijver de religieuze dogma's onderuit te halen en zijn gespreksgenoten te dwingen zelfstandig na te denken. Het resultaat is wisselend. 'Langzaam maar zeker verdwenen de domme antwoorden die ze altijd gebruikten. Ik merkte nu echter, dat er een ander, niet minder hinderlijk kwaad binnensloop: in hun onderlinge discussies herhaalden ze nu míjn woorden als het beslissende argument. (…) Duizend keer herhaalde ik dat een argument nooit vervangen kon worden, alleen omdat Ali Bey het had gezegd, maar dat ze zelf moesten nadenken…'

Bijgeloof tiert welig. In het badhuis in Fès zorgt Ali Bey voor paniek door stiekem de emmers met water te gebruiken die volgens het personeel zijn gereserveerd voor de duivels die zich er 's nachts mee komen baden. De schrijver ziet veel heilige mannen op straat rondlopen. Eén staat altijd op het hoofdplein en maakt zijn aanwezigheid kenbaar 'door een soort gekwaak als van een gans of een eend'. Hij blijkt in staat om naar believen zijn halfverteerde eten uit te braken, waarna het door zijn aanhangers gretig wordt afgelikt of opgegeten. Fès blijkt in het bezit van een dierenkliniek voor zieke ooievaars, die is gevestigd in het lokale gekkenhuis. Ooievaars, zo wil het bijgeloof, zijn in werkelijkheid mensen die in de zomer weer terugvliegen naar hun land in het noorden. Daar nemen ze dan weer hun oorspronkelijke vorm aan. Waarom de zieke ooievaars in een gekkenhuis worden verpleegd blijft onvermeld.

Naast uitgebreide beschrijvingen van het landschap en klimaat, blijven ook economische en sociale details van het leven in Marokko niet onbesproken. Het idee dat joden in Marokko altijd een veilig toevluchtsoord hebben gevonden en konden rekenen op de bescherming van de sultan berust volgens hem op een misverstand. 'De joden in Marokko leven in de meest afschrikwekkende slavernij,' zo schrijft hij. In de steden worden ze ver-

plicht om bij wijze van het tonen van respect hun voeten te ont-
bloten als ze moslims passeren. In Fès mogen ze zelfs buiten de
joodse wijk, de mellah, niet geschoeid de straat op. Ali Bey is er
vaak getuige van dat kinderen de joden pesten zonder dat zij enig
verweer hebben. Alleen in Essaouira, de nieuwe havenstad die
het eindpunt vormt van de handelskaravanen, lijkt de joodse gemeenschap een grotere vrijheid te genieten.

In het noorden van Marokko, waar Ali Bey het grootste deel
van zijn tijd doorbrengt, ontgaat het hem niet dat er grote oogsten worden binnengehaald van 'een narcoticaplant die kif heet'.
Je kunt het verwerken in vleesmaaltijden of snoepjes, roken of
slikken in tabletten, maar het effect is altijd gelijk, aldus Bey.
Dronken word je er niet van, wel slaat je fantasie op hol met aan-
gename ideeën. Zelf waagt hij zich niet aan de consumptie van
dit vreemde plantje.

Net als andere waarnemers voor hem, merkt Ali Bey op dat de
Marokkanen niet snel hun rijkdom zullen tonen. Hij ziet de oorzaak in het eeuwenlange despotisme van de sultans met hun
zware belastingheffingen en hun systeem van corruptie. Persoonlijke welvaart is vrijwel altijd een bron voor twist en afgunst, wat niet erg stimulerend werkt voor ondernemersinitia-
tief en de nijverheid. Geld wordt volgens Bey dan ook zorgvuldig
verstopt, bij voorkeur diep onder de grond, en de kleding en de
meubels in huis mogen geen enkele indicatie geven van rijkdom. Alleen de familie van de sultan en de afstammelingen van
de Profeet kunnen zich op dit punt enige vrijheden veroorloven
en gaan dan ook decent gekleed.

Met sultan Slimaan weet de spion uit Barcelona volgens eigen
zeggen een innige vriendschap op te bouwen. Al direct na zijn
aankomst in Tanger zoekt Ali Bey contact met de man die hij heimelijk uit de weg wil ruimen. 'Ik zag hoe de vorst mij direct gunstig gezind was, een zaak die me hogelijk verbaasde, want ik had
niets gedaan waaraan ik dat verdiende,' schrijft Ali Bey. Woorden
die meer waarheid bevatten dan zijn lezers konden bevroeden.
De sultan friemelt wat aan zijn astronomische instrumenten en

krijgt geen genoeg van de elektriseermachine die Ali Bey demonstreert. Hij staat er vervolgens op dat Ali Bey hem achterna reist naar Meknès en Fès. Vervolgens wordt de tocht door Marokko een stuk onduidelijker. In het boek is sprake van een schimmige poging ten paleize om Bey in diskrediet te brengen, die evenwel mislukt. Ondanks alle smeekbeden van de sultan om toch vooral wat langer te blijven, vertrekt Ali Bey richting Algerije om door te reizen als pelgrim naar Mekka.

Als hij bij Oujda de grens wil oversteken, kan hij niet verder omdat er onlusten zijn uitgebroken vlak over de grens in Tlemcen. In zijn boek zwijgt Ali Bey over de reden van de opstand, die in het licht van zijn verborgen agenda als spion en samenzweerder zo hun eigen belang krijgen. Want het betreft hier een opstand tegen de Turken vanuit Marokko georganiseerd door Sidi Larbi, leider van een van de invloedrijkste religieuze broederschappen. Moulay Slimaan steunde Larbi aanvankelijk in de opstand tegen de Turken, maar haakte uiteindelijk af toen de broederschap wilde dat de sultan zich ook militair in het conflict mengde. Vijftien jaar later, in 1822, nam Sidi Larbi wraak en dwong Moulay Slimaan af te treden.

Dat Ali Bey juist op het moment van de opstand tegen de Turken in het noorden is, kan nauwelijks toeval zijn. Sidi Larbi is een mogelijke bondgenoot om de sultan ten val te brengen. Deze maraboet, of moslimstrijder, krijgt in het boek dan ook een – vrijwel zeker verzonnen – heldenrol toebedeeld. Ali Bey laat zich door Sidi Larbi redden van de uitdroging, nadat zijn karavaan in een stuk woestijn zonder water is gestrand.

Uiteindelijk wordt Ali Bey op last van de sultan aan boord van een boot het land uitgezet. De lezers tasten in het duister over het waarom. Moulay Slimaan had vermoedelijk al lang in de gaten dat hij te doen had met een spion. De schrijver toont zich echter hoogst verontwaardigd over deze behandeling die hem ten deel valt na zo veel broederlijke warmte en vriendschap. 'Ik zag plotseling duidelijk de slechte inborst van de sultan,' zo schrijft hij gegriefd.

Ali Bey zou na zijn rondreis langs Noord-Afrika en het Midden-Oosten in 1808 weer opduiken in Europa. In Madrid kwam zijn opdrachtgever Godoy in het nauw door de oorlog in Spanje. Het project Marokko kwam stil te liggen. Na enkele jaren wat aangerommeld te hebben met baantjes in het Spanje van Napoleon, vertrok hij naar Parijs om daar zijn boek te publiceren. Het werd meteen een succes: als Domingo Badía werd hij een graag geziene gast in intellectuele kringen in Parijs. Frankrijk benoemde hem tot generaal en later zelfs tot maarschalk.

Maar Marokko bleef lonken. In 1815 bood Badía de minister van Buitenlandse Zaken van koning Lodewijk XVIII een nieuw plan aan om Marokko in te lijven, ditmaal onder Frans bewind. Verkleed als moslim kon hij het voorbereidende werk verrichten, zo was de gedachte. In het diepste geheim vertrok Badía, dit keer onder de naam Hash Alí Otmán, via Syrië met een karavaan naar Mekka. Tijdens de reis werd hij ziek. Domingo Badía dacht zelf dat het ging om een poging hem te vergiftigen, maar volgens de Franse consul die hem bezocht leek het er meer op dat deze vijftiger in zijn enthousiasme voor zijn nieuwe spionagemissie zijn eigen krachten schromelijk had overschat. Domingo Badía stierf 31 augustus 1818, na al zijn papieren te hebben vernietigd en de opdracht te hebben gegeven zijn spullen te verdelen onder de armen van Mekka en Medina. Het zou nog bijna een eeuw duren voordat Frankrijk en Spanje zijn plannen zouden uitvoeren.

De laatste sultans

Marokko lag onder de neus van Europa, maar desondanks was het aan het einde van de negentiende eeuw het enige stukje Afrika dat nog niet was opgeëist door de koloniale mogendheden. De rest was min of meer verdeeld; hier en daar werd nog gekibbeld over de invloedssferen van de koloniale grootmachten. Marokko bleef de winkeldochter onder de koloniën. Ondanks zijn strategische ligging aan de ingang van de Middellandse Zee gold het land als een relatief onbekend wespennest van elkaar snel opvolgende sultans, opstandige Berberstammen en religieuze sektes. Reizen door het land werd ten sterkste afgeraden. Tanger, een onduidelijk domein waar de hele internationale gemeenschap aanspraak op leek te maken, was misschien nog de veiligste plek. Elders werden met enige regelmaat westerlingen gelyncht als de emoties uit de hand liepen.

Marokko was zowel geografisch als historisch een soort eiland gebleven, aldus de Nederlandse expert in koloniale geschiedenis H.L. Wesseling. Omsloten door zeeën, bergruggen en de woestijn, behoorde het duidelijk tot de Arabische wereld. Maar anderzijds was het land nooit onderworpen geweest aan het Turkse Rijk. De sultans bleven onafhankelijk en waren als afstammelingen van de Profeet zowel de geestelijke als de wereldlijke leiders. Hoe beperkt hun feitelijke macht buiten de grote steden ook mocht zijn.

Europa wist niet goed raad met Marokko en verdiepte zich onvoldoende in het land om greep op de situatie te krijgen. De Brit Walter Harris schreef dat Marokko aan de Middellandse Zee lag, maar qua Europese belangstelling net zo goed ergens een eiland in de Pacific had kunnen zijn. Anderen vergeleken Marokko met Tibet. In zekere zin had het land geluk gehad: lang bleef het gevrijwaard van bezetting. Engeland, Frankrijk, Spanje, Italië en Duitsland hadden het te druk met de verdeling van de rest van Afrika.

De grootste belangstelling kwam van Frankrijk en Spanje. Frankrijk had in 1830 Algerije bezet en leek vast van plan zijn positie in het noorden van Afrika verder te versterken. Aan de oostgrens stonden nu in plaats van de Turken, de Fransen te trappelen om binnen te treden. Sultan Moulay Abderrahman, die in 1822 de macht had gegrepen na het gedwongen vertrek van zijn oom Moulay Slimaan, ontkwam niet aan de toenemende druk vanuit het land om de Fransen de heilige oorlog te verklaren. Een gevluchte Algerijnse emir had hiertoe opgeroepen. In 1844 kwam het ten zuiden van Oujda tot een veldslag: het Marokkaanse leger van 30.000 man werd vakkundig in de pan gehakt door de Fransen. Een bezetting bleef echter uit.

Spanje kauwde nog altijd op de herinnering aan de moren,

die in 1492 uit Andalusië verdreven waren. De angst voor het gevaar vanuit het zuiden maakte sindsdien deel uit van het nationale erfgoed. Om de zuidgrens tegen een mogelijke aanval te beschermen had Spanje een aantal gebieden op het Marokkaanse vasteland in handen, waarvan Ceuta en Melilla de bekendste zijn. In 1860 versloegen de Spanjaarden het Marokkaanse leger en bezetten het noordelijke Tetouan, om vervolgens een enorme oorlogsschatting te eisen die een zware wissel trok op de toch al weinig riante middelen van het land.

Onder druk van de Europese koloniale machten had Marokko steeds grotere moeite om zelfstandig overeind te blijven. Sultan Moulay Hassan I, die het land van 1873 tot 1894 regeerde, probeerde na de slachtpartij die de Fransen en Spanjaarden hadden aangericht een moderner leger te organiseren. Hij speelde de buitenlandse mogendheden handig tegen elkaar uit door beurtelings de hulp van het ene land in te roepen, als het andere wat te opdringerig werd. Hassan creëerde daarbij het precedent om zo nodig een beroep te doen op de bescherming van de Verenigde Staten.

De moderniseringen van Hassan liepen echter stuk op zijn wankele staatsapparaat. En natuurlijk op de makhzen, de kliek rond het paleis die mee teerde op de staatsinkomsten. Het hof fungeerde daarbij als een soort sprinkhanenplaag. Harris beschrijft hoe de bevolking zo snel mogelijk een goed heenkomen zocht, als de vorst er met zijn hofhouding aankwam tijdens de veelvuldige reizen tussen de verschillende koningssteden. Een bezoek van de sultan betekende immers dat honderden, zo niet duizenden monden gevoed moesten worden. Bovendien moesten er belastingen afgedragen worden om de hofhouding van een inkomen te voorzien. Geen wonder dat de sultan en zijn gevolg tijdens hun reis meestal verlaten dorpen en steden aantroffen. De belasting drukte des te zwaarder vanwege de jarenlange slechte landbouwoogsten. Geschat wordt dat een derde van de bevolking in de periode 1878-1884 het slachtoffer werd van voedselschaarste en de cholera.

Onder de zoon van Hassan, Moulay Abdelaziz, ging het definitief mis met Marokko. Abdelaziz, die op veertienjarige leeftijd de troon besteeg, bleek de belangstelling voor de modernisering van zijn vader te hebben geërfd, maar helaas niet diens wilskracht. Uit de beschrijving van Harris komt hij naar voren als een groot kind dat misschien het beste voorhad met zijn land, maar volstrekt ongeschikt was voor zijn moeilijke taak. Sultan Abdelaziz vond het leuk om fietspolo te spelen in de paleistuin met een soort westers circus dat hij om zich heen had verzameld: een goochelaar, een horlogemaker, een Amerikaanse portretschilder, een Duitse leeuwentemmer, een Franse spuitwaterfabrikant, een Schotse doedelzakblazer en een vuurwerkspecialist. Aangemoedigd door de Europese mogendheden, die hem graag voorzagen van nieuwe leningen, stouwde hij zijn paleizen vol met spullen die volgens zijn raadgevers 'bewijzen van christelijke beschaving' waren. Walter Harris geeft een kleine opsomming: 'Concertpiano's en keukenfornuizen; automobielen en enorme dozen met korsetten; wilde dieren in kooien, kisten met vreemde theatrale uniformen; draaiorgels en koetsen; een passagierslift die in staat was duizelingwekkende hoogten te bereiken, bestemd voor een paleis met één verdieping; pruiken; camera's van goud en zilver met knopjes van edelstenen; uit marmer gesneden leeuwen en levende Macao-papegaaien; echte en valse juwelen; stoomsloepen en vuurwerk; damesondergoed uit Parijs en zadelwerk uit Mexico; bomen voor de tuin die nooit werden geplant en als ze wel werden geplant nooit water kregen; drukpersen en heteluchtbalonnen – een oneindigheid aan groteske, nutteloze troep die van slechte smaak getuigde.'

Inlijving

Marokko stuurde af op een bankroet. Onvrede met de wankele vorst en diens groeiende financiële afhankelijkheid van het buitenland zorgde ervoor dat in 1907 zijn broer Moulay Hafid in Marrakech tot tegensultan uitgeroepen werd. Hafid was uit ander hout gesneden. Harris beschrijft vrij uitgebreid hoe hij zijn al dan niet vermeende tegenstanders dood liet martelen door hen publiekelijk de handen en voeten af te laten hakken. Mohammed Al-Kittani, sjerief en leider van een religieuze sekte, liet hij met zweepslagen doodslaan. Bou Hamara, een zelfbenoemde troonpretendent die jarenlang in de Rif een opstand leidde, sloot hij langdurig op in een kleine kooi alvorens hem voor de leeuwen te werpen. De wrede maatregelen voorkwamen niet dat het land uiteen dreigde te vallen. Een veedief genaamd Raisuni slaagde erin om niet ver van Tanger jarenlang een gebied onder zijn bewind te houden. Walter Harris was enige tijd zijn gijzelaar en moest door de Britse regering vrijgekocht worden. Marokko was in een grotere chaos dan ooit tevoren. De koloniale machten besloten hun kans te grijpen.

De spanningen bij het verdelen van het Afrikaanse continent waren inmiddels zodanig opgelopen dat de toewijzing van Marokko geen uitgemaakte zaak was. Tweemaal leidde het geruzie rond wie Marokko mocht hebben tot een internationale crisis. Duitsland, dat als koloniale grootmacht maar niet van de grond wilde komen, probeerde uit alle macht Frankrijk dwars te zitten met halfslachtige pogingen Marokko onder zijn hoede te nemen. Berucht was het sturen van de kanonneerboot Panther die bij wijze van dreiging op de rede voor Agadir voor anker ging, nadat de tegensultan Moulay Hafid de Franse militaire hulp had ingeroepen. Het had weinig gescheeld of het gekibbel rond Marokko was de aanleiding geworden voor de Eerste Wereldoorlog. Uiteindelijk leidde het slechts tot de introductie van de term 'kanonneerbootpolitiek'.

In 1912 werd een akkoord gesloten rond Marokko binnen het kader van de internationale koehandel met de rest van Noord-Afrika: Italië kreeg Libië, Engeland mocht zijn invloed in Egypte bestendigen. Frankrijk kreeg het protectoraat over het grootste deel van Marokko. Spanje nam de Rif en het zuiden onder zijn hoede. Tanger kreeg een aparte status en bleef onder internationaal protectoraat. Duitsland kreeg niets.

De Spanjaarden, die eeuwenlang hadden uitgekeken om de moren op eigen grond de les te lezen, bewaren geen prettige herinneringen aan hun Marokkaanse avontuur. Met hun enclaves op
het Marokkaanse vasteland in het zuiden en het noorden vormden ze verreweg de grootste groep Europeanen in Marokko.
Maar eenmaal in zijn koloniale rol binnen het protectoraat, bleek
dat Spanje geen flauw idee had wat het moest doen met het nieuwe grondgebied.

De 'Pax Hispania' in Europa's laatste koloniale speeltuin werd
een drama. De Spaanse bezettingsmacht was incompetent, volstrekt niet uitgerust voor zijn taak en corrupt tot op het bot. 'De
Marokkanen civiliseren? Wij uit Castilië? We kunnen zelf niet
eens lezen of schrijven. Wie zal ons dan komen civiliseren?' aldus
een Spaanse sergeant, die Marokko onder de Spanjaarden beschreef als een mengsel van 'een slagveld, een bordeel en een immense kroeg'.

De Spaanse aanwezigheid had tot gevolg dat de verschillende
Berberstammen hun traditionele twisten terzijde schoven om
onder de gezamenlijke noemer van een nieuw nationalisme tegen de indringers te vechten. Vooral in het Rifgebied werd de samenwerking enthousiast ter hand genomen. De verliezen onder
de Spaanse troepen in Marokko waren even hoog als het moreel
laag was. Het percentage deserterende soldaten was in 1914 opgelopen tot bijna een kwart van de dienstplichtigen. De Rifoor-
log zou nog tot 1926 duren; pas met hulp van de Fransen konden
de Berbers verslagen worden.

Later maakte generaal Franco in de Spaanse burgeroorlog
dankbaar gebruik van de dappere Berberstrijders door ze als
huurlingen in te lijven in het Spaanse vreemdelingenlegioen.
Maar eenmaal met hulp van zijn Marokkaanse troepen aan de
macht gekomen, moest ook de dictator betrekkelijk stuurloos
het Spaanse protectoraat uitzitten. Met een eigen economie die
bergafwaarts ging werd er vrijwel niets in Marokko geïnvesteerd.

Na de onafhankelijkheid in 1956 bleef Spanje nog aanwezig in
de Westelijke Sahara, een gebied bijna zo groot als Marokko zelf.

Toen de dictator in 1975 stierf, vertrok Spanje op dezelfde chaotische manier als het ooit was binnengekomen.

Franse kolonie

Wie door Marokko reist, raakt nog steeds onwillekeurig onder de indruk van de flair waarmee de Franse koloniale bezetter in de 45 jaar van zijn aanwezigheid de zaken aan wist te pakken. Alle steden van enige betekenis kennen hun Ville Nouvelle, de moderne wijken die door de Fransen buiten de muren van de oude medina's werden opgezet. Met zijn fraaie villa's aan brede avenues, moderne hoogbouw afgewisseld met lommerrijke stadsparken, creëerden de Fransen een stedelijke infrastructuur die nog steeds overeind staat. En dat zegt iets over de kwaliteit, want vaak lijkt het of het onderhoud subiet is stopgezet bij de onafhankelijkheid van 1956. De parken bieden de aanblik van een drooggevallen regenwoud en in de gaten in het asfalt van de avenues verdwijnt met gemak een peuter. De fraaie Franse architectuur van Casablanca bestaat nog wel, maar is grotendeels vervallen en bedekt onder een zwarte aanslag van uitlaatgassen.

De koloniale aanpak van de Fransen in Marokko was anders dan in Algerije. Algerije was al in 1830 ingenomen (als wraak omdat de Dei van Algiers de Franse consul met een vliegenmepper op zijn neus had geslagen) en was uiteindelijk ingelijfd als een stukje Frankrijk overzee, dat net zo werd bestuurd als iedere willekeurige binnenlandse provincie. Marokko daarentegen was een protectoraat met een resident-generaal aan het hoofd. In beide gevallen was het duidelijk wie er de baas was, maar er waren belangrijke verschillen. De Marokkaanse sultan mocht blijven, aanvankelijk als een marionet in handen van de bezetters, maar later steeds meer als symbool van het verzet. Het grootste deel van de bestuurlijke infrastructuur bleef gehandhaafd en werd niet vervangen door een Frans stelsel. Wel kwam er naast iedere belangrijke Marokkaanse ambtenaar een Fransman te staan. De lokale pasja's en de kaïds bleven in functie en waren doorgaans trouwe collaborateurs met het Franse gezag. Maar hoewel de staat feitelijk door Frankrijk werd bestuurd, bleven veel vormen Marokkaans, waardoor de Marokkanen zich later makkelijker met hun eigen natie konden vereenzelvigen en veel minder last hadden van de identiteitscrisis waarin veel Algerijnen belandden.

De Fransen waren van meet af aan niet welkom. De inkt van het protectoraatverdrag was nog niet droog, of in Fès slachtte de bevolking alle Europeanen af die ze op straat tegenkwamen. Onder leiding van de Franse resident-generaal Lyautey werd een politieke 'pacificatie' ingezet, wat zoveel betekende als het verzet genadeloos door leger en politie de kop indrukken. Lyautey, die Marokko goed kende, bracht het land stapsgewijs onder controle, te beginnen met de steden en de vruchtbare gebieden in het westen, het Maroc utile. Daarna kwam het binnenland aan de beurt. De resident-generaal maakte daarbij handig gebruik van de onderlinge rivaliteit en speelde de verschillende stammen tegen elkaar uit. Niettemin zou het tot 1934 duren voordat de laatste Berber zijn geweer uit handen gaf en Marokko definitief was onderworpen. Frankrijk zou het land slechts 25 jaar geheel in zijn macht hebben.

De Franse aanwezigheid paste naadloos in de traditie van het kolonialisme. Marokko moest Frankrijk dankbaar zijn dat het langs was gekomen om zijn weldadige bescherming te bieden en wat beschaving in het land te brengen. Onderwijl namen de Europese kolonisten en collaborerende grootgrondbezitters bezit van de vruchtbaarste stukken land en de watervoorraden die werden benut voor het verbouwen van exportgewassen richting Europa. De mijnbouw, waaronder de fosfaatwinning, de financiele diensten en het transport kwamen in Franse handen.

Er waren echter ook onvoorziene neveneffecten. De verdeel-en-heerstactiek van resident-generaal Lyautey leidde onverwacht tot emancipatie van de Berberbevolking. De Fransen zagen in de Berbers bondgenoten tegenover de Arabischsprekende Marokkanen. Daarbij ontwikkelden zij de theorie dat de Berbers sinds de Romeinse tijd als een soort Europeanen beschouwd moesten worden. Door de Arabische invallen waren ze schoorvoetend tot de islam bekeerd. Dat laatste moest nu ongedaan worden gemaakt. Om dit proces wat te bespoedigen werd het gewoonterecht van de Berbers erkend. In de gebieden waar de Berbertaal overheerste kwam het onderwijs in het Berbers (naast Frans natuurlijk) van de grond. De manier waarop de Fransen de Berbers een eigen status wilden geven kwam al snel in botsing met het bestaande islamitische recht en met de autoriteit van de sultan. In 1930 kwam het zelfs tot demonstraties tegen een herziening van het juridische stelsel.

Koloniaal of niet, Frankrijk heeft een blijvend stempel op de Marokkaanse geschiedenis gedrukt. Walter Harris was vol lof over de manier waarop de Fransen een einde maakten aan 'de goede oude tijd' in Marokko. 'Toen de Fransen Casablanca bombardeerden en aldus de weg openden voor de bezetting van het grootste deel van Marokko, kwamen ze een gesloten huis binnen, bewoond door verdachtmakerij, fanatisme en wantrouwen,' aldus Harris. De vernedering dat het land werd overrompeld door een legertje christenhonden was natuurlijk groot, dat zag Harris ook wel. Maar op het militaire machtsvertoon volgde een heel nieuwe opbouw van het land, waarbij voor het eerst in eeuwen iets van bestaanszekerheid werd gegarandeerd. Er kwamen wegen en ziekenhuizen. De veedieven, corrupte rechters, gouverneurs en stamleiders werden onderworpen. De bevolking werd niet langer kaalgeplukt door kliek van rovende machthebbers en niet langer doodgeslagen omdat de sultan dit toevallig had bevolen. 'Niets was meelijwekkender dan de vele boeren, slachtoffers van elke vorm van beroving door de sultan of de dorpssjeik. De hele makhzen plunderde en teerde op de armen. Geen man die zijn eigen ziel bezat. Godzijdank, de "goede oude tijd" is voorbij en over!' verzuchtte Harris. Zelden was een Brit zo complimenteus over de Fransen.

Maar zelf een typisch product van het negentiende-eeuwse kolonialisme, onderschatte Harris de diepe haat die de vernedering en het verlies van onafhankelijkheid hadden losgemaakt. Onder druk van de koloniale bezetting ontstond er voor het eerst iets van een nationaal besef. Een tafelgesprek in Marrakech dat de schrijver Paul Bowles meemaakte toen de Fransen er nog de dienst uitmaakten, geeft op beschaafde wijze weer hoe de verhoudingen lagen: 'Maar kijk naar de feiten, *mon cher ami*,' aldus een Fransman in een geanimeerd gesprek met een Marokkaanse vriend. 'Voordat wij kwamen was er voortdurend oorlog tussen de verschillende stammen. Sinds wij er zijn is de bevolking verdubbeld. Is dat waar of niet?' De aangesproken Marokkaan leunde beminnelijk glimlachend voorover. 'Geboorte en dood kunnen gerust aan ons worden overgelaten,' zo vertrouwde hij zijn gesprekspartner toe. 'Als we toch vermoord moeten worden, laat dat dan maar aan andere Marokkanen over. Dat hebben we echt liever.'

De wens tot dit soort zelfbeschikking kon na de onafhankelijkheid in 1956 op ruime schaal in praktijk gebracht worden.

Spaanse blues in Santa Cruz

Wie met de auto van het Marokkaanse Agadir naar de Westelijke Sahara de provincie Tiznit doorkruist, kan hem moeilijk missen. Boven op de helling van Sidi Ifni, een kuststadje op de rand van de groen begroeide uitlopers van de Anti-Atlas, ligt de Boot. Met zijn stenen boeg lijkt het gebouw de eeuwig bruisende branding van de Atlantische Oceaan te willen trotseren. De Spanjaarden lieten het gebouw in 1969 achter als een erfenis van de 35 jaar dat ze de enclave van Sidi Ifni bezet hielden.

In 1936 werd de Boot gebouwd als het kantoor voor de havenautoriteiten. Een amfibievoertuig bracht beneden aan het strand tot aan de massieve trappen de mondvoorraad voor de meer dan 50.000 soldaten van het schuttersbataljon en het vreemdelingenlegioen die gelegerd waren in de forten. Als de branding en de stroming het tenminste toelieten, want voor de kust van Ifni is de oceaan onberekenbaar.

Een wandeling langs de vervallen boulevard, de dierentuin en de kaalgeslagen parkjes van Sidi Ifni is een wandeling door de vervlogen Spaanse dromen over een nieuwe kolonie. Langs de vroegere Plaza de España – nu Place Hassan II – liggen de gebouwen die ooit het kloppend hart hadden moeten worden van een Spaanse stad. Het Spaanse consulaat staat leeg, in het gouverneurspaleis zit het stadhuis en in de Twist Club, waar vroeger Spaanse soldaten zich in het zweet dansten, hangt nu de zeepgeur van een wasserette. Naast de art-decovuurtoren hangen de mannen van Ifni over de reling en turen urenlang over de oceaan. Natuurlijk weten zij zich de Spanjaarden nog te herinneren. In de bioscoop op zondag kon je kijken naar *pistoleros* uit Texas en naar de avonturen van Tarzan. 'En bier was er, veel bier,' zegt een van hen in rap Spaans, waarna hij de roep van Tarzan over het strand laat schallen. Goed zingen konden ze, die jongens van het Spaanse vreemdelingenlegioen. En Jama barst los: '*Legionario lucha, legionario muerte.*'

Al eind vijftiende eeuw stichtte de Spaanse veroveraar Diego Garcia de Herrera een Spaans fort op deze plek. Sidi Ifni kreeg de fraaie naam Santa Cruz de Mar Pequeña, maar werd al snel door de Berbers op de Spanjaarden heroverd. In de negentiende eeuw waren er opnieuw plannen om Sidi Ifni te bezetten, maar steeds kwam er iets tussen. Politiek geharrewar in Madrid, of een fanatieke schriftgeleerde die de jihad liet uitroepen in het nabijgelegen Tiznit. Een kanonneerboot met de Spaanse consul moest een landingspoging afbreken, omdat de bemanning heimwee kreeg. In Barcelona braken rellen uit onder onwillige dienstplichtigen. Maar in 1934 was het eindelijk zover: onder leiding van kolonel Capaz – later uitgeroepen tot oorlogsheld – landden Spaanse invasietroepen op de Marokkaanse kust. De vissershutten van Sidi Ifni werden door de conquistador ingenomen zonder dat er een druppel bloed vloeide. Spaanse bouwmeesters stampten vervolgens in snel tempo een stadje uit de grond in een onnavolgbaar mengsel van art deco, Nieuwe Zakelijkheid en moreske invloeden. Afgebladderd en wel zijn ze nog steeds te bewonderen: de school, de bioscoop, het postkantoor met zijn fraai vormgegeven brievenbussen, de forten en kazernes, het oude zwembad voor de militairen en de dierentuin. Op de vroegere Plaza España staan nog de resten van het monument dat ter ere van de veroveraar van Sidi Ifni werd opgericht. Het hoofd van kolonel Capaz is weg, waarschijnlijk ingescheept samen met de struisvogels, apen en de giraf uit de dierentuin, toen de stad in 1969 door de Spanjaarden werd overgedragen en ontmanteld. Bij de grote overstroming in 1985 trad de rivier de Ifni buiten zijn oevers en spoelde de resten van de oude dierentuin in zee.

Spaans wordt nog wel gesproken in Sidi Ifni, al verhuisden de Spanjaarden in 1969 voor het grootste deel naar de Canarische Eilanden. Alleen mooie Maria bleef, ze woont nog steeds in de chique wijk achter de vuurtoren, in haar vervallen villa bedolven onder grote bossen paarse bougainville. We treffen haar terwijl ze de kapotte ruiten van haar villa schoonwrijft met een stukje krantenpapier. Kan ze iets vertellen over de oude tijd in Santa Cruz de Mar Pequeña? Onder het opgestoken haar kijken twee zwart opgemaakte ogen de bezoekers aan. Dan lacht Maria tussen haar roodgeverfde lippen wat tanden bloot en sluit kakelend de luiken voor de ramen.

De Groene Mars

Koning Hassan II beschikte over een goed gevoel voor propaganda. In de jaren zeventig besefte hij terdege dat er iets verzonnen moest worden om zijn positie in het jonge, onafhankelijke koninkrijk te versterken. Er waren moordaanslagen op zijn leven beraamd, het leger was niet te vertrouwen en vanuit linkse hoek werden aanhoudend complotten gesmeed. De Westelijke Sahara bood in dit opzicht een buitenkansje. Als de Marokkanen – of ze nu links of rechts zijn, militair of politicus – het ergens over eens zijn, dan is het dat het gebied een onvervreemdbaar onderdeel vormt van Marokko.

In de negentiende eeuw nam Spanje de Westelijke Sahara in

met een vaag idee om alsnog iets aan kolonisatie te doen. Het gebied – in die tijd Spaanse Sahara gedoopt – bestaat strikt genomen uit een stuk woestijn dat 850 kilometer langs de Atlantische kust strekt en trapsgewijs honderden kilometers landinwaarts loopt, in het zuiden en oosten begrensd door Mauritanië en een stukje Algerije. Uitgestrekte steenvlaktes (de *reg*) worden er afgewisseld met zandduinen (de *erg*).

De enorme zandbak bleek een leuk oefenterrein voor het Spaanse vreemdelingenlegioen, maar voor het overige was er weinig koloniaals mee aan te vangen. De problemen begonnen toen begin jaren zeventig duidelijk werd dat de Spanjaarden hun voormalige kolonie wilden verlaten. Omdat het enorme gebied – uiterst dunbevolkt, maar met grote fosfaatreserves en rijke visgronden voor zijn kusten – nooit formeel deel had uitgemaakt van een moderne staat, stonden verschillende partijen klaar om de Westelijke Sahara op te eisen. Mauritanië wilde graag naar het noorden uitbreiden, Algerije rook zijn kans om door te breken naar de Atlantische Oceaan. Maar de strijd ging vooral tussen Marokko, dat de Westelijke Sahara als zijn zuidelijke provinciën beschouwde, en het Polisario (Frente Popular para la Liberación de Sagiau al-Hamra y Río de Oro), de op communistische leest geschoeide bevrijdingsbeweging die een eigen onafhankelijke volksrepubliek nastreefde.

In een poging de chaos te bezweren sprak het Internationale Hof in Den Haag in oktober 1975 zijn oordeel uit over het gebied, dat werd bevolkt door een paar honderdduizend bewoners en nomaden. De wijs bedoelde woorden van de internationale juristen maakten de zaak echter alleen maar erger. De Westelijke Sahara had, voordat de Spanjaarden het gebied eind negentiende eeuw 'onder bescherming' namen, banden gehad met Marokko, zo meende het Hof, maar van een feitelijk territoriale soevereiniteit van de sultans over het gebied was geen sprake geweest. Alsof de sultans en de makhzen buiten de verdedigingswallen van hun steden elders in Marokko wel het gezag hadden zoals dat in een moderne staat van toepassing is. Hier botste de juridische visie van een soevereine westerse staatsvorm met de traditionele verhoudingen van eed en trouw tussen de sultans en de rond-trekkende nomadenstammen, voor wie het begrip grens sowie-so een fictie was.

De onduidelijke uitspraak van het Internationale Hof van Justitie was voor koning Hassan het startschot voor een verrassings-aanval die de meest geslaagde zou worden van zijn lange loop-baan. Hij riep in een televisietoespraak op tot een zogenaamde 'Groene Mars' waaraan hij openlijk zijn politieke lot verbond. Volgens eigen zeggen had hij het idee gekregen tijdens een ge-bed bij het graf van Idris II in Fès, de grondlegger van de Marok-kaanse staat. Idris had Hassan vanuit zijn tombe een briljante propagandastunt ingegeven: een optocht van 350.000 Marok-kaanse burgers zou onder aanvoering van de koning de grens overtrekken om zo de Marokkaanse claim kracht bij te zetten. Of behalve Idris II misschien Mao's Lange Mars tot inspiratie diende heeft de koning nooit toegegeven.

De 'Groene Mars' (groen is de kleur van islam) werd hoe dan ook een daverend succes. Op 6 november trok onder leiding van de koning een enorme volksverhuizing van 350.000 Marokkanen vreedzaam en met wapperende Marokkaanse vlaggen de woestijn in, langs de grens en tot aan de Spaanse verdedigingslinies. De kopstukken van alle politieke partijen liepen mee, een nationale eendracht zoals die nog nooit was vertoond. In plaats van wapens droegen de deelnemers een portret van de koning en een exem-plaar van de koran met zich mee. In alle opzichten was de Groe-ne Mars een voltreffer: het idee van een verenigd volk dat vreed-zaam de gerechtvaardigde hereniging van zijn land opeist had niet indrukwekkender verbeeld kunnen worden. Hassan leidde als een moderne Mozes zijn volk het beloofde land binnen. De in-ternationale gemeenschap was onder de indruk. En in Marokko waren de terreur en onderdrukking even geheel vergeten.

In Madrid had dictator Francisco Franco juist een hartaanval gehad, die de eindfase van zijn langdurige doodstrijd inluidde. Het regiem in Spanje was lamgelegd en wist niet meer adequaat te reageren. Tegenover een Franse schrijver zou Hassan later zijn voldoening uiten over zijn meesterzet. 'Na de Groene Mars heb ik tegen mijn zoon gezegd: luister, als je het een beetje handig aanpakt, heb ik je voor de komende eeuw een rustige tijd bezorgd.'

Een eeuw bleek wat aan de lange kant. Maar de Groene Mars zorgde tijdelijk voor rust waarin de repressie wat kon worden verminderd. In 1977, nadat de koning onder verschillende mandaten twaalf jaar lang de regering buitenspel had gezet, werden parlementsverkiezingen gehouden. De uitslag werd keurig naar de wens gemanipuleerd. De 'Onafhankelijke Partij' onder leiding van Hassans zwager Ahmed Osman won een meerderheid van de zetels. De socialistische partij, waarmee de koning het aanhoudend aan de stok had gehad, werd op miraculeuze wijze weggevaagd.

De Westelijke Sahara zou door Hassan altijd uit de kast getrokken worden op momenten dat de binnenlandse situatie hem in het nauw dreigde te brengen. Dreigende verkiezingen, politieke partijen met te veel praatjes, brutale journalisten: met de Sahara als argument kon altijd worden opgetreden in naam van de eenheid van het land. En onderwijl hield het Polisario mooi het leger bezig, zandhappend in de woestijn, ver weg van Rabat, te druk om complotten te smeden.

De woestijnoorlog

Na een urenlange rit over een nauwelijks herkenbaar pad door een woestijn van steen en zand zijn we ter plekke. De Westelijke Sahara, diep landinwaarts, ruim 100 kilometer van de Algerijnse grens bij Tindouf. Boven op de berg striemt de sirocco vlagen van poederfijn zand tegen de vlaggenmast. De vlag van Polisario, de strijders voor de onafhankelijke republiek van de Westelijke Sahara, klappert in de harde wind over het desolate landschap van de steenwoestijn. Beneden in het dal ligt een uitgebrande tank, oorlogstrofee die een kwart eeuw geleden werd buitgemaakt op de Marokkanen. Een dromedaris dwaalt tussen de ruïnes van de platgebombardeerde nederzetting.

'Ze zitten verderop achter hun Muur,' zegt commandant Mo-hammed Mohtar (41 jaar) met een dun lachje terwijl hij richting noorden wijst. We drinken thee in de kale vertrekken van de legerkazerne op de berg. Al sinds eind jaren zeventig vecht de commandant om de Marokkaanse bezetter uit zijn land te krijgen, maar de laatste jaren is er weinig lol meer aan. Vroeger, toen het Polisario in guerrilla-acties zegevierend de dorpen binnentrok, dat was je ware. Of de zwakke punten in de Muur doorbrak en de Marokkanen achter hun linies met hun eigen landmijnen omsingelde. Nu doodt hij de tijd met het lezen van een in het Spaans vertaalde autobiografie van Golda Meir.

De Muur, 2000 kilometer aan zandwallen, prikkeldraadversperring en landmijnen, is door het Marokkaanse leger gebouwd om Polisario buiten te houden. 3 tot 5 meter hoog, omringd met elektronische apparatuur geleverd door de Fransen en Amerikanen, geïnstalleerd door Israëlische spionage-experts van de Mossad. De woestijnversie van de Muur van Hadrianus: een surrealistisch monument dat symbolisch mag heten voor de impasse in het conflict rond de Westelijke Sahara, de oorlog die sinds 1975 dit stuk van de woestijn beheerst, maar door de rest van de wereld is vergeten. In de jaren zeventig scoorde Polisario nog hoog in de Nederlandse protestkringen. Maar de anti-imperialistische beweging richtte haar aandacht al snel op Latijns-Amerika. De ingewikkelde Sahara-kwestie, waar de Verenigde Staten op weinig herkenbare wijze aan meedeed, verdween naar de achtergrond tot zelfs niemand meer wist dat de bij de demonstraties populaire hoge, jubelende *zagharid* – de roep waarbij de tong binnensmonds snel op en neer wordt bewogen – ooit van de Saharaoui-vrouwen was overgenomen.

Hier in de nederzetting Tifariti moeten de Saharaoui's ooit weer veilig terug kunnen keren. Voorlopig betreft het in Polisario-termen 'bevrijd gebied'. Afgezien van de landingsstrook naast de koepelvormige witte tenten van de Minurso, de missie van de Verenigde Naties, ligt de grotendeels in puin geschoten nederzetting er uitgestorven bij. Polisario-commandant Mohtar leidt ons langs door de Marokkanen aangelegde mijnenvelden die ontruimd moeten worden, naar de plek waar een ziekenhuis moet komen. Zijn leger zal straks zijn handen vol hebben aan de terugkeer van alle vluchtelingen die nu nog vlak over de grens in Algerije zitten. 'Maar we hebben ervaring met dit soort verhuizingen,' meent de commandant Mohtar droogjes. 'Al was het de vorige keer de andere kant op.'

Het drama van de Westelijke Sahara is een nog altijd niet afgewikkelde erfenis van de koloniale tijd. Na de verwarrende uitspraak van het Internationale Hof en de Groene Mars in 1975 was Marokko het gebied via het noorden binnengetrokken, terwijl Mauritanië vanuit het zuiden aanviel. Polisario eiste alsnog zijn recht tot zelfbeschikking op en verklaarde de oorlog aan beide indringers. De communistische beweging riep daarbij de Saharaanse Arabische Democratische Republiek uit, een naam die vooral geïnspireerd leek door de Duitse Democratische Republiek (DDR).

Mauritanië bleek al snel geen partij voor de Saharaoui's. Maar Marokko wist met een massale inzet van het leger, compleet met bombardementen op de bevolking, het grootste deel van de Westelijke Sahara te bezetten. Rond de 150.000 Saharaoui's zochten een veilig heenkomen. Algerije, nooit te beroerd zijn westerbuur Marokko het leven zuur te maken, bood ruimte voor vluchtelingenkampen vlak over grens nabij het zuidelijke Tindouf, die tevens zouden dienen als uitvalsbases van Polisario.

In 1991 sloten de strijdende partijen onder toezicht van de Verenigde Naties een wapenstilstand. Overeengekomen werd dat Polisario en Marokko onderhandelingen zouden beginnen over een referendum over de Westelijke Sahara zoals deze volgens een resolutie van de Verenigde Naties plaats zou moeten vinden.

Van meet af aan besefte koning Hassan dat hij tegenover Polisario op een strategisch voordeel stond. Marokko bezette op een stukje waardeloze woestijn na het gehele gebied. Dat had weliswaar een hoge prijs: het leger moest bijna worden verdrievoudigd tot 140.000 man, defensie slorpte bijna de helft van het staatsbudget op. Maar niets stimuleerde de binnenlandse politieke nationale eenheid meer dan de Westelijke Sahara. En in plaats van in Rabat moordaanslagen te beramen, werden de generaals nu de woestijn in gestuurd om de nationale vijand buiten de deur te houden. Die zat zich achter de Muur te vervelen. Niemand had zin in een oorlog. Marokko kon dan ook op zijn gemak de Westelijke Sahara inlijven. Dat gebeurde vaak met harde hand: Amnesty International maakte regelmatig melding van het grote aantal verdwijningen en andere schendingen van de mensenrechten in het gebied. Maar met ieder jaar uitstel van het referendum zat Marokko steviger in het zadel. De aanpak van Hassan was simpel: Marokko zou een referendum over de Westelijke Sahara alleen toestaan als het zeker was van een overwinning. En naarmate er meer tijd verstreek, zou dit proces zich min of meer langs natuurlijke weg voltrekken. Om de zaak wat te bespoedigen werden tienduizenden Marokkanen met vestigingspremies naar de Westelijke Sahara gelokt. Onderwijl stoomde Polisario gaar in een winderig, lelijk stuk steenwoestijn. Mohammed Abdelaziz, de 'president' van de Saharaanse Arabische Democratische Republiek, weigerde enige concessie. Zoals gebruikelijk in een communistische volksrepubliek werd Abdelaziz bij iedere verkiezing met 95 procent of meer van de stemmen gekozen. De vluchtelingen in de Polisario-kampen konden geen kant op en begonnen steeds meer te lijken op gijzelaars van een verbleekte strijd.

Eens in de zoveel tijd had het er de schijn van dat het referendum onder handbereik was. Voormalig Amerikaanse minister van Buitenlandse Zaken James Baker – jarenlang de speciale onderhandelaar van de Verenigde Naties – stond regelmatig dicht bij een succes. Tot de onderhandelingen weer eens stukliepen en het referendum weer werd afgeblazen. Excuses voor uitstel waren altijd wel te vinden. Het werd steeds moeilijker vast te stellen wie straks stemrecht hadden in het referendum. Vanouds was er al het probleem van de rondtrekkende nomadenstammen. Bij de volkstelling die de Spanjaarden in 1974 organiseerden als voorbereiding voor een referendum werd een kleine lijst van 73.000 namen samengesteld. Die mogen zonder meer meedoen. Blijven

de honderdduizenden anderen – een allegaartje nieuwe import-
bewoners, vluchtelingen en hun kinderen, en de achterblijvers
in de Westelijke Sahara. Met het verstrijken van de tijd werd een
akkoord over de census alleen maar moeilijker.

We logeren in het uitgestrekte vluchtelingenkamp Smara. Zoals
alle Polisario-nederzettingen hier vlak over de grens is het kamp
vernoemd naar een stad in de Westelijke Sahara. Geslapen wordt
op de tapijten in een van de grote witte bedoeïenententen die
hier min of meer permanent zijn opgetrokken. We zijn gastvrij
ontvangen met thee en koekjes. Een hele familie – grootouders,
kinderen, kleinkinderen, een man of vijftien – slaapt met ons in
de grote tent. Drie generaties uitzichtloosheid van een vluchtelingenkamp.

In de gesprekken worden de wreedheden van het Marokkaanse leger uitgebreid aangehaald. Geen familie of er valt wel een
martelaar te betreuren. Het Marokkaanse leger maakte opvallend
weinig krijgsgevangenen: volgens Polisario werd het grootste
deel simpelweg afgeschoten. 'Ik ga alleen met mijn vrouw en zes
kinderen terug naar Laâyoune als het geen zooitje wordt,' meent
Lehbib Embareg (44 jaar) in het raam van zijn winkel, een hutje
waar de kampbewoners alles kunnen krijgen van zeep tot snoep.
'Ik heb de bombardementen nog meegemaakt met fosfor en napalm op vrouwen, kinderen en grijsaards,' zegt Embareg, terwijl
hij een zwerm vliegen uit zijn kraampje mept.

Naar schatting 200.000 Saharaoui's wachten in de kampen op
de dingen die komen gaan. Tot dusver kwam er niets. 'Natuurlijk
wil ik weg uit deze rotwoestijn, maar het zal nog moeilijk worden,' zegt een 25-jarige jongen in de beschutting van de lemen
woonkamer van zijn familie. Zelf is hij na jaren van studie net
weer teruggekeerd uit het communistische broederland Cuba.
De overgang valt niet mee. Net als veel van zijn generatiegenoten
verveelt hij zich te pletter. Werk is er nauwelijks, de Algerijnse
stad Tindouf ligt op een uur rijden. Vervoer is moeilijk. Deze
week is er gelukkig leven in de brouwerij in de vorm van een
muziekfestival van Spaanse artiesten die samen met circa vijf-

tienhonderd landgenoten een paar dagen langskomen om voedsel, kleding en cadeautjes uit te delen. Spanje beseft dat het iets goed te maken heeft en is het land dat de meeste steun aan de Saharaoui's geeft. Maar als het bezoek straks weer vertrokken is, rest er niets dan het zand, de dromedarissen en de geiten.

Algerije heeft niet het meest prettige stuk Sahara voor zijn woestijnvrienden gereserveerd: zomers verandert de vlakte van steentjes en zand in een oven, 's winters heerst een bittere kou. Stromend water ontbreekt, net als elektriciteit. De sirocco heeft vrij spel tussen de bedoeïenententen en de simpele lemen hutten, die worden bezocht door wolken vliegen, uitzonderlijk forse kakkerlakken en ander ongedierte. Op de scholen klagen de leraren over de diarree, wormen en huiduitslag waar de kinderen last van hebben.

In de kampen van Polisario heerst de kunstmatige economie van de hulpverlening. Het Rode Kruis en vooral Spaanse steunorganisaties voorzien de vluchtelingen van medische en voedselhulp. Vers fruit en groenten zijn er in beperkte mate, een paar keer week schaft de pot wat kamelen- of kippenvlees, soms is er gecondenseerde melk uit Zweden. De proefboerderij die Polisario midden in de woestijn opzette is in het experimentele stadium blijven steken: in de zoute grond gedijt alleen een beperkte teelt van worteltjes, uien en rapen. Alleen de legbatterij met zo'n honderdduizend kippen mag een bescheiden succes heten: van de jaarproductie van zo'n zeven miljoen eieren wordt de helft op de markt in Tindouf verkocht.

De meeste Saharaoui's dromen van een terugkeer naar Laâyoune, de stad nabij de kust. Daar hopen ze op werk en een betere toekomst: met beroepsopleidingen in de kampen, het leger en in het buitenland heeft Polisario generaties jongeren klaargestoomd voor werk dat in de woestijn niet valt te vinden.

Niet iedereen heeft zin om zijn leven te vergooien in afwachting van de Saharaanse Arabische Democratische Republiek onder leiding van de communistische eenheidspartij Polisario en haar president Mohammed Abdelaziz. Sommige Saharaoui's willen een normaal leven en een baan. Anderen missen hun familie die is achtergebleven in de Westelijke Sahara. 'Mijn moeder woont nog in Laâyoune,' sombert Embareg. 'Ik heb haar al jaren niet gezien.' Maar een retourtje Tindouf bestaat niet. Wie vlucht uit de kampen geldt als een landverrader. Zoals een van de oprichters van Polisario, Omar Hadrami, die in 1989 vluchtte na een interne partijtwist. Hij was niet de enige aanvoerder die met open armen door Rabat werd binnengehaald. Regelmatig zijn er berichten van jongeren die worden vastgehouden omdat ze tegen de zin van het regiem in Spanje willen studeren of terug willen naar het pleeggezin waar ze de vakanties doorbrengen. Van Marokkaanse zijde wordt gesuggereerd dat de Polisario-kampen in wezen niets ander zijn dan een gevangenis, waar een dictatoriaal communistisch bewind de vluchtelingen gegijzeld houdt. Propagandapraatjes, zo sneren de Polisario-zegslieden. Maar opvallend is dat er regelmatig berichten zijn van Saharaoui's die de nederzettingen uit willen vluchten, en nooit erin.

In de kampen valt van onderdrukking op het eerste oog weinig te merken. De journalist mag vrij vragen stellen. Maar wie zich onttrekt aan de nadrukkelijk aanwezige tolken en andere gastheren van Polisario en op eigen houtje de kampen verkent, krijgt te maken met wantrouwende blikken. Polisario wil solidariteit van zijn Europese bezoekers, geen lastige pottenkijkerij of kritische vragen. Met Marokko is het niet anders. Journalisten die poolshoogte willen nemen als er weer eens een opstand uitbreekt in de volkswijken van Laâyoune en het leger en politie erop los slaan, wordt het werken onmogelijk gemaakt.

Polisario kon lang rekenen op onvoorwaardelijke steun uit linkse kring in Europa. Maar zelfs de trouwste fellow-travellers hadden moeite met de berichten die in 2003 uitlekten over de Marokkaanse militaire krijgsgevangenen die al decennialang onder erbarmelijke omstandigheden werden vastgehouden door Polisario. Vrijgekomen getuigen spraken van dwangarbeid, martelingen en mishandelingen door de Polisario-leiders. Mohammed Abdelaziz werd ervan beschuldigd hoogstpersoonlijk te hebben deelgenomen aan executies. Polisario-bondgenoot France Libertés, voorgezeten door Danielle Mitterrand, trok zelfs zijn steun in en klaagde de beweging aan wegens systematische schending van de mensenrechten.

Krijgsgevangenen

Vrij, maar niet bevrijd. 'Ik heb het gevoel dat ik nog steeds in een gevangenis zit,' zegt Hamid Ellabane (47). De trek om zijn mondhoeken verraadt verbittering. We zitten met drie van zijn lotgenoten rond de thee in het centrum van Kénitra. In 1979 werd Ellabane als soldaat eersteklas van het Marokkaanse leger krijgsgevangene gemaakt door het Polisario. 23 jaar lang zat hij vast nabij Tindouf in Algerije.

Ellabane mist zijn wijsvinger en een deel van zijn duim. Die raakte hij kwijt toen zijn handen achter zijn rug werden afgebonden met een elektriciteitssnoer. Hij tilt zijn hemd op en laat een panorama van vleeswonden zien die werden veroorzaakt toen hij achter een Toyota-jeep gebonden door het kamp werd gesleept. Een straf omdat hij niet zijn mond hield tijdens een bezoek van Italiaanse journalisten in 1981 en klaagde over het gedwongen werk en de slechte behandeling van de gevangenen.

Polisario begon in 2003 met het uitleveren van zijn Marokkaanse gevangenen, voorzover bekend de langst vastzittende krijgsgevangenen ter wereld. In groepen van enkele honderden kwamen ze vrij na tien, vijftien of zelfs meer dan twintig jaar te hebben doorgebracht in de woestijn. De laatste groep van ruim vierhonderd gevangenen werd in augustus 2005 vrijgelaten.

De vier ex-gevangenen zijn vroegoude, getekende mannen. Vanbuiten klinkt het vrolijke straatlawaai van de badplaats Kénitra, maar bij Mustafa Kabous, Mohammed Bouriga, Hassan Bouqob en Hamid Ellebane strijden woede en verslagenheid om voorrang. Woede over de manier waarop Polisario de gevangenen jarenlang slavenarbeid liet verrichten: het bakken van stenen, metselen van muren van vroeg in de ochtend tot zonsondergang. Dat alles op een dieet van wat rijst en linzen, net genoeg om in leven te blijven. Woede over de lijfstraffen, martelingen en verkrachtingen en de eenzame opsluitingen in cellen waar precies een stoel in paste. Over de incidentele standrechtelijke executies die ze bij moesten wonen.

De namen van de ergste martelbeulen onder de kampbewaarders worden uit de herinnering opgediept. Sommigen van hen zouden later overlopen naar het Marokkaanse kamp en hebben nu een mooie baan in Marokko. Omgekeerd wachtte de soldaten na hun vrijlating thuis een koele ontvangst. Sommigen werden wekenlang vastgehouden in een legerbasis in Agadir. Daar kregen ze een bord witte bonen in plaats van de linzen van Polisario. Ellabane en Bouriga hebben nog steeds geen werk of uitkering. Hassan Bouqob en Mustafa Kabous hebben meer geluk met een pensioentje van rond de honderd euro per maand. Niemand bekommert zich om hun lot.

De mannen hebben nog steeds moeite met hun vrijheid. Ze hebben last van depressies, slapeloosheid en nachtmerries. Familie en vrienden zijn ouder geworden of inmiddels dood. Bouriga: 'Er zijn veel dingen veranderd, maar ons leven kun je niet meer terugdraaien.' Ellabane: 'We voelen ons als gehandicapten. Waarom heb ik mijn leven geofferd voor mijn land, terwijl onze martelbeulen gewoon op straat rond kunnen lopen?'

De impasse rond de Sahara is niet makkelijk te doorbreken. In 2004, na eindeloze onderhandelingen, werd opnieuw een compromis afgewezen. De laatste versie van het plan-Baker, dat voorzag in een overgangsperiode waarin de Westelijke Sahara als autonoom gebied onder Marokkaanse soevereiniteit zou worden geplaatst, waarna alsnog het referendum zou plaatsvinden, leed schipbreuk. James Baker had er genoeg van en trad na jaren terug als onderhandelaar.

Dat deze ex-minister van Buitenlandse Zaken zich zo langdurig had ingezet als onderhandelaar was overigens niet uitsluitend een filantropische aangelegenheid geweest. Want behalve wingewest van inktvis, fosfaat en dromedarissen had het economisch perspectief van de Westelijke Sahara in de jaren negentig een nieuwe wending gekregen: olie. Volgens geologen bestond de mogelijkheid dat op zee of in de woestijn oliereserves aangetroffen werden. Als jurist en partner in een belangrijk advocatenkantoor was James Baker een goede bekende in het milieu van de Amerikaanse olieboeren. Vooral de Spanjaarden wantrouwden Baker omdat ze vermoedden dat de Amerikanen graag op de eerste rij wilden zitten als er een oplossing voor de Westelijke Sahara kwam en de proefboringen op volle kracht ter hand genomen konden worden. In de zomer van 2005 werd de Nederlandse diplomaat Peter van Walsum benoemd als de nieuwe VN-onderhandelaar die het dossier van de Westelijke Sahara in handen kreeg. Hem wachtte de moeizame taak een weg te vinden tussen de Marokkaanse bereidheid tot een vorm van zelfbestuur onder Marokkaanse vlag en de wens van Polisario om de weg van totale onafhankelijkheid nadrukkelijk open te houden.

Zo bleef de Westelijke Sahara, een gebied grofweg even groot als Marokko, pion in een ingewikkeld schaakspel van lokale en internationale belangen. Intussen teert generatie na generatie Saharaoui's weg in de woestijn. 'Zij hebben nog een kans de beroepsopleidingen die wij de afgelopen jaren binnen het leger georganiseerd hebben te benutten in de burgermaatschappij,' zegt commandant Mohammed Mohtar, terwijl hij wijst naar zijn chefs artillerie en infanterie, twintigers in slobberige uniformen. 'Ik niet, ik ben veroordeeld tot het leger.' Gevraagd wat hij gaat stemmen als het ooit tot een referendum komt barst Mohtar voor het eerst uit in een hartelijke lach. 'Even nadenken,' grapt de commandant. 'Na al die jaren vechten tegen Marokko geloof ik wel dat ik het weet. We hebben geleerd geduld te hebben. De Sahara loopt niet weg.'

Gevaar op de weg

In een land met zo veel woestijn bestaat nog de ruimte om zich te verplaatsen. Wie door Marokko reist en onder de indruk raakt van de weidse vergezichten doet er echter goed aan op te blijven letten op de weg. Verkeer in Marokko is een avontuur dat niet altijd goed afloopt. Dat laatste ondervonden we in de auto naar Fès. Het duister was al ingevallen op de weg, een smalle strook asfalt die de grens vormde tussen de bergen van de Midden-Atlas en een lelijk stuk steenwoestijn. Buiten was het koud en er heerste een stilte zoals je die alleen in een woestijn aantreft, een akoestische leegte die het gevoel van een onbeperkte ruimte verder vergroot. De weg was heuvelig en kaarsrecht, zodat de lichten van de tegenliggers reeds kilometers ver weg opdoken en weer in de diepte verdwenen. Het passeren op de smalle strook kondigde zich dus ruim tevoren aan. Het leek veilig genoeg om er goed de vaart in te houden. Fès was nog een flink stuk rijden.

In volle vaart bereikten we de top van een heuvel. Maar bij het naar beneden duiken ontvouwde zich een vreemd schouwspel op de weg. Het was alsof er een grondmist op was komen zetten, die vanuit de woestijn het asfalt op kringelde en afdekte met een golvende laag nevel. Het volgende moment waren koppen, ogen en oren te zien. Een enorme schaapskudde was bezig aan een oversteek. Met volle kracht trapte ik op de rem. Gierend schoof de auto door over het asfalt, de schaapskoppen keken verblind in het licht van de koplampen, herders zwaaiden met hun armen. Twee, drie doffe klappen volgden. De auto kwam tot stilstand tussen de mekkerende kudde. Met de handen om het stuur geklemd bleef ik een tijdje zitten. De geur van geschroeid rubber bracht ons weer bij zinnen. In het licht van de lampen was in een flits te zien dat een man en een jongen twee lammetjes in hun armen hadden genomen en razendsnel een dik schaap van de weg hadden getrokken. Drie schapen aangereden: dat moest worden vergoed bij de herder van de kudde. Maar bij het uitstappen waren ze verdwenen. De stilte van de woestijn slokte het laatste gemekker in de verte op. Beter een gewond schaap in de hand dan tien rekeningen voor blikschade in de lucht, zo moet de redenering van de herder geweest zijn.

Marokko is wereldkampioen ongelukken op de weg. Jaarlijks vallen meer dan 5000 doden en 40.000 gewonden. Dat is een gemiddelde van 14 doden en 114 gewonden per dag. Economische verliezen als gevolg van verkeersongelukken die in 2004 werden geschat op 11 miljard dirham, 2,5 procent van het nationale inkomen.

Voetgangers zijn de grootste groep slachtoffers. Ze steken de weg over zonder uit te kijken, of worden geschept door een automobilist die niet uitkijkt. Het kan misgaan in een *grand-taxi*, de rammelende Mercedessen die voor de lange afstand worden ingehuurd, als de motor het na decennia van trouwe dienst begeeft tijdens een inhaalmanoeuvre. Of de chauffeur vergeet bij te sturen langs de afgrond. Ze zien het gevaar niet naderen door hun half versplinterde voorruit.

Het verkeersgevaar kent hier ongewone vormen. Zoals in het stadje op de betrekkelijk saaie kustweg naar Essaouira. Midden op een rotonde net even buiten de stad doemde een constructie op die leek op een vorm van publieke installatiekunst zoals je die in Europa langs de weg aan kunt treffen. In een gat in de grond, kennelijk bedoeld voor de afwatering, stak een Mercedes loodrecht met zijn motorkap naar beneden. Een groepje omstanders staarde onder de indruk naar de neergeplante auto. De rookpluimen die van onder de motorkap naar boven kringelden wezen onmiskenbaar op een ongeluk. De mannen verklaarden dat de chauffeur, die met verwondingen was afgevoerd, kennelijk de rotonde niet had gezien en in volle vaart het gat was ingereden. Maar hoe krijg je een auto precies verticaal in een put? Het was niet minder dan een wonder, daar was iedereen het wel over eens. Ook de chauffeur van mijn grand-taxi, een ongeschoren man ver over de pensioengerechtigde leeftijd met loensende ogen achter dikke brillenglazen, raakte er niet over uitgepraat. '*Incroyable, m'sieur, incroyable,*' bleef hij herhalen terwijl wij onze tocht hervatten. Of ik wel wist hoe zwaar een Mercedes was. Met zijn handen probeerde hij het ongeluk na te spelen. De taxi, met 650.000 kilometer op de teller en nogal wat speling in de assen, meanderde sierlijk over de doorgetrokken streep die de scheiding van de weghelften aangaf. Wat zou de volgende bocht aan tegenliggers brengen? Op de plek van de veiligheidsriem voelden mijn tastende vingers slechts een gapende leegte.

Het heeft wellicht te maken met een diepgeworteld fatalisme in de mediterrane en moslimcultuur. Het individu heeft slechts een beperkte invloed op de manier waarop de gebeurtenissen in zijn directe omgeving zich voltrekken. Natuurlijk denkt die chauffeur van die grand-taxi, die volgeladen met goed en have bijna door zijn assen zakt, dat hij het redt bij de inhaalmanoeuvre. Zelfs al komt de vrachtwagencombinatie hem toeterend tegemoet, hém kan niks overkomen. *Inshallah*, als God het wil. En zo niet, dan heeft het zo moeten zijn. *Mektub*, het noodlot staat geschreven.

Ook de snelle veranderingen in de samenleving werken niet mee. Op de bagagedrager van menig brommer zijn precies dezelfde transportmanden gemonteerd die kort tevoren nog over de ezels werden gehangen. Maar een brommer is geen ezel. In de laadbak van een vrachtwagen zit een complete familie, zoals ze vroeger op de paardenwagen zaten. Veranderingen brengen praktisch verkeersongemak: stukken berg en lege woestijn blijken plotseling volgebouwd met wegen en andere obstakels. Een snelle ontwikkeling die vaak letterlijk in botsing komt met menners van ezelkarren en hoeders van ander kleinvee.

Het zijn niet noodzakelijkerwijs de stille buitenwegen waar het gevaar op de loer ligt. De automobilist moet niet verbaasd staan als in de razende verkeersdrukte van Casablanca midden op een brede boulevard een oude vrouw oversteekt die een stuk hout voortsleept zonder ook maar enige aandacht te schenken aan de muur van auto's die op haar afkomt. Is het doodsverachting of gekte? Van een grenzeloos vertrouwen in de medeweggebruikers kan toch moeilijk sprake zijn.

Als er zoiets bestaat als een botsing tussen twee culturen dan is het de verkeersontmoeting tussen een Europeaan en een Ma-

rokkaan. Langdurige bestudering leert dat de Marokkaanse weg-
gebruiker uitgaat van een continue beweging. De brommer, ezel-
wagen of auto kan afremmen of zijn koers verleggen, maar zal
nooit stoppen. Ook de voetganger loopt altijd door, behalve op
zebrapaden, waar in Marokko vreemd genoeg juist voorrang
wordt gegeven aan de auto's. De Europeaan is daarentegen geneigd wel te stoppen als gevolg van bepaalde conventies (ver-
keerslichten, zebrapaden, voorrangsregels) of simpelweg omdat
het voertuig dat hem tegemoet komt groter en sneller is. Bij een
ontmoeting van deze twee culturen is een botsing van de diametraal tegenovergestelde verkeersopvattingen niet uitgesloten. De
één anticipeert erop dat de ander in beweging blijft en dus van
plaats verandert. De ander dat de eerste stopt en dus niet in de
weg staat. *Never the twain shall meet.* Een recept voor ongelukken dat
ooit treffend werd geanalyseerd door Gerard Reve. De één denkt:
hij trekt die hand wel terug. De ander: hij laat die bijl toch niet
vallen.

Maar ook binnen dezelfde verkeersopvattingen blijkt het Marokkaanse verkeer een dodenakker van olympische omvang. Met
meer dan 50.000 jaarlijkse verkeersongelukken vallen in een jaar
evenveel doden als bij de hele tweede Palestijnse intifada bij elkaar, zoals het socialistische partijblad *Libération* fijntjes opmerkte.
Vermoedelijk komen de aantallen nog een stuk hoger uit als de
slachtoffers erbij worden geteld die niet in de officiële cijfers terechtkomen. Alsof jaarlijks een middelgroot dorp in Marokko
van de kaart wordt geveegd.

Het besef dat er wat aan gedaan moest worden groeide. In de
zomer van 2004 gaf de koning opdracht aan het ministerie van
Verkeer om een breed opgezette campagne te starten om de weggebruikers attent te maken op gevaarlijk weggedrag. Het was
voortaan verboden om de snelweg over te steken, alleen of met
een kudde, zo legden de spotjes uit. Een vluchtstrook diende niet
als picknickplaats. Veiligheidsriemen moesten om, telefoneren
achter het stuur was verboden. Er werd een speciaal rijexamen
ingesteld voor taxi- en vrachtwagenchauffeurs. Saïd Taghmaoui,
een populaire Frans-Marokkaanse acteur, werd ingehuurd om de

campagne te presenteren. Er zouden gruwelijke beelden van ongelukken op televisie worden uitgezonden, zo werd van overheidswege beloofd. Verminkte lichamen, gebroken families.

Opvoeding en waarschuwing waren een stap in de goede richting, constateerden de krantencommentaren tevreden. Maar er waren ook minder optimistische geluiden. Zolang de overheid niet de politieagenten aanpakte die bij geconstateerde overtredingen hun ogen sloten in ruil voor een klein bedrag aan koffiegeld zal er van de handhaving van de regels weinig terechtkomen. Hetzelfde geldt voor het verkrijgen van een rijbewijs. Tegen corruptie kan geen overheidscampagne op.

Het verkeer kent nog een ander, meer sluipend gevaar in de vorm van luchtvervuiling. Wie een dag of drie in Casablanca verblijft, merkt het aan de irritatie van zijn slijmvliezen. De geelgrijze laag die de stad als een kaasstolp afdekt is vooral zomers goed te zien voor wie vanbuiten aan komt rijden. Het zijn vooral de zwavel in de diesel en het lood in de benzine die voor de vervuiling zorgen. Het zwavelgehalte is grofweg drie keer hoger dan in Europa. Gelode benzine, al sinds lange tijd verbannen uit de Europese pompstations, is nog altijd op ruime schaal verkrijgbaar. De meeste kleinere auto's gebruiken het als brandstof.

Wat de situatie er beslist niet beter op maakt is de gemiddelde leeftijd van het wagenpark. Vooral onder de diesels zijn auto's van twintig jaar en ouder geen uitzondering. Taaie oudjes, die in staat zijn tot het produceren van indrukwekkende roetwolken. Een controleactie van de politie en de Stichting Mohammed VI (die zich inzet voor de bescherming van het milieu) begin 2005 bevestigde wat iedereen dagelijks in het verkeer kan zien en ruiken. De aangehouden taxi's en vrachtwagens bleken drie- tot viermaal de toegestane norm van uitgestoten deeltjes te overschrijden. Omdat die norm al bijna tweemaal hoger ligt dan in de Europese Unie, betekent dit een vervuiling die zes tot acht keer hoger ligt dan in het Europese verkeer. Tel daarbij op de fundamenteel hogere uitstoot van koolmonoxide (vijf keer zoveel als gevolg van het ontbreken van de katalysator) en de zwavelhoudende verbindingen in de brandstof en je begrijpt hoe de lucht boven Casablanca die vreemde kleur en geur krijgt.

Ook hier besloot de overheid op te treden. Er werd een campagne op televisie gestart om het land bewust te maken van de vervuiling. Met een tekenfilmpje vol kuchende Marokkanen werd het land opgeroepen zijn auto's te laten controleren. 'Niet te snel optrekken. Motor afzetten wanneer de auto langer stilstaat. Laat minstens één keer per jaar uw auto controleren,' zo luidden de adviezen. Fluitende vogels en een zon die niet langer verdwijnt achter een vage nevel zouden de beloning zijn voor dit goede gedrag, zo viel uit het reclamespotje op te maken. Buiten dampte het verkeer op straat rustig verder. De vrachtwagens, de taxi's en de stadsbussen spuwden ongestoord hun roetwolken de dampkring in. Later in het jaar zouden sancties op vervuilende motoren volgen, zo werd dreigend in het vooruitzicht gesteld. Boetes van vierhonderd dirham. Landelijk waren twintig apparaten voor de politie aangekocht (à raison van 80.000 dirham per stuk, zo werd bekendgemaakt) die de uitstoot van de uitlaatgassen moesten gaan controleren. De verkoop van gelode benzine en zwavelhoudende diesel blijft vooralsnog gehandhaafd.

Toch is ook het verkeer in Marokko aan een snelle verandering onderhevig. De kwaliteit van het particuliere wagenpark neemt toe, niet in de laatste plaats door de sterk toegenomen consumptieve kredietverlening en goedkope versies van Fiat en Renault die op de markt gebracht zijn. Met de toename van het aantal auto's wordt het verkeersgedrag meer geordend en beter gecontroleerd. Tol van deze vooruitgang is dat het ook wat aggressiever op de weg wordt, al blijven de Marokkanen een toonbeeld van verdraagzaamheid vergeleken met de westerse weggebruikers.

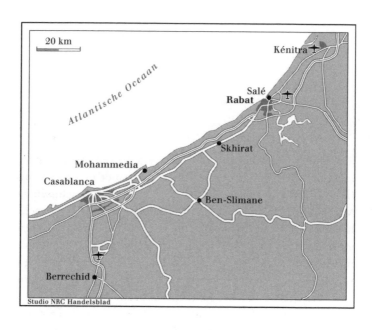

7 | BELOFTE IN RABAT

Een zonnige, maartse dag in Rabat. We schrijven het jaar 2001. Het was anderhalf jaar na zijn aantreden, maar de nieuwe koning Mohammed VI was helaas afwezig op een ontmoeting tussen de Marokkaanse en Europese pers. Niet dat we anders verwacht hadden: anders dan zijn vader, die er een sport van maakte om journalisten in te pakken, sprong de nieuwe koning zuinig om met de publiciteit. Zelfs voor goed ingewijden in paleiskringen was het meestal onduidelijk waar de koning zich precies bevond.

In een pauze van het journalistenforum reden we in een huurautootje naar een restaurant aan de Bou Regreg, de rivier die glinstert in het dal en even verderop uitmondt in zee. Op weg naar beneden, in de statige ambassadewijk, kwam het verkeer op onverklaarbare wijze tot stilstand. Omkeren uit de file en dezelfde weg terug te nemen leek verreweg de beste oplossing. Op de andere weghelft reed geen enkele auto. Halverwege de manoeuvre, op de stoep aan de overkant, doemde in de zijspiegel een donkergrijze sportwagen van een luxemerk op. De bestuurder liet door middel van een wuivende hand naast het stuur weten dat we achteruit de weg op konden draaien. Het was een vriendelijk gebaar. Ik zwaaide terug als dank en zo we reden voort, de rammelende huurauto gevolgd door de parelgrijze sportcoupé.

Langs de weg stonden opmerkelijk veel agenten, die strak in de houding schoten zodra we in zicht kwamen. Marokko eert zijn gasten, stelden we tevreden vast, terwijl we een lommerrijk plein opdraaiden. Hier was de ontvangst minder hartelijk: een agent met een rood hoofd, die hysterisch op een fluitje blies, maande ons rechts aan te houden en met gezwinde spoed door te rijden. In de achteruitkijkspiegel verdween het sportmonster naar links, de toegangspoort van het paleisterrein door, omringd door buigende en saluerende paleiswachten en agenten. Het profiel achter het stuur was nog juist herkenbaar.

Zoals Den Doolaard een krappe halve eeuw eerder sultan Mohammed op zijn paard bij de paleismuren aantrof, zo is een toevallige ontmoeting met zijn gelijknamige kleinzoon geenszins uitgesloten. Paard is ingeruild voor paardenkracht, maar beiden hebben zelf de teugels in handen.

Een Marokkaan die zich op een ontmoeting met zijn vorst wil voorbereiden loopt de Galerie Sahara in Rabat binnen. De fototentoonstellingsruimte aan de Mohammed v-boulevard, schuin tegenover het parlementsgebouw, was vroeger het domein van portretten van koning Hassan in al zijn gedaantes: op de golfbaan natuurlijk, maar ook met een juist gevangen vis of genietend achter een kopje thee. Nu beheerst Zijne Majesteit Mohammed vi de ruimte. m6, was de vlotte bijnaam die hem al snel na zijn aantreden werd toegekend. Michael Jackson schalt door de luidsprekers van de fotogalerij. We zien Mohammed gekiekt op de lange latten, in een sportieve trui of uniform, en natuurlijk op de jetski, de favoriete sport van de koning. Moderne poses van een jonge vorst. Wie meer houdt van traditioneel kan een foto van de koning kopen in zijn witte galatenue. Voor vijf dirham, iets minder van vijftig eurocent, heeft men de vorst in huis hangen.

Anders dan zijn vader, had koning Hassan nooit veel ruimte gegund aan zijn zoon om een eigen rol te spelen tijdens zijn koningschap. Ziek en wel hield hij de touwtjes strak in handen. Met zijn dood zag Marokko voor het eerst de kroonprins uit de schaduw van zijn allesoverheersende vader treden. Geëmotioneerd bracht hij op televisie het nieuws van het overlijden van de vorst en maande in een korte boodschap tot kalmte.

De dag na de dood van Hassan II was het druk in de kroonzaal van het paleis van Rabat. De nieuwe koning, Mohammed Ben Al Hassan Alaoui (21 augustus 1963), had in zijn traditionele witte djellaba en met een rode fez op het hoofd plaatsgenomen op de rijkversierde troon van zijn vader om de handkussen van de elite in zijn land in ontvangst te nemen.

Nog meer dan bij de paus, geldt het kussen van de hand van de koning van Marokko als een traditioneel gebaar van trouw en onderwerping waar grote waarde aan wordt ontleend. Vroeger waren het de stamleiders geweest die door middel van de handkus lieten blijken dat zij het gezag van de sultan aanvaardden. Nog steeds is de handkus van grote symbolische betekenis. Wie de hand van de koning kust, komt lichamelijk in aanraking met het bijna heilige symbool van geloof, staat en macht in Marokko. De ceremonie wordt nauwgezet gevolgd. In groepen is de volgorde van de handkus van groot belang. Daarnaast kan de koning al door een klein handgebaar te kennen geven of hij de kus al dan niet op prijs stelt, wat voor de kusser een niet te onderschatten indicatie is van hoe de kaarten ten paleize zijn geschud. Naar verluidt is Mohammed VI niet zo geporteerd van de gretigheid waarmee zijn onderdanen naar zijn hand duiken om deze te kussen.

De jonge koning zat evenwel zichtbaar aangedaan op de troon het ritueel uit. De eerste die aan de beurt was, was zijn broer Rachid, die na de handkus naast zijn broer zou blijven staan gedurende de plechtigheid. De tweede was zijn neef Hicham, zoon van zijn vroeg verscheiden en geliefde oom Moulay Abdallah.

Vanwege zijn democratische ideeën opgedaan tijdens een verblijf in de Verenigde Staten en zijn goede contacten met links Marokko, wordt Hicham ook wel de 'rode' prins genoemd. Na Hicham volgde diens broer Ismael, waarmee de mannelijke lijn van opvolging werd afgesloten. De volgende in de rij was de socialistische premier Abderrahman Youssoufi, gevolgd door een eindeloze rij aan oulema, parlementariërs, raadgevers en militairen.

De handkusanalisten hielden de zaak scherp in de gaten. Bij neef Hicham was het de vraag of de rode prins – die zich eerder vergeefs had proberen op te dringen als directe raadgever van de nieuwe vorst in plaats van broer Moulay Rachid – zich beperkte tot een vluchtige kus als teken van zijn onafhankelijkheid. De meeste aandacht ging naar de handkus van Driss Basri, de almachtige minister van Binnenlandse Zaken, alom gehate klusjesman van Hassan II en bij uitstek het symbool van de corrupte makhzen die alle hervormingen trachtte te blokkeren. Ooggetuigen gaven geen uitsluitsel, maar op straat deed onmiddellijk na de plechtigheid het gerucht de ronde: de koning had schielijk zijn hand willen terugtrekken toen Basri aan de beurt was. Apocrief of niet: het was een bevestiging van een publiek geheim: de relatie tussen Basri en de nieuwe koning was ronduit slecht.

Mohammed Alaoui was een goed bewaard geheim. Marokko wist weinig van de 35-jarige jongeman die op het televisiescherm verscheen om geëmotioneerd de dood van zijn vader bekend te maken. De 36ste afstammeling in lijn van de Profeet genoot voornamelijk bekendheid omdat hij van jongs af aan samen met zijn broertje zijn vader flankeerde op de staatsieportretten, ontvangsten en officiële gelegenheden. Gaandeweg was hij meer ingeschakeld bij officiële presentaties en ander koninklijk handwerk, waarbij hij overigens vaak de indruk wekte zich in hoge mate opgelaten te voelen. Vader Hassan stak bovendien niet onder stoelen of banken dat de troonopvolger niet meer dan een ornament was. Zodra het werkelijk belangrijk werd schroomde Hassan niet om zijn inmiddels volwassen zoon ten overstaan van alle aanwezigen de gang op te sturen.

Zo ontstond het beeld van een enigszins schuchtere jongeman, op wiens gezicht de sporen vielen af te lezen van een jeugd onder de beangstigende schaduw van een grillige en autoritaire vader. Als jongetje had hij de bloederige paleiscoup in Skhirat meegemaakt. Zijn jeugd was getekend geweest door de archaïsche sfeer binnen het paleis, waar de hofhouding nog met één been in de tijden van duizend-en-één-nacht stond. Samen met zijn broers en zussen had hij op zijn blote voeten ervan langs gehad met de *fallaka*, het strafzweepje dat zijn vader persoonlijk hanteerde. 'Ik wil dat mijn kinderen een hekel krijgen aan middelmatigheid,' zo verklaarde de koning zijn opvoedkundige methodes.

Het was niet altijd vanzelfsprekend geweest dat Mohammed de troon zou bestijgen. Oogappel van vader Hassan was immers diens jongste zoon Moulay Rachid geweest. De laatste had van meet af aan een veel extroverter karakter dan de in zichzelf gekeerde Mohammed. Hij ontwikkelde zich tot de 'partyprins' bij uitstek: een bon-vivant, die regelmatig werd gespot in de discotheken in Rabat en Marrakech en daarbij liet blijken dat hij het rokkenjagende karakter van zijn vader had geërfd. Een prins die anders dan zijn stille oudere broer geen enkel probleem leek te hebben met het representatieve bestaan van de koninklijke familie. Bovendien was volgens de laatste versie van de grondwet de benoeming van Moulay Rachid tot troonopvolger niet ondenkbaar. In principe werd de oudste zoon als troonopvolger aangewezen, waarmee er een einde was gemaakt aan de betrekkelijk willekeurige wijze waarop de vroegere sultans hun opvolger kozen. Maar de koning kon ook een andere zoon aanwijzen. De twijfel hierover bleef lange tijd bestaan, totdat Hassan besloot uiteindelijk toch de hoofdlijn van de opvolgingsclausule te kiezen, vermoedelijk omdat hij meende dat hiermee de troon als instituut het meest gediend was.

Als we zijn Franse biograaf Jean-Pierre Tuquoi mogen geloven heeft Mohammed een hard oordeel over zijn grillige en instabiele vader, die er vrouwen op na hield die zijn eigen zusters konden zijn. Een vader die het niet naliet hem in gezelschap te vernederen. Publiekelijk liet Mohammed hier evenwel niets over los. 'Hij is niet als ik en ik ben niet als hij,' was het enige wat de kroonprins kwijt wilde in 1995 in een van de schaarse interviews die hij gaf.

Mohammed was opgegroeid in de beslotenheid van het paleisterrein in Rabat. Daar kreeg hij onderricht op het Koninklijk College, samen met een select klasje van kinderen van de Marokkaanse elite. Er werd daar een basis van vriendschappen gelegd waar Mohammed later in ruime mate op terug zou vallen. Collegedirecteur was de Berberspecialist Mohammed Chafik, die na zijn kroning door Mohammed aan het hoofd van het speciaal opgerichte Koninklijke Berberinstituut werd gezet. In zijn klas zat ook zijn latere woordvoerder Hassan Aourid en de latere staatssecretaris van Binnenlandse Zaken Fouad Ali el Himma.

Na een rechtenstudie aan de universiteit van Rabat volgde Mohammed in Brussel een stage van acht maanden bij de Europese Commissie onder gezag van Jacques Delors. In Europa, ver weg van Rabat, kwam de prins duidelijk los. In de Franse pers verschenen berichten van bar- en discotheekbezoek. Volgens getuigenissen deed Mohammed in deze periode ook regelmatig in de weekeinden Amsterdam aan, om anoniem met zijn lijfwachten de stad te verkennen.

Ter afsluiting van zijn studie schreef de kroonprins een proefschrift over de samenwerking tussen de Maghreb en de Europese Unie (*La coopération entre L'union Européenne et les pays de Maghreb*) wat zich laat lezen als een degelijke literatuurstudie. Verscholen tussen de droge feiten liet de toekomstige vorst hier en daar zijn persoonlijke visie doorschemeren. Zo waarschuwt hij voor de groei van de radicale islam. Vooral de Iraanse Revolutie van ayatollah Khomeiny is een bedreiging, meent de vorst. En, zo merkt de kroonprins op, vooral Algerije en Tunesië hebben last van fundamentalisten. Hij wijt dat aan de vergaande secularisatie van hun moderne staat, 'die weinig ruimte laat voor de religieuze gevoeligheden'. Veranderingen waren onontkoombaar, maar een moderne lekenstaat zat er wat Mohammed betreft voor Marokko niet in.

Terug in het slaperige Rabat wachtte de jonge prins een bestaan gevuld met koninklijke plichtplegingen, hooguit opgefleurd door feestjes en incidenteel discotheekbezoek. Vader Hassan gunde zijn zoon weinig ruimte. Niemand in zijn directe omgeving beschouwde de prins goed voorbereid op zijn toekomstige plicht. Tot overmaat van ramp begon met het voortschrijden van de jaren het gerucht aan te zwellen dat de ongetrouwde kroonprins homoseksueel zou zijn. En zoals in de meeste landen, zeker in de islamitische, is zulks doorgaans geen aanbeveling voor een toekomstig vorst.

De vliegende start

M6 verkeerde bij zijn aantreden in een weinig benijdenswaardige positie. Hij was erfgenaam van een jong land met een nationaal trauma, dat economisch maar niet van de grond wilde komen. 60 procent van de bevolking was analfabeet. De jeugd probeerde massaal naar Europa te ontkomen. Zelf had hij geen noemenswaardige bestuurservaring. Zijn regering stond onder leiding van een bejaarde, ziekelijke premier die de overgang naar een nieuw tijdperk in gang moest zetten. En een gehate grootvizier zat hem op de vingers te kijken en stond klaar om iedere verandering die de belangen van de makhzen in gevaar bracht in de kiem te smoren. Staatslieden van formaat waren voor minder op de vlucht geslagen. In die situatie van onzekerheid werd ieder woord van de nieuwe koning gewogen.

Een week na de dood van zijn vader, bij de officiële troonsbestijging, sprak de koning zich uit voor de constitutionele monarchie, economische liberalisering en strikte toepassing van de mensenrechten. Mooie woorden, maar van het soort dat de Marokkanen eerder hadden gehoord. Een maand later bij het onafhankelijkheidsfeest maakte zijn toespraak pas echt de verwachtingen wakker. Werkloosheid, het falende onderwijs, de massale trek naar de stad, de afwezigheid van een ontwikkelingsstrategie: voor het eerst schetste een koning de sociale realiteit zoals die zich dagelijks aan zijn onderdanen opdrong. De 'prins van de armen', zo werd Mohammed VI al snel hoopvol gedoopt. En dan was er nog de positie van de vrouw. 'Hoe kunnen we de vooruitgang en de welvaart steunen als de vrouwen, die de helft van de maatschappij uitmaken, zien dat hun belangen worden weggelachen, zonder rekening te houden met de rechten die onze heilige religie hun heeft gegeven op voet van gelijkheid met de mannen?' Dat was een taal die zelden te horen was uit de mond van een staatshoofd in een islamitisch land.

Eind september maakte Hassan Aourid, die de nieuw ingestelde post van woordvoerder van de koning bekleedde, bekend dat de koning Abraham Serfaty, Marokko's bekendste politieke banneling, had uitgenodigd om terug te keren vanuit Parijs naar zijn vaderland. Links Marokko kon zijn oren niet geloven. Serfaty was als geen ander het symbool van alles wat koning Hassan had verfoeid. Heel het land besefte dat zijn terugkeer, nota bene op uitnodiging van de koning, niet minder dan een belediging was voor minister van Binnenlandse Zaken Driss Basri. De breuk met het verleden werd hoe langer hoe duidelijker. De koning had zijn persoonlijke economische en culturele adviseur André Azoulay naar Parijs gestuurd om Serfaty uit te nodigen. Bij terugkeer werd hij ondergebracht in een suite in het Hilton in Rabat en kreeg vervolgens een hoge post aangeboden bij de overheidsinstantie die de oliewinning onder haar hoede had.

Plotseling leek alles mogelijk in Marokko. In Laâyoune, de hoofdstad van de Westelijke Sahara (of de 'zuidelijke provincies', zoals het gebied in Marokko bekendstaat) liep een protest van studenten tegen het gebrek aan studiebeurzen uit op de gebruikelijke matpartij met de politie. Maar anders dan voorheen zond de nieuwe koning onmiddellijk een commissie naar het gebied om de klachten te onderzoeken. De gehate politie van minister Basri werd er vervangen door het leger. Mohammed, die als kroonprins veel in legerkringen had vertoefd, had zich verzekerd van de steun onder de generaals. De baas van de geheime dienst DST, eveneens een Basri-adept, werd de laan uitgestuurd, net als de hoofdonderhandelaar met de Verenigde Naties over het Sahara-dossier. Maar het meest verwonderlijke was nog wel dat een naaste medewerker van de koning de hoofdredacteuren van de belangrijke kranten opzocht. Gewoontegetrouw hadden ze de protesten in Laâyoune doodgezwegen. Konden ze niet eens aandacht schenken aan wat er allemaal in de Westelijke Sahara speelde?

De volgende verrassing kwam in de vorm van de voorgenomen rondreis door het land waarin de koning met zijn volk kennis wilde maken. Het eerste traject lag in het noorden van het land, van Tanger tot Oujda. Dit was ongekend: de koning had de Rif gekozen als eerste reisdoel. Uitgerekend het gebied dat door zijn vader was gemeden als de pest nadat hij er zijn jachtbommenwerpers met napalm op had losgelaten.

Het bezoek werd een ware zegetocht. Overal werd de koning in zijn open auto toegejuicht door een uitzinnige bevolking, zwaaiend met Marokkaanse vlaggen en portretten van hem en van zijn grootvader Mohammed V. Portretten van Hassan werden niet aangetroffen bij de enthousiaste omstanders.

In het gevolg van de nieuwe koning verliep het welkom minder soepel. Zodra de auto van de minister van Binnenlandse Zaken werd herkend, vlogen eieren door de lucht. BASRI OPGEDONDERD, TANGER IS NIET VAN JOU, viel er te lezen op de spandoeken. Opgeschoten jongens jouwden de minister uit en deden dat zo nodig nog eens over als er een buitenlandse televisiecamera in de buurt was. De politie greep niet in. De boodschap voor Basri kon niet duidelijker zijn.

Eind oktober verwoestte een brand in het hoofdkantoor van de binnenlandse veiligheidsdienst DST een groot aantal dossiers. De brand was aangestoken in de archiefruimte. Volgens de Franse krant *Le Figaro*, die bronnen citeerde binnen de concurrerende dienst voor de contraspionage, zouden daarbij vooral dossiers zijn vernietigd van omvangrijke corruptie- en verduisteringsaffaires met overheidsgeld die zich voordeden in de hoogste regionen van de makhzen waar Driss Basri de scepter over zwaaide. De grootvizier was bezig zijn aftocht voor te bereiden.

'Heb je het gehoord?' vroeg een opgewonden Marokkaanse immigrant me toen ik anderhalve week later binnenkwam in een opvangcentrum voor illegale Marokkanen in het Zuid-Spaanse Almeria. Voor de televisie zat een groepje Marokkanen ademloos naar het middagjournaal te kijken. 'Driss Basri is afgezet!' Toen de Spaanse nieuwslezeres het nieuws bevestigde ging er een gejuich door de ruimte. Er kwam bier op tafel. Uitgelaten en nog een tikje ongelovig werd er getoast op de politieke onthoofding van de man die als geen ander het symbool was van de corruptie en onderdrukking.

Eerder die ochtend was minister Basri van achter zijn immense bureau op het ministerie van Binnenlandse Zaken in Rabat opgeroepen om onmiddellijk naar de koning in Marrakech te komen. De afgelopen maanden was Basri een belangrijk deel van zijn uitgebreide pakket aan volmachten afgenomen – de grootvizier was afgepeld als een artisjok, zo deed het grapje de ronde. Maar er bleef genoeg over: met een dik pak aan dossierwerk onder de arm was Basri nietsvermoedend in het vliegtuig gestapt voor de korte vlucht naar het zuiden. Aangekomen in het paleis in Marrakech had de koning een korte boodschap voor hem: hij was van al zijn taken ontheven. Hij kon gaan. Terwijl Basri terugvloog ging het nieuws als een lopend vuurtje door het land. Een kort persbericht bevestigde het vonnis. Premier Youssoufi, aanwezig bij een bijeenkomst van de Socialistische Internationale in Parijs, had het besluit van de afzetting van zijn belangrijkste minister pas diezelfde ochtend gehoord.

Zelden veroorzaakte een nieuwtje zo veel opwinding in de Marokkaanse gemeenschap in binnen- en buitenland. De koning had Driss Basri afgezet! De arrogante grootvizier van de zakkenvullerij, de onderdrukking en de vervalsing van de verkiezingsresultaten, was uit de weg geruimd. Driss Basri, voorzitter van de koninklijke federatie van de golfsport! Het leek bijna te mooi om waar te zijn. De man die bijna 25 jaar de ijzeren vuist van Hassan was geweest kreeg nog wel een lintje van de nieuwe koning opgespeld. Premier Youssoufi had voor de ontslagen minister een afscheidsfeestje in zijn villa even buiten Rabat georganiseerd. Op de weg erheen hadden mensenrechtenorganisaties kaarsen aangestoken ter nagedachtenis aan de slachtoffers van de Jaren van Lood. 'Basri moet berecht worden,' scandeerden de omstanders. De politie greep niet in.

Abraham Serfaty

We zoeken Marokko's bekendste ex-politieke gevangene op aan het strand van Mohammedia. Driss Basri, de man die hem jarenlang heeft geprobeerd klein te krijgen, is net afgezet. 'Dat Basri zou verdwijnen was wel duidelijk,' zegt Abraham Serfaty droogjes. 'Hij was de chef van de makhzen, had banden met de maffia. De nieuwe koning heeft het proces van zijn ondergang alleen wat versneld.' Wat hem betreft mag Basri als een van de weinige vertegenwoordigers van het vroegere regiem worden berecht, bij voorkeur in Marokko zelf. Meer dan twintig jaar systematische staatsterreur tegen de politieke oppositie, honderden verdwijningen, martelingen en moorden: voor minder zijn anderen voor de rest van hun leven in het gevang terechtgekomen.

De villa van Abraham Serfaty kan bijna niet symbolischer gelegen zijn. Vanuit de woonkamer kijken we uit op de belangrijkste olieraffinaderij van het land, als een herinnering aan de proefboringen naar olie waarmee Serfaty na zijn terugkeer van staatswege belast werd. Achter het huis, aan het oog onttrokken, ligt een golfbaan. Koning Hassan mocht er graag een balletje slaan.

Abraham Serfaty kijkt twee maanden na zijn terugkeer uit ballingschap met een mengeling van melancholie en verbazing terug op de ontwikkelingen. Een boomlange man met een grijze haardos en een Einstein-snor. Hij is gekluisterd aan een rolstoel. In hun beruchte martelkelders bewerkten de beulen van koning Hassan ooit zijn voeten tot een bloederige vleesmassa. 'Marokko is veranderd, erg veranderd,' zegt hij en kijkt naar de horizon boven de zee.

Weinigen hadden verwacht dat Abraham Serfaty in 1999 – al enkele maanden na de dood van Hassan – op zijn 73ste door de nieuwe koning zou worden uitgenodigd terug te keren naar Marokkaanse bodem. Als voormalig marxist verbleef hij zeventien jaar in de ergste Marokkaanse gevangenissen. Toen Nelson Mandela in Zuid-Afrika werd vrijgelaten was hij de oudste politieke gevangene op het Afrikaanse continent. Vervolgens verbleef hij acht jaar gedwongen in Parijs, nadat het regiem hem het land had uitgezet.

Abraham Serfaty komt uit een joodse familie uit Tanger. Zijn voorouders ontvluchtten ooit Spanje. Hij groeide op in Casablanca, studeerde en doceerde mijnbouwkunde in Mohammedia. Eerst nog communist, later onafhankelijk links activist, groeide hij als geen ander uit tot het symbool van de onderdrukking onder Hassan. Zijn terugkeer bleek een gouden greep: de man die gold als het vleesgeworden verzet tegen de monarchie ontpopte zich als een pragmatisch pleitbezorger van Mohammed VI. 'Ik heb groot vertrouwen in de nieuwe koning,' zegt hij. 'Niet alleen ik, maar ook al mijn vrienden uit de republikeinse hoek moeten erkennen dat er nu een ruime steun voor het koningshuis bestaat. Dat is een realiteit die we moeten accepteren.'

Als een van de weinigen in Marokko was hij een openlijk pleitbezorger voor het zelfbeschikkingsrecht van de Westelijke Sahara. Sinds zijn terugkomst brengt hij nuances aan. 'Er moet een oplossing komen zonder winnaars en verliezers,' zegt Serfaty. 'Dat betekent onderhandelingen waarbij ook het Polisario concessies zal moeten doen.' Minstens zo belangrijk is dat Marokko in het reine moet komen met zijn geschiedenis van de verdwijningen, martelingen en de moorden op politieke gevangenen, vindt Serfaty. 'De waarheidsvinding – zonder wraakgevoelens – is een noodzakelijke basis om een moderne, democratische maatschappij op te bouwen.'

'Het volk is veranderd, er is geen angst meer zoals vroeger,' zo merkte de ex-balling bij thuiskomst. 'Maar er zijn nog altijd politieagenten, rechters en zakenlieden die niet hebben begrepen dat er een nieuwe wind waait in Marokko.' Marokko moet niet omzien in wrok, maar ook niet vergeten. Drie symbolische monumenten zijn volgens Serfaty op hun plaats om de zwarte bladzijden uit de geschiedenis van het onafhankelijke Marokko hun plaats te geven in het collectieve geheugen. Een gedenkteken voor zijn vriend Mehdi Ben Barka natuurlijk. Het tot puin vervallen huis in het Rifgebied van waaruit Berberleider Abdelkrim zijn opstand tegen de Spanjaarden organiseerde, moet worden gerestaureerd. En dan is er nog de spookgevangenis van Tazmamart. 'Tazmamart moet ingericht worden als gedenkteken,' zegt Serfaty, terwijl zijn ogen zich met tranen vullen. 'Niet alleen om de overlevenden recht te doen, maar ook als een waarschuwing dat dit nooit meer mag gebeuren.'

Het buitenland

Het was geluk. De snelle ferry uit Tarifa had het beloofde halfuurtje reistijd naar Tanger ruimschoots overschreden, maar de chauffeur van de petit-taxi overbrugde de afstand naar het treinstation in een recordtempo. De meter werd zoals gebruikelijk niet aangezet. Vandaag was ik zijn eerste klant en die bracht baraka. Ik mocht dus zelf bepalen wat ik gaf, alles was goed, zo verklaarde hij ruimhartig. Ouwe truc: de bezoekers die van de boot afkwamen, ongewoon met de taxiprijzen in Marokko, betalen uit eigen vrije wil toch meestal ruim boven het tarief. Bij aankomst bij het stationsgebouw, twee ternauwernood vermeden botsingen later, bleek ik ruim op tijd. Inderdaad: baraka. Ik betaalde hem met een briefje dat hij goedgehumeurd in ontvangst nam.

Het was het beste een kaartje te kopen in de trein, verklaarde de loketbeambte van het station, een nieuw gebouw dat vermoedelijk in verband met de ambitieuze expansieplannen van Tanger aan het einde van de strandboulevard is opgetrokken. Het was onverwacht druk in de eersteklaswagon. In een coupé zat een grote dikke man met een snorretje geheel alleen, maar een geweldige koffer op de grond nam vrijwel alle resterende beenruimte in beslag. Hij keek broeierig naar buiten en depte de zweetdruppels van zijn voorhoofd. Nee, de plaatsen waren vrij. Ik kon rustig plaatsnemen, zo verklaarde hij in het Engels. Wilde ik helpen de koffer in het bagagerek te tillen? 'Ik denk dat het moeilijk wordt, hij is nogal zwaar,' zei de man met een benauwde blik. Dat was niets te veel gezegd. Het geval kwam ook na herhaalde, gemeenschappelijke pogingen slechts enkele centimeters van de grond. 60, 70 kilo of meer, zo schatte ik. Het dode gewicht van een mens.

De trein vertrok stipt op tijd. Het spoor in Marokko is beperkt van omvang, maar heeft zo zijn voordelen. De prijzen zijn schappelijk, er is meestal een karretje met drank en voedsel aan boord, de airconditioning functioneert en afgezien van het vervaarlijke geschommel op sommige wat oudere trajecten, is het een stuk veiliger dan op de weg. De wc's zijn redelijk schoon. (Een vriend had onderzocht hoe het toch kwam dat in Egypte in de treintoiletten de poepstrepen tot op het plafond zaten. Naar goed Arabisch gebruik worden de billen na afloop met de hand en water gereinigd. De trein schommelde echter dusdanig dat het onmogelijk was om zich zonder steun staande te houden, wat de lange naar beneden toe aflopende bruine vegen verklaarde. Marokko heeft toiletpapier in zijn trein-wc's.)

Na de koffer met grote inspanning enkele centimeters zijn richting op te hebben getrokken ging de dikke man puffend op zijn plaats aan het raam zitten en keek zwijgend naar buiten. Hij onderdrukte een boer. Zweet parelde op zijn bleke voorhoofd. Plotseling schoot hij omhoog, schoof met een bovenmenselijke krachtsinspanning de koffer enigszins opzij en wurmde zich in grote vaart naar de uitgang van de coupé. Onwillekeurig schoot me het nijlpaard te binnen, een hoefdier dat ondanks zijn gewicht en korte pootjes in draf verbazingwekkende snelheden weet te behalen. De man verdween om de hoek uit het zicht. De toiletdeur klapte dicht en het geratel van het spoor werd vrijwel direct erna volledig overstemd door diepe oerkreten en het gekletter als van een waterval. 'Oh la la,' mompelde de conducteur, die inmiddels was verschenen om mij een kaartje te verkopen terwijl hij zijn hoofd schudde en klakkende geluidjes met zijn tong maakte. 'Cet monsieur est malade.'

De braakgeluiden uit het toilet hielden op en even later keerde de dikke man zichtbaar opgelucht terug naar onze treincoupé. De spoorbeambte, die hem in het Arabisch aansprak, begreep in eerste instantie niet helemaal wat de man zei, maar vertrok nadat de kaartjes waren geregeld. Mijn medepassagier begon een praatje. Hij was een tandarts uit Saudi-Arabië die voor zijn plezier door Marokko reisde. Hij was nu op weg naar Meknès. Tanger had hij voor de eerste maal bezocht.

Zijn er veel vluchten vanuit Saudi-Arabië naar Marokko, vroeg ik met geveinsde onwetendheid. Zeker, Marokko was een groeiende vakantiebestemming, zo bezwoer de man. 'Vooral onder de jongeren. Het is goedkoop, als je tenminste geen rare dingen doet, zoals naar nachtclubs gaan en massages en zo,' zei de man, terwijl de zweetdruppeltjes op zijn voorhoofd glinsterden. Ik moest weten dat veel jongeren hier namelijk naartoe kwamen voor de makkelijke seks en de drank. 'Marokko is het Thailand voor Arabieren,' constateerde de Saudiër op neutrale toon.

Niet alles ging hier overigens van een leien dakje. Zoals afdingen op markten, daar hoefde je in Saudi-Arabië gelukkig niet mee aan te komen. Hier deden ze niks anders dan een veel te hoge prijs vragen, vooral als ze aan zijn accent hoorden waar hij vandaan kwam. 'En ik durf niet af te dingen,' vertrouwde de man mij toe. 'Het lukt me simpelweg niet.' Maar ondanks alle ongemak had hij een koopje in de soek van Tanger weten rond te krijgen. In een winkel hadden ze hem een flinke hoeveelheid ivoor aangeboden. De prijs lag aanzienlijk lager dan in Saudi-Arabië. 'U kunt het weten als tandarts,' zei ik, maar mijn medereiziger bleek weinig geneigd tot grapjes. Of ik wist hoe het zat met vergunningen voor het exporteren van ivoor naar Nederland? Ik zei hem dat ik weinig afwist van de export van ivoor, en al helemaal niet uit Marokko, maar dat er gezien de bescherming van olifanten vermoedelijk wel een bepaalde douanecontrole bestond. Er was immers veel illegale handel. Was er niet zoiets als een garantiecertificaat voor legaal ivoor? De man staarde naar zijn koffer, zuchtte ongelukkig en zweeg. Even later zette hij een cassetterecorder aan en schalde de Arabische muziek door onze coupé.

De trein begon flink te schommelen. Juist toen de conducteur op de terugweg was van zijn ronde sprong de man op en zette een nieuwe sprint in naar de toiletten. Terwijl andermaal machtige braakgeluiden het spoorgeratel overstemden stak de spoorbeambte bezorgd zijn hoofd door de schuifdeur. 'Meneer de Saudiër is een beetje ziek, ik denk dat u beter kunt verhuizen. Een eindje verderop is nog plaats. *Sans problème*.'

Marokkanen houden niet van de Saudiërs. Niettemin bouwde koning Hassan goede banden op met Saudi-Arabië en de Golfstaten. Hun oliedollars waren van harte welkom en Hassan verkeerde in de veronderstelling dat ze met hun moskeeën een goed tegenwicht konden vormen voor de fundamentalistische stromingen op eigen bodem. Maar op straat wordt anders gedacht over de Arabische vrienden. Ze komen naar Marokko om alles te doen wat God bij hen thuis verboden heeft. Drinken, prostitutie, kif en cocaïne: Saudische prinsen die hun vakantiepaleisjes in Marokko hebben opgetrokken hebben geen beste naam. Ze bulken van het geld en hebben vaak een grote mond.

De weerzin tegen de Saudiërs strekt verder dan de gebruikelijke ergernis van een relatief arm land over rijke vakantiegangers die zich gedragen alsof de plek van hen is. Marokko is een islamitisch land, maar is zich scherp bewust van zijn plaats in de periferie van de Arabische wereld. De kaliefen van Damascus en Bagdad waren altijd ver weg en dat moest vooral zo blijven. Het koningshuis der Alawieten is van Arabische afkomst, maar geen Marokkaan die niet beseft hoe de geschiedenis van het land gemarkeerd is door de Berberstammen die buiten de steden heersten, door de verdreven kooplieden en intellectuelen uit Andalusië in de stedelijke makhzen en later – tegen wil en dank – door de Fransen met hun koloniale ambities. Het mengsel maakt Marokko een eiland tussen de Arabische wereld, Afrika en Europa.

Wie boven langs de oevers van de rivier de Bou Regreg in Rabat rijdt ziet wat dit betekent in de internationale machtsverhoudingen. Niet ver van elkaar wapperen de Amerikaanse en de Franse vlag boven goed bewaakte ambassades met de omvang van kleine ministeries. Zowel Frankrijk als de Verenigde Staten hebben hun grootste ambassades op het Afrikaanse continent gevestigd in Rabat. De Franse president Chirac gedroeg zich als een begrijpende oom tegenover koning Mohammed VI. Hij troostte hem bij de dood van zijn vader en gaf goede raad erna. De Amerikaanse ambassadeurs worden met zorg gekozen. Zoals Margaret Tutweiler, die jarenlang topadviseur was geweest van minister van Buitenlandse Zaken James Baker en die vervolgens als ambassadeur een duo vormde met Baker als de VN-onderhandelaar in het conflict rond de Westelijke Sahara.

Frankrijk en de Verenigde Staten hechten om meerdere redenen groot belang aan hun goede verhoudingen met Marokko. Het land ligt strategisch op de routes naar het zuiden en het oosten. In de strijd tegen het fundamentalistische terrorisme is Marokko een belangrijke bondgenoot. De aanslagen in Casablanca in 2003 en de betrokkenheid van Marokkaanse emigranten bij de terreuraanslagen in de Verenigde Staten en Spanje maakten duidelijk dat het land wordt gebruikt als uitvalsbasis voor extremistische groepen. Europa heeft belang bij stabiliteit aan zijn zuidelijke grenzen.

Met een schuin oog wordt gekeken naar de mogelijke vondst van olie. De westerse oliemaatschappijen willen een dergelijke buitenkans niet missen. Diplomatiek moet de vinger aan de pols blijven: als de olie straks blijkt te liggen voor de kust van de Westelijke Sahara kunnen de spanningen hoog oplopen in het altijd sluimerende conflict over de soevereiniteit van het woestijngebied.

Koning Hassan wist als eerste staatshoofd in de geschiedenis de uitzonderlijke positie van Marokko een groot internationaal gewicht te geven. Ondanks alle herinneringen aan de koloniale bezetting onderhield hij nauwe banden met Frankrijk, terwijl de Verenigde Staten van oudsher als een bondgenoot werden beschouwd. Al sinds 1787 kennen de vs een vriendschapsverdrag met Marokko. Sultan Mohammed v koos in de Tweede Wereldoorlog de zijde van de geallieerden en in 1942 maakten Amerikaanse troepen een einde aan het collaborerende Vichy-regiem op Marokkaans grondgebied. Marokko stuurde op zijn beurt troepen naar de internationale strijdmacht die de Irakese troepen van Saddam Hoessein in 1991 uit Koeweit verdreef. Maar net als bij de officieel bevriende Saudiërs kan de Verenigde Staten op straat evenmin op veel populariteit rekenen. De Marokkanen demonstreerden massaal tegen de Amerikaanse inval in Irak in 2003 en gaven ook later bij herhaling blijk van hun weerzin tegen de vs als westerse grootmacht die in grote eendracht met de internationale joodse gemeenschap het Palestijnse broedervolk onderdrukt. Alarmerend waren de groeiende aanwijzingen in 2005 van een actieve werving onder Marokkaanse jongeren om als martelaren te vertrekken richting Irak en zich met explosieven te offeren als zelfmoordterroristen tegen de Amerikanen. Volgens Amerikaanse inlichtingendiensten zou een op de vier zelfmoordterroristen in Marokko zijn geronseld.

Een enquête gepubliceerd door de *International Herald Tribune* gaf enig inzicht in hoe de Marokkanen aan het begin van de 21ste eeuw dachten over het buitenland. 92 procent had een negatief beeld van de joden, een bevolkingsgroep die nagenoeg verdwenen was uit het land. 73 procent beoordeelden de christenen negatief. 60 procent vond dat zelfmoordaanslagen op doelen van de Verenigde Staten en hun geallieerden in Irak verdedigbaar waren. En 45 procent oordeelde gunstig over Osama bin Laden. Irak en Israel werden gezien als een onderdeel van een complot tegen de moslims. Wie zegt dit complot te bestrijden, kan rekenen op sympathie, zelfs als het de moslims zelf zijn die als slachtoffer vallen. 'Je ziet iedere dag op de satelliettelevisie die beelden van Israëlische Apache-helikopters die raketten afvuren op vrouwen en kinderen of van Amerikanen die moslims vernederen,' zegt de Marokkaanse socioloog en historicus Mohammed el Ayadi. 'Dat zet zich vast in de hoofden van de mensen. Er heerst een groot gevoel van frustratie en onrecht.'

Koning Hassan voelde zich thuis op internationaal niveau. Hij richtte in 1975 het Comité Al-Qods op, een internationaal orgaan dat moet waken over de islamitische identiteit van de stad Jeruzalem. De koning speelde een belangrijke rol in de vredesonderhandelingen tussen Israël en de Palestijnen, waarbij hij slim gebruikmaakte van de algemene Marokkaanse sympathie voor de Palestijnse kwestie en de traditionele banden die Marokko met Israël onderhoudt. In de jaren zestig trok het grootste deel van de circa 350.000 Marokkaanse joden naar de staat Israël. Door hun sefardische afkomst en hun volksreligie compleet met de verering van heilige rabbi's, vormden ze net als hun moslimlandgenoten een buitenbeentje en een doorn in het oog van de orthodoxe joden. Hun band met Marokko bleef aanwezig, wat de koning een ingang gaf om de Palestijnen en joden bijeen te brengen voor vredesbesprekingen.

Een en ander verhindert niet dat er – vooral onder de islamitische bewegingen – in Marokko een onversneden antisemitisme heerst, dat openlijk en expliciet beleden wordt.

Naarmate het buitenland dichterbij ligt, is er meer eendracht tussen volk, regering en koning. Met Spanje bestaat van oudsher een broeierige verhouding, als met een mediterrane neef met wie een slepende ruzie bestaat over een onverdeelde erfenis. Spanje bezit behalve de enclaves Ceuta en Melilla al eeuwenlang een aantal eilandjes die uitdagend vlak voor de Marokkaanse kust liggen. Dat zorgt voor ergernis die bij tijd en wijle oplaait. In 2002 verraste Marokko vriend en vijand door met tien gendarmes het Peterselie-eiland te bezetten. De rots ter grootte van een voetbalveld, die wordt gebruikt om wat geiten te laten grazen, werd met een indrukwekkende overmacht van de Spaanse marine ontzet. Een handgemeen bleef uit, wat overigens niet verhinderde dat de toenmalige conservatieve Spaanse premier José María Aznar maar liefst twee foto's in zijn werkkamer liet plaatsen van trotse mariniers die de wapperende Spaanse vlag op de rotsen van het Peterselie-eiland plantten.

Territoriale kwesties doen het bloed snel koken. Spanje mocht vanaf eind jaren negentig niet meer vissen voor de Marokkaanse kust. Marokko kreeg bezoek van lastige parlementariërs en journalisten als er weer eens mot was onder de bevolking van Laâyoune in de Westelijke Sahara. En dan is er nog altijd het Polisario, landverraders voor Marokko, maar voor Spanje een levende herinnering aan hun slechte geweten over het slordige achterlaten van een stuk Sahara. De hele zwik – eilanden, enclaves, Westelijke Sahara, Polisario – vormt weer een organisch geheel met Gibraltar. Daar heeft Marokko na het vertrek van de veroveraar Tarik en zijn nazaten in de dertiende eeuw strikt genomen niets meer mee te maken, maar zolang Spanje de rots niet terugkrijgt van Groot-Brittannië, valt er met de Spanjaarden zeker niet te praten over de rest van de territoriale boedel in het gebied.

Als Spanje een lastige neef met een erfkwestie is, dan is Algerije de vervelende broer die voortdurend dwarsligt om de rol van familieoudste op te eisen. Marokko en Algerije betwisten sinds hun onafhankelijkheid (respectievelijk 1956 en 1962) beide het leiderschap van de Maghreb-landen, een rol die qualitate qua niet kan toevallen aan Tunesië (te klein), Mauritanië (idem) of Libië (Khaddafi). Geen wonder dat de Unie van de Arabische Maghreb, in 1989 opgericht als een soort antwoord op de Europese Unie, vooral het toneel is van ruzie en onenigheid.

De verhouding tussen Marokko en Algerije kent daarbij een voorspelbaar patroon van oplopende ruzies afgewisseld door kortere periodes van toenadering. Zo'n periode van toenadering vond plaats in het voorjaar van 2005 toen koning Mohammed VI zich gezellig lachend liet fotograferen naast de Algerijnse premier Abdelaziz Bouteflika tijdens de bijeenkomst van de Arabische Liga in Algiers. De verhoudingen waren 'zeer hartelijk en vruchtbaar', zo verklaarde men van Algerijnse zijde. Voorzichtig werd gesproken van het heropenen van de grens, die in 1994 door Algerije werd gesloten. Maar nog geen twee maanden later sloeg de barometer om en begon president Bouteflika welbewust op de tenen van de buurman te trappen. Hij sprak openlijk over 'een probleem van dekolonisatie' toen hij het over de Westelijke Sahara had. IJzige stilte in Rabat. Tien dagen later bezwoer

Bouteflika dat Algerije er alles aan zou doen om het Saharaanse volk zijn vrijheid en onafhankelijkheid terug te geven. Dat was een oorlogsverklaring. Twee weken later liet koning Mohammed weten helaas niet te komen naar de bijeenkomst van de Unie van de Arabische Maghreb in Libië wegens het steeds gewelddadiger taalgebruik bij de buren. Bouteflika moest in Tripoli maar naast Khaddafi gaan zitten voor een leuke foto.

Stof voor ruzie is er genoeg. Omdat de zaak nooit erg urgent was, waren de Fransen vertrokken zonder een duidelijke grens te trekken tussen beide landen. Wie vanaf het strand bij het Marokkaanse Saïdia naar het oosten kijkt, ziet de weg naar het Algerijnse Marsa Ben Mehidi duidelijk versperd door de grensrivier Kiss, een naam die onder de omstandigheden enigszins misplaatst aandoet. Maar zo'n 200 kilometer landinwaarts verdwijnt de grens letterlijk in het zand van een vaag niemandsland. Stukken grensland, merendeels waardeloos, worden betwist.

Algerije geldt daarnaast voor Marokko als het afschrikwekkend voorbeeld van het uit de hand lopen van het gewelddadige moslimfundamentalisme. Marokkanen bezien hun buren als een volk dat veel langer en ingrijpender te maken heeft gehad met het Franse kolonialisme en waar de onafhankelijkheid tot een veel heftiger zoektocht naar de eigen identiteit heeft geleid. De onderdrukking van het islamitische bevrijdingsfront FIS bij de verkiezingen eind 1991 zorgde voor een gruwelijke burgeroorlog tussen fundamentalisten en gematigde moslims die meer dan tien jaar duurde en naar schatting 150.000 slachtoffers eiste. En als de fundamentalisten niet voor problemen zorgden, dan waren het wel de Berbers, die in de regio Kabylia een revolte ontketenden om hun rechten op te eisen. Voortdurend heerst de angst dat wapens en terroristen uit het buurland overkomen om hun werk in Marokko voort te zetten. Zo bezien was het sluiten van de grens door Algerije zo slecht nog niet, al zou het de opkomst van extremistische groepen uiteindelijk niet voorkomen.

De aanslag

Het is druk deze ochtend in de zijstraat van de voormalige rue Lafayette in Casablanca. Achter dranghekken drommen buurtbewoners samen. Uit de open ramen van de eerste verdieping van een van de woningen klinkt korangezang. De doodskist is juist binnengedragen. Boven de muziek is het huilen van de vrouwen hoorbaar. Even stokt de rumoerige bedrijvigheid van journalisten, politie- en veiligheidsdiensten, auto's met schotelantennes van de media. Omstanders kijken somber naar boven. Iedereen in de buurt kent wel iemand die bij de aanslag is omgekomen. 'Ik kan niet geloven dat de daders Marokkanen zijn,' zegt een man van middelbare leeftijd. 'Marokkanen blazen zichzelf niet op. Zoiets komt bij ons niet voor.'

Even verderop, bij het Casa de España, staat een man te huilen. Het blijkt Rafael Bernudez, de voorzitter van het Casa de España, de Spaanse sociëteit waar de aanslag gisteravond is gepleegd. De terroristen sneden de portier zijn keel door en drongen via de entree door tot op de grote patio met het openluchtrestaurant. Het was vrijdagavond en dus druk met rond de honderd gasten, voor het grootste deel Marokkanen uit de betere middenklasse van Casablanca. Ze aten wat of waren in afwachting van de bingo die zoals altijd later op de avond gespeeld zou worden. Verbaasd keken ze naar de mannen die plotseling de patio op renden en schreeuwden dat Allah groot was. Het volgende moment klonken zware explosies. De patio met vreedzaam etende gasten veranderde in een danteske hel van lichaamsdelen, bloed en gillende mensen.

'Hoe moet het nu verder met ons Marokkanen? Dit land gaat naar de donder met die gekken! C'est fini, monsieur, fini,' zegt een buurtbewoner die achter de dranghekken staat. 'Een regelrechte ramp: de toeristen zullen wegblijven,' sombert een ander. 'En de buitenlandse investeringen.' Onderwijl is het wachten op de koning die straks langs zal komen. Begeleid door veel politie arriveert een karavaan van blauwe auto's. Niet de koning, maar kordaat ogende mannen en vrouwen stappen met koffertjes en camera's door de deur de patio binnen. Uit de diplomatieke nummerplaten van de auto's valt af te leiden dat het Amerikanen en Fransen betreft. Antiterreurspecialisten. Net als in de gelijknamige filmklassieker is de ruzie tussen beide landen hier in Casablanca even terzijde geschoven in de strijd tegen het terrorisme.

De slachtoffers die het overleefden begrijpen nog steeds niet wat hun is overkomen. 'Terwijl ik zat te eten, zag ik ze binnenkomen. Er waren explosies en er brak brand uit,' vertelt verenigingsvoorzitter Rafael Bernudez tussen de tranen door. 'Ik zag mensen zonder hoofd, weggeslingerde armen en benen. Mannen, vrouwen, kinderen.'

Het Casa de España was het zwaarst getroffen doelwit in een reeks van ontploffingen die de avond daarvoor plaatsvond. Kort na elkaar waren terroristen actief op nog vier andere plaatsen in het centrum. Het straatje tussen de verwoeste glazen pui van het Belgische consulaat en het restaurant Le Positano is net als de andere plaatsen van de explosie afgezet, maar journalisten hebben vrij toegang – een opmerkelijke bewegingsvrijheid. Het gesmolten asfalt voor de deur van het restaurant getuigt van de plek waar de twee zelfmoordterroristen zichzelf opbliezen. Een hoofd werd teruggevonden in de bouwput 50 meter verderop, vertelt de bewaker terwijl hij me een kopje muntthee en koekjes aanbiedt. De foto van het hoofd stond – in kleur – in menige krant.

'Het is een smeerboel,' constateert de joodse eigenaar van het restaurant Le Positano terwijl hij de spetters vlees en bloed op zijn koperen uithangbord bestudeert. Hij kan niet geloven dat zijn restaurant het doelwit was. 'Dit is een klein en onbekend restaurant. Nog een geluk dat ze niet zijn binnengekomen. Het zat barstensvol mensen. Niemand raakte gewond.'

Een paar honderd meter verderop in Lusitania, traditioneel de wijk van de joden in Casablanca, ligt de Cercle de l'Alliance, een joodse gezelligheidsvereniging. De complete voordeur is verdwenen en de kracht van de explosie heeft zelfs de marmeren gevelplaten ontwricht. Van het interieur is weinig meer over. De pluchen stoelen in de grote hal liggen bedolven onder kalk, alsof er een bulldozer doorheen is gereden. Stukken plafond bedekken het tafeltje van het restaurant waar je normaal gesproken een Jiddische stoofschotel met kikkererwten kan eten. Ook hier zijn de muren van de omliggende gebouwen bespat met resten van de twee zelfmoordterroristen. In de Cercle werd de bewaker doodgestoken. Hij was het enige slachtoffer. 'Er was niemand binnen. De Cercle is dicht op vrijdagavond ter voorbereiding van de sabbat,' zegt buurtbewoner Jacob Perez. 'Dat weet ieder kind hier in de buurt.' Ook de zelfmoordenaars op het joodse kerkhof naast de oude medina waren weinig succesvol en doodden slechts drie jongens die even verderop op een hekje rustig hun joint zaten te roken. Bij het Hotel Farah aan de grootstedelijke Avenue des Forces Armées Royales werd de lobby opgeblazen, maar ook hier was vooral materiële schade.

De aanslagen in de avond van 16 mei 2003 in Casablanca eisten 44 doden. Zes van hen waren buitenlanders, twaalf de zelfmoordterroristen. Vijf van de beoogde daders bedachten zich op het laatste moment of raakten gewond en konden zichzelf niet opblazen uit naam van Allah. Het maakte een weinig professionele indruk. Maar de schok was er niet minder om. De zestiende mei liet een diepe wond achter in het collectieve bewustzijn van de Marokkanen. Iedereen leek te beseffen dat deze datum een definitief omslagpunt betekende. Terreur, zo wilde de officiële doctrine tot dan toe, was een bedreiging van buitenaf. Maar hier waren de zelfmoordterroristen Marokkanen die in hun eigen land hun eigen landgenoten ombrachten. De Marokkaanse regering liet onmiddellijk weten dat het ging om internationaal terrorisme. De namen Al-Qaeda en Osama bin Laden werden zorgvuldig vermeden. Maar vanaf nu moest rekening worden gehouden met het feit dat het monster van de fundamentalistische terreur ook op eigen bodem actief was.

Terreur is gecondenseerde mensenhaat. Hoofddoel van massa-aanslagen is het veroorzaken van een maximaal aantal slachtoffers en het aanrichten van zo groot mogelijke materiële schade. Als het doelwit een symbolische waarde heeft dan is dat mooi meegenomen. Het Casa de España, waar 22 slachtoffers vielen, was om meerdere reden zorgvuldig gekozen. Er was nauwelijks bewaking, de gasten in de patio konden geen kant op. De bezoekers waren Marokkaanse zakenlieden, rechters, advocaten en andere vertegenwoordigers van de corrupte, verwesterde burgerij van Casablanca. Er werd alcohol geschonken en bingo gespeeld. Het was een poel van zonde. Maar ook was het Spaanse restaurant een symbool in de strijd tegen de ongelovigen: juist had de Spaanse premier Aznar zijn steun aan de oorlog in Irak gegeven.

Hotel Farah was een internationaal zakenhotel en dus westers. De aanslagen op de joodse club, op het restaurant van een joodse eigenaar en op het joodse kerkhof waren zo mogelijk nog meer voor de hand liggend. Opgehitst door de aanhoudende propaganda van de Arabische satellietzenders en de antisemitische donderpreken in de moskeeën, waren in de maanden ervoor de bedreigingen toegenomen tegen de circa 3500 joden die nog in Marokko leven. Een jaar eerder was er een aanslag op een synagoge in Tunis uitgevoerd. De bewaking rond de synagogen en de joodse restaurants was opgevoerd, wat echter niet kon verhinderen dat een joodse man op straat in Casablanca was aangevallen door een dronken man met een bijl. Voorvallen die tot angst en spanning hadden geleid in de kleine joodse gemeenschap.

Het bleef na de aanslagen lang stil in het paleis in Rabat. Waar was de koning in deze tijd waarin het volk een daadkrachtig optreden verwachtte? Natuurlijk: hij was langsgekomen om met de slachtoffers van het Casa de España te spreken en dat had goed gedaan. Maar een officiële verklaring bleef uit en dat was ongebruikelijk in een land waar de toespraken van de koning fungeren als de belangrijkste indicator voor de politieke koers. Na ruim twee weken doorbrak de vorst de stilte. 'Het uur van de waarheid is aangebroken,' sprak de koning in een toespraak voor radio en televisie. Het tijdperk van laksheid jegens terrorisme was voorbij. Met een nieuwe antiterreurwet in de hand, die politie en justitie vergaande bevoegdheden gaf, zou hard worden opgetreden. Diegenen die misbruik maakten van de democratie om 'de autoriteit van de staat aan te vallen' en zo duisternis over Marokko te brengen, zouden voortaan streng worden aangepakt.

De Marokkaanse politie- en veiligheidsdiensten begonnen aan een arrestatiegolf die door heel het land raasde. Verdachte groepjes die al eerder in het vizier waren gekomen, werden opgerold, garagemoskeeën werden ontmanteld en imams die werden verdacht van een radicaal betoog verdwenen in de gevangenis. Duizenden arrestaties werden verricht onder vermeende terroristen, hun handlangers en alles wat verder ook maar enigszins riekte naar een radicale brandhaard.

Sidi Moumen, de sloppenwijk in Casablanca waar de zelfmoordenaars waren geronseld, werd uitgekamd. In heel Marokko vonden razzia's plaats. Al snel leek de vrees bewaarheid dat de oude gewoonten nog niet gesleten waren. De arrestatie in Fès van een van de veronderstelde breinen achter de aanslagen was nog niet bekendgemaakt, of de politie meldde dat de man was overleden op weg naar het ziekenhuis 'aan een chronische hart- en leverziekte'. 4 kilo woog zijn lever, zo meldden de autoriteiten met oog voor detail.

Zeventien direct betrokken daders werden ter dood veroordeeld, een vonnis dat in levenslang werd omgezet. Een bonte stoet aan godsdienstfanaten, imams, emirs en al dan niet vermeende terroristen passeerde wekenlang de rechtbanken. Zoals de Fransman Pierre Robert, een bekeerling die zich als handelaar in tweedehands auto's in Tanger had gevestigd en daar onder de naam Abu Abderrahman uitgroeide tot emir (leider) van een fanatieke groep die de jihad predikte. De 31-jarige Robert, die met zijn babyface en opmerkelijk blauwe ogen nog het meest op Kuifje leek, hield tijdens zijn rechtszaak een verward betoog waaruit moest blijken dat hij eigenlijk werkte voor de Franse geheime dienst. Parijs ontkende.

De terreur bleek zijn tentakels op de vreemdste plekken te hebben uitgestrekt. De veertienjarige tweelingzusters Saman en Iman Laghrissi uit Rabat werden tot vier jaar tuchthuis en een jaar gevangenisstraf veroordeeld wegens terrorisme. De zusjes, afkomstig uit een armlastig gezin uit een sloppenbuurt, hadden bij arrestatie spontaan bekend samen met een vriendinnetje een aanslag te willen plegen op de drankafdeling van de Marjane-hypermarkt in de diplomatenwijk even buiten Rabat. Daarna hadden zij een aanslag op het Marokkaanse parlement gepland en als dat lukte zouden zij de koning willen ombrengen. Ze liepen tegen de lamp toen ze in een brief aan de imam van hun moskee vroegen om diens goedkeuring voor de plannen. De zusjes, onderontwikkelde kinderen die volgens sommige kranten terecht waren gekomen in de jeugdprostitutie, zouden zijn geronseld door een groep radicale fundamentalisten die eveneens was opgepakt.

Terwijl de klopjacht op de moslimterroristen door het land joeg, hielden de fundamentalisten zich stil. De aanhangers van de officieel verboden beweging Al Adl Wal Ihssane van sjeik Yassine hadden altijd vreedzaamheid gepredikt, maar duidelijk was dat de autoriteiten hen voor geen cent vertrouwden. De islamitische partij PJD, in het zicht van de lokale verkiezingen meer dan ooit op zoek naar respectabiliteit, begreep dat het zaak was om de ergste fanaten in hun gelederen de mond te snoeren. Ieder verkeerd woord was te veel. Had koning Mohammed VI immers niet afgekondigd dat alleen hij als de religieuze autoriteit in het land gold en dat alle partijen en groepen 'die zelf zeggen uit naam van de islam te spreken' verboden werden? In zijn traditionele toespraak in verband met zijn troonsbestijging haalde Mohammed later fel uit naar het propaganderen van 'vreemde religieuze doctrines binnen de Marokkaanse tradities'. Daarmee verwees de vorst op ondubbelzinnige wijze naar de Saudische invloeden van de strenge wahabieten binnen de radicale stromingen in Marokko. Maar het kon ook slaan op de onverdraagzame taal die regelmatig te beluisteren viel in de kringen van de PJD. De koning kondigde tevens aan dat er een nieuwe wet in de maak was om partijvorming te verbieden 'op basis van religie, ras, taal of regio'. De teugels werden aangehaald: niet alleen fundamentalistische groepen, ook de Berbers konden het oprichten van een partij voorlopig wel vergeten.

In zijn toespraken onderstreepte de koning nadrukkelijk zijn centrale positie in het staatsbestel. Daarmee bevestigde hij ander-maal zijn absolute macht en leken de eerdere voornemens van de belangrijkste politieke partijen om het systeem langzaam te her-vormen in de richting van een constitutionele monarchie in de koelkast gezet. Met de jaren van onderdrukking onder koning Hassan nog vers in het geheugen heerste de angst dat de terreur een stok in het wiel zou steken van l'Alternance, het proces van democratisering en politieke vernieuwing dat Marokko defini-tief moest veranderen.

De koning had in zijn toespraak na de aanslagen aangekondigd dat 'misbruik maken van de democratie' hard aangepakt zou worden. De eerste die hiervan had te lijden was allerminst een fanatieke moslim, maar Ali Lmrabet, hoofdredacteur en uitgever van het satirische weekblad Demain (Douman in de Arabische uitga-ve). Demain was al sinds zijn oprichting door Lmrabet begin 2000 verschillende malen in botsing gekomen met het koninklijk huis. De hoofdredacteur was tot drie maanden gevangenisstraf veroordeeld na een grappig bedoeld artikel, waarin werd gesug-gereerd dat de koning een van zijn 36 paleizen wilde verkopen aan een hotelketen. Dat soort grapjes – eigenlijk alle grapjes over de koning – waren taboe. Lmrabet liet zich er niet door afschrik-ken. Demain publiceerde een artikel over de financiële stand van zaken van de monarchie. Het spotprentje dat erbij was afgedrukt – een hand pakt door de paleisdeur geldzakken aan van een ge-maskerde man – bleek de druppel. Demain werd verboden en Lmrabet moest voorkomen op last van majesteitsschennis. Zijn zaak werd ongelukkig genoeg net door de rechtbank behandeld in de dagen rond de aanslagen in Casablanca. Lmrabet werd tot vier jaar gevangenisstraf veroordeeld, een vonnis dat in hoger beroep werd verlaagd tot drie jaar. Ondanks alle internationale protesten kon een spotprentje drie jaar cel opleveren: de andere onafhankelijke kranten zetten merkbaar een stapje terug in kriti-sche publicaties. Het leek erop dat de oude tijden weer opleef-den, inclusief hun taboes en zelfcensuur.

In de fundamentalistische hoek viel de klap enkele maanden

later. In september werden de 31-jarige Hassan Kettani en de 33-jarige Abou Hafs veroordeeld tot respectievelijk twintig en dertig jaar gevangenisstraf omdat zij als de aanstichters van de aanslagen zouden hebben gefungeerd. Beide jonge predikers waren lang geen onbekenden. De jonge, charismatische Kettani geldt als een van de fanatiekste predikers van de salafistische jihad in Marokko. Hij is nauw verbonden met de PJD. Dr. Abdelkrim El-Khatib, die ooit politiek onderdak had geboden aan de PJD en op dat moment nog steeds als voorzitter van de partij fungeerde, beschouwt hij als zijn leermeester. Zijn fundamentalistische, anti-westerse en anti-Amerikaanse preken waren berucht. Kettani had in 2001 een fatwa uitgesproken tegen een gemeenschappelijke, interreligieuze herdenkingsbijeenkomst voor de slachtoffers van de aanslagen van de elfde september die in de kathedraal van Rabat was georganiseerd. Hij veroordeelde geweld. Tenminste: geweld 'tegen moslimburgers'. De rest mocht kennelijk desgewenst geofferd worden.

Dat Kettani als mentale aanstichter van het geweld werd aangepakt was een duidelijk signaal van de Marokkaanse machthebbers waar de grenzen lagen. Weliswaar betrof het hier geen politicus, maar een prediker van de jihad die dicht bij de PJD stond. Maar waren Kettani en Abou Hafs ook de leiders die achter de aanslagen zaten? Zelf ontkenden zij iedere aanklacht en er was geen spoor van bewijs dat ze ook daadwerkelijk betrokken waren. Het was alsof je in een actie tegen een marxistisch-leninistische terreurgroep de leiders van de hele linkse beweging oppakte, zo schreef de onafhankelijke pers. Het deed weinig ter zake. De autoriteiten hadden hun fundamentalistische preken jarenlang knarsetandend aangehoord. Nu was het moment om in te grijpen. De boodschap voor de fundamentalisten was duidelijk: wie met radicaal vuur speelde, kon zijn vingers branden.

Een jaar na de aanslag. Er wordt hard gepraat in het kantoortje van het Casa de España. Manager Mohammed Mahboub (35 jaar) verwelkomt op luide toon zijn twee gasten. Het hele gezelschap is bij de aanslag gedeeltelijk doof geworden door de klap van de vier explosies. Mahboub omhelst de bezoekers met tranen in zijn ogen en herhaalt hun namen terwijl hij ze op de uitnodigingslijst schrijft voor de officiële heropening van het restaurant later die week. Mohammed Hasnaoui, een forse zestiger in pak, zat samen met zijn vriend aan het enige tafeltje op de patio dat min of meer ongedeerd bleef. 'Daar, in de hoek,' wijst Hasnaoui. 'Onbegrijpelijk dat we gespaard zijn.' Het is lastig met die doofheid en oorsuizingen, zegt Hasnaoui. En de nachtmerries die komen bij het slapen gaan. Alle drie de mannen lopen bij een psychiater.

De patio waar het bloedbad plaatsvond ruikt naar verf en geschaafd hout. Twee rijke zakenmannen hebben de omvangrijke verbouwing bekostigd. Er is een gedenksteen bij de ingang. Schilders en werklieden leggen de laatste hand aan de bar. Manager Mahboub had minder geluk dan zijn gasten. Hij lag een week in coma. Een fors litteken van keel tot mondhoek markeert de plek waar zijn kaakbeen werd weggeslagen. Binnenkort moet hij opnieuw onder het mes. Als vice-voorzitter van de vereniging van de slachtoffers van de zestiende mei praat Mahboub regelmatig met zijn lotgenoten. Een soort collectieve therapie, zo noemt hij het. Als praktiserend moslim begrijpt hij nog steeds niet dat iemand uit naam van zijn geloof mensen kan vermoorden. Maar het leven gaat door, het Casa de España heeft juist weer zijn poorten geopend. 'Dat is onze manier om te laten zien dat die terroristen ons er niet onder krijgen,' zegt Mahboub.

Bij de heropening bood de slachtoffervereniging een publieke maaltijd met couscous aan in de sloppenwijk Sidi Moumen, waar de terroristen vandaan kwamen. Een gebaar van verzoening. Er waren herdenkingsbijeenkomsten op de verschillende plekken waar de aanslagen plaatsvonden. Op het grote plein tegenover het stadhuis onthulde koning Mohammed VI een marmeren gedenksteen in het bijzijn van de Spaanse premier José Luis Rodríguez Zapatero. Op de doorgaande routes in de grote steden hing de beeltenis van de getatoeëerde hand, de hand van Fatima, Marokko's symbool van bescherming tegen het kwaad van buitenaf. BLIJF VAN MIJN LAND AF viel eronder te lezen. Een boodschap om het beschadigde zelfbeeld van een gekrenkte na

tie te herstellen. Marokko is een vreedzaam land met een toleran-
te islam waar de terreur geen plaats heeft, aldus de doctrine.
Maar de gebeurtenissen die in het jaar na de aanslagen hadden
plaatsgevonden duidden op een andere, rauwere realiteit. De vij-
and schuilde voortaan onder de Marokkanen zelf.

Kanonnenvlees voor de jihad

De enige verdachte die als zelfmoordpiloot de aanslagen van de
elfde september tegen wil en dank overleefde heet Zacarias
Moussaoui en is Fransman van Marokkaanse afkomst. Moussaoui
– de 'twintigste kaper' – had zich in een Boeing 747 te pletter
willen vliegen, maar slaagde niet in zijn opzet. Zijn gedrag op de
Pan-Am International Flight Academy in Eagan, Minnesota, was
dermate opstandig (en zijn kennis van vliegtuigen dermate ge-
ring) dat zijn vlieginstructeur hem aangaf bij de FBI. Moussaoui
werd 16 augustus 2001 gearresteerd omdat zijn verblijfspapieren
niet in orde waren. Jammer genoeg nam de FBI tijdens hun onderzoek naar Moussaoui de Franse rapporten over zijn banden
met Al-Qaeda niet serieus genoeg. Hadden ze dat wel gedaan dan
waren zij vrij snel op het spoor gekomen van Mohammed Atta,
de leider van de aanslagen van 11 september, en was de geschiedenis wellicht een massamoord bespaard gebleven.

Zacarias Moussaoui groeide in de jaren zeventig en tachtig op
in Europa. Hij ontspoorde tijdens zijn jeugd, werd rebels, raakte
gefrustreerd in zijn ambities en gleed langzaam af uit de norma-
le maatschappij. Na geronseld te zijn in een strenge moskee,
werd hij gehersenspoeld door de radicale islam en klaargestoomd voor het terreurnetwerk. In het geval van Moussaoui zou
de radicalisering hebben plaatsgevonden in een Londense moskee waar de sinistere sjeik en voormalig nachtclubportier Abu
Hamza de scepter zwaaide. Onder de vlag van de multiculturele
samenleving vormde Londen (Londistan) in die dagen een gastvrij onderkomen voor godsdienstwaanzinnige predikers van religieus geweld.

De werdegang van Moussaoui heeft veel gemeen met die van de andere terroristen afkomstig uit de Europese immigrantengemeenschap van Marokkaanse herkomst. De verdachten van de aanslagen in maart 2004 op vier treinstellen in Madrid, waarbij 191 doden vielen, waren voor een groot deel Marokkanen uit het noorden van Marokko die al geruime tijd in Spanje verbleven. Vijf van de zeven mannen die zichzelf twee weken later opbliezen in een etage in een voorstad van Madrid waren Marokkanen. Mohammed B., die nog hetzelfde jaar Theo van Gogh vermoorde, is Nederlander van Marokkaanse ouders. Allen maakten deel uit van fundamentalistische groepen en allen hadden een vergelijkbare ontwikkeling van frustratie en radicalisering doorlopen. Veel verdachten bleken elkaar, meestal indirect, te kennen.

Dat leek te wijzen op een zekere organisatiestructuur. De terreuractiviteiten bleken zich te mengen met drugshandel, het omkatten van mobiele telefoons en andere vergrijpen waar een goede moslim zich normaal gesproken verre van houdt. Ook tekende zich een zekere taakverdeling af. Terwijl de Marokkanen vooral opdrachten leken uit te voeren, waren het Syriërs, Egyptenaren of Algerijnen die de leiding gaven. Onder hen bevonden zich radicale moslims die eerder op de vlucht waren geslagen voor de autoriteiten van hun eigen land. Een brij van namen werd in de media uitgestort: de Salafistische Strijders, de Marokkaanse Islamitische Strijdersgroep en de sekte van *Takfir wal Hijra* (Banvloek en Uitwijzing). Was Marokko uitgegroeid tot een ronselgebied voor het kanonnenvlees van Al-Qaeda, het terreurnetwerk van Osama bin Laden?

Wie naar de terroristen uit Marokko zelf keek zag belangrijke verschillen met hun Europese neven. De daders van de aanslagen in Casablanca waren allen geronseld in Sidi Moumen, een sloppenwijk aan de rand van Casablanca. Hun uitzichtloze leven in de periferie van de maatschappij was anders dan dat van de gesjeesde studenten, de sjacheraars en kleine drugscriminelen uit de Madrileense volkswijk Lavapies of de ontspoorde polderterroristen van de zogeheten Hofstadgroep in Nederland.

Omdat Al-Qaeda geen hiërarchische structuur kent en eerder is samengesteld uit een wolk van autonome organisaties, bestond er veel onduidelijkheid wie precies opdracht had gegeven voor de aanslagen in Casablanca. Ook hier werd weer een staalkaart van fanatieke sektes gepresenteerd: Het Rechte Pad (*Assirat al-Moustaqim*), de Salafistische Jihad, *Ansar al-Islam* en Martelaren voor Marokko. Of was het zoals de politie van meet af aan beweerde Abu Musab al Zarqawi, Osama bin Ladens rechterhand die na de val van het regiem van Saddam Hoessein Irak als zijn uitvalsbasis had gekozen? Waren er rechtstreekse banden met de aanslagen in Madrid? Zeker was dat Osama bin Laden in een video uitgezonden op 13 februari 2003 door het Arabische satellietkanaal Al Jazeera Marokko expliciet had genoemd als een doelwit van de jihad.

Aan onderzoeksmateriaal ontbrak het in ieder geval niet. Integendeel, de Marokkaanse politie had na de aanslagen in Casablanca tussen de zevenduizend en achtduizend arrestaties verricht, 2.112 verdachten waren vanwege hun vermeende betrokkenheid voor de rechtbank verschenen en ruim 1.400 definitief veroordeeld. Zeventien doodvonnissen waren uitgesproken (die werden omgezet in levenslang).

'Die arrestaties moet je vooral niet serieus nemen,' zegt Mohammed Darif, die als hoogleraar politicologie en terreurexpert doceert aan de Universiteit van Mohammedia. 'De lijsten van "verdachten" lagen hier al klaar voor de 16de mei. De overheid wilde gewoon laten zien dat het hun ernst was.' De geloofwaardigheid van de informanten die de politie heeft is vaak twijfelachtig, zegt Darif. Het zijn vaak mensen die niet eens kunnen lezen of schrijven. Van de duizend inlichtingen is er misschien één de juiste. Bovendien is de politie vaak niet in staat om de verschillende stromingen binnen de radicale islam te onderscheiden. Dat heeft er ook mee te maken dat veel leidende posten binnen de overheid nog altijd worden bekleed door Franssprekenden, die slecht thuis zijn in het Arabisch. Laat staan dat ze een klassieke tekst uit de koran herkennen. 'Er is maar een handjevol specialisten dat de wereld van de terroristen goed kent,' aldus Darif.

We zitten in het Café de France op het centrale Mohammed v-plein van Casablanca. Om ons heen liggen in een cirkel de vijf plekken waar de aanslagen plaatsvonden. Darif moet lachen als de verwarring over de terreurbewegingen in zijn land ter sprake komt. Het probleem zit volgens hem in de losse manier waarop Al-Qaeda is georganiseerd. Het hoogste niveau binnen het terreurnetwerk is waar de planning plaatsvindt. Daaronder zit een niveau dat zich bezighoudt met de coördinatie, logistiek en financiering van de terreur. De laatste schakel wordt gevormd door de cellen die de praktische uitvoering van de aanslagen op zich nemen. Het kanonnenvlees. Ieder niveau werkt met een hoge mate van onafhankelijkheid, onderling ontbreken de directe contacten tussen de terreurcellen en vaak is er ook geen contact tussen de uitvoerders en de planners.

Fundamentalistische terreur in Marokko was lange tijd een geïsoleerd verschijnsel. Koning Hassan had er altijd met harde hand tegen opgetreden, al was het alleen maar vanwege het afschrikwekkende voorbeeld van buurland Algerije, waar de islamitische GIA-beweging het land in een bloedige burgeroorlog had gestort. Groot alarm werd geslagen bij de aanslag op het hotel Atlas Asni in Marrakech die in eind augustus 1993 plaatsvond. Drie gemaskerde overvallers stormden 's ochtends de hal van het hotel binnen, gristen de kas mee en openden het vuur op de verbaasde omstanders. Twee Spaanse toeristen werden ter plekke doodgeschoten, een derde raakte zwaargewond. De glanzende hal van het hotel, een viersterren kolos in een nieuwbouwwijk buiten de stadsmuren, was een week later alweer volledig opgepoetst. Zenuwachtige hotelmanagers zwoeren dat het een ordinaire roofoverval was geweest. Maar in heel Marokko werd een klopjacht zonder weerga ingezet op de terroristen. Uiteindelijk werden drie jonge moslimradicalen ter dood veroordeeld, een straf die overigens werd omgezet in levenslang.

De basis van een structureler terreur werd gelegd in de jaren tachtig, toen een zeventigtal Marokkanen naar Afghanistan trok om samen met de moedjahedien te vechten tegen de goddeloze sovjetlegers. De vroegere Marokkaanse vrijheidsstrijder Dr. Abdelkrim El-Khatib, die ooit de jihad tegen de Fransen had geleid, was een van drijvende krachten om de Marokkanen voor Afghanistan te winnen. De autoriteiten hadden geen bezwaar tegen deze export van islamstrijders in een oorlog die deels werd gesteund door de Verenigde Staten.

De nieuwe Salafistische Jihad of Marokkaans Islamitische Strijdgroepen ontstond volgens Mohammed Darif in 1998. Osama bin Laden had zijn basis twee jaar eerder vanuit Soedan overgebracht naar Afghanistan en begon met het trainen van steungroepen voor een wereldwijd terreurnetwerk. In de stad Bagram werd een speciaal trainingskamp ingericht voor de Marokkanen onder leiding van Mustafa Sebtaoui, die door de Marokkaanse politie wordt beschouwd als de hoofdorganisator van de aanslagen in Casablanca.

De Salafistische Jihad is het ideologische vehikel dat Osama bin Laden omarmde om zijn terreurstrijd wat meer spiritueel cachet te geven. Het salafisme was al vanaf het begin van twintigste eeuw uit Egypte naar Marokko komen overwaaien. Salafistische groeperingen hadden tegen de Fransen en Spanjaarden gevochten. Maar bij de stedelijke elite werd de religieuze leer vooral benut om de eigen nationalistische ideeën vorm te geven en als een basis voor modernisering van het onderwijs, uiteraard gebaseerd op de islamitische uitgangspunten. Historische figuren binnen de nationalistische Istiqlal als Allal al-Fassi waren beïnvloedt door het salafisme.

Salafisme is echter een ideologie waarvan de uitwerking sterk verschilt in tijd en plaats. Zo is het neosalafisme van Osama bin Laden eerder een radicale en simplistische vorm van het toch al rigide wahabisme, de zwartekousenislam uit Saudi-Arabië. Alle salafismen hebben gemeen dat gestreefd wordt de oorspronkelijke uitgangspunten van de islam in ere te herstellen en te ontdoen van alle latere uitleg en exegese. Daarbij wordt gedroomd over een terugkeer naar de mythische periode van de islamitische eenheid (620-656) onder de profeet Mohammed en de eerste drie kaliefen die hem opvolgden. In 656 werd de derde kalief Uthman in Medina vermoord door de aanhangers van Mohammeds schoonzoon Ali en was het gedaan met de eenheid. Het schisma tussen de soennieten en sjiieten zou voortaan de islam beheersen. Het salafisme wil echter dat deze kortstondige gouden periode van de islamitische eenheid na dertien eeuwen weer in al haar glorie wordt hersteld. En dat betekent een radicale terugkeer naar de veronderstelde principes en praktijken uit de zevende eeuw.

Dat laatste brengt voor de neosalafisten nogal wat ideologisch geschipper met zich mee, aangezien ook voor salafisten de tijd niet stil heeft gestaan en de 21ste eeuw tal van zaken heeft gebracht waar Mohammed niet eens van kon dromen. Maar één ding is duidelijk: de vijand – christenen, ongelovigen en vooral alles wat de westerse principes van vrijheid en verlichting hebben voortgebracht – mag met alle middelen bestreden worden. Als beloning wacht de martelaren het paradijs. Het is een curieuze mengvorm van negentiende-eeuwse romantiek, religieuze mensenhaat en godsdienstwaanzin, aangestuurd door moderne methodes en middelen.

Deze nieuwe generatie terroristen doet in haar optreden vooral herinneren aan de anarchisten die aan het eind van de negentiende eeuw opkwamen, en later de fascisten in nazi-Duitsland, de Baader Meinhofgroep en de Rode Brigades. Blind fanatisme, ideologische dikdoenerij en wraakzucht strijden om voorrang. Nieuw is dat deze nieuwe generatie terroristen lijdt aan een destructieve vorm van godsdienstwaanzin. Opvallend is hun geobsedeerdheid door seks. In hun testamenten stellen de terroristen verlekkerd vast dat ze na hun zelfgekozen dood in de hemel terechtkomen, waarbij een beloning klaarstaat in de vorm van een oneindig aantal beschikbare hoeri's. Hoeri's zijn grootogige maagden. Bij wijze van beloning wordt hun eeuwigdurend toegestaan wat tijdens het korte aardse bestaan ten strengste was verboden. En wat te denken van de voortdurende referenties aan lichamelijke reinheid en de panische angst voor bezoedeling door vrouwen van Mohammed Atta, die zichzelf op de elfde september te pletter vloog tegen het World Trade Center in New York?

In de loop van de jaren negentig keerden de moslimstrijders die hadden gevochten in de Balkan of Afghanistan terug naar hun thuislanden in de Maghreb en werkten daar in stilte aan het opzetten van radicaal-islamitische cellen. Onder meer werd de Libische Islamitische Strijdersgroep gecreëerd, die een aanslag tegen kolonel Khaddafi ondernam. Uit deze Libische terreurgroep, die nogal wat Marokkanen in zijn kader kende, ontstond rond 1998 de Marokkaanse Islamitische Strijdersgroep. Marokko werd aanvankelijk beschouwd als een logistiek opstapje voor operaties in Europa en Noord-Afrika. Zoals in mei 2002 toen drie Saudiërs werden opgepakt en veroordeeld op beschuldiging een slapende Al-Qaeda-cel te vormen. Ze hadden vanuit Tanger met speedbootjes en explosieven een aanslag willen uitvoeren op Amerikaanse vlootschepen die aan de overkant in Spanje waren gestationeerd. 'Behalve geld en vervalste paspoorten werden er desnoods Marokkaanse echtgenotes geregeld als dekmantel voor terroristen,' aldus Darif.

De aanslagen van 11 september 2001 in de Verenigde Staten noopten echter tot een strategische herziening. De bombardementen van de Afghaanse trainingskampen bij Tora Bora deden Bin Laden besluiten de resterende strijders terug te sturen naar hun thuisland om daar de cellen verder te versterken. De activiteiten op Marokkaanse bodem beperkten zich vooralsnog tot die van neosalafistische predikers in de moskeeën en het verspreiden van boeken, video's en cassettes waarin de jihad wordt verkondigd en de strijd tegen de Russen in Afghanistan valt te bewonderen. De cellen werden vooral actief in sloppenwijken, waar de politie nauwelijks komt.

Van geplande terreur was nog geen sprake, maar het broeide wel. In maart 2002 werd in de wijk Sidi Moumen van Casablanca op klaarlichte dag een notoire dronkelap doodgestenigd nadat hij de dag ervoor een fundamentalist met een mes had aangevallen. De leider van een fundamentalistische groep die een maand later werd gearresteerd bleek een fatwa tegen hem te hebben uitgesproken. Dezelfde zomer volgde de arrestatie van Yusef Fikri, bijgenaamd 'de bloedemir', die uit naam van de jihad vier moorden op zijn naam had staan. De 25-jarige Fikri behoorde tot het slag dat in de rechtszaal gelukzalig toegaf de moorden te hebben gepleegd op 'de vijanden van God' en glimlachend zijn doodvonnis aanhoorde. Via Fikri kwam de politie een aantal ex-Afghaanstrijders op het spoor en volgden de eerste bloedige arrestatiepogingen.

Marokko begon ernst te maken met het vervolgen van de teruggekeerde Al-Qaeda-veteranen en dat zette de zaken verder op scherp. In een bijeenkomst in oktober van 2002 in Istanbul werden volgens onderzoeker Mohammed Darif de nieuwe lijnen voor de toekomstige strategie uitgestippeld onder leiding van de in Londen gevestigde Marokkaan Mohammed Guerbouzi, een oud-kaderlid van de Libische Islamitische Strijdersgroep en leider van de Marokkaanse Islamitische Strijdersgroep. Marokko werd nu zelf doelwit. De bedreiging van Osama bin Laden aan het adres van Marokko op de tape die in februari 2003 werd uitgezonden was een teken voor de aanval. De Marokkaanse Islamitische Strijdersgroep, tot dusver ingeschakeld voor hand en spandiensten, was nu gepromoveerd om zelf actie te ondernemen.

Zoals de elfde september 2001 een triest ijkpunt in de geschiedenis van de Verenigde Staten zou worden, zo zou de zestiende mei 2003 een blijvend litteken in Marokko achterlaten. Casablanca past in het rijtje van de Twin Towers in New York, de treinen in Madrid, Theo van Gogh in Amsterdam en de metro in Londen als het aankomt op de vergaande impact die fundamentalistische terreur kan hebben op een maatschappij. Het was een waarschuwing aan Europa: Casablanca ligt in het voorland van Madrid, Parijs, Berlijn, Londen en Amsterdam. Maar het is ook een blijvende herinnering aan het feit dat Marokkanen evenzeer het slachtoffer van terreur zijn.

Het intensieve optreden van de Marokkaanse autoriteiten zorgde er in de jaren na de aanslagen voor dat de fundamentalistische terreur zich niet herhaalde. Maar het is de vraag of de Marokkaanse Islamitische Strijdersgroep en al de andere radicale groepjes uit het universum van Al-Qaeda daadwerkelijk definitief zijn weggevaagd. Het aantal doelwitten was immers groot geweest, zo bewees het politieonderzoek: de goddeloze markt van Tanger, de Djemâa-el-Fna in het verdorven Marrakech, de zedenloze terrassen van Agadir, het door joden verziekte Essaouira. Honderden, wellicht duizenden stonden nog klaar om zich als martelaar in de jihad op te offeren.

Erg precies of zorgvuldig werd niet opgetreden. Het grootste deel van de arrestanten had vermoedelijk niets te maken met de aanslagen in Casablanca. Behalve Hassan Kettani en Abou Hafs verdween nog een handvol bekende neosalafistische predikers de gevangenis in, wier praatjes misschien onsmakelijk waren, maar van wie de directe betrokkenheid hoogst twijfelachtig was. Neem de lang bebaarde Mohammed Fizazi uit Tanger. Nog enkele jaren eerder weigerde hij te spreken met iedereen die geen moslim was. Na zijn arrestatie stond hij vanuit zijn cel uitgebreid via zijn mobiele telefoon de westerse pers te woord over de hongerstaking die hij was begonnen onder het motto 'Vrijheid of de Dood'. Als het aankomt op het redden van hun eigen hachje mogen de neosalafisten graag een beroep doen op verwerpelijke westerse verworvenheden als universele mensenrechten of mobiele telefoons.

Vrij luidruchtig ging het er ook aan toe op straat, waar de herdenking werd benut door zwaar gesluierde vrouwen die foto's met zich meedroegen van hun bebaarde zonen en mannen die in het gevang zuchtten. Vermoedelijk hadden ze in veel gevallen gelijk, en zaten hun familieleden opgesloten terwijl ze niets te maken hadden met de terreurdaden van de zestiende mei. Marokko had andermaal getoond dat de rechtsstaat een teer kasplantje was dat snel kon bezwijken onder druk van de omstandigheden. Maar bij al het geweld van terecht protest drong zich onwillekeurig een ander, evenmin prettig besef op. Wat zou het lot van diezelfde rechtsstaat zijn als deze neosalafistische baarden en sluiers het onverhoopt voor het zeggen mochten krijgen?

De laatste joden

We staan op het joodse kerkhof, een uitgestrekt grafveld dat door een muur gescheiden is van de moslimbegraafplaats. 10.000 vierkante meter aan de rand van de *mellah*, het joodse kwartier, van simpele, meest naamloze graven bestaand uit cilindervormige tombes. Jacky Kadoch (53), voorzitter van de joodse gemeenschap in Marrakech, waaiert zijn armen in een breed gebaar uiteen om de omvang aan te geven van de plicht die op zijn schouders drukt. Duizenden graven, sommigen honderden jaren oud, moeten gerestaureerd en witgekalkt worden. 'Vijfhonderd jaar geschiedenis van de Marokkaanse joden wacht hier op onderhoud,' verklaart hij.

Er is vandaag bezoek van een groep jonge joden uit Israël die op reis zijn door het Marokko van hun ouders. We lopen naar het kapelletje waar de resten liggen van Hanaya Ha Cohen, de belangrijkste joodse heilige die op het kerkhof ligt begraven. 'Zijn grote persoonlijkheid bood hulp in slechte tijden,' zo lezen ze hardop de tekst op het graf. 'Toen hij bij God kwam vroeg hij bescherming voor alle zielen.' Een joodse bedevaart naar het graf van Hanaya Ha Cohen biedt nog steeds hulp in barre tijden.

De joden maken al duizenden jaren deel uit van de geschiedenis van Marokko. De eerste kwamen voor onze jaartelling in het kielzog van de Feniciërs het land binnen en vormden Berbers-sprekende gemeenschappen op het platteland. Vanaf de vijftiende eeuw kregen ze een aanzienlijke versterking in de vorm van de Andalusische joden die zij aan zij met de moslims uit Spanje werden verdreven. Sefardisch-joodse financiers en diplomaten speelden eeuwenlang een belangrijke rol in het Marokkaanse landsbestuur en de handel.

Bij de onafhankelijkheid in 1956 bezat Marokko een joodse gemeenschap van naar schatting 350.000. Een krappe vijftig jaar later zijn het er nog maar 3500. Ze vertrokken massaal naar de staat Israël, naar Canada en de Verenigde Staten. Jacky Kadoch – een stevige man met een baard en blauwe ogen – behoort tot de laatste 240 joden in Marrakech. Zijn kinderen studeren in het buitenland en vooralsnog heeft alleen zijn zoon van 25 aangegeven dat hij terugkeert naar Marokko. 'Maar het is moeilijk: er zijn geen meisjes om te trouwen er is geen joodse cultuur meer. Bij de huidige demografische ontwikkeling zijn we over twintig jaar verdwenen uit Marokko.'

Wat al eerder verdween was de herinnering aan het joodse cultuurgoed van weleer. Marokkaanse jongeren leren nagenoeg niets over de joodse aanwezigheid in hun land. 'Als ik over straat loop wordt ik soms nageroepen met "Hé, Sharon",' zucht Kadoch. Over de antisemitische uitspraken van sjeik Yassine en zijn dochter Nadia haalt hij zijn schouders op. 'Wat een verschrikkelijke onwetendheid. Men weet niet van ons belang in de geschiedenis van Marokko.' In het kantoor van Kadoch hangen de portretten van drie generaties koningen: Mohammed v, die de joden in bescherming nam tijdens de Tweede Wereldoorlog, zijn zoon Hassan ii, die een bemiddelende rol vervulde tussen de Arabische wereld en Israël, en kleinzoon Mohammed vi, die de joodse André Azoulay als raadgever handhaafde.

Kadoch groeide op in de mellah van Marrakech toen die nog bewoond werd door 27.000 joodse zielen. Ze kwamen aan de kost als leerbewerkers, stoffenhandelaren en geldwisselaars. Het was altijd een moeilijk bestaan geweest, maar onder het Franse protectoraat emancipeerde de joodse bevolking met eigen scholen en een hechte sociale organisatie. 'De mellah was als een huis met één grote familie,' aldus Kadoch. Er waren meer dan veertig synagogen. Nu is er nog maar één open.

Na de onafhankelijkheid begon de grote uittocht. In de jaren daarvoor was al een illegale emigratie naar Israël op gang gekomen. Het perspectief van een beter bestaan en de toenemende vijandigheid jegens joden als gevolg van joods-Palestijnse kwestie stimuleerden het vertrek. Angst heeft Kadoch nooit gehad, ondanks de terreuraanslagen in Casablanca en de opkomst van de fundamentalistische moslimbeweging. 'Natuurlijk zijn er haatzaaiende toespraken en ideologische fanatiekelingen. Maar het is een minderheid. Wij hebben onze beste vrienden en kennissen onder moslims.' Kadoch blijft, Marokko is zijn land. Zijn missie is het onderhoud van het joodse kerkhof. 'Het is aan ons, de laatste joden, om onze geschiedenis in ere te houden. Die blijft hier liggen als wij al lang verdwenen zullen zijn.'

De waarheid

Een namiddag in maart 2005 in Marrakech. In het park aan de rand van de stad zitten mannen en vrouwen wat weg te doezelen in de zon, maar in de publieke vergaderzaal even verderop wachten een kleine vijfhonderd toehoorders gespannen en met gemengde emoties die weinig te maken hebben met de prettige loomheid van een warme middag. Op het podium, naast een flink portret van koning Mohammed VI, heeft Taraouat Batoul (84) het woord genomen. Ineengedoken als een kleine vogel verdwijnt ze bijna achter de tafel met sprekers. Ze omklemt de foto van haar Mustafa, alsof ze haar zoon zelf omarmt. Het portret in de weelderige gouden lijst, waarvan de hoekranden zorgvuldig met papier zijn ingepakt, oogt bijna groter dan zij zelf. Onder het afrokapsel zien we de weerbarstige blik van de aankomend scheikundestudent en studentenvakbondsleider Mustafa Belhaouari (1955-1984). Hij was een veelbelovende jongen uit de medina van Marrakech. 'We hadden al ons geld gegeven zodat hij kon studeren,' vertelt Taraouat Batoul. 'Mijn Mustafa heeft nooit iemand kwaad gedaan. Hij wilde dat ik couscous maakte voor zijn studievrienden.'

De zaal luistert ademloos naar het verhaal van hoe de hoop van een arbeidersfamilie werd vernietigd. Het Marokkaanse regiem van koning Hassan besloot in 1983 de studentenonlusten weer eens met harde hand aan te pakken. Vooral de linkse studentenvakbonden moesten het ontgelden. Op zoek naar de rebelse studentenleider Mustafa werd eerst zijn jongere broer gearresteerd en bijkans doodgemarteld. Toen dat niet hielp, werden Taraouat en haar man vastgenomen. Mustafa gaf zich aan in ruil voor de vrijlating van zijn ouders. Na ruim een maand te zijn mishandeld in de kelders van het beruchte Moulay Cherif-complex in Casablanca werd hij veroordeeld tot tien jaar gevangenisstraf. Hij begon een hongerstaking tegen de erbarmelijke omstandigheden in de gevangenis. 'We waren nog bij de minister van Justitie geweest,' vertelt Taraouat Batoul. 'Maar die zei, we kunnen niets voor u doen, besluiten hierover worden genomen op een ander niveau.'

Mustafa Belhaouari stierf van uitputting, 29 jaar oud. Op zijn begrafenis kwamen zo veel mensen dat vier huizen in de medina nog niet genoeg waren hen allemaal te ontvangen, herinnert Taraouat Batoul zich. 'Zo is het gebeurd, ik vertel u een simpel verhaal,' zo sluit ze af. 'Mijn hart is open, ik verlaat deze zaal met een opgelucht gemoed. Leve koning Mohammed en zijn zoon.'

We zijn bij een van de openbare zittingen van de waarheidscommissie georganiseerd door het koninklijke 'Instituut van Compensatie en Vergeving' (IER). Door het hele land werden in 2004 en 2005 van dit soort bijeenkomsten georganiseerd, waar slachtoffers van de 'Jaren van Lood' getuigden van de verschrikkingen en vernielingen die in hun leven werden aangericht. Het was een wonder wat in Marokko plaatsvond. Geen ander land in de moslimwereld had zelfs ooit maar overwogen om een pijnlijk zelfonderzoek toe te staan naar de zwarte bladzijden van zijn ontstaansgeschiedenis. De onderdrukking, terreur en martelingen onder het regiem van wijlen koning Hassan – nog maar enkele jaren geleden een publiek taboe – werden hier in alle openheid verteld. De getuigenissen werden eerst integraal en later in een samenvatting door de staatstelevisie uitgezonden, de radio organiseerde discussieprogramma's waarop luisteraars konden reageren.

Na het in werking treden van de nieuwe Moudawana, de familiewetgeving met zijn gelijke vrouwenrechten, had koning Mohammed de buitenwereld opnieuw verrast met een humane maatregel: openlijke zelfbespiegeling over een traumatische periode die diepe wonden had geslagen in het collectieve geheugen van de natie. Een aanpak die zelfs in veel westerse landen moeilijk denkbaar zou zijn. Ter vergelijking: Nederland kende geen publieke hoorzittingen over de jodenvervolging in de Tweede Wereldoorlog, noch werden de politionele acties in Indonesië of de massamoord in Srebrenica op vergelijkbare manier onderzocht.

De hoorzitting heeft deze middag een eregast: Abraham Serfaty. De laatste jaren gaat het minder goed met hem, hij is naar Marrakech verhuisd vanwege het prettige klimaat. 'Deze koning is op de goede weg,' zegt Serfaty, voor hij met rolstoel en al op het podium getild wordt. Getuigen doet hij niet, iedereen kent het verhaal van de veteraan onder de politieke gevangenen. Iedereen weet waarom hij in een rolstoel zit.

Urenlang wordt op het podium het beklemmende verhaal verteld hoe de hoop van de onafhankelijkheid al snel verstikte in executies, terreur en complotten. Veelvuldig valt de naam van Mehdi Ben Barka. Sommige getuigen hebben moeite hun tranen te bedwingen, anderen verklaren dat ze lang hebben getwijfeld over hun optreden. Een keur aan voormalige verzetsstrijders, studentenleiders en politieke activisten laat van achter de microfoon de hel herleven van de ondergrondse kelders en martelcellen. Slachtoffers hingen naakt aan hun voeten en handen gebonden aan het plafond, zo vertelt een getuige, 'als kippen aan een touwtje'. Ze werden verstikt in met drek besmeurde dweilen. Elektrische schokken werden toegediend, de huid verbrand met gloeiende muntstukken. Het publiek knikt mee, af en toe wordt het iemand te veel. Maar de regels worden gerespecteerd: geen applaus, geen namen van de beulen noemen door de getuigen. Het blijft beperkt tot 'u weet wel wie ik bedoel' en 'God zal ze straffen', waarna de zaal zachtjes de namen mompelt.

Atik Saleh Ibn El Ghali, een getaande woestijnvos met een haviksneus in een lange djellaba, getuigt hoe hij als lid van de verzetsgroep Zwarte Halve Maan al snel na de onafhankelijkheid in 1956 tot zijn stomme verbazing zelf door zijn vroegere strijdmakkers achternagezeten werd. Er werden onderling liquidaties uitgevoerd. 'We wisten het plotseling niet meer. Waren wij nu de goeden of de slechten?' herinnert hij zich. Op zekere dag werd hij gearresteerd toen hij over de Djemâa-el-Fna liep. 'De commissaris die me ondervroeg was nota bene zelf lid geweest van de Zwarte Halve Maan,' zegt hij met een verontwaardiging die met de jaren nauwelijks is gesleten. 'Toen we vrijgelaten werden waren we bang voor onze eigen schaduw. Ik heb nooit begrepen wat ik ik heb misdaan. God beware ons dat dit ooit nog gebeurt in onze democratie.'

Abderrahman Choujar, die zichzelf altijd had beschouwd als een Marokkaans patriot, werd gearresteerd en gemarteld toen hij in 1963 meedeed aan de verkiezingscampagne van de socialisten. 'Om de simpele reden dat ik op straat mijn mening liet horen kreeg ik een maand gevangenisstraf.' In 1966 vluchtte hij de bergen in en vervolgens het land uit, naar Algerije en Syrië. Bij zijn terugkeer in 1969 werd hij gearresteerd en naar de beruchte geheime gevangenis Dar el Mokri in Rabat vervoerd en gemarteld. Twee jaar later werd hij samen met 191 medeverdachten berecht en veroordeeld tot twintig jaar gevangenisstraf wegens een vermeend complot. Eind 1977 kwam hij vrij. 'We dachten dat we streden tegen de Franse bezetters voor een beter Marokko. Maar er was geen wet, geen staat, maar een schurkenbende,' getuigt hij.

De vraag wie deel uitmaakte van de schurkenbende blijft nadrukkelijk onbeantwoord die middag in Marrakech. Niet in de laatste plaats in Marokko zelf werd echter opgemerkt dat de waarheidscommissie niets anders is dan een postume berechting van koning Hassan. 'Zeker, hij was het staatshoofd,' erkent medicus dr. Mohammed Neshnash, een kwieke zeventiger die als mensenrechtenactivist van het eerste uur deel uitmaakt van het commissiebestuur. Maar of de koning ook rechtstreeks de hand had in de misstanden is voor hem minder duidelijk. 'Hassan maakte de fout zich te omringen met de vroegere huurlingen die in Franse dienst hadden gevochten, zoals generaal Oufkir of kolonel Dlimi. Die hadden van meet af aan een hekel aan de nationalisten en gingen een stapje verder in de aanpak van vermeende tegenstanders.' De commissie geeft geen oordeel over het regiem, zo onderstreept Neshnash. 'Oorspronkelijk was dit een initiatief van mensenrechtenorganisaties om opheldering te krijgen over honderden verdwijningen. De koning heeft het mandaat verbreed tot het vinden van de waarheid, het vergoeden van de slachtoffers en het doen van aanbevelingen om herhaling te voorkomen. Hij wil dat Marokko in het reine komt met zijn verleden.'

Dat veel verantwoordelijke gezagsdragers, soms nog steeds in dienst, vooralsnog ongemoeid worden gelaten, is voor sommigen onverteerbaar. De linkse mensenrechtenorganisatie AMDH organiseerde zijn eigen hoorzittingen waar expliciet wel namen werden genoemd. 'Door ze ongestraft te laten kan er nooit sprake zijn van compensatie of vergeving,' vertelt woordvoerder Mohammed El Boukili in zijn kantoortje in Rabat. Zijn vereniging publiceerde een lijst met verdachten die nog steeds op de hoogste posten in het veiligheidsapparaat werken. Er ontstond een zeker schisma tussen de AMDH – die een uitgesproken linkse koers vaart – en de meer gematigde mensenrechtenorganisatie OMDH, die juist meewerkte aan de waarheidscommissie.

'Wij zijn geen rechtbank,' repliceert IER-bestuurder Neshnash, die zelf een van de oprichters is van de OMDH. 'Als je mensen wil beschuldigen moet je voldoende bewijzen hebben en dat kost te veel tijd. Bovendien: ons justitiële apparaat is nog niet onafhankelijk genoeg om hooggeplaatsten in het veiligheidsapparaat te vervolgen.'

De poging van de commissie om het zwarte verleden onder ogen te zien kwam juist op een moment dat vanuit mensenrechtenorganisaties opnieuw aan de bel getrokken werd. De willekeur bij de duizenden arrestaties onder veronderstelde fundamentalisten na de terreuraanslagen in Casablanca leidde tot nieuwe protesten wegens schending van de mensenrechten. Trok Marokko wel voldoende lering uit de zwarte bladzijden van zijn geschiedenis? Er waren mishandelingen en straffen van tien tot twintig jaar voor demonstranten die in Laâyoune leuzen hadden geroepen voor de onafhankelijkheid van de Westelijke Sahara. De journalist Ali Lmrabet werd na zijn gevangenisstraf wegens ma-

jesteitsschennis opnieuw veroordeeld, ditmaal tot tien jaar ont-
zegging van het recht zijn beroep van journalist uit te oefenen.
De 'Jaren van Lood' waren definitief achter de rug, maar nog
steeds werden schijnprocessen gevoerd.

Neshnash toont zich optimistisch. Er ligt nu een wet klaar bij
het parlement die martelen straft met maximaal dertig jaar gevangenis. 'Dat hebben we al bereikt. U moet niet vergeten: onze
staat is dezelfde gebleven. We leven niet in een revolutie, maar in
een overgang.'

In een gebouw tegenover het ministerie van Justitie in Rabat
is de zetel waar de waarheidscommissie haar werk verricht. In
kamers op verschillende etages wachten mannen en vrouwen uit
heel Marokko op hun beurt om hun verhaal te doen. Op deze
manier werden 22.000 dossiers aangelegd, op papier en digitale
kopieën, van mannen en vrouwen die tussen 1956 en 1999 om
politieke redenen zijn vervolgd. De zaken worden gerangschikt
naar datum, plaats en handeling. Medewerkers van de commissie
trokken op hun beurt het land in om de dossiers compleet te maken. Het was niet altijd makkelijk om de getuigenissen te krijgen.
Wantrouwen was een gebruikelijk reflex. 'Ik sprak in Tetouan een
82-jarige blinde man en vertelde hem dat hij in Rabat zijn verhaal kon vertellen als overlevende van de martelingen. Hij draai-
de zijn hoofd naar links, naar rechts alsof hij keek of de kust veilig was. "Geloof je dat werkelijk?" vroeg hij me. Hij verklaarde
me voor gek. Maar uiteindelijk is hij wel gekomen.'

Commissielid en sociologe Latifa Jbabdi (1955) probeert in
haar werkkamer een vrouw in een felgeel gewaad gerust te stellen die uit de Westelijke Sahara is overgekomen om haar verhaal
te houden. Jbabdi was net als veel andere leden van de waarheidscommissie ooit zelf slachtoffer van vervolging. In haar stu-
dententijd had ze zich aangesloten bij een marxistisch-leninis-
tisch actiegroepje en later de studentenvakbond. Ze verdween in
1977 tweeënhalf jaar in de gevangenis en zat een tijd vast in het
beruchte Moulay Cherif-complex in Casablanca. Over haar eigen
ervaringen praat ze liever niet. In 1990 werd ze voor het laatst gearresteerd bij een demonstratie. Daarna werd ze actief in vrou-

wenbewegingen en werd ambassadrice voor de mensenrechten-commissie van de Verenigde Naties.

'We leggen hier onze geschiedenis vast,' verklaart ze vastbera-den. 'Het is geen harde aanpak zoals met waarheidscommissies in Chili en Zuid-Afrika, maar het is de eerste keer in de Arabische wereld dat zoiets voorkomt. Voor de slachtoffers is het psycholo-gische erkenning van de verantwoordelijkheid van de staat. We willen met aanbevelingen komen en wettelijke garanties dat dit zich in de toekomst nooit meer zal herhalen.' Schadeloosstelling heeft in enkele duizenden gevallen al plaatsgehad in de vorm van bedragen die individueel en collectief zijn uitgekeerd, zegt Jbab-di. 'De democratie in Marokko is onomkeerbaar. En dat proces wordt versterkt als mensen hardop kunnen zeggen welk onrecht hun is aangedaan.'

In één streek van Marokko bleek de animo om mee te werken beduidend minder groot. Uit het Rifgebied, waar de opstand van de Berbers in 1958 en 1984 bloedig was onderdrukt, meldden zich maar 180 slachtoffers van het regiem. De schattingen van het aantal slachtoffers in 1958 bedragen rond de achtduizend doden. 'Dat is ons ook opgevallen,' erkent Jbabdi. 'De mensen zijn daar erg gereserveerd. De angst zit diep in het collectieve geheugen.'

De publieke bijeenkomst van de waarheidscommissie in Al Ho-ceima verliep in het voorjaar van 2005 geheel volgens verwach-ting: het werd een chaos. Voor de feestzaal El Mirador in de stad had zich een groep van tweehonderd demonstranten verzameld. DE RIF IS NIET VAN JULLIE en BERECHT DE BEULEN, viel er te lezen op de protestborden. De oproerpolitie greep niet in. De publieke hoorzitting kon pas laat in de avond, na uren vertraging, begin-nen en duurde tot diep in de nacht.

Twee weken later was het weer raak, dit keer in de bergen op de weg naar Tamassint, een gehucht op een halfuurtje rijden van Al Hoceima. Een eenheid van vierhonderd man oproerpolitie en leger hield op de weg uit de bergen een protestmars staande van drieduizend mannen, vrouwen en kinderen die op weg was naar de stad. De 'Mars van de Woede', zoals de demonstratie was gedoopt, ontaarde in een kleine veldslag compleet met een heli-kopter en traangas. Heel Tamassint was op weg naar Al Hoceima en daar hadden de autoriteiten geen zin in. 'We zullen jullie op dezelfde manier aanpakken als in 1958,' zo zou de commandant van de ordetroepen volgens verschillende getuigen hebben uit-geroepen terwijl zijn manschappen erop los sloegen. Er vond een achttal arrestaties plaats waaronder die van de leider van de lokale Vereniging van Tamassint. 'Stop de onderdrukking van de Berbers in Marokko,' zo luidde de oproep van solidariteitscomi-tés in Europa. De streek van Al Hoceima kent veel emigranten.

Al Hoceima is een aangenaam stadje aan de Middellandse Zee met een vissershaven. Het Playa Quemado (Het Verbrande Strand) en het Spaans dat de ouderen nog vloeiend spreken houden de herinnering levend aan het Spaanse protectoraat, toen de stad nog was vernoemd naar de Spaanse generaal Sanjurjo. Arabisch wordt hier niet gesproken: het is Berber, Spaans of Frans. Even buiten de stad verrijst een appartementenhotel met een uitzicht op zee en rotsen dat weinig verschilt van de toeristenoorden aan de Spaan-se zuidkust. Maar de mediterrane rust en harmonie vormt slechts een dunne laag over de explosieve frustraties die zich hier gene-ratieslang hebben opgehoopt.

'Ieder incident ontaardt hier in een chaos,' lacht Mohammed Moha. 'En incidenten zijn hier onvermijdelijk.' Een kernachtiger samenvatting van de Rif lijkt nauwelijks denkbaar. Marokko is hier het buitenland. 'Als mensen uit Al Hoceima naar Rabat gaan zeggen ze: ik ga naar Marokko,' verklaart hij het geopolitieke be-wustzijn in de streek. Mohammed Moha is een van de slachtof-fers die niet voor de waarheidscommissie wilde getuigen. Als links student werd hij in 1984 opgepakt door de politie. Nu is hij gemeenteambtenaar in Al Hoceima. 'Ik had geen zin in die com-missie. Waarom? Moeilijk te zeggen. Misschien dat ik het toch niet vertrouw wat er met mijn woorden in de toekomst zal ge-beuren.' Moha, actief binnen een mensenrechtenbeweging, be-ziet de protesten in de Rif van nu met gemengde gevoelens. 'Er is nu een enorme vrijheid van meningsuiting in Marokko. Zeker voor ons die de jaren tachtig hebben meegemaakt. Maar het heeft wel als gevolg dat alle opgespaarde rottigheid in één keer loskomt.'

De lont in het kruitvat van de Rif was nu eens niet een buitenlandse bezetter of een koning die het volk wilde onderwerpen, maar een natuurverschijnsel. Eind februari 2004 werd het gebied rond Al Hoceima getroffen door een aardbeving van 6,5 op de schaal van Richter. In de omliggende, vaak moeilijk toegankelijke bergen, stortten de huizen in en werden talloze bewoners bedolven onder het puin. Het aantal doden werd rond de zeshonderd geschat, maar veel slachtoffers werden nooit teruggevonden onder hun ingestorte huizen.

Al Hoceima was dagen wereldnieuws. Internationale hulp kwam snel op gang, Europese landen stuurden hulpgoederen, brandweerlieden en speurhonden. De koning kwam vier dagen na de ramp in Al Hoceima en inspecteerde persoonlijk de reddingswerkzaamheden.

Heel Marokko besefte onmiddellijk dat de hulp aan de Berberdorpen in de bergen een test zou worden voor de koning en regering. Zou Marokko erin slagen de wederopbouw te realiseren zonder dat het geld spoorloos verdween in de zakken van een reeks aan corrupte ambtenaren en ondernemers? En zou er samengewerkt kunnen worden met de lokale bevolking, die beschikte over een olifantengeheugen van alle ellende die er de afgelopen eeuwen vanuit Rabat naar de Berbers in het noorden was gestuurd?

Een dik jaar na de aardbeving rijden we de hoofdstraat van Tamassint binnen. Het asfalt werd in een recordtijd van drie dagen gelegd toen de koning hier op bezoek kwam. Borden met het Berberschrift geven aan waar winkels zijn. Er zijn twee cafés en er is een soek waar de boeren op ezels hun fruit en groente naartoe hebben gebracht. De mannen spelen domino op het caféterras en drinken muntthee. Veel is er niet te doen in Tamassint. Werk ontbreekt en anders dan in de omliggende dorpen zijn weinig mannen geëmigreerd om in het buitenland de kost te verdienen. De mannen van Tamassint genieten een zekere reputatie als smokkelaars van kif. Net als elders buiten de grote steden in de Rif heeft een onzichtbare hand hier alle vrouwen van straat geplukt en in hun huizen verstopt.

Op de weg naar Tamassint spelen jongetjes in voetbalshirts van Barcelona tussen de nieuwbouw die overal verrijst: stevig gebouwde casco's die het afgelopen jaar zijn neergezet voor degenen wier huis vernietigd werd. Eromheen staan grote tenten van de families, waarin onzichtbare vrouwen hoorbaar in de weer zijn met koken. De staat en hulporganisaties leveren het casco van het huis, de families moeten zelf de kozijnen en deuren afbouwen. Hier en daar zijn de huizen al klaar. 100 vierkante meter, waar meerdere families een onderdak in vinden. Zo op het eerste oog een wonder van snelle en efficiënte hulp.

Maar in Tamassint broeit ongenoegen. Voor het café bij de soek hangt een papier waarop de vrijlating wordt geëist van de drie arrestanten die nog vastzitten na de demonstratie in mei en die inmiddels in hongerstaking zijn gegaan tegen hun detentie. Even later trekt een groep van een honderdtal mannen naar het gemeentehuis op een pleintje achter de soek en begint in het Berber leuzen te zingen. De jongetjes in hun Barcelona-shirts laten het voetbal even voor wat het is en klappen en scanderen fanatiek mee, terwijl hun vingers het v-teken in de lucht maken. WEG MET DE DIEVEN en VERTEL HET VERHAAL VAN DE MILITAIRE ONDERDRUKKING staat er op de spandoeken. De militairen verblijven sinds enkele maanden in het tentenkamp beneden in het dorp. Vanaf hun komst werd de meisjesnaaischool vlak ernaast gesloten. 'Ze roepen dingen die onze dochters niet hoeven te horen,' zegt een oudere man.

Na anderhalf uur hun leuzen te hebben geroepen voor het lege gemeentehuis houden de demonstranten het voor gezien. Politie en leger zijn ditmaal niet opgetreden. 'De makhzen heeft geen zin in een confrontatie,' concludeert Hamid Yahyawi grimmig, terwijl hij zijn megafoon opbergt. Hij is tijdelijk de woordvoerder van de Vereniging van Tamassint, nu de voorzitter Moatassim El Ghalbzouri in de gevangenis zit. Hoewel de politie nergens te bespeuren valt moeten we het dorp uit. Te onveilig, oordelen mijn gastheren.

Boven op een berg met een strategisch uitzicht op alle invalswegen, nemen we in de schaduw van amandelbomen plaats op vellen van schapenhuid. Hier hebben Hamid en zijn makkers zich de afgelopen maand schuilgehouden. 'De wali heeft gezegd dat we niet meer gezocht worden door de politie,' zegt Yahyawi. 'Maar we vertrouwen het niet.'

Hetzelfde wantrouwen zorgde van meet af aan voor ruzie rond de hulpgelden voor de heropbouw. De hoofdaannemer (niet uit de streek, wat ook niet hielp) telde bijna vijfhonderd huizen meer die opgebouwd moesten worden dan de Vereniging van Tamassint. Dat voedde het wantrouwen. Er werd geprotesteerd tegen de manier waarop het hulpgeld werd verdeeld. De getroffen bewoners van Tamassint wilden het hele geldbedrag cash in handen hebben in plaats van in de vorm van het casco, en een deel in cash. Er was ruzie over het overleg, waarin zowel de overheid als internationale hulporganisaties deelnamen. Er werden vraagtekens gezet bij waar de honderden miljoenen euro's aan hulpgelden die vanuit Europa werden overgemaakt precies waren gebleven. 'Wij willen het geld zelf in handen hebben,' zegt Hamid Yahyawi. 'En materiaal om zelf onze huizen te bouwen.' Hij heeft het over 'een maffia' zodra de hulp ter sprake komt. Volgens hem wordt er gesjoemeld met de bouwmaterialen. 'Op de dag van de aardbeving waren wij de eersten die hulp verstrekten. En nu komen ze vanbuiten om eens flink aan ons te verdienen,' zegt Yahyawi.

Er zijn onderhandelingspogingen ondernomen. De wali wil praten met de Vereniging van Tamassint via een speciale commissie die samengesteld is uit politieke partijen en de onafhankelijke organisaties die de hulp verstrekken. Maar dat wil de vereniging weer niet. 'De mensen in Tamassint hebben er een hard hoofd in,' concludeert Mohammed Moha als we zijn teruggekeerd van de heuvel met zijn olijfbomen en koffiedrinken in Al Hoceima. Al die jaren van verwaarlozing heeft de streek diep vernederd. Buiten de steden is nauwelijks werk. De aanvoerders van de Vereniging Tamassint zijn voor een groot deel goed geschoold maar werkloos. Zij vormen de 'Beweging van de Gediplomeerde

Werklozen'. Tijd om onvrede te mobiliseren is er in overvloed. Eigenlijk gaat het helemaal niet over die huizen, denkt hij. Het is het oude verhaal van de Rif versus de autoriteiten. Zo'n opmerking van een politiecommandant over de slachtpartij in 1958 trekt in één keer weer de oude wonden open. 'Je ziet het aan de leuzen die in de demonstraties worden meegedragen. Het gaat om onderdrukking en om het gevoel dat de macht in Rabat hen niet serieus neemt. De Rif heeft zijn geschiedenis. En die kennen we hier maar al te goed.'

Vrije mening

Het spektakel voor de ingang van de strafkamer van de rechtbank in de Ocean-wijk van Rabat was met gevoel voor politiek theater in scène gezet. De dochter van de sjeik, Nadia Yassine, gekleed in een groene jurk en dito hoofddoek, had haar mond afgeplakt met een sticker in de vorm van een rood kruis. Als verdachte die voor de rechter moest verschijnen wegens majesteitsschennis en belediging van de staat verscheen Yassine symbolisch monddood gemaakt in de kleuren van de Marokkaanse vlag.

Net terug van een succesvol verlopen toer in de Verenigde Staten – waar ze het fundamentalistische, maar geweldloze gedachtegoed van haar vader mocht uitleggen op de Universiteit van Berkeley – had ze in een interview met het onafhankelijke weekblad *Al-Ousbouiya Al-Jadida* verklaard dat de monarchie in Marokko onvermijdelijk plaats zou moeten maken voor een republiek. Een islamitische republiek gebaseerd op de fundamentalistische principes van haar vader was het beste voorbeeld van een democratie, zo viel uit haar woorden op te maken.

Hoewel ze eigenlijk niets nieuws zei, zorgden de uitspraken van Nadia Yassine voor een ongekende commotie. Wekenlang beheerste de zaak het nieuws. Ze werd op spotprentjes afgebeeld als de Franse Marianne die op de barricades de republiek verdedigde. Ze was gek geworden, becommentarieerden de officiële partijkranten. Goedkoop effectbejag, vonden anderen. Ze bracht de stabiliteit van het land in gevaar, zo klonk het in regeringskringen. Er verscheen een pamflet van intellectuelen waarin Nadia Yassine werd beschuldigd een geheim agent van de Verenigde Staten te zijn. De commotie werd er niet minder op toen prins Moulay Hicham, de neef van de koning en derde in opvolgingslijn, zich solidair verklaarde met Nadia Yassine. In een open brief verdedigde hij haar recht van spreken. 'Per slot van rekening is de overleving van de monarchie afhankelijk van haar vermogen om de mening van tegenstanders te accepteren,' aldus de 'rode prins'.

Nadia Yassine werd aangeklaagd wegens majesteitsschennis en mocht het land niet meer uit. Een groep van enkele honderden aanhangers van de Al Adlal Whal Ihsane begeleidde haar gang naar de rechter. Er waren 170 advocaten die als vrijwilligers haar verdediging op zich wilden nemen. 'Ik heb hier dertig jaar op gewacht,' verklaarde ze met de gelukzalige glimlach van een gelovige die uitkeek naar het martelaarschap. 'De jihad is voor mij niet het leggen van een bom, maar vrijheid om te zeggen wat ik wil.'

Het werd een chaos. De advocaten mochten de rechtszaal niet binnen, er ontstond verwarring en uiteindelijk werd besloten de rechtszaak tot nader order af te blazen. Zo eindigde de veelbesproken zitting van de staat versus Nadia Yassine op 28 juni 2005. De autoriteiten hadden de confrontatie uitgesteld tot na de zomer. Nadia Yassine had weer eens de show gestolen en het uitstel kon worden bijgeschreven op de lijst van publicitaire overwinningen van de fundamentalisten van Al Adl Wal Ihsane op de makhzen van Marokko.

Minder duidelijk was of de vrije pers ook gewonnen had die middag. Voor de rechtbank moesten immers ook de hoofdredacteur-uitgever en een journalist van het weekblad verschijnen dat het gewraakte interview met Yassine had gepubliceerd. Ook zij werden beschuldigd van majesteitsschennis en ondermijning van de staat. Hoofdredacteur Abdelaziz Koukaz zag het als een manier om de onafhankelijke pers in het gareel te brengen. De makhzen liet even de dompteurzweep knallen.

De boodschapper betaalde het gelag, zelfs al was het duidelijk dat hij niks met de ideeën van Nadia Yassine te maken wilde hebben. 'Als we een interview publiceren, wil dat niet zeggen dat we het ook met de inhoud eens zijn. Dat is zo duidelijk als wat,' verklaarde Koukaz. Als Nadia Yassine ooit de macht kreeg waren journalisten als hij vermoedelijk het eerste slachtoffer. 'Onder de heerschappij van Nadia Yassine zou ik de gevangenis in gaan wegens immoreel gedrag als ik een foto afdrukte van een ongesluierde vrouw.' Het vrije woord mag de klappen opvangen. 'Het is onze taak om kritiek te leveren. Nu wekt dat de woede van de autoriteiten, die het van gebrek aan respect voor de koning vinden getuigen.'

Weinig zaken zijn zo snel veranderd in Marokko als de media. Vanouds vielen deze direct onder het centrale gezag. Journalisten kenden daarbij maar al te goed hun plaats. Onder Hassan II kon het gebeuren dat een geprogrammeerde griezelfilm halverwege plotseling werd onderbroken door de herhaling van een voetbalwedstrijd die de koning 's middags had moeten missen. Radio en televisie werden nauwgezet gevolgd door het koninklijk huis en dus werden kijkers dagelijks vergast op langdurige nieuwsitems van bijvoorbeeld het ontvangen van een buitenlandse delegatie of het in gebruik nemen van een nieuw ziekenhuis. Veel nieuws viel daar niet aan te beleven, maar de koning was lang in beeld.

Nog steeds zijn de visuele media stevig verslaafd aan koninklijk beeld, maar een onderbreking voor een herhaling van een voetbalwedstrijd zit er niet meer in. De geschreven pers is nog ingrijpender veranderd. Zo weinig lezers als er in Marokko zijn, zo lang is de lijst van publicaties. In 2005 kende Marokko meer dan zeshonderd titels van dag-, week- en maandbladen, waarvan grofweg tweederde in het Arabisch, eenderde in het Frans, en enkele publicaties in het Berbers en het Spaans. Al sinds de onafhankelijkheid publiceert Marokko een brede stroom aan bladen, maar dat had maar in beperkte mate te maken met een pluriforme pers. De meeste dagbladen worden vanouds bestierd door de politieke partijen op een wijze die ook in het naoorlogse Nederland niet ongebruikelijk was. Het hoofdredacteurschap van de partijkrant werd daarbij vanzelfsprekend beschouwd als een handig opstapje voor een politieke carrière. Zo was de latere premier van de socialistische overgangsregering en oprichter van de USFP, Abderrahman Youssoufi, lange tijd hoofdredacteur van het partijblad *At Tahir*. In die hoedanigheid verdween hij in 1959 samen met de uitgever van het blad, de eveneens oudgediende socialist Mohammed fqih Basri, in de gevangenis wegens een hoofdcommentaar dat als majesteitsschennis werd beschouwd.

Wie al die kleurige bladen ziet liggen op straat of in de kiosk doet er goed aan het lijstje met partijkranten in zijn achterhoofd te houden. De behoudend-nationalistische Istiqlal beschikt over *Al-Alam* en l'*Opinion*, de socialistische partij kent *Al-Ittihad Al Ichtiraki* en *Libération*, de communistische PPS (Parti du Progrès et du Socialisme) heeft het dagblad en gelijknamige weekblad *Al-Bayane*. De fundamentalistische PJD heeft de weekbladen *At-Tajdid* en *Al-Asr* om zijn boodschap te verspreiden. De regering en het koningshuis kennen, naast het officiële persbureau *Maghreb Arabe Presse* (MAP) het dagblad *Le Matin du Sahara et du Maghreb*, dat eveneens uitkomt in een Arabische (*Assahra Al Maghribia*) en Spaanse weekeditieversie (*La Mañana*) en claimt de grootste krant van Marokko te zijn. Wie wil weten wie de koning de vorige dag op audiëntie heeft ontvangen leze *Le Matin*, dat meestal uitgebreid en met foto's verslag doet van de koninklijke activiteiten, de staatsbezoeken en de belangrijkste regeringsbesluiten.

Sinds het einde van de jaren negentig kent Marokko echter bladen die niet onmiddellijk dienen als een verlengstuk van partij, regering of koningshuis en daadwerkelijk aan de weg timmeren met onafhankelijke nieuwsgaring. Franstalige weekbladen als *Le Journal-Hebdomaire* of *Tel Quel* worden geleid door een nieuwe generatie van journalisten die zich niet langer de les laat lezen. Het zakendagblad l'*Economiste* biedt financieel en economisch nieuws en analyseert in zijn hoofdcommentaren op autonome wijze de dagelijkse actualiteit. En vrouwenbladen als *Citadine* timmeren aan de weg om de Marokkaanse vrouw een geëmancipeerde plaats te geven in het dagelijkse leven. Onder koning Mohammed VI is de Marokkaanse pers uitgegroeid tot een van de meest vrije en levendige in de islamitische wereld.

Dat laatste gaat niet zonder problemen. In Marokko wordt het nationale motto 'God, het Vaderland, de Koning' uiterst serieus genomen. De slagzin vertegenwoordigt sacrale waarden die boven iedere discussie verheven zijn. De positie van de koning als leider van staat en gelovigen is zo'n zaak die niet ter discussie staat. De eenheid van de nationale staat en de soevereiniteit over de Westelijke Sahara is eveneens taboe. Alleen al het noemen van het Polisario zonder de gebruikelijke toevoegingen dat het hier een bende rechteloze landverraders betrof, gold tot voor kort als een provocatie.

Marokko's grootste weekblad *Le Journal* verdween met enige regelmaat uit de schappen vanwege een inhoud die de autoriteiten niet aanstond. Voor de eerste maal was dat in 2000, toen *Le Journal* samen met haar Arabischtalige zusterpublicatie *Assahifa* en het weekblad *Demain* werd verboden. Ironisch genoeg was de aanleiding de publicatie van een brief waaruit de betrokkenheid van de toenmalige premier Youssoufi zou blijken bij het moordcomplot dat generaal Oufkir in 1972 tegen koning Hassan had gesmeed. Abderrahman Youssouffi, ooit zelf in het gevang wegens een onwelgevallig hoofdcommentaar, bleek eenmaal aan de macht evenmin weerstand te kunnen bieden tegen de aandrang om de stekker uit de drukpers te trekken. Hoofdredacteur Aboubakr Jamaï: 'Het was een aanleiding. De werkelijke reden was een opeenvolging van publicaties.' Veel leesplezier bezorgde *Le Journal* de autoriteiten immers niet. Het publiceerde een vraaggesprek met de leider van Polisario, Mohammed Abdelaziz. Prompt werden alle nummers in beslag genomen. Er verschenen foto's van mishandelingen in de Marokkaanse gevangenissen, een lijst met hoge militairen die zich schuldig hebben gemaakt aan martelpraktijken. Het kwam de hoofdredacteur te staan op scheldcommentaren in de partijpers en publiekelijke reprimandes van het gezag. Sensatiezucht en goedkoop effectbejag, zo klonk het.

Een jaar later was het weer raak. Na een aanklacht van de mi-

nister van Buitenlandse Zaken Mohammed Benaissa veroordeelde de Marokkaanse rechter de hoofdredacteur en de uitgever van
Le Journal ieder tot een schadevergoeding van twee miljoen dirham (€ 180.000). Reden: een artikel waarin de minister ervan
werd beschuldigd flink wat dollars in zijn zak te hebben gestoken bij aankoop van het ambassadegebouw in Washington.
Smaad, vond de rechter.

Le Journal kwam snel weer terug, ditmaal onder de titel *Le Journal
Hebdomaire* en bleef een toonaangevende voorvechter van een liberaal en democratisch Marokko. Dat had ongetwijfeld te maken
met de strijdvaardigheid van hoofdredacteur Aboubakr Jamaï.
Opgeleid in Oxford en afkomstig uit een bekende fassifamilie
kent Aboubakr de loopgraven van de macht. Zijn vader, Khaled Jamaï, die een column voor *Le Journal* schrijft, was jarenlang hoofdredacteur van l'*Opinion*, het machtige dagblad van de Istiqlal. Als
enige nam hij begin jaren negentig met succes de journalistieke
handschoen op tegen de almachtige minister van Binnenlandse
Zaken Driss Basri.

Minder geluk had *Demain* van hoofdredacteur Ali Lmrabet. *Demain*, samen met de Arabischtalige uitgave *Douman*, bezorgde het
Marokkaanse publiek zijn wekelijkse lachbui met spotprenten en
satirische artikelen over alles wat officieel taboe was. 'Merci Abderrahman!' zo bedankte *Demain* de premier paginabreed nadat
het verschijningsverbod weer werd opgeheven en het blad in
een hogere oplage dan ooit tevoren in de schappen lag. Maar de
pret bleek van korte duur. In 2003 werd *Demain* definitief verboden en Lmrabet in hoger beroep tot drie jaar gevangenisstraf veroordeeld wegens majesteitsschennis. Aanleiding vormde een
aantal artikelen en spotprenten die het koninklijk huis in het verkeerde keelgat waren geschoten. *Demain* suggereerde in een artikel dat de koning een van zijn paleizen zou verkopen aan een hotelketen. In een spotprent moesten hoogwaardigheidsbekleders
bij het paleis een enorme blote voet kussen, in een ander nam
een anonieme hand uit de paleisdeur een grote zak geld aan van
een figuur uitgedost als bankrover. Grapjes die te ver gingen
vond de zittende macht. Lmrabet: 'Als de koning in dit land per

trein reist, staat er op de hele route langs de rails om de twintig meter een agent die salueert als de wagon langskomt. Dat soort zaken is nodig aan verandering toe.'

De hoofdredacteur ging in zijn cel in hongerstaking. Bemiddeling van de 'rode prins' Moulay Hicham resulteerde in een koninklijke gratie en voorkwam dat hij zich doodhongerde tijdens zijn zes maanden in de cel.

Eenmaal vrij toog Lmrabet enthousiast aan het werk om een nieuw satirisch weekblad op de markt te brengen. 'Misschien dat ik het *Après-Demain* noem,' zo vertelde hij in de zomer van 2004. Het bleek moeilijk een drukker te vinden, maar hij dacht dat er aan advertenties geen gebrek zou zijn. *Le Demain Libéré* (*De Bevrijde Morgen*) zoals het blad uiteindelijk gedoopt werd, bleef evenwel een mooie droom. Nog geen jaar later werd Lmrabet door de rechtbank in Rabat veroordeeld tot een verbod om tien jaar zijn beroep als journalist uit te oefenen. De reden was dit keer een interview dat hij had gegeven. Na een bezoek aan de kampen van Polisario – eerste taboe – had Lmrabet gezegd dat de Saharanen daar niet tegen hun wil werden vastgehouden zoals Rabat altijd beweert – tweede taboe. De aanklacht wegens belediging tegen Lmrabet werd ditmaal ingediend door een man die volgens eigen zeggen lange tijd tegen zijn zin was vastgehouden in een van de Polisario-kampen en daarbij gemarteld zou zijn. De onafhankelijke pers hield het op een gecoördineerde actie van staatswege om het werk van Lmrabet onmogelijk te maken. Toen het vonnis kwam was de voormalig hoofdredacteur inmiddels uitgeweken naar Barcelona, waar hij als medewerker van de Spaanse krant *El Mundo* regelmatig informatieve stukken over zijn vaderland publiceerde.

Aan het begin van de 21ste eeuw schippert de vrijheid van meningsuiting in Marokko tussen twee koersen: enerzijds l'Alternance, de overgang naar een meer democratisch staatsmodel, met meer zeggenschap voor de burgers, burgerorganisaties en een grotere openheid. Anderzijds de angst voor de groeiende invloed van de politieke islam met in hun kielzog de fundamentalistische terreur, die het gezag zenuwachtig heeft gemaakt en doet terugvallen in haar autoritaire rol. Er zijn meer incidenten geweest waarbij de pers aan banden werd gelegd. Toen het tweede publieke televisiekanaal 2M, dat een vrijere koers vaart dan het gezagsgetrouwe eerste Marokkaanse net, in 2000 het voornemen opperde om een interview met Polisario-leider Abdelaziz uit te zenden, werd de complete top ontslagen. Een journalist van een onafhankelijk Arabischtalig weekblad werd gearresteerd onder de nieuwe terreurwetgeving nadat hij een communiqué had gepubliceerd van een groep die de aanslagen in Casablanca opeiste. Hij kwam vrij na een koninklijke gratie. Drie andere journalisten verdwenen eveneens tijdelijk in het gevang.

Er lijkt een grote willekeur te zitten in de arrestaties, waardoor het onduidelijk blijft waar nu precies de grenzen liggen van de persvrijheid. Binnen de politiediensten, het paleis en de regering lijkt een permanente strijd gaande tussen hardliners en de voorstanders van een grotere vrijheid. Het libertijns-intellectuele weekblad *Tel Quel*, onder leiding van de jonge journalisten Ahmed Benchemsi en Driss Ksikes, kon ongemoeid zijn eerste nummer van 2005 openen met een onderzoek naar het salaris van de koning. Het totale jaarbudget van het koninklijk huis bleek 2,28 miljard dirham (204 miljoen euro) te bedragen, inclusief zestig miljoen dirham voor het wagenpark en tien miljoen dirham aan paardenvoer. Minutieus werden de cijfers, overigens terug te vinden in openbare stukken, uit de doeken gedaan. De koning verdiende in 2004 als staatshoofd de som van bijna vijf miljoen dirham (450.000 euro), wat relatief bescheiden afsteekt tegen het inkomensbestanddeel waar bijvoorbeeld koningin Beatrix in 2005 voor op de rijksbegroting staat (719.000 euro). Bepaalde uitgaven trokken ongewild de aandacht, zoals de energierekening van alle paleizen (65 miljoen dirham, ietsje minder dan de staatsomroep TVM) en de telefoonrekening (114 miljoen dirham). Alleen de ministeries van Binnenlandse Zaken en defensie bellen meer. Het dienstpersoneel, goed voor elfhonderd budgettaire posten, nam 683 miljoen dirham voor zijn rekening. Opmerkelijk was ook de 310 miljoen dirham die de koning en het hof van de staat krijgen om geheel naar eigen welbevinden te besteden aan goede doelen en andere onbenoemde activiteiten. Een parallelle staatsfinanciering die zich niet licht laat controleren.

Een paar nummers later publiceerde *Tel Quel* de lijst met namen van de verantwoordelijken onder wie martelingen hadden plaatsgehad in de detentiecentra gedurende de Jaren van Lood. Onder hen bevond zich ook generaal Hamidou Laânigri, de man die voorheen de geheime dienst DST leidde, maar inmiddels de overstap had gemaakt als de hoogste chef van de Sûreté Nationale, de nationale politiedienst. Weer een paar nummers later werd de Marokkaanse grondwet onder de loep gelegd. 'Onze Constitutie maakt van Marokko een absolute monarchie? Dan zullen we dat veranderen. We herschrijven de Grondwet,' aldus de cover. Voor minder waren nog niet zo lang daarvoor journalisten voor jaren in de gevangenis verdwenen.

'De autoriteiten proberen de media te intimideren en te disciplineren zodat ze alleen politici aan het woord laten die de goedkeuring van de staat hebben,' schreef de Parijse mediaorganisatie 'Journalisten zonder Grenzen' over het persklimaat in Marokko. Dat zouden de autoriteiten misschien wel willen. Maar tussen droom en daad staan wetten in de weg en praktische bezwaren. Als een tovenaarsleerling had koning Mohammed veranderingen in werking gezet, die zich maar moeilijk laten beteugelen.

Uittocht en vernieuwing

In de nacht van 13 op 14 juni 2005, in de buurt van Sidi Kenkouch tussen Tanger en de Spaanse enclave Ceuta, maakte een gammele sloep water en sloeg om. Aan boord van het vaartuig waren rond de honderd mannen en vrouwen afkomstig uit landen onder de Sahara. Weken hadden ze gewacht op de overtocht naar Spanje, schuilend in de bossen rondom Ceuta. Vanaf hun kampementen, die om de zoveel tijd werden schoongeveegd door de Marokkaanse politie, konden ze de Djebel Musa zien liggen en Gibraltar aan de overkant. De poorten van Hercules, toegang naar een beter bestaan. Uiteindelijk was er contact gelegd met mannen die tegen een fikse vergoeding een boot voor hen regelden. Zo waren ze vertrokken, met een grote groep in een kleine sloep. Verschillende getuigen hadden gezien hoe het overbelaste bootje door de stevige wind en de hoge golven in de problemen was gekomen. Een Senegalese vrouw die het ongeluk overleefde vertelde hoe de moeders hadden geprobeerd hun kinderen uit de golven te redden. Zes vrouwen en zes kinderen verdronken. Vier agenten van de Marokkaanse kustbewaking waren gearresteerd, omdat zij van de mensensmokkelaars 90.000 dirham (8.200 euro) zouden hebben ontvangen om die nacht een oogje dicht te knijpen.

Enkele dagen later kwam er nieuws van de andere kant van het water. De Spaanse politie meldde dat zij de Marokkaanse eigenaar van een zodiak hadden gearresteerd die in dezelfde nacht van het ongeluk was onderschept voor het strand van het Spaanse Tarifa. Er waren 49 illegale immigranten aan boord, onder wie 5 vrouwen, allen van de Marokkaanse nationaliteit. Voordat ze waren vertrokken vanuit Marokko hadden ze gezien dat een gammele sloep met zwarte lotgenoten het water op was gestuurd. 'Daar gaat het lokaas,' had de eigenaar van de zodiak hun gezegd. De Spaanse politie was ervan overtuigd: de eerste, overbelaste sloep had de aandacht moeten afleiden van het tweede transport.

Mensensmokkel vanuit Marokko is een alledaags drama geworden. De kusten van Laâyoune tot Al Hoceima vormen een omgekeerde trechter waarin Afrika zich verzamelt om de levensgevaarlijke overtocht te wagen. In de beruchte *pateras*, gammele bootjes en sloepen, wordt de Atlantische Oceaan overgevaren richting Lanzarote of Fuerteventura, of in de Straat van Gibraltar en de Middellandse Zee naar de kusten van Tarifa tot Almeria. In het jaar 2000 verdronken alleen al voor de Spaanse kust 58 opvarenden.

De illegale immigranten bestaan voor het grootste deel uit Marokkanen. Nadat de Spaanse kustcontrole werd verscherpt zijn het steeds vaker minderjarigen die de oversteek wagen. Minderjarige Marokkanen zijn goede handel, omdat de Spaanse overheid voor hen een zorgplicht kent en ze wettelijk niet kan terugsturen, zoals vrijwel direct met hun volwassen landgenoten gebeurt. Ze betalen om in de bootjes mee te varen. De minder gelukkigen verschuilen zich tussen de golfbrekers in de havens van Tanger en Ceuta, waar ze hun kans afwachten zich te verstoppen in de laadruimtes van de vrachtwagens. Tot in de wielkasten worden de jonge verstekelingen teruggevonden, en niet altijd levend.

Drie weken voordat het drama met de omgeslagen sloep zich voor de kust bij Tanger voltrok, slaagde de vijftienjarige Omar erin de Spaanse kust te bereiken. Hij was vanuit het Zuid-Marokkaanse gehucht Kela Sraghna met de bus naar Al Hoceima gegaan en had daar achthonderd euro aan de smokkelaars betaald. De kustwacht had hem opgepakt en nu zat hij in een jeugdopvangtehuis in Granada. Sinds zijn oom uit Frankrijk hem een fiets cadeau had gedaan was het zijn droom om naar Europa te vertrekken, zo verklaarde hij tegenover het Spaanse dagblad El País. In zijn dorp kreeg je niet zomaar een fiets.

Sinds hij op z'n twaalfde de lagere school had beëindigd hielp Omar zijn familie op het land. Zijn moeder vond het niets, dat idee van de oversteek, te gevaarlijk, maar hij zeurde net zo lang door tot zijn vader een stuk land verkocht om de overtocht te betalen. Die jongen had gelijk. Beter een risico nemen dan de uitzichtloze zekerheid van een bestaan in armoe in Kela Sraghna. Het leven is kort en de veranderingen in Marokko gaan traag.

Een groot deel van de jeugd heeft maar één droom: weg uit Marokko. Uit een enquête uit 1998 bleek 70 procent van de jeugd te willen vertrekken. Ze willen werk, welvaart of weg van de verstikkende conventies van het traditionele Marokko. Behalve ongeschoolde jongens van het platteland zoals Omar is er ook een braindrain gaande. Wie wat in zijn mars heeft kan elders beter aan de kost komen. Neem de jongeren in het Espace d'Internet in

Rabat, een van de talloze internetcafés die door heel Marokko als paddestoelen uit de grond zijn geschoten. Het publiek – twintigers en tieners – staart geconcentreerd naar de schermen. Buiten, op steenworp afstand, bedelen hun leeftijdgenoten een portie eten bij elkaar.

Hicham (22 jaar) laat snel zijn vingers over het ratelende toetsenbord gaan. Onlangs maakte hij zijn studie economie af en meldde zich aan voor een staatsbetrekking. Er waren dertienduizend aanmeldingen en tweehonderd plaatsen. Hicham viste achter het net. 'Als je hier werk wil krijgen moet je betalen,' constateert hij nuchter. Nu houdt hij de boekhouding bij in de garage van zijn vader. Hij wil zo snel mogelijk naar Hamburg, om een vervolgcursus economie op te pakken en zijn Duits te perfectioneren. En om werk te vinden, een Duitse vrouw te trouwen en Marokko zo snel mogelijk achter zich te laten.

Op de computer is post uit Pakistan, ene Ahmed stuurt zijn digitale foto. In Rusland is het 22 graden onder nul, meldt een zekere Martin. 'Brr,' antwoordt Hicham via de internetverbinding. Meestal gaat het over niets, maar soms is er een leuk gesprek bij, zegt hij. Zoals laatst, toen hij een meisje uit Israël langs elektronische weg wist te overtuigen dat niet alle moslims schurken waren. 'Op het laatst wilde ze met me trouwen, alleen over de ceremonie konden we het niet eens worden. Ongelofelijk,' lacht Hicham.

'Ze zeiden altijd dat Hassan een goede koning was,' zegt Hicham. 'Nou, ik merk er weinig van. Heb je de straten en de verlichting hier gezien? Alles ligt in puin.' De nieuwe koning is een hele verbetering, dat wel. Maar erg optimistisch is Hicham niet. 'Hier: zie je die theepot? Wij zeggen dat hij precies lijkt op ons ideaal: een lege deksel, een volle buik en een tuit die altijd rechtovereind staat.' Hicham rolt bijna van zijn stoel van het lachen. 'Dat ideaal vind je niet in Marokko.'

Politieke democratisering, economische ontwikkeling en een cultuuromslag. Marokko realiseerde zich dat het aan het begin van de 21ste eeuw voor een aantal grote uitdagingen stond. In de nadagen van koning Hassan was een begin gemaakt met l'Alternance, de overgang naar een nieuw en meer democratisch Marokko. Die trend zette door: onder zoon Mohammed is de situatie ingrijpend veranderd. In Marokko begon zoiets als een democratisch weefsel te ontstaan, gesteund door een reeks van burgerinitiatieven die in het Nederlands vaak wordt aangeduid als 'het maatschappelijk middenveld'. Vrouwenorganisaties, milieuverenigingen, kinderbescherming, mensenrechtenactivisten, dierenbeschermers, actiegroepen tegen aids, bestrijders van corruptie: een hele reeks van initiatieven werd opgezet die nog geen tien, vijftien jaar daarvoor simpelweg verboden waren. Er werd vrij gediscussieerd en de pers kende een bewegingsruimte als nooit tevoren.

De vraag is of al die initiatieven ook politiek worden opgepakt, en als dit inderdaad het geval is, zoals bij de sterk verbeterde positie van de vrouw in de Moudawana, of de projecten ook daadwerkelijk van de grond komen. De politieke elite van Marokko stemt niet altijd even hoopvol. Roger Seydoux, de Franse ambassadeur van 1960 tot 1962 in Marokko, was al direct niet erg te spreken over de politieke klasse die hij aantrof in de jonge natie. Koning Hassan regeerde over hen als een verlicht despoot. De politieke elite stelde niks voor. 'Er zijn weinig Marokkanen die duidelijke ideeën hebben over hun eigen land of die zelfs maar een poging wagen om het te leren kennen,' constateerde hij met Franse minzaamheid. 'Dat heeft zonder twijfel te maken met het karakter van eilandenrijkjes in het land (…). Men leeft hier verscholen achter zichzelf, in een wereld van kleine sociale cellen, de familieclan of de stam, zonder communicatie met andere Marokkanen, en nog minder met buitenlanders.'

Onder druk van de sociale veranderingen en de verstedelijking is veel in Marokko aan snelle veranderingen onderhevig, maar de politieke sclerose zit diep. Toen koning Hassan aan het einde van zijn leven de teugels liet vieren, bood het parlement een verlepte aanblik. De 'onafhankelijke' koningsgezinde partijen waren van meet af aan gedweeë applausmachines voor het paleis. De twee historische partijen, de traditionele Istiqlal en de socialistische USFP, waren weliswaar verenigd in het democratisch blok (koutla), maar nog steeds bezig hun onderlinge vetes van veertig jaar eerder uit te vechten. Een kibbelende elite geleid door oude mannen met hopeloos verdeelde toekomstvisies, niet in staat om ook maar een minimaal verkiezingsprogramma te formuleren. Debatten in het parlement verzandden vrijwel zonder uitzondering in een slaapverwekkende vertoning. Voorzover er inhoudelijke verschillende tussen de partijen waren, bleef hier uiteindelijk niet veel van over. Voor een groot deel van de bevolking, analfabeet en daardoor weinig op de hoogte van de politiek, waren de verkiezingen voornamelijk een onduidelijk schimmenspel. En naarmate de stemmingen eerlijker verliepen, verviel de gelegenheid om iets bij te verdienen door je stem te verkopen. Eenmaal in de regering werden de politici ingekapseld in de makhzen.

Toen de socialist Abderrahman Youssoufi begin 1998 door koning Hassan werd overgehaald om premier te worden van een brede regeringscoalitie van socialisten en de Istiqlal, werd dat aangeprezen als een eerste stap naar een nieuwe democratie. Het was inderdaad ontroerend om te zien dat een man die regelmatig het land uit had moeten vluchten nu een coalitiekabinet leidde waar de socialisten zitting in hadden. Maar het bleek vooral symbolisch. Het vuur uit de beginjaren van de onafhankelijkheid was inmiddels aardig geblust bij deze bejaarde politicus.

Wie Youssoufi in die dagen opzocht in zijn villa even buiten Rabat ontmoette een vriendelijke man, die zich er echter voor hoedde om ook maar een enigszins politiek gevoelige uitspraak te doen. Bij de ingang in de hal, op het salontafeltje en aan de muur hingen stralende portretten van wijlen koning Hassan. Wat voelde de premier als hij 's avonds thuiskwam, zijn jas ophing en oog in oog stond met de grijnzende beeltenis van de man die hem het leven zuur had gemaakt? Was het triomf? Verzoening met het grillige noodlot? Een herinnering dat het gevaar altijd op de loer lag? Macht in Marokko blijft een wonderlijke zaak.

In september 2002 werden de eerste landelijke verkiezingen gehouden onder het bewind van de nieuwe koning. Voor het eerst in jaren was er geen Driss Basri meer die klaarstond om de uitslagen naar believen bij te vijlen. Scheidend premier Youssoufi was ondanks alles uiteindelijk wel in zijn ambitie geslaagd om eerlijke verkiezingen in Marokko te organiseren. Toch was de uitkomst om meerdere redenen een teleurstelling. Bijna de helft van de kiezers bleef weg. Sjeik Yassine, die opgeroepen had tot een boycot, kon tevreden zijn. Tevredenheid ook bij de 'gematigde' moslimpartij PJD. Die had zich terughoudend opgesteld door zich in een groot aantal kieskringen niet kandidaat te stellen, maar bleek niettemin op overtuigende manier uitgegroeid te zijn tot de derde grote politieke macht in Marokko, direct na de socialisten en de Istiqlal. De PJD zat steviger dan ooit in zijn rol van oppositiepartij en enig geloofwaardig alternatief voor de traditionele politieke orde. De dageraad van de moslimmacht leek te gloren.

Het was dus niet de 'historische dag voor de toekomst voor de komende generaties' geweest zoals Abderrahman Youssoufi enthousiast had voorspeld. 'We moeten deze verkiezingen niet te veel gewicht toekennen in een land waar de werkelijke macht van het parlement zeer beperkt is,' was het nuchtere commentaar van hoofdredacteur Aboubakr Jamaï van Le Journal. De verkiezingen waren volgens hem niet meer dan 'een stapje op de lange weg naar werkelijke democratisering'. Oude erfenis van de verdeel- en heersstrategie waren de 26 partijen die aan de verkiezingen deelnamen. 'Voetbalclubs hebben meer aanhang dan politieke partijen,' zo beschreef een politicus de versplintering van het aanbod.

Ondanks de veelheid van de partijen had een inhoudelijk debat over hete hangijzers als een democratischer grondwet of de plaats van de islam in de samenleving niet plaatsgehad. Grote discussies op televisie en radio, de belangrijkste informatiebronnen in een land waar 55 procent van de kiezers analfabeet is, bleven achterwege. De slogans van de gevestigde grote partijen hadden geklonken als holle bezweringsformules tegen de alom

heersende angst voor moslimbewegingen. Dat de PJD had gewonnen was niet meer dan voorspelbaar. Teleurgestelde kiezers
hadden twee opties: wegblijven of op de PJD stemmen. Beide
mogelijkheden werden volop benut.

Er kwam een nieuw kabinet dat andermaal bestond uit een
brede coalitie: socialisten, Istiqlal, communisten, koningsgezin-
den en twee Berberpartijtjes. Na de verkiezingen maakte koning
Mohammed volop gebruik van zijn grondwettelijke macht om
vertrouwenspersonen op sleutelposten in het kabinet te benoemen. Als premier werd Driss Jettou benoemd, een niet-partijge-
bonden technocraat die groot was geworden als schoenfabri-
kant. Jettou had in het scheidende kabinet de post van minister
van Binnenlandse Zaken bekleed en gold als de Mr. Clean die na
de jaren van Driss Basri een frisse wind door het ministerie had
doen waaien. Een man die weliswaar tot de makhzen behoorde,
maar niettemin respect afdwong als integere en ter zake kundige
manager van het kabinet. De nieuwe regering telde drie vrouwen
als staatssecretarissen op posten van enig belang: emigratie, fa-
miliezaken en het analfabetisme. De bezetting van de ministers-
posten van Binnenlandse Zaken, Buitenlandse Zaken, Religieuze
Zaken en Defensie werd door de koning bepaald. Over de minister van Justitie mochten de partijen dit keer zelf beslissen.

Neomakhzen

Wat in Marokko blijft tellen was de macht achter de macht. En
dus is het onverminderd belangrijk om de *neomakhzen* te kennen,
de vertrouwensmannen van de koning die een grote invloed
hebben op de besluiten die in Marokko worden genomen, maar
niet noodzakelijkerwijs deel uitmaken van de regering. Een moderne hofhouding waarin de posities en onderlinge machtsstrijd
van groot belang zijn voor de leiding van het land.

Neem Fouad Ali el Himma (Marrakech 1962), formeel staatssecretaris van Binnenlandse Zaken, maar als gedelegeerd minister van de koning de sterke man in het nieuwe kabinet. Hij (en

niet Jettou) is vermoedelijk de werkelijke leider die op discrete wijze aan de touwtjes trekt. 'Het oog van het paleis', 'de schaduw van de koning' zijn slechts enkele van de bijnamen waaronder El Himma bekendstaat. Deze voormalige kabinetschef van de toenmalige kroonprins is belast met de meest gevoelige dossiers, zoals de Westelijke Sahara. El Himma, voormalig klasgenoot op het Koninklijk College van de koning, geldt als het typische voorbeeld van de nieuwe generatie jonge en kundige, technocratische managers van de neomakhzen. Een grote, kalende man met een ernstig gezicht, hoffelijk, maar wars van de ingewikkelde beleefdheidsrituelen van zijn voorgangers. Een goede luisteraar, maar met een pokerface die niets van zijn gedachten verraadt. Anders dan de beruchte Driss Basri geen man die het moet hebben van autoritair en intimiderend gedrag, maar een man die op kalme en deskundige toon het beleid uitlegt.

Een stap verder in de macht achter de macht brengt ons binnen de paleismuren. Daar troffen we na de troonsbestijging een andere schoolkameraad van koning Mohammed, Hassan Aourid, die als eerste de functie van woordvoerder van het paleis bekleedde. Aourid is een drijvende kracht achter de herwaardering van de Berbercultuur. De benoeming van hun oude schooldirecteur Mohammed Chafik als directeur van het Koninklijke Berberinstituut was in belangrijke mate zijn idee. Paleiswatchers menen evenwel dat de intellectueel Aourid – een overtuigde Berbermilitant – zijn hand overspeelde door het Amazigh Manifest van Chafik in 2000 aan de koning te presenteren. Vooral de sterke pleidooien voor het terugdringen van de rol van de islam en de secularisering van de staat zouden net een stap te ver zijn geweest. Aourid werd – tot groot vermaak van zijn tegenstanders – benoemd tot de wali van Meknès, een van de armste en meest problematische regio's van het land. Daar in de woestenij mag hij voortaan zijn idealen voor de Berbercultuur verder gaan ontwikkelen, zo merkten zijn vijanden spottend op. Of de idealist Aourid zelf ongelukkig is met zijn benoeming blijft een onbeantwoorde vraag.

Aourid was met zijn Amazigh Manifest in botsing gekomen met een andere klasgenoot uit het Koninklijk College die was benoemd tot de *inner circle* van koning Mohammed. Rochdi Chraïbi had als directeur van het Koninklijk Kabinet de taak om menig ongemakkelijk dossier op te lossen. In 2002 verdween hijzelf tijdelijk naar de achtergrond wegens een paleisschandaaltje, maar kwam vervolgens sterk terug als de persoon die moeilijke internationale missies van de koning voorbereidt. Naar verluidt een man met duidelijke ambities, geldt hij als de belangrijkste rivaal van ex-klasgenoot El Himma in de strijd om het koninklijke oor.

Nauwelijks zichtbaar voor de buitenwacht speelt de persoonlijk secretaris van de koning, Mohammed Mounir Majidi, een machtige rol. Majidi is voor de verandering geen ex-klasgenoot van de koning. Bijgenaamd 3M (secretaris van M6) regelt hij de privé-zaken van de koning. Maar aangezien deze niet altijd duidelijk te scheiden zijn van het staatsbelang, komt Majidi met enige regelmaat in het vaarwater van El Himma. Confrontaties zijn daarbij niet uitgesloten. Majidi (Rabat, 1964) is ook van de generatie neomakhzen: gekozen vanwege zijn capaciteiten, niet vanwege zijn komaf. Ter zake kundig, uiterst discreet. Van eenvoudige familie, maar hij kon wel dankzij een koninklijke beurs zijn mastertitel aan een Amerikaanse Business School halen. Hij werd rijk door een succesvol bureau voor billboardreclames op te zetten. Majidi speelt een sleutelrol in het beheer van het enorme financieel-economische imperium van het koninklijk huis. Hij zit in de raad van bestuur van de monsterholding ONA en houdt tevens een vinger aan de pols bij Siger, de houdstermaatschappij waarin de koninklijke belangen zijn gegroepeerd.

In het lagere echelon koninklijke raadgevers en vooruitgeschoven pionnen vinden snellere wisselingen plaats. De wali's spelen hierin een grote rol. Zij regeren over de regio's (die bestaan uit een of meer provincies) en functioneren als een soort commissaris van de koning, een vooruitgeschoven post in het machtsnetwerk met veel zeggenschap. Koning Mohammed vervangt met regelmaat zijn wali's. Zoulika Nasri – de eerste vrouwelijk raadgever die een belangrijke rol speelde bij de verandering van de Moudawana – werd benoemd tot wali van Fès. Koninklijk raadgever Mohammed Kabbaj werd wali van Casablanca, de grootste en belangrijkste regio. Daar had gedurende enkele jaren Driss Benhima energiek de scepter gezwaaid voordat hij werd doorgeschoven naar l'Agence du Nord, het speciale ontwikkelingsapparaat dat Noord-Marokko uit het slop moet trekken.

André Azoulay garandeerde als koninklijk raadgever de continuïteit in het paleis. Deze joodse zakenman uit Essaouira was reeds economisch raadsman van Hassan II en werd door Mohammed overgenomen als een van zijn vertrouwelingen. Vermoedelijk door zijn loopbaan als directeur public relations binnen het bankwezen was Azoulay van meet af aan zichtbaarder dan andere raadgevers. Door zijn joodse achtergrond was hij altijd een belangrijke schakel in het organiseren van bijeenkomsten tussen Israël en de Arabische wereld. Azoulay, een lange, tanige verschijning met opvallend blauwe ogen, is bovendien een veelzijdig man. Niet alleen geldt hij als de grootste promotor van het toerisme in zijn geboortestad Essaouira, hij is ook de motor achter het Gnaoua-muziekfestival dat jaarlijks in die stad gehouden wordt. Dit festival van etnische Berber-, West-Afrikaanse en Arabische muziek en fusion trok de afgelopen jaren meer dan 300.000 bezoekers en geldt als toonaangevend in Marokko en ver daarbuiten.

Leger en politie zijn de andere politieke machtsfactoren van belang. De Forces Armées Royales zijn nog steeds met recht de *Koninklijke* Strijdkrachten. Als opperbevelhebber hield koning Hassan altijd een stevige greep op het leger. Zijn vader Mohammed V verzon reeds de strategie om het leger te benutten als tegenwicht voor de macht van de nationalistische politici. De aanslagen begin jaren zeventig, gevolgd door een nieuwe couppoging tien jaar later, maakten evenwel duidelijk dat ook de militairen niet volledig vertrouwd konden worden. Als gevolg hiervan zocht koning Hassan zijn steunpilaren meer in politiekringen.

Een en ander betekent dat leger en politie tevreden gehouden moeten worden. Zoals het vrij gebruikelijk is dat het karige salaris van de politiefunctionaris wordt aangevuld met steekpenningen, zo kent ook het leger zijn manier om de inkomsten buiten het budget om aan te vullen. De ontberingen van de bezetting van de Westelijke Sahara werden enigszins verzacht door de uitgebreide smokkelpraktijken die in militaire kring werden ondernomen richting de Canarische Eilanden. Bekend is ook het verdelen van taxilicenties onder officieren. De corruptieaffaire van de jonge legerkapitein Mustafa Adib bewees dat een deel van de benzinevoorraden werd verpatst. Tot op het hoogste niveau bloeit de handel. Het gerommel van de generaals met de visserijlicenties dat in 2003 werd onthuld was daar een pikant voorbeeld van. Ook in de Rif, waar de Noordgrens bewaakt dient te worden tegen illegale emigratie en de uitvoer van kif, bestaat het sterke vermoeden dat er aardig wat blijft kleven aan de strijkstok van leger, gendarmerie en douane.

In 2005 stond volgens ingewijden een belangrijke *reshuffle* in het leger op de agenda. Veel van de oud-generaals die carrière hadden gemaakt na de mislukte coups tegen koning Hassan stonden op het punt met pensioen te gaan. Een nieuwe generatie stond ook hier klaar het bevel over te nemen. Eén man leek evenwel nog vast op zijn plaats te blijven zitten. Het was generaal Hamidou Laânigri, de hoogste chef van de politie. Zijn naam was opgedoken op de lijsten van de verantwoordelijken voor de martelpraktijken en verdwijningen in de Jaren van Lood. Hij stond bekend als iemand die korte metten maakte met de tegenstanders van de troon. De duizenden arrestaties onder vermeende moslimfundamentalisten na de aanslagen in Casablanca waren voor een belangrijk deel op zijn conto te schrijven. Als het aankwam op de ordehandhaving bleef er een duidelijke bullebijter aan de macht.

De nieuwe kans

Een overgangsregering geleid door een technocraat en een koning bijgestaan door een nieuwe, zakelijker generatie aan gedelegeerden en adviseurs kreeg na bijna veertig jaar vertraging een nieuwe kans om het onafhankelijke Marokko vorm te geven. De prioriteit kwam uiteindelijk altijd op het hetzelfde neer: zorgen dat de economie van het land uit het slop gehaald werd. Marokko was in 2005 afgezakt tot nummer 126 van de 175 landen op de Index van de Menselijke Ontwikkeling die jaarlijks door de Verenigde Naties wordt opgesteld. Het aantal Marokkanen onder de armoedegrens was gestegen van 13 procent in 1990 tot 19 procent. De grote trek van platteland naar stad deed de sloppenwijken groeien.

Het grootste drama van het onafhankelijke Marokko was ongetwijfeld het onderwijsbeleid. Na een halve eeuw op eigen benen was in Marokko nog steeds meer dan de helft van de bevolking analfabeet. Op het platteland kon zelfs driekwart niet lezen of schrijven. Eind jaren negentig maakte maar driekwart van de leerlingen de lagere school af, een kleine 40 procent haalde het einde van de middelbare school. Het hoger onderwijs was voorbehouden aan 11 procent van de jeugd.

Het onderwijs wordt geteisterd door een taalverwarring van Babylonische omvang. Sinds 1989 werd het Arabisch de officiële onderwijstaal op de lagere en middelbare school, waarbij bedacht moet worden dat het geschreven Arabisch anders is dan het Marokkaanse dialect dat op straat gesproken wordt. Maar op de universiteit, met name de medische, technische en economische faculteiten, wordt onderwezen in het Frans en is ook de vakliteratuur slechts verkrijgbaar in die taal. Alleen een beperkte elite heeft echter op een tweetalige school les gehad. Frans is ook de spreektaal in praktisch alle grotere ondernemingen en bij het hogere ambtelijke kader.

De didactische methodes in het openbare onderwijs zijn in grote mate achterhaald. Leren wordt daarbij verward met het in het hoofd stampen van teksten die zo letterlijk mogelijk gereproduceerd moeten worden.

Sinds eind 1999 is een grootscheeps hervormingsplan voor het onderwijs in werking getreden. Dat heeft er in ieder geval voor gezorgd dat vooral het onderwijs op het platteland een aanzienlijk groter bereik heeft gekregen. Er wordt gestreefd naar verdere Arabisering van het lesmateriaal. Er wordt daarnaast flink aan de weg getimmerd om ook de meisjes in de huishouding en de werkende jongetjes op school te krijgen. Op televisie en in de moskeeën werden cursussen gestart voor de alfabetisering van volwassenen.

Marokko kent een slechte verdeling van een geschoold kader. Zo zwemt het in zijn economen en taalkundigen, maar heeft bij gebrek aan hogescholen een schreeuwend tekort aan een technisch middenkader. In de loop van de jaren negentig bleek het hebben van een diploma bovendien vaak eerder een belemmering dan een garantie bij het vinden van werk. Liever een goedkope ongeschoolde kracht dan een dure met een diploma dat bij nader inzien niet zoveel voorstelt. De elite stuurt zijn kinderen naar tweetalige privé-scholen (Frans, Amerikaans of Spaans) of naar het buitenland. Wie de mogelijkheid heeft, probeert in het buitenland naar een universiteit te gaan. Maar dat is in toenemende mate voorbehouden aan de geprivilegieerde jeugd die in twee talen les heeft gehad. De universiteiten in Frankrijk, de Verenigde Staten en in toenemende mate Canada zijn in trek bij Marokkaanse studenten. Maar eenmaal afgestudeerd in het buitenland, keert het grootste deel niet terug.

Een andere belangrijke uitdaging is het creëren van voldoende werk. Hoewel het land erin is geslaagd de bevolkingsgroei drastisch in te perken tot een kleine 2 procent per jaar, komt er nog een flinke bulk aan arbeidskrachten op de markt die de komende decennia van werk voorzien moet worden. De werkloosheid is in twintig jaar tijd verdubbeld en ligt nu rond de 22 procent in de stedelijke gebieden. Een flinke groei van het toerisme is een van de doelstellingen van het kabinet. De andere pijler bestaat uit het vernieuwen van de infrastructuur die vooral in het achtergestelde noorden vorm krijgt. De snelweg van Tanger naar de oostgrens is er een voorbeeld van, net als het Tanger-Med-project, de grote overslaghaven die straks moet gaan concurreren met Spanje. De vraag is echter of dit soort megaprojecten voldoende zullen zijn om de economie op middellange termijn aan te zwengelen. Marokko is tot dusver nog steeds in grote mate afhankelijk van landbouw, waarvan de productiviteit weinig constant is. De problemen met het onderwijs en de braindrain ondermijnen de beroepsbevolking. Alleen een brede visie met gedegen projecten, een goede planning en motivatie van de bevolking kunnen ervoor zorgen dat Marokko zich aan zijn eigen haren uit het moeras weet te trekken.

Alles haakt daarbij ineen. Want wil de regering geloofwaardig op kunnen treden en de Marokkanen het gevoel geven dat zij hun schouders eronder moeten zetten, dan lijken aanpassingen van de rolverdeling tussen kabinet en koning onvermijdelijk. Koning Mohammed VI laat meer politieke bewegingsvrijheid toe dan zijn vader, maar lijkt de makhzen in vernieuwde vorm te handhaven. Hij creëerde bovendien in zijn eerste jaren als staatshoofd een soort schaduwregering van koninklijke stichtingen en verenigingen en commissies die op een groot aantal sociale en economische terreinen initiatieven ondernam. Zo'n parallelle regeerstructuur komt de geloofwaardigheid en bestuurskracht van de zittende regering niet ten goede.

Zoals vroeger de bevolking van de dorpen een goed heenkomen zocht zodra de sultan met zijn gevolg aan de horizon werd gesignaleerd, zo is de komst van de koning aan het begin van de 21ste eeuw nog steeds de motor die de zaken in beweging brengt. Daar zijn sterke staaltjes van. Zo leidde een onaangekondigd bezoek van Mohammed aan een weeshuis in Casablanca tot landelijke paniek onder corrupte beheerders van charitatieve instellingen. De zevenhonderd kinderen en tieners bleken er te leven onder omstandigheden die rechtstreeks uit een roman van Dickens leken te zijn geplukt: kapotte matrassen in een smerige troep, geen douches, geen kranen, te weinig te eten. Woedend beval de koning een onderzoek. De managers van de islamitische stichting die het weeshuis beheerde werden op staande voet ontslagen en verhoord door de politie. Dagenlang werden de beelden van het weeshuis door de televisie uitgezonden, er kwam een landelijk onderzoek naar de besteding van gelden bij hulpstichtingen en fondsen.

Zo ging het ook bij Sidi Moumen, de sloppenwijk waar de

terroristen van de aanslagen van 2003 in Casablanca waren geronseld. Koning Mohammed had beloofd een einde te maken aan de sloppenwijken rond de stad. Maar na een jaartje bleek er nog weinig te merken van de plannen. Woedend ontbood de koning de voltallige ministerraad op het paleis. 'Jullie zijn incompetent, met uitzondering van enkele ministers,' zo veegde Mohammed volgens *Le Journal* de ministers de mantel uit. Geschrokken togen de bewindslieden aan het werk.

De woede van de vorst verhindert niet dat het hier een kip-of-ei-kwestie betreft. Want een cultuur waar het nemen van initiatief alleen maar onnodig risico met zich meebrengt, zet zich moeizaam in beweging. En de koning kan niet overal op bezoek gaan. Het koningshuis zou zelf het initiatief moeten nemen voor een aantal hervormingen, die de regeringsverantwoordelijkheid zou moeten versterken en zijn eigen rol beperken. Dat betekent onvermijdelijk een grotere rol van de democratisch gekozen politici en dus ook van de moslimpartij PJD, die hard op weg is om de grootste partij te worden. Om uit de malaise te raken is het nodig om een geloofwaardige regering te hebben. Een geloofwaardige regering is alleen mogelijk door een beter werkende democratie. En een beter werkende democratie betekent dat de kiezersvoorkeur serieus genomen moet worden.

Deze ijzeren logica van de democratie kent in het labyrint van de Marokkaanse machtsverhoudingen echter zijn beperkingen. De PJD zou overtuigd moeten worden zelf de spelregels te accepteren van de democratie die haar aan de macht zou brengen. Moeilijker nog ligt dat bij de beweging van sjeik Yassine, in wiens gedachtegoed weinig respect en tolerantie te ontdekken valt. En andersom zou de makhzen een rol moeten accepteren die zich in belangrijke mate beperkt tot de economie van het land. De koning heeft blijk gegeven dat hij het hart op de juiste plaats heeft zitten. Hij is inderdaad anders dan zijn vader. Maar zijn hervormingen hebben in de eerste jaren vooral een sociaal karakter gehad. Zou hij ook over voldoende visie en doorzettingsvermogen beschikken om de zaken te hervormen die de economie en het functioneren van de staat betreffen?

Het debat in Marokko is in volle gang. Er zijn weinig taboes meer over. Meer dan veertig jaar zijn verloren gegaan in onderlinge strijd om de onafhankelijke staat vorm te geven. Marokko heeft geen tijd meer te verliezen.

CHRONOLOGIE VAN MAROKKO

800-600 v.Chr. – Berberstammen in de Atlas laten hun eerste graveringen met het Berberschrift achter in de Atlas.

500-200 v.Chr. – Handeldrijvende Feniciërs stichten nederzettingen.

25 v.Chr. tot 23 n.Chr. – Juba II is de koning van de Romeinse vazalstaat Mauretanië. Romeinse overheersing neemt af in de derde eeuw.

429 – Vandalen vallen Marokko binnen.

682 – Arabieren trekken vanuit oosten Marokko binnen.

711 – Oversteek naar Gibraltar van Tariq met bekeerde Berbertroepen naar Iberisch schiereiland.

788 – Eerste moslimdynastie der Idrissieden, Idris II (802-828) stichter van Fès.

1040-1140 – Berberdynastie der Almoravieden, stichting Marrakech (1070), politieke eenheid met Iberische moslims.

1145 – Opkomst Berberdynastie der Almohaden, Jaqoeb al-Mansoer verslaat Spanjaarden en Portugezen (1195) en bevestigt de macht in Al-Andalus.

1244 – Opkomst Berberdynastie der Marinieden.

1415 – Begin Portugese expansie aan Marokkaanse kusten met de inname van Ceuta, gevolgd door Tanger, Asilah, Larache, Safi en Agadir.

1511 – Opkomst van dynastie der Saädieten.

1578 – Portugezen verslagen bij slag bij Ksar el Kebir, hoogtepunt voor Saädieten onder Ahmed al-Mansoer tot aan zijn dood in 1602. Gevangen Portugese adel zorgt voor enorme losgelden.

1603 – Begin langdurige opvolgingscrisis rond de troon.

1605 – Staten-Generaal van de Republiek stuurt gezant naar sultan in Marrakech. Ongunstig moment voor aanknopen diplomatieke betrekkingen: sultans wisselen elkaar in hoog tempo af.

1666 – Opkomst van de dynastie der Alawieten. Onder bewind van sultan Moulay Imaïl (1672-1727) langdurige periode van rust en voorspoed. Instelling van zwart slavenleger.

1727-1757 – Chaotische opeenvolging van heersers. Moulay Abdallah toont zich de Heintje Davids onder de sultans door vijfmaal terug te keren op de troon.

1757-1790 – Succesvolle heerschappij van sultan Sidi Mohammed. Sticht havenstad Essaouira als nieuw eindpunt karavaanroutes. Sluit vrede met Spanje en handelsakkoorden met reeks aan landen waaronder juist onafhankelijke vs.

1798-1822 – Moulay Slimaan consolideert de macht in Marokko. Aanhanger van strengorthodoxe leer der wahabieten. Komt daardoor in conflict met de religieuze broederschappen en wordt afgezet.

1844 – Fransen verslaan Marokkaanse leger bij Oujda.

1860 – Spanjaarden verslaan Marokkaanse leger, bezetten Tetouan en leggen Marokko zware oorlogsschatting op. Groeiende invloed van Europese mogendheden in Marokko.

1880 – Conferentie van Madrid, Europese mogendheden bevestigen hun systeem van protectie in Marokko.

1894 – 14-jarige Moulay Abdelazziz wordt sultan en koopt zich suf aan Europese waar. Buitenlandse schulden brengen Marokko in een staat van definitief bankroet.

1906 – Conferentie van Algeciras waarin Europese mogendheden tevergeefs proberen Marokko op te delen.

1912 – Formeel einde onafhankelijkheid. Protectoraatverdrag verdeelt Marokko in Franse en Spaanse zones. Tanger blijft internationale zone. Lyautey benoemd tot Frans resident-generaal. Franse leger heeft handen vol aan 'pacificatie' van Berberverzet in Atlas tot 1936.

1921 – Abdelkrim al-Khattabi verslaat verpletterend Spaanse troepen in de Rif. Tracht Rifrepubliek op te richten. In 1926 verslagen door Frans-Spaanse troepenmacht.

1927 – Troonsbestijging Mohammed V.

1934 – Oprichting eerste nationalistische beweging door Allal al-Fassi. Wordt in 1936 verbannen wordt door de Fransen.

1939-1942 – Verzet Mohammed V tegen antisemitische wetten Vichy-regiem. Wint grote populariteit bij joodse bevolking.

1942 – Landing Amerikaanse troepen.

1944 – Oprichting van onafhankelijkheidspartij Istiqlal met Manifest voor Marokkaanse onafhankelijkheid.

1953 – Verbanning Mohammed V met familie naar Corsica en Madagaskar. Gewapend verzet tegen Franse bezetter neemt toe. Moet noodgedwongen terugkeer Mohammed V in 1955 toestaan.

1956 – Akkoord onafhankelijkheid Marokko.

1959 – Mehdi Ben Barka richt de socialistische partij (l'Union nationale des forces populaires, UNFP) op. De socialist Abderrahman Youssoufi, hoofdredacteur van de partijkrant van de UNFP, wordt samen met fqih Basri gevangen genomen.

1960 – Eerste gemeenteraadsverkiezingen, gevolgd door lokale verkiezingen in 1963, 1969, 1976, 1983, 1992, 1997 en 2003.

1961 – Mysterieuze dood Mohammed V na neusoperatie. Opgevolgd door zijn zoon, Hassan II.

1963 – Eerste parlementsverkiezingen. Ondanks manipulatie flinke winst socialisten. Politie belegert hun partijkantoor en arresteert de top en gekozen parlementariërs. Massaproces wegens vermeend koningscomplot. Youssoufi en fqih Basri ter dood veroordeeld. Korte grensoorlog met Algerije.

1965 – Opstanden in Casablanca, uitroepen van uitzonderingstoestand, Hassan neemt formeel regering over. Verdwijning en moord in Parijs op Mehdi ben Barka.

1969 – Spanje geeft Sidi Ifni terug. Ceuta en Melilla, alsmede een aantal eilandjes voor de noordelijke kust blijven in Spaanse handen.

1971 – Mislukte legercoup tegen Hassan II tijdens diens verjaardagsfeest in het koninklijke verblijf te Skhirat.

1972– Mislukte legercoup waarbij getracht wordt de koninklijke Boeing neer te halen na een vakantietripje naar Frankrijk van Hassan II. Na geslaagde landing wordt complotteur generaal Oufkir uit de weg geruimd, vermoedelijk door Ahmed Dlimi, zijn opvolger als klusjesman van de koning. Oufkirs vrouw en kinderen verdwijnen spoorloos.

1973 – Marokkanisering: onteigening buitenlands bezit landbouw, de industrie en het bankwezen.

1974 – Abdessalam Yassine publiceert 'Islam of de Zondvloed', een open brief aan koning Hassan. Reden genoeg om hem gedwongen in kliniek voor geesteszieken op te sluiten en vervolgens huisarrest te geven. Koning Hassan ontdekt olie in zijn land. Blijkt misverstand.

1975 – 300.000 Marokkanen aangevoerd door Hassan II ondernemen Groene Mars door Westelijke Sahara. Groot propagandasucces. Spanje trekt zich overhaast terug uit gebied. Polisario begint strijd voor onafhankelijke Saharaanse Arabische Democratische Republiek.

1977 – Parlementsverkiezingen.

1978 – Koning Hassan kondigt ontdekking olie aan. Blijkt misverstand.

1983 – Generaal Ahmed Dlimi, opvolger van Oufkir, wordt gedood bij 'auto-ongeluk' in Marrakech. De nieuwe klusjesman van de koning wordt Driss Basri. Abdessalam Yassine richt vanuit zijn huis in Salé de fundamentalistische beweging *Al Adl Wal Ihsane* (Gerechtigheid en Zorg) op.

1984 – Parlementsverkiezingen.

1987 – De familie Oufkir weet via Franse radio te melden dat zij nog in leven is.

1989 – Koning Hassan ontdekt olie in Straat van Gibraltar. Kondigt winning aan via pijlers van de brug naar Spanje. Blijkt misverstand.

1990 – Instelling adviesraad voor de mensenrechten. Het boek *Notre Ami le Roi* zorgt voor grote diplomatieke rel met Frankrijk.

1991 – Vrijlating gevangenen Tazmamart. Familie Oufkir keert terug uit geheime gevangenis en krijgt huisarrest. Marokko steunt met troepen de eerste Golfoorlog tegen Irak. Wapenstilstand met Polisario, begin onderhandelingen referendum over Westelijke Sahara onder leiding van VN.

1993 – Feestelijke ingebruikneming van de Hassan II moskee in Casablanca. Parlementsverkiezingen. Vermeende fundamentalistische terreuraanslag in Marrakech. Twee doden.

1994 – Algerije sluit de grens.

1996 – Referendum over nieuwe grondwet waarin naast een direct gekozen parlement, een indirect gekozen senaatskamer wordt ingesteld. De islamitische PJD (Parti de la Justice et du Développement) nestelt zich in het partijtje van verzetsheld dr. Abdelkrim El-Khatib.

1997 – Eerste 'eerlijke' parlementsverkiezingen sinds Marokkaanse onafhankelijkheid.

1998 – De socialist Abderrahman Youssoufi, secretaris-generaal van de socialistische partij, wordt premier van het kabinet dat de overgang naar een democratischer Marokko moet begeleiden. In Afghanistan richt Al-Qaeda speciaal trainingskamp voor Marokkanen op.

1999 – Hassan II overlijdt. Opgevolgd door zijn oudste zoon, Mohammed VI. Ontslag van minister van Binnenlandse Zaken Driss Basri, het gehate symbool van de makhzen onder Hassan. Terugkeer uit ballingschap van Abraham Serfaty en de familie Ben Barka.

2000 – Vrijlating uit huisarrest van Abdessalam Yassine. Publicatie 'Amazigh Manifest' van Mohammed Chafik. Publicatieverbod *Le Journal* en *Demain*. Massademonstratie in Rabat voor meer vrouwenrechten, tegendemonstratie georganiseerd door fundamentalisten in Casablanca. Koning Mohammed VI kondigt ontdekking olie aan. Blijkt misverstand.

2001 – Oprichting Koninklijk Instituut voor de Amazigh Cultuur o.l.v. Chafik.

2002 – Parlementsverkiezingen. Nieuwe regering onder premier Driss Jettou. De islamitische PJD groeit uit tot derde politieke macht na socialisten en nationalisten.

2003 – Terreuraanslagen in Casablanca, gevolgd door duizenden arrestaties. Veertienhonderd veroordelingen uitgesproken, zeventien doodvonnissen. Verbod van satirisch weekblad *Demain*, drie jaar gevangenisstraf voor hoofdredacteur Ali Lmrabet wegens majesteitsschennis. Eindigt hongerstaking en krijgt gratie na bemiddeling prins Moulay Hicham.

2004 – Parlement stemt in met de Moudawana, de nieuwe familiewetgeving die de positie van de vrouw sterk verbetert. Aardbeving in Al Hoceima. Begin van openbare hoorzittingen over de 'Jaren van Lood', de terreur onder het regiem van koning Hassan. Partijblad van PJD beweert dat tsunami in Azië straf van Allah is voor zedeloos gedrag. Marokko is gewaarschuwd.

2005 – Nadia Yassine voor rechter wegens majesteitsschennis na opmerkingen over instelling islamitische republiek. Ali Lmrabet mag tien jaar lang niet werken als journalist na opmerkingen over Polisario. Nederlandse diplomaat Peter van Walsum wordt VN-gezant voor Westelijke Sahara.

GERAADPLEEGDE LITERATUUR

Leo Africanus (Al-Hassan Ibn-Mohammed Al-Wezaz Al-Fasi), Pertinente Beschryvinge van Africa, met alle de landen Koningrijken, Steden, Volken, Gewoonten, Gedierten, Vogelen, Boom- en Aard-Vruchten die daar zijn (Arnout Leers, Rotterdam 1665)

Leo Africanus (Al-Hassan Ibn-Mohammed Al-Wezaz Al-Fasi), The History and Description of Africa, (introductie van Robert Brown) (Londen 1846)

Mohamed ben el Hassan Alaoui, La coopération entre L'union Européenne et les pays de Maghreb (Parijs 1994)

Domingo Badía Leblich (Ali Bey el Abbassi), Viajes de Ali Bey (Madrid 1996)

Abdelkader Benali en Herman Obdeijn, Marokko door Nederlandse ogen. 1605-2005, Verslag van een reis door de tijd, Amsterdam 2005

Sietske de Boer, Jaren van Lood, Amsterdam 2000.

G. Brandt, Het leven en bedrijf van Michiel de Ruyter (Dordrecht 1835)

I. Buruma en M. Avishai, Occidentalism, The West in the eyes of its enemies (Londen 2005)

H. de Castries & al., *Les sources inédites de l'histoire du Maroc. Archives et bibliothèques des Pays Bas*. 6 vols. (Parijs 1906-1923)

Ignace Dalle, *Les Trois Rois: La Monarchie Marocaine, de l'indépendence à nos jours* (Parijs 2004)
Pieter Dan, *Historie van barbarijen en des zelfs zeerovers* (Amsterdam 1684)
A. den Doolaard, *Door het land der lemen torens* (Utrecht 1938)

Ech-Channa, Aïcha, *Miseria*, Casablanca 1997.

Edward Gibbon, *The History of the Decline and Fall of the Roman Empire* (Londen 2000)

Bernabé López García, *Marruecos en trance* (Madrid 2000)

Amin Malouf, *Léon l'Africain* (Parijs 1987)
Meetelen, Maria ter, *Naukeurige Aantekening van de wonderbare Reys-beschryving en merkwaardige en droevige twaalf-jaarige slaverny, etc.* (Medemblik 1748)
Fatima Mernissi, *Het verboden dakterras* (Breda 2001)

Nations Unie, Office contre la drogue et le crime, *Maroc. Enquête sur le cannabis* 2003

Herman Obdeijn, Paolo de Mas en Philip Hermans, *Geschiedenis van Marokko* (Amsterdam/Leuven, 2002)

Gilles Perrault, *Notre Ami le Roi* (Parijs 1990)

Mohammed Raiss, *De Skhirat à Tazmamart. Retour du bout de l'Enfer* (Casablanca 2002)

A. Staring, *Damiaan Hugo Staring. Een zeeman uit de Achttiende eeuw, 1736-1783* (Zutphen 1948)
Paul Starkey en Malcolm Starkey, 'Regional and World Trends in

Donkey Population', in: P. Starkey en D. Fielding (red.), *Donkeys, people and development* (Wageningen)

Jean-Pierre Tuquoi, *Le dernier Roi* (Parijs 2001)

Sjoerd Venema, *Een man met suikerhaar. Verhalen uit Marokko* (Amsterdam 2005)
Pierre Vermeren, *Maroc en transition* (Parijs 2001)
S. de Vries, *Historie van Barbarije en des zelfs zee-rovers. Histoire de Barbarie* (Amsterdam, 1684)

H.L. Wesseling, *Verdeel en heers. De deling van Afrika 1880-1914* (Amsterdam 1999)

Malika Zeghal, *Les Islamistes Marocains. Le défi à la monarchie* (Casablanca 2005)

BEKNOPTE WOORDENLIJST

adoul: moslimnotaris
Aïd-el-Adha: ook *Aïd-el-Kebir*, offerfeest van schapen
Al Adl Wal Ihsane: Rechtvaardigheid en Zorg, fundamentalistische beweging opgericht door Abdessalam Yassine
al Malik: de koning

baraka: geluk, gave om het noodlot te bedwingen
bled-al-makhzen: gebied onder gezag van de sultan, waar belasting wordt afgedragen
bled-es-sibah: gebied dat gezag sultan niet erkent, opstandige Berberstammen

Chleuh: Berbers uit het zuiden

djinn: geest die zich door de lucht verplaatst en bezit neemt van levende wezens
douar: dorp

fatwa: publiekelijk uitgesproken interpretatie van moslimwet
fqih: korandocent of belezen persoon

hadith: overgeleverde uitspraken en daden van de Profeet

Istiqlal: onafhankelijkheidspartij

jihad: inzet voor het geloof in woord en daad, in engere zin vaak gebruikt voor gewapende geloofsstrijd

kadi: moslimrechter
kaïd: lokale bestuursambtenaar
koutla: democratisch blok van Istiqlal en socialisten

lalla: prinses

madhi: verlosser gezonden door God
makhzen: systeem van politieke en economische machthebbers rond de koning; in negatieve zin stelsel van vriendendiensten en corruptie
malakieten: aanhangers van islamitische rechtsschool die in Marokko wordt aangehangen
maraboet (*moerabit*): moslimstrijder, ook lokale heilige begiftigd met wijsheid en baraka
medina: ommuurde stad, tegenwoordig vaak verward met oude stad
mellah: joodse wijk
Moudawana: islamitische familiewetgeving
Moulay: prins

oulema: meervoud van *alim*, islamitische wetgeleerde

PJD: Parti de la Justice et du Développement, fundamentalistische moslimpartij

salafisme: fundamentalistische stroming die terugkeer naar de 'pure' islam beoogt; uitwerking verschilt naar tijd en plaats
sharia: islamitische wetgeving
soefisme: mystieke beweging van de volksislam
soenniet: moslimaanhangers die de gewoonten van de Profeet volgen
Sidi: heilige of autoriteit, beleefde aanspreekvorm
sjeik: stamoudste, oulema, leider van een broederschap
sjerief, sjerefijns: afstammeling van de Profeet
sjiiet: moslimaanhangers van Ali
soek: markt
soenna: overgeleverde gewoonten van de Profeet

tariqa: in traditie van het soefisme

USFP: socialistische partij Union Socialiste des Forces Populaires, oorspronkelijk UNFP, Union National des Forces Populaires

wahabieten: streng-orthodoxe sekte uit Saudi-Arabië
wali: supergouverneur van een *wilaya*, doorgaans bestaand uit verschillende provincies

zawia: behuizing van religieuze broederschap

REGISTER